Die Doppelstadt Frankfurt (Oder) – Słubice
als wirtschaftliches Zentrum der Grenzregion Brandenburg/Lubuskie

Dwumiasto Frankfurt nad Odrą – Słubice
centrum gospodarczym pogranicza brandenbursko-lubuskiego

Interdisciplinary Polish and Ukrainian Studies

Edited by Dagmara Jajeśniak-Quast
and Andrii Portnov

in cooperation with
Rory Finnin, Teresa Gardocka, Natalia Khanenko-Friesen,
Magdalena Saryusz-Wolska, Brian Porter-Szűcs
and Yaroslav Prytula

Volume 15

2025
Harrassowitz Verlag · Wiesbaden

Daniel Sadecki

Die Doppelstadt Frankfurt (Oder) – Słubice als wirtschaftliches Zentrum der Grenzregion Brandenburg/Lubuskie: Vision oder Realität?

Dwumiasto Frankfurt nad Odrą – Słubice centrum gospodarczym pogranicza brandenbursko-lubuskiego: wizja czy rzeczywistość?

2025

Harrassowitz Verlag · Wiesbaden

Die Reihe *Interdisciplinary Polish and Ukrainian Studies* setzt die Reihe *Interdisciplinary Polish Studies* fort, in der die Bände 1–13 erschienen sind.

Foto auf der Rückseite des Umschlags: Frankfurt an der Oder, 2024.
(© Foto: Daniel Sadecki).

Diese Veröffentlichung wurde aus Mitteln des Publikationsfonds für Open-Access-Monografien des Landes Brandenburg, des Viadrina Center of Polish and Ukrainian Studies, des Lions Clubs Frankfurt (Oder), des Hanse Clubs Wirtschaft Frankfurt (Oder), der Alcaro Invest GmbH und des Förderkreises Europa-Universität Viadrina e. V. gefördert.

Leitender Redakteur: Gero Lietz
Umschlaggestaltung und Titelgrafik: Denny Ilsen
Lektorat: Gero Lietz
Übersetzung: Adam Peszke
DTP: Andrzej Choczewski, www.buchsatz-krakow.eu

Bibliografische Information der Deutschen Nationalbibliothek
Die Deutsche Nationalbibliothek verzeichnet diese Publikation in der Deutschen Nationalbibliografie; detaillierte bibliografische Daten sind im Internet über https://www.dnb.de abrufbar.

Informationen zum Verlagsprogramm finden Sie unter
https://www.harrassowitz-verlag.de

Verlegt durch Otto Harrassowitz GmbH & Co. KG, Wiesbaden 2025
Kreuzberger Ring 7c-d, 65205 Wiesbaden, produktsicherheit.verlag@harrassowitz.de
Gedruckt auf alterungsbeständigem Papier
Druck und Verarbeitung: Docupoint, Magdeburg
Printed in Germany

ISSN (Print): 2944-389X
ISSN (Internet): 2944-3903
ISBN 978-3-447-12332-7
DOI: 10.11584/ipus.15

Inhalt

Polska wersja językowa patrz od s. 169

Vorwort

Die vorliegende Studie entstand aus meiner Faszination für die deutsch-polnische Grenzregion und meinem Wunsch, das wirtschaftliche Potential der Doppelstadt Frankfurt (Oder) - Słubice näher zu betrachten. Als ich aus Berlin nach Frankfurt (Oder) zum Studium an die Europa-Universität Viadrina kam, ließ ich mich auf die Stadt ein und engagierte mich sowohl ehrenamtlich als auch politisch. Darüber hinaus arbeitete ich für kurze Zeit als Werkstudent im Investor Center Ostbrandenburg, der Wirtschaftsförderungsgesellschaft der Stadt Frankfurt (Oder), wo ich wertvolle Einblicke in die regionale Wirtschaftsförderung erhielt.

Zwei Faktoren veranlassten mich, diese Studie zu schreiben: Erstens die Tatsache, dass die Doppelstadt Frankfurt (Oder) - Słubice sich in ihrem strategischen Handlungsplan als das wirtschaftliche Zentrum der deutsch-polnischen Grenzregion in Ostbrandenburg versteht, obwohl dem Handlungsfeld Wirtschaft in diesem Papier nur zwei von insgesamt 14 Seiten gewidmet sind. Zweitens hörte ich zur gleichen Zeit von drei geplanten Großansiedlungen in der Eurostadt Guben - Gubin mit einem Investitionsvolumen von mehr als einer halben Milliarde Euro und fast 400 Arbeitsplätzen. Obwohl Frankfurt (Oder) mit der Ansiedlung der Firma Alcaro Invest GmbH eine wichtige Investition verbuchen konnte, fragte ich mich, warum die anderen Unternehmen nicht Frankfurt (Oder), sondern Guben - Gubin als Standort wählten. Diese Diskrepanz wollte ich durch meine Untersuchung näher beleuchten.

Die Studie untersucht, ob die Doppelstadt Frankfurt (Oder) - Słubice wirklich das wirtschaftliche Zentrum der Grenzregion in Brandenburg und der Woiwodschaft Lubuskie darstellt. Dazu werden zwei Hypothesen und eine Forschungsfrage formuliert. Der Überprüfung der Forschungsfrage dient ein theoretisches Grundgerüst aus harten und weichen Standortfaktoren sowie dem Smart-City-Modell, wobei der Fokus auf den Smart-City-Charakteristika Smart Economy und Smart Mobility liegt. In Bezug auf die Hypothesen liefert die Studie verschiedene Antworten: Während Hypothese 1 bestätigt werden kann, ist das für Hypothese 2 nicht der Fall. Abgerundet wird die Darstellung durch einen Vergleich mit der Eurostadt Guben - Gubin, der verdeutlicht, dass weder die Doppelstadt noch die Eurostadt derzeit den Status eines wirtschaftlichen Zentrums der Grenzregion für sich beanspruchen kann. Die Vision der Doppelstadt Frankfurt (Oder) - Słubice, zu einem solchen Zentrum zu werden, ist ambitioniert, aber durchaus realisierbar.

Wesentlicher Teil der Studie sind Experteninterviews. Darin wird deutlich, dass zu den entscheidenden Faktoren für wirtschaftlichen Erfolg und Ansiedlungen in der Grenzregion die klare strategische Ausrichtung des Standorts sowie eine innovative und kooperative Verwaltungsmentalität gehören. Als Ergebnis des Vergleichs mit Guben – Gubin sticht hervor, dass in der Eurostadt weniger von Konkurrenz gesprochen wird und dass die Investorenbetreuung dort stärker unternehmensorientiert ist. In der Doppelstadt Frankfurt (Oder) – Słubice hingegen bedarf es einer stärkeren Zusammenarbeit und einer Abkehr von der dezentralen Wirtschaftsförderung. Zudem agieren Frankfurt und Słubice weitgehend unabhängig voneinander, was in Zukunft überdacht und optimiert werden sollte.

Für die Entstehung dieser Arbeit schulde ich vielen Menschen großen Dank. Mein besonderer Dank gilt meiner Familie, meiner besseren Hälfte sowie meinem engsten Freundeskreis für ihre Unterstützung und ihr Verständnis während dieser Zeit. Ganz besonderer Dank gebührt Prof. Dr. Dagmara Jajeśniak-Quast, der Direktorin des Viadrina Center of Polish and Ukrainian Studies (VCPU). Ihre fachliche Expertise sowie ihre stets freundliche und hilfsbereite Art waren für mich während des gesamten Forschungsprozesses von unschätzbarem Wert. Als Mitherausgeberin der Reihe *Interdisciplinary Polish and Ukrainian Studies* hat sie es zudem ermöglicht, dass diese sehr aktuellen Themen gewidmete Studie zeitnah erscheinen kann, noch dazu zweisprachig auf Deutsch und Polnisch.

Mein Dank gilt außerdem dem Lions Club Frankfurt (Oder), dem Hanse Club Wirtschaft in Frankfurt (Oder), der Alcaro Invest GmbH, dem VCPU, dem Förderkreis Europa-Universität Viadrina e. V. und dem Publikationsfonds für Open-Access-Monografien des Landes Brandenburg, deren finanzielle Unterstützung die Fertigstellung und Veröffentlichung dieser Studie überhaupt erst ermöglicht hat. Nicht zuletzt möchte ich allen Interviewpartnerinnen und -partnern danken, die bereit waren, mir ihre Zeit und wertvolle Einblicke zu gewähren.

Ich hoffe, dass die Ergebnisse der Studie nicht nur zur Klärung der wirtschaftlichen Potentiale der Doppelstadt Frankfurt (Oder) – Słubice beitragen, sondern auch als Grundlage für künftige Forschungen im Bereich der transnationalen Stadtentwicklung dienen können.

Frankfurt (Oder), im Herbst 2024
Daniel Sadecki

1. Einleitung

Die kreisfreie Stadt Frankfurt (Oder) hatte 1990 noch 86.131 Einwohner und musste nach der Wende einige Rückschläge hinnehmen.[1] Dazu gehören die Auflösung des Halbleiterwerks 1990 mit dem Wegfall von knapp 8.000 Arbeitsplätzen, die Schließung von First Solar 2012 mit dem Verlust von 1.200 Arbeitsplätzen und die Insolvenzen der Solarfabriken Conergy und Odersun mit insgesamt 800 Beschäftigten. Jüngster Rückschlag ist die Entscheidung, das Zukunftszentrum für Deutsche Einheit und Europäische Transformation nicht in Frankfurt (Oder), sondern in Halle (Saale) zu errichten.[2] Erwähnt sei auch das Scheitern der Chipfabrik 2003. Das Land Brandenburg hatte mit den Partnern Intel und einem Großinvestor aus Dubai versucht, mit einer im Leibniz-Institut für innovative Mikroelektronik (IHP) entwickelten Technologie Arbeitsplätze zu schaffen. Wegen mangelnder Erfolgsaussichten versagte der Bund jedoch eine Bürgschaft zur Besicherung des Fremdkapitals.[3] Dies sind nur die prominentesten Beispiele.

Auf der anderen Seite der Oder befindet sich Słubice, einst die Frankfurter Dammvorstadt und seit 1945 eine eigenständige polnische Stadt. Diese hat sich wirtschaftlich gut entwickelt. Betrachtet man beispielsweise die Einnahmen der Gemeinde Słubice, so haben sich diese seit 1995 verachtfacht, wobei die Einwohnerzahl konstant blieb.[4] So unterschiedlich die Städte auch sind, sie kooperieren miteinander und sind voneinander abhängig, was insbesondere die vorübergehende Schließung der Grenze während der Corona-Pandemie aufgezeigt hat.

---

1 Vgl. Statistische Ämter des Bundes und der Länder (2023a): Gemeindeverzeichnis-Informationssystem GV-ISys. – Bei einer Online-Quelle verweist das in den Fußnoten angegebene Kürzel (mit Angabe der Institution und ggf. von Vor- und Zunamen) auf das Quellen- und Literaturverzeichnis, wo unter Punkt 1.1 (Internetquellen und -datenbanken) jeweils die dazugehörige URL und das Abrufdatum angegeben werden.

2 Kelm, Hartmut (2020): Lost Places. Verstaubte Überreste aus der Glanzzeit des Halbleiterwerkes Frankfurt (Oder), *moz.de*, 09.12.2020; dpa-AFX Wirtschaftsnachrichten GmbH (2012): Odersun: Weitere Solarfirma schlittert in die Insolvenz, *t-online*, 30.03.2012; Gutke, Thomas (2023a): Zukunftszentrum Deutsche Einheit: Jury entscheidet sich gegen Frankfurt (Oder) – Halle wird Standort, *moz.de*, 14.02.2023. – Beim Verweis auf Pressebeiträge (in der Regel handelt es sich um Beiträge aus Online-Medien) werden in den Fußnoten neben dem Vor- und Zunamen des Verfassers der Titel des Beitrags, der Name des Mediums und das Erscheinungsdatum vermerkt. Die jeweiligen URL und Abrufdaten sind in Punkt 1.2 des Quellen- und Literaturverzeichnisses (Pressebeiträge [inkl. Online-Medien]) angegeben; vgl. Quast (2015), S. 115. – Wird auf Fachliteratur verwiesen, geschieht dies mit dem/den Nachnamen des Autors / der Autorin und dem Erscheinungsjahr der betreffenden Publikation; die vollständigen bibliographischen Angaben sind unter Punkt 3 (Literatur) des Quellen-und Literaturverzeichnisses aufgeführt.

3 Vgl. Matten (2004).

4 Główny Urząd Statystyczny (2023a): Bank Danych Lokalnych.

Die Kooperation zwischen beiden Städten begann in den 1950er Jahren mit einer Vereinbarung über eine gegenseitige Hochwasserhilfe.[5] Mittlerweile kooperieren sie in verschiedenen Bereichen und vermarkten sich als „Doppelstadt Frankfurt (Oder) – Słubice" mit einem gemeinsamen Logo und Slogan. Für die gemeinsame Weiterentwicklung der Doppelstadt wurde ein Handlungsplan erstellt, auf den sich die Stadtverordneten beider Städte geeinigt haben. Am 12.12.2019 wurde der „Frankfurt-Słubicer Handlungsplan 2020–2030" beschlossen, bereits der dritte seiner Art.[6]

Der Handlungsplan 2020–30 ist das Ergebnis der Beratungen von über 100 deutschen und polnischen Teilnehmern auf einem „Forum für die Zukunft der Doppelstadt" im Jahre 2018 und legte den Grundstein für die Entwicklung in den kommenden Jahren. Auch Experten anderer Doppelstädte wirkten an dem Plan mit.[7] Die Leitvision sieht vor, dass die europäische Doppelstadt zum Zentrum der Grenzregion für Brandenburg und die Woiwodschaft Lubuskie in den Bereichen Kultur, Wirtschaft und Gesellschaft wird. Der Handlungsplan ist in vier Handlungsfelder unterteilt: *I. Bildung; II. Lebensqualität, Infrastruktur und Dienstleistungen; III. Wirtschaft; IV. Kommunikation und Beteiligung*. Für jede Sektion gibt es eine weitere Unterteilung in eigenverantwortlich erreichbare und mit Unterstützung Dritter erreichbare Ziele.[8]

Das Strategiepapier definiert die Leitvision der Doppelstadt für das Jahr 2030:

> Wir sind die europäische Doppelstadt – das gesellschaftliche, wirtschaftliche und kulturelle Zentrum der Grenzregion für Brandenburg und die Woiwodschaft Lubuskie.[9]

Das Dokument umfasst insgesamt 14 Seiten, wobei der Wirtschaft lediglich zwei Seiten gewidmet sind. Als wirtschaftliche Vision wird genannt:

> 1. Die Doppelstadt ist ein attraktiver, europäischer Investitionsstandort mit guter Infrastruktur und Anbindung an internationale Verkehrskorridore und Metropolen sowie mit gut ausgebildeten Fachkräften bei vergleichsweise günstigen Standortbedingungen.
> 2. Die Doppelstadt ist eine Smart Founder Twin City.[10]

5 Vgl. u. a. Stadtmarketing Frankfurt (Oder): Unsere deutsch-polnische Doppelstadt.
6 Ebenda.
7 Stadtverwaltung Frankfurt (Oder) (2019): Frankfurt-Slubicer Handlungsplan 2020–2030.
8 Stadtverwaltung Frankfurt (Oder) (2020): Anlage 1: Maßnahmen des Frankfurt-Słubicer Handlungsplans 2020–2030.
9 Stadtverwaltung Frankfurt (Oder) (2019).
10 Ebenda, S. 11.

Der Handlungsplan bezieht sich dabei auf die Definition des Instituts für Raumplanung der TU Wien, der zufolge man unter einer Smart City eine Stadt versteht, die sich im Hinblick auf die wirtschaftliche Entwicklung, urbane Mobilität, Verwaltungsstrukturen, Umweltfreundlichkeit und die Lebensqualität der Bevölkerung durch besondere Innovationsfähigkeit und Modernität auszeichnet.[11] Hinzu kommen die englischen Begriffe *Founder* (Gründer) und *Twin City* (Doppelstadt),[12] wofür es jedoch im Handlungsplan keine weiteren Erläuterungen gibt. Die Stadt Frankfurt (Oder), die mit Bevölkerungsschwund, dem Wegfall von Arbeitsplätzen sowie einem defizitären Haushalt und dem damit einhergehenden geringen Handlungsspielraum der Stadtverwaltung zu kämpfen hat, möchte 2030 gemeinsam mit Słubice das gesellschaftliche, wirtschaftliche und kulturelle Zentrum der Grenzregion darstellen. Es stellt sich die Frage, wie realistisch diese Vision ist.

1.1 Forschungsfrage

Der Handlungsplan ist bis 2030 formuliert, d. h., dass noch nicht alle Maßnahmen umgesetzt worden sind. In vorliegender Studie wird daher untersucht, inwieweit der wirtschaftliche Aspekt der Leitvision heute bereits Realität ist. Beantwortet werden soll die folgende, aus dem Handlungsplan abgeleitete Forschungsfrage: *Ist die Doppelstadt Frankfurt (Oder) – Słubice das wirtschaftliche Zentrum der Grenzregion in Brandenburg und der Woiwodschaft Lubuskie?*

Dazu ist ein Ist-Zustand ausgearbeitet worden, der mit einer weiteren Doppelstadt in der deutsch-polnischen Grenzregion in Brandenburg und Lubuskie verglichen wird. Entlang der Grenze gibt es im Untersuchungsgebiet fünf Grenzübergänge, an denen es auf beiden Seiten eine Stadt gibt: Küstrin-Kietz – Kostrzyn nad Odrą, Frankfurt (Oder) – Słubice, Coschen – Żytowań, Guben – Gubin sowie Forst (Lausitz) – Zasieki. Für einen Vergleich kommen jedoch nur die Städte Guben und Gubin in Frage, die sich gemeinsam als Eurostadt Guben – Gubin vermarkten. Die übrigen Städte arbeiten in bestimmten Fragen zusammen, sind jedoch keine Doppelstädte, da die Zusammenarbeit nicht weitreichend und intensiv genug ist. Aus diesem Grund wird im Folgenden die Doppelstadt Frankfurt (Oder) – Słubice mit der Eurostadt Guben – Gubin verglichen.

Die aus den Visionen des *Handlungsfeldes III: Wirtschaft* abgeleiteten Hypothesen sollen als Forschungshypothesen 1 und 2 überprüft werden:

11 Ebenda; Technische Universität Wien – Institut für Raumplanung Stadt- und Regionalforschung: european smart cities. The smart city model.
12 Stadtverwaltung Frankfurt (Oder) (2019), S. 11.

1) Die Doppelstadt ist ein attraktiver, europäischer Investitionsstandort mit guter Infrastruktur und Anbindung an internationale Verkehrskorridore und Metropolen sowie mit gut ausgebildeten Fachkräften bei vergleichsweise günstigen Standortbedingungen.
2) Die Doppelstadt ist eine Smart Founder Twin City.

1.2 Zweck der Studie

Zu grenzüberschreitenden Doppelstädten gibt es in der Literatur bereits einige Forschungsergebnisse. Der neuartige Ansatz dieser Studie besteht jedoch darin, dass statistische Daten für das Konstrukt Doppelstadt bzw. Eurostadt grenzüberschreitend aggregiert und miteinander verglichen und zugleich aus Interviews gewonnene Expertenmeinungen wichtiger Stakeholder einbezogen werden. Dieser Ansatz ist berechtigt und wichtig, da Stadtentwicklung in einem 360°-Radius erfolgt, weshalb eine grenzüberschreitende Doppelstadt auch statistisch als Einheit betrachtet werden soll.

Weitere Merkmale der Studie sind ihr Regionalbezug und die Aktualität des Themas. Wie der Forschungsstand zeigt, gibt es durchaus Forschungsergebnisse zur Doppelstadt Frankfurt (Oder) – Słubice; eine fundierte Bewertung einer wirtschaftlichen Handlungsstrategie ist jedoch bislang nicht erfolgt. Die Ergebnisse der Studie geben den Stakeholdern der Strategie somit relevante Informationen in die Hand, aus denen sich Prognosen und Handlungsempfehlungen ableiten lassen.

1.3 Methodik

In der Studie kommen quantitative Methoden in Form von deskriptiver Statistik sowie Experteninterviews zum Einsatz.

1.3.1 Quantitative Methoden

Für die Überprüfung der Hypothesen werden zunächst anhand der Literatur relevante Indikatoren der Standorttheorie sowie des Smart City-Konzepts erarbeitet, auf das sich die Doppelstadt in ihrem Handlungsplan bezieht. In der Standorttheorie werden dabei drei Kategorien definiert: produktionsbezogene, absatzbezogene und funktionsübergreifende Standortfaktoren. Im zweiten Kapitel werden diese Standortfaktoren ausführlich beschrieben.

Für die Definition von Smart City bezieht sich der Handlungsplan auf das „europäische Städteportal",[13] das jedoch eigentlich European Smart City Model (ESCM) heißt und aus einem Forschungsprojekt des Instituts für Raumplanung, Stadt- und Regionalforschung der TU Wien hervorging. Auf eine Überprüfung einzelner Standortfaktoren wird zugunsten der Überprüfung am Smart City-Modell verzichtet. Bei der Bewertung der Doppelstadt als Smart City werden insbesondere die wirtschaftlich besonders relevanten Charakteristika Smart Economy und Smart Mobility berücksichtigt. Um eine Aussage darüber treffen zu können, inwiefern die Doppelstadt auch eine „Founder City" (Gründerstadt) ist, werden insbesondere die Smart City-Faktoren Unternehmertum und Investitionsförderung berücksichtigt. Dies ist möglicherweise nicht ausreichend für eine fundierte Bewertung der Gründerfreundlichkeit eines Standortes, jedoch würde eine weitergehende Analyse den Rahmen der Studie sprengen.

Im Zuge der Datenerhebung wird auf deutsche und polnische Behörden, Presse- und persönliche Anfragen sowie auf Datenbanken der jeweiligen statistischen Ämter zurückgegriffen. Im Interesse einer bestmöglichen Vergleichbarkeit werden die statistischen Daten nach Möglichkeit immer derselben Quelle entnommen, so stammen z.B. die Einwohnerzahlen der deutschen Städte aus derselben Zeitreihe des Landesamtes für Statistik Berlin-Brandenburg. Da es sich jedoch um verschiedene Institutionen zweier Länder handelt – mit eventuell unterschiedlichen Methoden zur Datenerhebung – sind die Daten nicht perfekt miteinander vergleichbar. Dies kann jedoch vernachlässigt werden, da es für den Vergleich und die Ergebnisse der Studie keine signifikanten Auswirkungen hat.

Es ist zudem schwierig, eine kreisfreie Stadt wie Frankfurt (Oder) mit einer kleinen Stadt wie Guben, die Teil des Landkreises Spree-Neiße ist, zu vergleichen. In einigen Bereichen gibt es schlichtweg keine Daten für so eine kleine territoriale Ebene. In solchen Fällen werden Daten für den Landkreis Spree-Neiße herangezogen. Der Vergleich mag so nicht perfekt sein, ist jedoch gleichwohl zielführend, um Aussagen hinsichtlich der Leitfrage treffen zu können. Frankfurt (Oder) mit seinem Anspruch, das wirtschaftliche Zentrum der deutsch-polnischen Grenzregion sein zu wollen, muss sich auch mit den umliegenden Landkreisen messen. Es ist daher durchaus sinnvoll, in den Bereichen ohne genaue Daten für die Stadt auf den Landkreis Spree-Neiße zurückzugreifen. Untersucht wird auch, inwiefern man bei der Kooperation der Städte Frankfurt (Oder) – Słubice tatsächlich von einer Doppelstadt (Twin City) sprechen kann oder ob die Bezeichnung lediglich ein Marketingkonstrukt ist. Helga Schultz zufolge zeichnet sich eine Doppelstadt durch eine intensive Kooperation in den Bereichen Infrastruktur, Kommunalwirtschaft, Kultur, Tourismus und Wirtschaftsförderung aus. Es werden dabei drei

13 Ebenda.

Ebenen der Kooperation genannt: I: Realisierung gemeinsamer Projekte, z. B. in der Wasserwirtschaft; II: Institutionalisierung einer ständigen Zusammenarbeit, z. B. durch regelmäßige Treffen der Bürgermeister oder gemeinsame Sitzungen der Stadtparlamente; III: Gründung gemeinsamer Körperschaften mit selbständigen Kompetenzen.[14] Anhand des Vorhandenseins gemeinsamer Projekte wird das Vorhandensein einer Kooperation bewertet.

Im nächsten Schritt wird die Eurostadt Guben – Gubin anhand des Smart City-Modells untersucht und anschließend (unter Berücksichtigung der Aussagen aus Experteninterviews) mit der Doppelstadt verglichen. So soll entschieden werden, welche der beiden Städte das wirtschaftliche Zentrum der Grenzregion in Brandenburg und der Woiwodschaft Lubuskie darstellt, oder auch, ob weder Doppelstadt noch Eurostadt als ein solches Zentrum bezeichnet werden können. Im Folgenden wird näher auf die Methodik der Experteninterviews eingegangen.

1.3.2 Qualitative Inhaltsanalyse

Die Inhaltsanalyse als sozialwissenschaftliche Forschungsmethode wurde 1910 durch Max Weber bekannt. Er beschrieb damals drei für die weitere Entwicklung der Inhaltsanalyse bedeutende Charakteristika: den Zusammenhang mit der Analyse von Medien, die quantitative Bedeutung von Argumenten sowie die themenorientierte Analyse. Im Kern geht es um die systematische Analyse von Texten zur Lösung wissenschaftlicher Probleme. Die klassische Inhaltsanalyse existiert bereits seit mehr als 100 Jahren, hat seither viele Probleme aufgegriffen und diese auch zum Teil gelöst.[15]

Siegfried Kracauer ergänzte 1952 die klassische Inhaltsanalyse um die Komponente des „deutenden Verstehens", da die subjektive Interpretation von Texten und Zusammenhängen einen wichtigen Aspekt der Inhaltsanalyse darstelle. Ein zu starker Fokus auf die Quantität mindere letztendlich die Aussagekraft, beispielsweise wenn versucht werde, die Tendenz eines Textes zu bestimmen. In solchen Fällen werde beim Coding ein sehr kleines Spektrum von „sehr dafür" oder „sehr dagegen" definiert, was nicht unbedingt präziser sei als das deutende Verstehen. Laut Kracauer stellt die qualitative Inhaltsanalyse somit eine wichtige Ergänzung dar.[16]

Einen weiteren Meilenstein in der Inhaltsanalyse legte Philipp Mayring mit seinem Buch „Qualitative Inhaltsanalyse" – das erste Methodenlehrbuch zum Thema qualitativer Inhaltsanalyse. Er vereinte und systematisierte Anfang der

14 Schultz (2004), S. 173–180.
15 Kuckartz (2018), S. 13 f.
16 Kracauer (1952), S. 631 f.

1980er Jahre Methoden der Textanalyse aus fünf verschiedenen wissenschaftlichen Disziplinen: Kommunikationswissenschaften, Hermeneutik, qualitative Sozialforschung, Literaturwissenschaft und Psychologie. Er ergänzte so die klassische Inhaltsanalyse um qualitativ-hermeneutische Komponenten, ähnlich wie Kracauer Jahre zuvor. Die drei Grundformen zur Analyse von Texten sind laut Mayring: Zusammenfassung, Explikation und Strukturierung.[17]

Mayrings Ansätze sind so bekannt, dass zumindest im deutschsprachigen Raum die qualitative Inhaltsanalyse oft mit ihm und seinem Buch assoziiert wird. Es gibt jedoch viele weitere Methoden der qualitativen Inhaltsanalyse, die sich nicht an seinem Ansatz orientieren. Ein Beispiel für einen im deutschsprachigen Raum bekannten, inhaltsanalytischen Ansatz liefern Jochen Gläser und Grit Laudel. Sie bemängeln an Mayrings Ansatz, dass man bei dessen geschlossenen Kategoriensystemen für eine quantifizierbare Analyse mit der Zeit die Offenheit aufgeben müsse. Bei der Extraktion, also der Zuordnung von Textstellen aus dem Transkript, werde so bewusst ein Interpretationsspielraum ermöglicht. Es gebe zwar ein festes Schema für das Codieren, allerdings werde der subjektive Faktor des eigenen Verständnisses einbezogen.[18] Einen ähnlichen Ansatz liefert Udo Kuckartz mit seinem Methodenlehrbuch „Qualitative Inhaltsanalyse. Methoden, Praxis, Computerunterstützung", worin er drei Methoden qualitativer Datenanalyse beschreibt: die „inhaltlich strukturierende", die „evaluative" und die „typenbildende".[19] Im Folgenden dienen Ausführungen von Kuckartz sowie von Gläser und Laudel als Orientierung, da diese die qualitative Inhaltsanalyse anhand der Auswertung von verbalen Daten wie z. B. leitfragenorientierten Interviews erklären.[20]

Leitfragenorientierte Experteninterviews eignen sich gut zum Verständnis komplexer Sachverhalte und sind ein Teilbereich der qualitativen Sozialforschung, der gekennzeichnet ist durch eine offene Fragestellung und eine geringe Stichprobe. Experteninterviews zeichnen sich vor allem durch die Besonderheit der Interviewpartner aus.[21] Der Begriff Experte beschreibt dabei die besondere „Rolle des Interviewpartners als Quelle von Spezialwissen über die zu erforschenden sozialen Sachverhalte".[22] Die folgenden Grundprinzipien der Sozialwissenschaften sind dabei zu berücksichtigen:

1) Das Prinzip der Offenheit, das fordert, dass die Forschung offen sein muss, auch für unerwartete und widersprüchliche Ergebnisse.

17 Vgl. die Darstellung bei Kuckartz (2018), S. 26.
18 Gläser/Laudel (2010).
19 Kuckartz (2018), S. 6.
20 Ebenda, S. 7.
21 Kruse (2015).
22 Gläser/Laudel (2010), S. 12.

2) Das Prinzip der theoriegeleiteten Vorgehensweise, dass das Vorhandensein theoretischer Konzepte bereits im Vorfeld der Forschung voraussetzt.

3) Die Reproduzierbarkeit der Forschung, d. h. die unternommenen Schritte im Forschungsprozess müssen transparent und nachvollziehbar sein.

4) Das Prinzip des Verstehens, d. h. die Interpretation und Deutung von Aussagen.[23]

Experteninterviews eignen sich zudem – so Gläser und Laudel – auch, wenn im Interview verschiedene Themen angesprochen werden, die nicht durch die Antworten der Befragten, sondern durch die Zielsetzung der Untersuchung bestimmt werden. Außerdem, wenn aus einem Interview konkret definierbare Informationen gewonnen werden sollen.[24]

Da für die Zwecke der vorliegenden Studie beides zutrifft, haben wir es hier mit leitfragenorientierten Experteninterviews zu tun. Es wurde eine Liste von acht offenen Fragen erstellt, die sich auf folgende Themenbereiche beziehen: deutsch-polnische Zusammenarbeit, benötigte Unterstützung, Konkurrenzgedanken, Standortfaktoren. Bis auf zwei Interviews, in denen dies aufgrund geographischer Distanz nicht möglich war, wurden alle Interviews vor Ort bei den Experten geführt. Interviewsprache war Deutsch, Polnisch und in einem Falle Englisch. Die gegebenen Antworten sollten so von vornherein nicht durch eventuelle sprachliche Barrieren eingeschränkt werden. Der Gesprächsleitfaden mit den acht Fragen befindet sich im Anhang 1.

In der qualitativen Inhaltsanalyse gibt es auch für das Coding verschiedene Ansätze: den Ansatz *a priori*, wobei eine Codeliste bereits im Vorfeld der eigentlichen Textanalyse erstellt wird, den *induktiven Ansatz*, wobei Codes im Laufe der Textanalyse erstellt werden, sowie einen *gemischten Ansatz*, bei dem im Vorfeld zwar ein Codebuch erstellt wird, allerdings im Arbeitsprozess weitere Codes am Textmaterial erstellt werden.[25]

Für diese Studie wurde der gemischte Ansatz gewählt, d. h. aus den acht Leitfragen wurden vor der Analyse der Transkripte bereits Codes erstellt. Während des Analyseprozesses wurden jedoch anhand der Expertenaussagen auch neue Codes generiert. Durch Interpretation wurden Codes sinngemäß zu Kategorien bzw. zu Oberkategorien (Parent Codes) zugeordnet. Transkription, Coding und Auswertung der Codes erfolgten mit dem Programm MAXQDA 2022. Zur Visualisierung der Ergebnisse wurden Grafiken erstellt.

23 Gläser/Laudel (2010), S. 28–33.
24 Ebenda, S. 111.
25 Kuckartz (2018), S. 63–96.

1.4 Forschungsstand

Grenzen und ihre Beziehungen werden als Spiegel sozialer, politischer und wirtschaftlicher Prozesse betrachtet und sind bereits seit Jahrzehnten Gegenstand verschiedener wissenschaftlicher Disziplinen. In kleinerem Maßstab, wie z. B. mit Städtepaaren an Grenzen, beschäftigt sich die Wissenschaft jedoch erst seit Anfang des Jahrtausends.[26] Solche Städte werden auch als Zwillingsstädte (Twin Cities) oder Doppelstädte bezeichnet. Erstmals tauchte der Begriff Zwillingsstadt für die beiden Städte Minneapolis und Saint Paul im US-Bundestaat Minnesota auf. Im Laufe der Zeit wurden jedoch auch Nachbar- und sogar Partnerstädte darunter verstanden.[27]

Eine engere Definition von Doppelstädten liefert Jan Buursink. Ihm zufolge gelten als Doppelstädte lediglich Stadtpaare, die zueinander eine ergänzende und unterstützende Beziehung auf mehreren Ebenen haben. Sei dies nicht der Fall, handele es sich lediglich um Paare von Städten, die dann beispielsweise in Konkurrenz zueinander stünden.[28] Schultz kritisiert an dieser Definition, dass sie nicht die Möglichkeit zulasse, dass Nachbarstädte sich auch einander feindlich oder ohne Beziehung gegenüberstehen können, wie es etwa während des Kalten Kriegs oftmals an den Grenzen innerhalb des Ostblocks der Fall gewesen sei.[29]

In einer Studie untersucht Schultz Zwillingsstädte an europäischen Grenzen, die in unmittelbarer Nachbarschaft zueinander liegen, jedoch unterschiedlichen Staaten angehören. Sie kommt zu dem Ergebnis, dass es sich bei grenzüberschreitenden Doppelstädten vorwiegend um geteilte Städte handelt. Diese seien ein Sonderfall von Doppelstädten und vor allem durch Ungleichheit geprägt, da sie bereits als Verwaltungseinheiten existierten, bevor sie durch eine geänderte Grenzziehung geteilt wurden. Es gebe Asymmetrien bei Industrie- und Wohngebieten, der Bevölkerungszahl sowie der Infrastruktur wie z. B. Bahnhöfen, Straßen, der Energie- und Wasserversorgung oder dem Vorhandensein einer Altstadt samt Marktplatz.[30]

Neben den charakteristischen Asymmetrien haben geteilte Städte häufig den gleichen Namen, der lediglich in die andere Landessprache übersetzt wird, z. B.: die deutsch-polnischen Städtepaare Görlitz – Zgorzelec oder Guben – Gubin. Ausnahmen gebe es, wenn der Neuanfang einer Stadtgeschichte besonders betont werden sollte, wie etwa im Falle der Frankfurter Dammvorstadt, die nach dem Zweiten Weltkrieg ein Teil Polens wurde und in Słubice umbenannt wurde.[31]

26 Jańczak (2017), S. 477.
27 Schultz (2004), S. 161.
28 Buursink (1994), S. 175–180.
29 Schultz (2001), S. 11–37.
30 Schultz (2004), S. 163 f.
31 Ebenda, S. 164.

Abbildung 1: Arten von Nachbarstädten und Ursprung von Städtepaaren

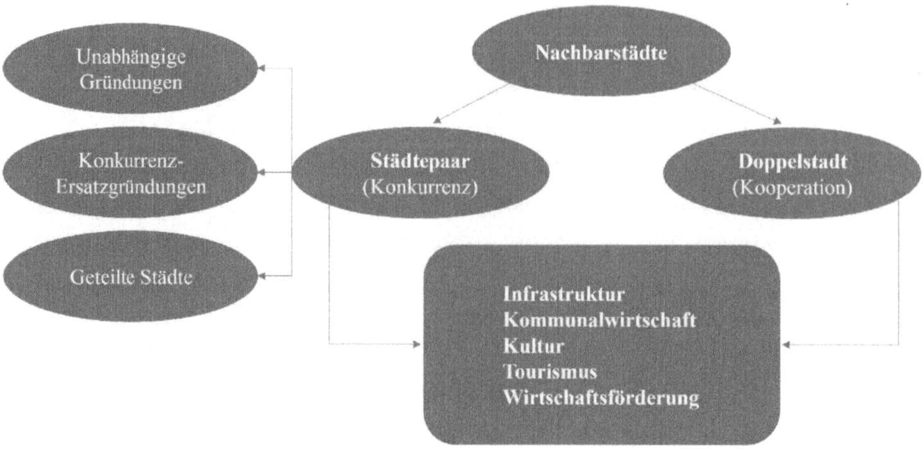

Quelle: Eigene Abbildung nach Buursink und Waack in Schultz[32]

Neben den geteilten Städten nennt Schultz noch zwei weitere Ursprünge von Städtepaaren: Konkurrenz- bzw. Ersatzgründungen und unabhängige Gründungen. Ersatzgründungen tragen auch oft den gleichen Namen, entstanden jedoch nach einer veränderten Grenzziehung als Gegenpart zu einer bereits bestehenden Stadt, die ab diesem Zeitpunkt einem anderen Territorium angehörte. Die Neugründung erfolgte als Ersatz für einen verlorenen Handelsplatz oder zur Grenzsicherung, wie z. B. 1492 die Errichtung der Festung Iwangorod zur Sicherung gegen die Ordensfeste Narva. Ersatzgründungen sind somit von der Gründung an auf Konkurrenz ausgerichtet und widersetzen sich mit diesem Ansatz dem Doppelstadtgedanken, allerdings tendieren auch sie langfristig zur Zusammenarbeit. Unabhängige eigenständige Gründungen gab es in vornationaler Zeit und stellen die älteste Kategorie von Städtepaaren dar. Im Unterschied zu den anderen Städtepaaren besteht bei diesen seit der Gründung ein neutrales oder sogar wohlwollendes Verhältnis zueinander sowie ein vollständig gewachsener Stadtorganismus. Laut Schultz haben alle Arten von Städtepaaren (vgl. Abbildung 1) langfristig die gleichen Chancen, sich zu einer Doppelstadt zu entwickeln.[33]

Schultz identifiziert einen Trend zu Doppelstädten an den damaligen EU-Binnengrenzen in den neunziger Jahren des 20. Jahrhunderts. Hierbei teilt sie die Zusammenarbeit in drei Stufen auf. In der ersten Stufe werden einzelne

32 Schultz (2004), S. 162; Waack (1996), S. 11; Buursink (1994).
33 Schultz (2004), S. 161–167.

gemeinsame Projekte durchgeführt, ein sich über die gesamte EU wiederholendes Beispiel seien gemeinsame Projekte in der Wasserwirtschaft. Während der zweiten Stufe wird eine ständige Zusammenarbeit institutionalisiert, beispielsweise durch regelmäßige Treffen der Bürgermeister oder gemeinsame Sitzungen der Stadtparlamente. Die zweite Stufe setze dabei meistens ein, wenn eine Fülle von gemeinsamen Projekten dies erfordere. Mit Beginn der dritten Stufe werden gemeinsame Körperschaften mit selbständigen Kompetenzen geschaffen. Hier rücke die Zusammenarbeit selbst in den Mittelpunkt und beschränke sich nicht mehr lediglich auf wirtschaftliche Aspekte. Als wichtigste Motivation für die Intensivierung der Zusammenarbeit von Zwillingsstädten benennt Schultz den Willen, knappe Ressourcen und Geldmittel effektiver zu nutzen.[34] Dem Willen, knappe Ressourcen besser zu nutzen, stehen in der Realität jedoch unterschiedliche staatliche Regulatorien und politische Ansichten auf nationaler Ebene entgegen.

Christophe Sohn betrachtet die Grenze an sich als Ressource, die durch die lokalen Akteure strategisch genutzt werden kann. Dafür präsentiert er zwei Konzepte der grenzüberschreitenden Integration. Das erste, ein geoökonomisches Modell, basiert auf der Ausnutzung von Asymmetrien, z. B. Lohngefälle oder Produktionskosten. Das zweite basiert auf der Annäherung durch gegenseitiges Vertrauen und Verständnis beider Städte und lässt sich als territoriales Projekt bezeichnen. Die Zusammenarbeit sei dabei vor allem auf die Förderung einer gemeinsamen territorialen Identität ausgerichtet.[35] Diese Betrachtungsweise ist interessant, allerdings stellt sich auch hier für die Realität einer Doppelstadt die Frage, inwiefern die Vorteile auch in der Bevölkerung gesehen werden. Zum Zeitpunkt des EU-Beitritts Polens gab es in der Bevölkerung der Doppelstadt Frankfurt (Oder) – Słubice beidseits der Grenze Vorurteile, und es dominierte der Konkurrenzgedanke.[36]

Monika Brzezińska untersucht geteilte Städte an Grenzen und kommt zu dem Ergebnis, dass bei Asymmetrien meist eine der Seiten die dominierende Rolle übernimmt. An der deutsch-polnischen Grenze dominiere die deutsche Seite, was aber nur durch die Hälfte der polnischen Bevölkerung akzeptiert werde. Dies berge Konfliktpotential.[37] In Bezug auf Asymmetrien gibt es in der Forschung allgemein sowohl optimistische als auch weniger optimistische Schlussfolgerungen, so auch in Bezug auf deutsch-polnische Städte. Herausforderungen sind etwa laut Alexandra Binicewicz wirtschaftliche und kulturelle Asymmetrien sowie bei älteren Personen die Historie, insbesondere die Erinnerung an den

34 Ebenda, S. 178–180.
35 Vgl. Sohn (2014).
36 Experteninterview mit Krzysztof Wojciechowski, 14.06.2022.
37 Brzezińska (2020), S. 34–37.

Zweiten Weltkrieg.[38] Integrationsprozesse und deren Herausforderungen motivieren die Forschung bei der Suche nach Lösungen und neuen Formen der grenzüberschreitenden Zusammenarbeit. Hynek Böhm betrachtet den Top-Down-Ansatz, beispielsweise auf EU-Ebene. Er untersucht die grenzüberschreitende Zusammenarbeit im Bereich Bildung und Wissenschaft und kommt zu dem Ergebnis, dass die Euroregionen durch ihre finanziellen Mittel sehr hilfreich seien, z.B. über INTERREG-Projekte.[39]

Neben Asymmetrien spielen auch Konflikte, die aus Transformationsprozessen resultieren, eine Rolle. Beispiele für solche Konflikte lieferte u. a. die Herstellung der Einheit Deutschlands. Die idealisierte Vorstellung einer umfassend geglückten deutschen Wiedervereinigung erweist sich als nicht realistisch, man solle vielmehr die Ambivalenz sowie nur schwer lösbare Widersprüche anerkennen, wie dies Dagmara Jajeśniak-Quast, Lars Kirchhoff, René Wilke und Susann Worschech fordern, wenn sie am Beispiel der Doppelstadt Frankfurt (Oder) – Słubice die Konflikt- und Transformationstheorie verknüpfen. Die herausgearbeiteten Brüche und Diskontinuitäten der mehrfach miteinander verwobenen Transformationsprozesse werden dabei in den Fokus der Analyse gerückt. Dies erfordere auch seitens der Politik, neue Wege zu gehen – kommunikativ, im Handeln sowie partizipativ.[40]

Stärkere Transformationsbewegungen führen nämlich auf diversen Ebenen zu stärkeren Gegenbewegungen, so dass Konflikte immer wieder auftauchen. Daher erfordern Transformationsprozesse die Integration von historischen Interdependenzen und Pendeldynamiken, um Konfliktpotentiale besser zu erkennen sowie die Mediation der Themen gut zu moderieren. Beispielhaft hierfür sind die sog. „Protestspaziergänge" oder die Aussagen von AfD-Anhängern in Bezug auf die DDR und die Wendezeit. Auf der einen Seite bieten all diese Interdependenzen Chancen für Dialog, eigenständige Entwicklung und Krisenresilienz. Auf der anderen Seite geht mit den Unsicherheiten eine Komplexität einher, die zu einer Überforderung führen kann. Die genannten Autoren fordern daher einen Diskurs zum Transformationsprozess, der von dem in den alten Bundesländern stellenweise abweichen müsse – vor allem mit Blick auf die fortschreitenden sektoralen Prozesse unter Berücksichtigung der historisch gewachsenen Sensibilität in den neuen Bundesländern. Dementsprechend seien maßgeschneiderte Lösungen erforderlich. Neugeformte Netzwerke, Methoden und Formate sollen zur Prävention von Konflikten und der Kommunikation beim Transformationsprozess beitragen.[41]

38 Binicewicz (2017), S. 235–239.
39 Böhm (2017), S. 159 f.
40 Jajeśniak-Quast et al. (2022), S. 92.
41 Ebenda.

In Bezug auf die regionale Kooperation der Doppelstadt Frankfurt (Oder) – Słubice haben die Konflikte aus dem Transformationsprozess laut Jajeśniak-Quast und Katarzyna Stokłosa jedoch nur geringen Einfluss. Die Zusammenarbeit der beiden Städte sei geprägt durch Pragmatismus. Beispielsweise musste nach dem Zweiten Weltkrieg die Grundversorgung mit Medien grenzüberschreitend organisiert werden, so dass sich aus der Not und der erzwungenen Zusammenarbeit irgendwann eine Partnerschaft entwickelt habe.[42]

Für ein besseres Verständnis der deutsch-polnischen Zusammenarbeit auf nationaler Ebene liefert wiederum Peter Ulrich einen interessanten Beitrag. Er unterscheidet zwischen rechtlichen Grundlagen, territorialen Governance-Strukturen sowie weiteren Strategien und Akteuren, die in der Region tätig sind.[43] Die Governance-Strukturen gliedert er in drei Ebenen. Auf der untersten, der lokalen Ebene, stehen grenzüberschreitende Städtepartnerschaften. Dabei handele es sich um zwei Städte, die jeweils an der nationalen Grenze direkt gegenüberliegen – was im Englischen als *town twinning* bezeichnet werde. Diese Art von Städtepartnerschaft sollte nicht mit allgemeinen, auch binationalen Partnerschaften von Städten gleichgesetzt werden, die weit voneinander entfernt liegen können. Im deutsch-polnischen Grenzraum finden sich vor allem die folgenden drei Kooperationsprojekte: Die Eurostadt Guben – Gubin, die Europastadt Görlitz – Zgorzelec sowie die Doppelstadt Frankfurt (Oder) – Słubice. Ziel dieser Projekte sei einerseits die Vernetzung der Städte im organisatorischen und verwaltungstechnischen Bereich, andererseits aber auch das Bereitstellen von Gelegenheiten zur Begegnung und Integration der Bevölkerung. Zugleich fordert Ulrich, dass neben Integrationsprojekten, wie z. B. Begegnungstreffen, auch praktische Maßnahmen zur Unterstützung und Versorgung der Bewohner Teil der Kooperation sein sollten.[44] Als nächsthöhere Ebene nennt Ulrich die euroregionale und grenzüberschreitende Kooperation in Form der Euro- oder Europaregionen. Die Euroregionen können hierbei grundsätzlich in Kooperationen ohne Rechtspersönlichkeit sowie in privatrechtliche oder öffentlich-rechtliche Verbünde unterteilt werden. Diese werden in den meisten Fällen von Vereinen auf der jeweiligen Seite der Grenze getragen. In der deutsch-polnischen Grenzregion existieren aktuell die folgenden Euroregionen: Die Euroregion Neisse-Nisa-Nysa, die Euroregion Spree-Neisse-Bober, die Euroregion Pro Europa Viadrina sowie die Euroregion Pomerania.[45] Die höchste Ebene der Zusammenarbeit bezeichnet Ulrich als multinationale territoriale Programmräume bzw. als Makroregionen. Diese

42 Jajeśniak-Quast/Stokłosa (2000).
43 Ulrich (2017), S. 374–377.
44 Ebenda, S. 377–381.
45 Ebenda, S. 382 f.

umfassen mehr als zwei Länder und grenzen sich zu den Euroregionen insofern ab, da sie nicht nur die Grenzregionen, sondern die gesamten Staaten umfassten.[46]

Eine Erklärung und Bewertung der deutsch-polnischen grenzüberschreitenden Zusammenarbeit liefert Jańczak. Er betrachtet die Zusammenarbeit anhand von drei verschiedenen Ansätzen – einem neofunktionalen, einem regierungsübergreifenden sowie einem konstruktivistischen. Beim neofunktionalen Ansatz wird die allgemeine Bedürfnisbefriedigung als bedeutendster Faktor für Integrationsprozesse angesehen.[47] Der regierungsübergreifende Ansatz betrachtet den Einfluss der nationalen Interessen der jeweiligen Politik sowie der nationalen Zentren auf die Integration.[48] Der konstruktivistische Ansatz legt seinen Schwerpunkt auf Betrachtung der Normen, Werte und Identitäten, die im Rahmen der Grenzliberalisierung durch den grenzübergreifenden zwischenmenschlichen Austausch entstehen.[49] Als Ergebnis seiner Analyse bezeichnet Jańczak die Zusammenarbeit grundsätzlich als erfolgreich, die Betrachtung aus verschiedenen Perspektiven zeige aber gleichzeitig noch zahlreiche Probleme auf. Während aus neofunktionaler Perspektive die wirtschaftliche Zusammenarbeit gut funktioniere, seien sich die beiden Kulturen weiterhin fremd. Dies führe dazu, dass ein grenzübergreifendes Gemeinschaftsgefühl auch nach 30 Jahren nur bruchstückhaft vorhanden sei. Weiterhin herrsche eine große Asymmetrie zwischen den beiden Seiten der Grenze. Die deutschen Städte böten zwar ein optisch gepflegteres Erscheinungsbild, litten aber an Überalterung und Entvölkerung. Bei den polnischen Städten sei es umgekehrt.[50]

Die grenzübergreifende Zusammenarbeit in Frankfurt (Oder) und Słubice stand auch im Fokus einer Studie von Moritz Albrecht und Aleksandra Ibragimow aus dem Jahr 2014. Anhand einer repräsentativen Umfrage unter 40 deutschen und polnischen Akteuren der Zusammenarbeit in der Doppelstadt werden darin neue und alte Herausforderungen identifiziert.[51] Hierbei unterscheiden die Autoren zwischen sprachlichen, sozio-kulturellen sowie ökonomisch-legislativen Barrieren. Als sprachliche Barriere stellen sie die geringe Zweisprachigkeit heraus. Diese sei zugleich das Hauptproblem für die Kooperation zwischen der deutschen und polnischen Seite. Insbesondere die polnische Sprache habe auf der deutschen Seite einen geringeren Stellenwert, als dies umgekehrt der

46 Ulrich (2017), S. 14 f.
47 Verweis auf Jańczak in Hillebrand/Schultz (Hg.) (2021), S. 129
48 Ebenda.
49 Ebenda, S. 30.
50 Ebenda S. 127, 138 f.
51 Albrecht/Ibragimow (2015), S. 35.

Fall sei.[52] Zu den soziokulturellen Barrieren zählen sie die unterschiedliche Kultur samt Mentalität. Hierbei werden insbesondere die noch existierenden Stereotype als problematisch gesehen. Die deutschen Akteure kritisieren zudem die große Rolle des historischen Erbes in der jüngeren deutsch-polnischen Geschichte.[53] Als ökonomisch-legislative Barriere wird insbesondere die unterschiedliche wirtschaftliche Entwicklung gesehen. So hat die Słubicer Stadtverwaltung geringere finanzielle Mittel als die Frankfurter Verwaltung. Zugleich ist das Gehaltsniveau deutlich höher auf deutscher Seite. Wenn Projekte an Geldmangel scheitern, sei dies hauptsächlich auf fehlende Mittel seitens der polnischen Seite zurückzuführen. Die Studie zeigt zudem, dass eine langfristige wirtschaftliche Zusammenarbeit zu diesem Zeitpunkt nicht gegeben ist.[54]

Im Hinblick auf eine Aufhebung bestehender Barrieren haben beide Seiten jeweils unterschiedliche Hoffnungen und Vorstellungen. Während auf polnischer Seite ein gemeinsames Projekt zur Gesundheitsversorgung gewünscht werde, wolle die deutsche Seite mehr Projekte in Frankfurt (Oder) durchführen, etwa zur Förderung der Mehrsprachigkeit. Beide Seiten wünschen sich mehr Offenheit und Toleranz voneinander. Zudem sagen beide Seiten, dass insbesondere junge Menschen für grenzübergreifende Projekte begeistert werden müssen.[55]

Mario Quast sieht das Potential des Konzepts Doppelstadt Frankfurt (Oder) – Słubice für die Stärkung des Standortes vor allem im grenzüberschreitenden Zusammenspiel zwischen Wissenschaft, Forschung und Wirtschaft im Rahmen der Internationalisierung der Weltwirtschaft. Er betont hierbei, dass kleinere Wirtschaftsstandorte globale Entwicklungen nicht aktiv beeinflussen können. Er führt die Solarindustrie an, die in Frankfurt (Oder) durch mehrere Unternehmen vertreten gewesen sei. Diese Unternehmen konnten sich jedoch aufgrund globaler Marktentwicklungen nicht durchsetzen, was einen wirtschaftlichen Niedergang in der Region zur Folge gehabt habe.[56] Quast zufolge ist die Vernetzung von Forschung, Wissenschaft und der regionalen Wirtschaft prioritär und sollte deshalb forciert werden. Eine Internationalisierung auf allen Ebenen sei dabei ebenso wichtig wie neue Ansätze, um die Region attraktiv und zukunftsfähig zu gestalten.[57]

Einen bedeutenden Beitrag zum Verständnis der lokalen wirtschaftlichen Aktivitäten in der deutsch-polnischen Grenzregion leistet Anna Steinkamp mit

52 Ebenda S. 38.
53 Ebenda, S. 38 f.
54 Ebenda, S. 39.
55 Ebenda, S. 41.
56 Quast (2015a), S. 115.
57 Ebenda, S. 116.

einer Untersuchung zum Erfolg von Internationalisierungsstrategien von vor Ort ansässigen Unternehmen.[58] Dazu hat sie paritätisch 24 Unternehmen aus Deutschland und Polen befragt, womit insgesamt zwölf Branchen abgedeckt wurden. Bei den Befragten handelte es sich vorwiegend um Geschäftsführer und Inhaber der jeweiligen Unternehmen.[59] Im Ergebnis lassen sich vier verschiedene Unternehmertypen identifizieren sowie die bedeutende Rolle von Fremdsprachenkenntnissen seitens der Geschäftsführung im Zusammenhang mit der Internationalisierung. Vorhandene Sprachkenntnisse ermöglichen es Unternehmen, Erfolgspotentiale zu realisieren und kontinuierliche Wettbewerbsvorteile zu generieren.[60]

Es liegt jedoch an den politischen Akteuren vor Ort, optimale Rahmenbedingungen für die Ansiedelung von Unternehmen zu schaffen und das Entwicklungspotential der Region zu nutzen. Moderne Wissensgesellschaften generieren ihren Wohlstand durch Wissen und intellektuelle Fähigkeiten, indem mittels neuer Technologien die Lebensqualität bei gleichzeitig sinkendem Ressourcenverbrauch gewährleistet werde. Der TTT-Ansatz: Talente, Toleranz und Technologie sei zur Entwicklung und Zukunftsfähigkeit von Deutschlands Regionen dabei ein elementares Konzept.[61]

Der Ansatz, Narrative als Wissensquelle zu nutzen, wird immer populärer.[62] Roland Barthes konstatiert, dass Narrative sowohl in Geschichte als auch Gegenwart omnipräsent sind. Sie finden sich in Mythen, Legenden, Fabeln oder Dramen. Aktuell lassen sie sich z. B. in Filmen, Serien, den Lokalnachrichten und Unterhaltungen finden.[63] Narrative sind auch Gegenstand der Analyse in der Grenz- und Grenzraumforschung. So sei es bei der Untersuchung von nationalen Grenzen wichtig, wessen Identitätsnarrative dominieren, was diese ein- oder ausschließen und wie die Auffassungen von „wir" und „die" in den Medien, der Bildung etc. dargestellt werden.[64] Das räumliche Narrativ beschreibt drei Perspektiven. Die Stadt in sozialräumlicher Optik wird zum einen als sozialräumliche Struktur betrachtet, die sich durch individuelle Handlungen im Alltag herausbildet. Der städtische Raum wird darüber hinaus durch Narrative der Stadtverwaltung sowie kommerzielle Einrichtungen geprägt, wobei diese miteinander konkurrieren und somit den Bürger letztlich überfordern können. Drittens werden Darstellung und Transformation des städtischen Raums auch durch Emotionen

58 Steinkamp (2020).
59 Ebenda, S. 99–112.
60 Ebenda, S. 208 f.
61 Kröhnert/Morgenstern/Klingholz (2007), S. 3–8.
62 Vgl. Opiłowska et al. (2022), S. 42.
63 Barthes/Duisit (1975), S. 237, 260–264.
64 Vgl. dazu Newman/Paasi (1998), S. 194–198.

beeinflusst, die durch soziale Praktiken geformt werden, beispielsweise in Form von Erzählungen. Sie sind Teil des „gemeinsamen Wissens über eine Stadt".[65] Ein Beispiel dafür sind Bürger in Frankfurt (Oder), die durch negative Erlebnisse in der Vergangenheit geprägt wurden und dadurch ein negatives Narrativ der Stadt vor Augen haben. Obwohl sich einiges zum Positiven verändert, ist ein negatives Narrativ weiterhin präsent.

Ein Narrativ, also die Wahrnehmung einer Stadt oder Region, ist auch ein Standortfaktor, selbst wenn man diesen Begriff nicht sofort damit in Verbindung bringen würde. Standortfaktoren sind wiederum die Basis für Investitionen. Für die Untersuchung von Standortfaktoren bei Direktinvestitionen liefert Stefan Detscher eine wichtige Definition. Er erläutert die Formen und Motive für Direktinvestitionen, präsentiert Erklärungsansätze und leitet darüber hinaus Determinanten für diese ab.[66] Detschers Ansätze werden von Reinhard Cluse ergänzt. Dieser vertritt dabei insbesondere Partialansätze in Form von Push- und Pull-Faktoren als maßgebliche Ursache für ausländische Direktinvestitionen und erwähnt hierbei das eklektische Paradigma von Dunning als Zusammenfassung der relevantesten Partialansätze.[67] Agnieszka Osiecka sieht Dunnings Thesen als Vereinigung verschiedener Theorien mit deskriptiver sowie normativer Bedeutung an. Sie kritisiert jedoch eine mangelnde Anwendbarkeit bei Dienstleistungsunternehmen und favorisiert daher die internationale Standorttheorie nach Peter Tesch.[68] Hieraus entwickelte sich im Zusammenhang mit weiteren empirischen Untersuchungen eine eigene Klassifikation wichtiger Standortfaktoren bei der internationalen Standortwahl.[69]

Eine praktische, ausführliche Untersuchung Frankfurts liefert der seit 2004 im Auftrag der Wirtschaftszeitung *Handelsblatt* alle drei Jahre erscheinende Prognos Zukunftsatlas. Der Prognos Zukunftsatlas (ZKA) bewertet die Zukunftschancen und -risiken aller Landkreise und kreisfreien Städte Deutschlands. Er ist das einzige deutschlandweite Ranking, das regionale Entwicklungen über fast 20 Jahre sichtbar macht. Prognos ist eines der ältesten Wirtschaftsforschungsunternehmen Europas. An der Universität Basel gegründet, forschen Prognos-Expertinnen und -Experten laut eigener Aussage seit 1959 für verschiedenste Auftraggeber aus dem öffentlichen und privaten Sektor – politisch unabhängig, wissenschaftlich fundiert.[70]

65 Smagacz-Poziemska (2014), S. 35 f.
66 Vgl. Detscher (2006).
67 Cluse (1999), S. 50–92.
68 Tesch (1980).
69 Osiecka (2006), S. 73–98.
70 Prognos AG Berlin (2023): Wer wir sind.

Tabelle 1: Platzierung der Stadt Frankfurt (Oder) im ZKA-Ranking der Prognos AG (2004–2022)

Jahr	ZKA-Platzierung	Bewertung
2004	385 (von 439)	Zukunftsrisiken
2007	372 (von 439)	Leichte Zukunftsrisiken
2010	311 (von 412)	Leichte Zukunftsrisiken
2013	348 (von 402)	Leichte Zukunftsrisiken
2016	313 (von 402)	Leichte Zukunftsrisiken
2019	361 (von 401)	Zukunftsrisiken
2022	352 (von 400)	Leichte Zukunftsrisiken

Quelle: Eigene Zusammenstellung nach ZKA 2022, Auswertung für Frankfurt (Oder)[71]

Tabelle 1 verdeutlicht die Entwicklung in der Platzierung der kreisfreien Stadt Frankfurt (Oder) und deren Bewertung laut Prognos AG. Zu beachten ist dabei, dass sich über die Jahre die Anzahl der Landkreise und kreisfreien Städte durch Fusionen im Rahmen von Gebietsreformen von 439 auf aktuell 400 Landkreise und kreisfreie Städte reduziert hat. Die Anzahl der Landkreise und kreisfreien Städte steht daher zur Einordnung jeweils in Klammern.

Die beste Platzierung erreicht Frankfurt (Oder) im Jahre 2010. Die Wertschöpfung ging danach mit dem Aus der Solarindustrie nach unten, ebenso wie die Platzierung. Mit Conergy, First Solar und Odersun stellten drei Solarfabriken in Frankfurt (Oder) ihre Produktion ein.[72] Prognos schlussfolgert daraus: Frankfurt (Oder) braucht dringend Investitionen von ansässigen und auswärtigen Unternehmen.[73]

Frankfurt (Oder) verharrt im aktuellen Zukunftsatlas von Prognos im letzten Achtel der Plätze. Von 400 Kommunen erreichte die kreisfreie Stadt im Jahr 2022 den 352. Rang. Dies ist eine Verbesserung um neun Plätze gegenüber dem Jahr 2019. Die Platzierung ergibt sich aus der Bewertung von 29 Indikatoren, die in zwei Kategorien unterteilt werden: Stärkeindikatoren und Dynamikindikatoren.[74] Von letzteren gibt es neun, die mit einer Gewichtung von 0,5 in die Bewertung einfließen. Der Rest sind Stärkeindikatoren und haben eine Gewichtung von 1,0. Alle Indexe werden in vier Hauptkategorien untergliedert: Demographie, Arbeitsmarkt, Wettbewerb und Innovation sowie Wohlstand und soziale Lage. Die

71 Freitag/Schenten/Mayimona (2023).
72 Quast (2015), S. 115.
73 Kannenberg, Heinz (2023): Wirtschaft in Frankfurt (Oder). Gute Standortbedingungen – doch Investitionen fehlen, *moz.de*, 03.05.2023.
74 Freitag/Schenten/Mayimona (2023).

Demographie beinhaltet je zwei Stärke- und Dynamikindikatoren: die Fertilitätsrate, junge Erwachsene, die Bevölkerungsentwicklung sowie den Wanderungssaldo junger Erwachsener. Auf dem Arbeitsmarkt sind es sechs Stärke- und zwei Dynamikindikatoren: Arbeitsplatzdichte, Arbeitslosenquote, Akademikerquote, digitale Impulsgeber, Schulabbrecherquote, unbesetzte Ausbildungsstellen und Veränderung der Arbeitslosenquote sowie der Akademikerquote. Im Bereich Wettbewerb und Innovation sind es acht Stärke- und vier Dynamikindikatoren: BIP je Beschäftigten, Gründungsintensität, Personal im Bereich Forschung und Entwicklung (FuE) in der Wirtschaft, Investitionsquote der Industrie, Patentintensität, Beschäftigte in den deutschen Zukunftsbranchen, Unternehmenskompetenz, Infrastrukturindex, Erreichbarkeit Bundesautobahnen, ICE/IC/EC-Halt, Flughafen und Veränderung des BIP, Veränderung Gründungsintensität, Veränderung FuE-Personal sowie Veränderung der Gesamtbeschäftigung. Bei Wohlstand und sozialer Lage gibt es vier Stärkeindikatoren und einen Dynamikindikator: in Bedarfsgemeinschaften lebende Personen, Kaufkraft, Kriminalitätsrate, kommunale Schuldenlast und Veränderung der in Bedarfsgemeinschaften lebenden Personen.[75]

Der Forschungsstand verdeutlicht, dass das Konzept der Doppelstädte und auch der deutsch-polnische Grenzraum bereits Schwerpunkt in der Forschung gewesen sind, wobei es auch konkret zur Doppelstadt Frankfurt (Oder) – Słubice Studien gibt. Diese liegen allerdings vorwiegend im Bereich der Sozial- und Kulturwissenschaften. Die Analyse des wirtschaftlichen Handlungsplans einer Doppelstadt und der gemeinsame deutsch-polnische Vergleich zweier Doppelstädte im Rahmen eines Smart City-Modells sind hingegen neuartig. Die hier vorliegende Studie versucht einen Beitrag zur regionalen wirtschaftlichen Entwicklung zu leisten, indem sie auf Stärken und Schwächen aufmerksam macht. Zudem soll die Forschung motiviert werden, sich intensiver mit wirtschaftlichen Themen in der deutsch-polnischen Grenzregion zu beschäftigen.

75 Ebenda, S. 4 f.

2. Standortfaktoren

In diesem Kapitel werden harte und weiche Standortfaktoren vorgestellt und definiert. Viele dieser Faktoren spielen im Smart-City-Modell eine wichtige Rolle und werden zur Überprüfung von Hypothese 1 benötigt. Zunächst werden produktionsbezogene und anschließend absatzbezogene Standortfaktoren betrachtet. Zum Abschluss werden diverse funktionsübergreifende Standortfaktoren präsentiert. Neben Theorieaspekten wird zu einigen Faktoren auch die aktuelle allgemeine Situation näher vorgestellt. Eine Betrachtung der relevanten Faktoren in Bezug auf die Doppelstadt sowie die Eurostadt im Rahmen des Smart-City-Modells erfolgt in den späteren Kapiteln.

Der Begriff Standortfaktor umfasst die Gesamtheit aller Faktoren eines Ortes, die sich positiv oder negativ auf den Betrieb und die Entwicklung eines Unternehmens auswirken. Um einen geeigneten Standort zu finden, muss ein Unternehmen wissen, welche Standortfaktoren für die jeweilige Branche besonders wichtig sind.[76] Standortfaktoren ergeben sich daher aus den unternehmensspezifischen Anforderungen an einen Standort, die für die beabsichtigte Tätigkeit von Bedeutung sind.[77]

Alfred Weber definierte im Jahre 1909 neue Grundlagen, brachte das Wort Standortfaktoren ein und betrachtete diese Kenngrößen als ökonomisch relevant.[78] Er stellte zwei Faktorfamilien auf, die sich über spezielle und generelle Faktoren definieren. Weiter erfolgt eine Unterteilung in agglomerierende und deglomerierende Faktoren sowie Regionalfaktoren, die die räumliche Verteilung festlegen.[79] Die generellen Faktoren, wie z. B. Lohnkosten, sind für alle Unternehmen von Bedeutung, während spezielle Faktoren, z. B. geografische Faktoren, nur für bestimmte Unternehmen relevant sind. Agglomeration heißt Bildung von Ballungen, z. B. von mehreren Unternehmen derselben Branche, wohingegen Deagglomeration die Dezentralisierung von Unternehmen bezeichnet. Häfen und Verkehrsknoten sind u. a. Beispiele für Regionalfaktoren, die eine Ansiedlung von Betrieben bewirken.[80]

Eine weitere Untergliederung Webers ist die Differenzierung zwischen natürlich-technischen (Küstenlage, Klima) und gesellschaftlich-kulturellen Faktoren. Sämtliche Faktoren können laut Weber auch gemischt betrachtet werden

76 Haas et al. (2018): Definition: Standortfaktoren
77 Bestmann (Hg.) (2001), S. 43.
78 Vgl. bei Lahner (2021), S. 547 f.
79 Bubach-Bernhardt (2021), S. 229.
80 Lahner (2021), S. 547.

und erhöhen so die Komplexität beträchtlich. Die damals begründete Betrachtungsweise ist auch in der Gegenwart noch aktuell.[81]

Michael Porter beschrieb und identifizierte 1990 mit seinem Diamantenmodell „wesentliche Determinanten (verwandte und unterstützende Industrien, harte Faktoren, weiche Faktoren, Rivalität und Nachfragebedingungen), die für die Wettbewerbsfähigkeit einer Nation oder Region maßgeblich sind".[82] Nach Porters Theorie hängt die Leistungsfähigkeit von Unternehmen von der Qualität des Firmenumfeldes ab. Harte Faktoren, wie z. B. das Angebot qualifizierter Arbeitskräfte, die Verkehrsinfrastruktur, die Distanz zu Universitäten etc. werden von weichen Faktoren flankiert. Zu letzteren zählt Porter etwa die Unterstützung durch eine Regionalregierung, Entwicklungsagenturen oder das regionale Image.[83]

Porter setzte sich in seinem Diamantenmodell auch mit den Produktionsfaktoren auseinander und gliedert diese in zwei Kategorien: Basisfaktoren und fortgeschrittene Faktoren. Die Basisfaktoren sind natürliche Ressourcen, Landflächen und Arbeitskräfte – die bereits ohne große Investitionen vorhanden sind. Große, zurückliegende Investitionen hingegen werden als fortgeschrittene Faktoren betrachtet. Zu diesen gehören Facharbeiterpersonal, Forschung und moderne Infrastruktur. Porter sieht die Produktionsfaktoren im Gegensatz zur klassischen Außenhandelstheorie nicht als direkt bestimmend an, sondern vielmehr als Stellschrauben, die ergebnisreich und lohnenswert eingesetzt werden müssen.[84]

Im Zuge der Globalisierung sind in den letzten Jahrzehnten die Transportkosten kontinuierlich gesunken, wodurch sich auch deren Stellenwert bei der Investitionsentscheidung verändert.[85] Aufgrund der aktuellen Situation in Europa, nach der COVID 19-Pandemie und dem Ausbruch des Ukrainekriegs, steigen jedoch die Kosten für Energie und somit auch den Transport wieder. Die Bundesnetzagentur spricht von einer angespannten Lage, die sich jederzeit verschlechtern kann.[86] Die Bedeutung von Standortfaktoren kann sich also über die Zeit durchaus verändern. Gleichwohl werden sowohl Weber als Mitbegründer der Standorttheorie sowie Porter, als einer der bekanntesten Klassiker der Standorttheorie, in dieser Studie angeführt, denn ihre Hypothesen haben in nicht unerheblichen Teilen bis heute Bestand.

Eikelpasch, Lejpras und Stephan kamen bei Ihrer Untersuchung von 2.100 ostdeutschen Firmen zu dem Ergebnis, dass die Kooperation verschiedener Organisationen zu einer positiven Leistung bei Innovationen führt, was auch Porters

81 Bubach-Bernhardt (2021), S. 233; Lahner (2021), S. 547.
82 Eickelpasch/Lejpras/Stephan (2007, S. 71; Lahner (2021), S. 553.
83 Eickelpasch/Lejpras/Stephan (2007), S. 4.
84 Lahner (2021), S. 553.
85 Busse (2001).
86 Bundesnetzagentur: Aktuelle Lage der Gasversorgung in Deutschland. Lagebericht (Stand 07.10.2022).

Annahme stützt.[87] Jedoch führt mehr Wettbewerb, im Gegenteil zu Porters Vorhersagen im Diamantenmodell, zu einer geringeren Leistung der beteiligten Unternehmen. Diese reagieren oft mit Preispolitik oder Reduktion der Kosten, anstatt auf Innovation oder Qualitätsverbesserungen zu setzen. Die Verbesserung der harten Faktoren durch die Regionalpolitik bestätigt Porters Ansatz, dass diese leistungs- und innovationsstärkend wirken.[88]

Bei dem hier präsentierten Vergleich der Doppelstadt Frankfurt (Oder) - Słubice und der Eurostadt Guben - Gubin sind die verschiedenen Planungssysteme der jeweiligen Staaten zu beachten. In Bezug auf die Republik Polen und die Bundesrepublik Deutschland fällt als Wesensmerkmal vor allem die unitäre vs. föderale Staatsordnung ins Auge, was zu Differenzen im Planungsverständnis führt. Es ergeben sich verschiedene Konnotationen und Begrifflichkeiten.[89]

2.1 Harte Standortfaktoren

Die harten Standortfaktoren werden in drei Kategorien unterteilt. Zu den produktionsbezogenen Standortfaktoren zählen u. a. gutausgebildete Fachkräfte, die Verfügbarkeit von Gewerbeflächen und Genehmigungen sowie die Steuerhöhe. Zu den absatzbezogenen Faktoren gehören die Kaufkraft der Bevölkerung, bereits angesiedelte Unternehmen sowie die damit verbundenen Branchenkontakte. Beispiele für funktionsübergreifende Standortfaktoren sind die Anbindung an internationale Verkehrskorridore und Metropolen, die Nähe zu Forschungseinrichtungen sowie die Investitionsförderung.[90] Tabelle 2 zeigt produktionsbezogene Standortfaktoren.

Tabelle 2: Harte Standortfaktoren: Produktionsbezogene Standortfaktoren

Produktionsbezogene Standortfaktoren:	**Beschreibung**
Investitionsförderung / Förderprogramme	– Wirtschaftsförderungsmaßnahmen – Verfügbarkeit, Höhe und damit verbundener Bürokratieaufwand
Allgemeine staatliche Rahmenbedingungen	– Bürokratie – Wirtschaftsförderungsmaßnahmen

87 Eickelpasch/Lejpras/Stephan (2007), S. 1 f.
88 Ebenda, S. 2–11.
89 Ebert/Tölle/Wdowicka (2012), S. 3.
90 Osiecka (2006), S. 83–96.

Produktionsfaktoren i. e. S.	– Arbeitskosten (Lohnniveau, Personalkosten pro Stunde), Qualifikation von Arbeitskräften – Rohstoffe – Grundstücke/Büros (Verfügbarkeit, Miet- und Erwerbskosten, Erschließungskosten), Bebaubarkeit für gewerbliche Nutzung (Bau- und Nutzungsvorschriften) – Energie
Infrastruktur	– Verkehrsanbindung – Kommunikationsmittel – Energie-/Wasserversorgung – Forschungslandschaft/-institutionen
Produktionsfaktoren i. w. S.	– kulturelles Angebot – Einkaufsmöglichkeiten – Umweltqualität – Kinderbetreuungseinrichtungen – Schulen/Weiterbildung – Verkehrsanbindung/ÖPNV – Kriminalität – vorhandene Netzwerke – Gesundheitsvorsorge – regionale Kaufkraft

Quelle: Eigene Darstellung und Zusammenstellung nach Berlemann und Tilgner (2006, S. 17–23)[91]

2.1.1 Produktionsbezogene Standortfaktoren

Je nach Branche und Unternehmen werden die produktionsbezogenen Standortfaktoren jeweils anders gewichtet. Aus der Gewichtung ergeben sich sechs klare Standort-Orientierungen:[92] Materialorientierung, Arbeitsorientierung, Abgabenorientierung, Kraftorientierung, Absatzorientierung und Verkehrsorientierung. Im Detail kann zwecks exakterer Beurteilung von Standorten auch noch auf sog. Standort-Bezugsgrößen (z. B. Wasserbedarf eines Unternehmens pro Jahr) verwiesen werden.[93]

Lahner beschreibt zwei Bausteine in Bezug auf die Wirtschaftsförderung. Diese Handlungsfelder sind Globalisierung und Demographie.[94] Die Corona-Pandemie begünstigte die ohnehin schon voranschreitende Digitalisierung und fügt so noch einen weiteren Baustein hinzu.[95]

91 Berlemann/Tilgner (2006), S. 17–23.
92 Vgl. Wöhe/Döring/Brösel (2016), S. 269–288.
93 Bestmann (Hg.) (2001), S. 45.
94 Lahner/Neubert (2016), S. 18–31.
95 Stember et al. (Hg.) (2021), S. 521–535; Terstriep/Rabadjieva (2021), S. 2–13.

2.1.1.1 *Verfügbarkeit, Kosten und Qualität von Arbeitskräften*

Arbeitsmarkt und Arbeitskräftebedarf verändern sich zukünftig hauptsächlich durch die Entwicklungen in Demographie und Digitalisierung. Beide Größen beeinflussen die Veränderung, den Bestand und Wegfall von Arbeitsplätzen und ganzen Branchen sowie die Entstehung neuer Wirtschaftszweige.

Daneben ist die Globalisierung ein weiterer hervorzuhebender Faktor.[96] Hervorgehoben wird vor allem die Bedeutung von substantiellen Export- und Importschocks. In Deutschland waren die stärksten Schocks nach 1990 zum einen der Fall des Eisernen Vorhangs sowie die damit verbundene Transformation der einst sozialistischen Länder in Osteuropa und zum anderen Chinas Wachstum und Integration in die Weltwirtschaft. Beide Veränderungen wiesen ein hohes Tempo auf – verglichen mit den anderen Handelspartnern Deutschlands im selben Zeitraum.[97] Aufgrund der geringeren Lohnstückkosten für bestimmte Güter in den genannten Regionen Osteuropa und China kam es für Deutschland zu einer Reduktion im Export und einer Erhöhung im Import eben jener Güter (z. B. Rohstahl). Dieser hinzugekommene Importdruck bedeutet wegen des Wachstums in Osteuropa und China wiederum Exportchancen für Deutschland (z. B. in der Auto- oder Pharmaindustrie).[98]

Aufgrund der fortschreitenden Digitalisierung ist von einem Wachstum im IT-Sektor auszugehen. Im Gegenzug sinkt die Zahl der Arbeitsplätze im verarbeitenden Gewerbe. Durch den demographischen Wandel verschärft sich der Fachkräftemangel aufgrund der sinkenden Anzahl verfügbarer Arbeitskräfte im erwerbstätigen Alter. Besonders stark bekommt das der Gesundheits- und Pflegebereich zu spüren, da hier zum einen der Personalbedarf stark steigen, zugleich jedoch das Personalangebot sinken wird. Auch in den Handwerksberufen und technischen Berufen treten bereits vermehrt Engpässe auf.[99] Das trifft indes mit Blick auf aktuelle Entwicklungen nicht auf alle Handwerksbranchen in gleichem Maße zu. Deutschlandweit haben zwischen 2013 und 2019 vier von sieben Branchen (Kraftfahrzeuggewerbe, Ausbaugewerbe, Bauhauptgewerbe und Gesundheitsgewerbe) einen Zuwachs erfahren, während drei Branchen (Lebensmittelgewerbe, Handwerke für den privaten Bedarf und Handwerke für den gewerblichen Bedarf) einen Mangel an Beschäftigten aufweisen.[100]

Die jetzige Generation muss angesichts der sich dauernd verändernden IT-Umgebung die kommunikative Kompetenz im Umgang mit neuen Medien

96 Jürgensmeier/Schulz-Montag (2021), S. 441.
97 Dauth/Findeisen/Suedekum (2021), S. 2 f.
98 Südekum/Dauth/Findeisen (2017), S. 6.
99 Jürgensmeier/Schulz-Montag (2021), S. 441.
100 Faißt/Hamann/Jahn (2020), S. 14–16.

und die Techniken des Fernunterrichts erwerben, um mit dem Tempo der Entwicklung mitzuhalten. Es wird darauf ankommen, wie die Arbeitskräfte diese neugewonnenen Informationen verarbeiten und kreativ anwenden können. Lebenslanges Lernen wird aufgrund der längeren Beschäftigung durch den demographischen Wandel zu einem wichtigen Attribut eines Arbeitnehmers.[101]

Institutionelle Rahmenbedingen haben laut Arntz einen Einfluss auf die Mobilitätsbereitschaft von Individuen. Während qualifizierte Arbeitskräfte in Regionen mit hohen Einkommen abwandern, entscheiden sich unqualifizierte Arbeitskräfte wegen unsicherer Beschäftigungslage gegen Migration und verbleiben zumeist in Regionen mit relativ stabilen Beschäftigungsmöglichkeiten.[102]

Neben regional wirkenden Faktoren sind die Kommunen auch mit externen Faktoren konfrontiert – dazu gehören u. a. der Wandel in der Automobilindustrie, die Anforderungen für Umweltschutz und Nachhaltigkeit sowie die Arbeitsmarktintegration von Immigranten verschiedenster soziokultureller Herkunft und Bildungsvoraussetzungen.[103] Folglich stehen langfristige strategische Ausrichtungen der Regionen immer auch im Zeichen sich verändernder externer Einflüsse.

2.1.1.2 *Verfügbarkeit und Kosten von Flächen und Gebäuden*

Das Angebot an Wirtschaftsflächen sollte zukunftsweisend konzipiert werden. Der Wandel von Wirtschaft und Gesellschaft führt zu einem Umdenken mit Blick auf herkömmliche Gewerbe- und Industriestandorte. Diesbezügliche Trends sollten ebenso wie sich ändernde Standortortanforderungen stetig analysiert werden, um ein ausreichendes, direkt verfügbares und der Nachfrage entsprechendes Angebot bereitstellen zu können. Hierbei sollte der Blick ausdrücklich auf kleine und mittelständische Unternehmen (KMU) und Start-ups gerichtet werden, die preisgünstige und deutlich kleinere Räumlichkeiten bzw. Flächen benötigen.[104]

Flächenverfügbarkeit und Planungssicherheit sind für Unternehmen entscheidende Faktoren, daher ist die Bereitstellung von bedarfsgerechten und erschlossenen Gewerbeflächen von höchster Wichtigkeit. Kommunal sollte mit städtebaulicher Förderung und der Unterstützung durch Bund und Länder eine dauerhafte Flächensicherung, -aktivierung und -revitalisierung gewährleistet werden, um schnelle Neuansiedlungen zu ermöglichen. Rechtliche Rahmenbedingungen runden die Flächenbevorratung und -sicherung ab, da sie durch

101 Bocheńska-Włostowska/Bocheńska-Brandt (2014), S. 133.
102 Arntz (2011), S. 140.
103 Stember et al. (Hg.) (2021), S. 442.
104 Ebenda, S. 672.

entsprechende Nutzungsvorgaben bzw. -ausschlüsse Spekulationen eingrenzen können. Bei begehrten Standorten kann dies preisdämpfend wirken.[105]

Seitens der Kommune kommen Kosten für die Wirtschaftsflächen hinzu: für die Erschließung, den Bau von Gebäuden, den einzuhaltenden Klima- und Umweltschutz, für Vermarktung und Verwaltung.[106] Bei der Erschließung und dem Bau von Gebäuden lassen sich Kosten durch eine höhere Bebauungsdichte und den Bau mehrgeschossiger Gebäude einsparen. Der Klimaschutz bedeutet zuerst einmal höhere Kosten, jedoch bringt das verbesserte Image – mit dem die Firmen werben können – Wettbewerbsvorteile am Markt. Diese bedeuten wiederum größere Profite. Des Weiteren gibt es durch interkommunale Zusammenarbeit Einsparungspotentiale. Eine Marketingabteilung kann beispielsweise alle Immobilien der Kommunen zusammen vermarkten, wodurch Einsparungspotentiale bei den Kampagnen- und Personalkosten entstehen.[107] Auf die sich ansiedelnden Unternehmen kommen natürlich Erwerbs- oder Mietkosten sowie Bewirtschaftungskosten zu.[108]

2.1.1.3 *Verfügbarkeit von Produktionsmitteln*

Laut Adam Smith lassen sich die Produktionsfaktoren in Arbeit, Boden und Kapital aufteilen.[109] Der Boden bezeichnet die aus dem Boden gewonnenen Rohstoffe sowie die zur Produktion notwendigen Hilfs- und Betriebsstoffe. Vorliegende Studie geht nur relativ wenig auf die Kosten von Produktionsmitteln ein, da die notwendigen Roh-, Betriebs- und Hilfsstoffe je nach Branche variieren.

2.1.2 Absatzbezogene Standortfaktoren

Der Raum kann im digitalen Zeitalter seine vormals trennende Wirkung nicht mehr erzielen.[110] In früheren Zeiten bedeuteten gefällte Standortentscheidungen fast immer die Bindung an einen dauerhaften Standort, weil die sog. versunkenen Kosten sehr hoch waren.[111] Wenn Investitionskosten bei Desinvestition nicht vollständig zurückgewonnen werden, entstehen immer versunkene Kosten.[112] Heute gibt es hingegen sog. „Footloose Industries" oder auch „Rucksackbetriebe", die von Entwicklungen der Produktionstechnologie (Lean Production, Downsizing), sinkenden Transportkosten und verbesserten Kommunikationsmöglichkeiten

105 Stember et al. (Hg.) (2021), S. 672 f.
106 Ebenda, S. 654–690.
107 Pongratz/Jacob/Essig (2021), S. 683–690.
108 Stember et al. (Hg.) (2021), S. 628–647.
109 Smith (1789); Smith/Cannan (1904).
110 Pongratz/Vogelgesang (2016), S. 36.
111 Stember et al. (Hg.) (2021), S. 628.
112 Barham/Chavas (2018), S. 391–400.

profitiert haben und sich aufgrund der zu erwartenden geringeren versunkenen Kosten einen Umzug leisten können.[113] Die relevanten Standortfaktoren bezüglich des Absatzes sind in Tabelle 3 aufgeführt.

Tabelle 3: Harte Standortfaktoren: Absatzbezogene Standortfaktoren

Absatzbezogene Standortfaktoren	**Beschreibung**
Transportkosten gegenüber Alternativstandort des Absatzmarktes	– Vorhandensein und Kapazität verschiedener Transportwege (Lieferanten/Logistik und Zulieferer vorhanden) – Größe und Gewicht der Güter sowie die zu transportierende Menge
Größe des Absatzmarktes gegenüber Alternativstandort des Absatzmarktes	– Je größer der Absatzmarkt (Kunden B2B, Einzelhandelskaufkraft, Einkommen privater Haushalte), desto attraktiver ist er für Investoren.
Konkurrenzsituation im Absatzmarkt	– Geringe Intensität führt zu höheren Gewinnen. – Höhere Intensität kann Konkurrenten veranlassen, in den Markt einzutreten, um Präsenz zu zeigen.
Vermeidung von Währungsrisiken	– Es ist sinnvoll, eine Produktionsstätte in einem Zielland (Export) aufzubauen, um Währungsrisiken aufgrund hoher Volatilität abzustellen. – Je höher die Volatilität einer Währung, desto eher wird sich ein Unternehmen entscheiden, eine Produktionsstätte im Zielland zu besitzen.
Vermeidung von tarifären oder nicht-tarifären Handelshemmnissen	– tarifär: Zölle, Abschöpfungen, Exportsubventionen oder Kontingente (z. B. in der Form verschiedener Import-Einschränkungen) – nicht-tarifär: Einführung von verbindlichen Normen und Standards, Kennzeichnungspflichten, psychologische Beeinflussung der Konsumenten zum Kauf von einheimischen Produkten, Diskriminierung bei der Zollabwicklung, Androhung von handelspolitischen Maßnahmen (z. B. Zöllen), Anforderungen an die Qualifikation von Dienstleistungsanbietern und aufwendige Verwaltungsverfahren – Je ausgeprägter diese beiden Typen von Handelshemmnissen sind, desto attraktiver ist es, eine Produktionsstätte im Zielland zu besitzen.

Quelle: Eigene Darstellung und Zusammenstellung nach Berlemann und Tilgner (2006)[114]

113 Stember et al. (Hg.) (2021), S. 627 f.
114 Berlemann/Tilgner (2006), S. 17–21.

2.1.3 Funktionsübergreifende Standortfaktoren

Die funktionsübergreifenden Standortfaktoren sind bei jeder Standortentscheidung zu berücksichtigen, während die produktions- und absatzbezogenen Standortfaktoren nur für das jeweilige Unternehmen oder dessen Geschäftsmodell relevant werden.

Tabelle 4: Harte Standortfaktoren: Funktionsübergreifende Standortfaktoren

Funktionsübergreifende Standortfaktoren	**Beschreibung**
Arbeitskräftepotential	– Qualifikation von Arbeitskräften
Investitionsförderung/ Förderprogramme	– Wirtschaftsförderungsmaßnahmen – Verfügbarkeit, Höhe und damit verbundener Bürokratieaufwand – hauptsächlich für die Angleichung strukturschwacher Regionen an strukturstarke Regionen
Rechtssicherheit	– Klarheit, Bestimmtheit und Beständigkeit staatlicher Entscheidungen, schnelle Klärung von Rechtsfragen oder verhältnissen
Wirtschafts- und Eigentumsverfassung	– Eigentums- und Vermögensrechte (Entscheidungsrechte, Nutzungsrechte, Aneignungsrecht, Veränderungsrecht, Transferrecht) – Vertragsfreiheit – Haftungsprinzip
Bürokratie und Markteintrittsregeln	– Formalitäten bei der Entrichtung von Abgaben oder Steuern – Erhöhter Zeitaufwand bedeutet höhere Kosten.
Korruption	– führt langfristig zu einer höheren Steuerbelastung bei Bürgern und Unternehmen – Grundsätzlich gibt es keine wirkliche Bevorteilung für ein Einzelunternehmen, denn die anderen Marktteilnehmer können das korrupte System ebenso mitbenutzen. – Hinzu kommen indirekte Kosten bei Aufdeckung der Aktivitäten bei Bestrafung durch das Rechtssystem.
Akzeptanz benötigter Technologien	– Erlaubnis und Akzeptanz dieser Technologien am Standort (z. B. Gentechnologie)

Umweltauflagen	– zusätzliche Kosten – Anreize für eine umweltbewusste Produktgestaltung und Entwicklung moderner Umweltschutztechnik – Fischerei, Forst- und Landwirtschaft sowie Tourismuswirtschaft sehen diese positiv.
Arbeitsmarktregulierung	– Hohe Regulierung macht den Standort unattraktiv. – Die Flexibilisierung des Arbeitsmarktes führt zu höherer Attraktivität.
Steuerbelastung	– Höhe der Kosten
Zur Verfügung stehende Fördermittel	– Förderhöchstsätze bis zu 50 % der Gesamtsumme – hauptsächlich für die Angleichung strukturschwacher Regionen an strukturstarke
Kredit- und Kapitalmarktzugang	– positive Auswirkung, wenn herkömmliche Methoden nicht greifen (Nutzen thesaurierter Gewinne, Heranziehen von zusätzlichem Kapital durch Anteilseigner)
Religion	– Beachtung von Verhaltenskomponenten (u. a. Ehrlichkeit) – Pluralismus der Religionen fördert den Wettbewerb der Religionen – deregulierte Religionsmärkte stärken reales Wachstum.
Image und Tradition einer Region	– Image hat kurz- bis mittelfristige Relevanz, wenn eine Region sich verbessert/verschlechtert. – Image ist langfristig die Summe der Standortfaktoren.

Quelle: Eigene Darstellung und Zusammenstellung nach Berlemann und Tilgner (2006)[115]

2.2 Weiche Standortfaktoren

Tabelle 5 bündelt die weichen Standortfaktoren, die in unternehmens- und personenbezogene Faktoren unterteilt werden.

115 Ebenda, S. 16–20.

Tabelle 5: Weiche Standortfaktoren

Unternehmensbezogene Faktoren	**Bezeichnung**
Wirtschaftsklima in einer Region oder Stadt	– Bearbeitungszeit, Kommunikation sowie Digitalisierung der Verwaltung (Smart City) – Wirtschaftspolitische Ausrichtung
Image einer Region oder Stadt	– siehe oben Tabelle 4: Image und Tradition einer Region
Branchenkontakte am Standort	– Innovationspotential – Vernetzungs- und Austauschmöglichkeiten zwischen Unternehmen untereinander und mit Forschungseinrichtungen (Technologietransfer und Fachkräftesicherung)
Personenbezogene Faktoren	**Bezeichnung**
Wohnraum	– Verfügbarkeit und Kosten – Qualität von Wohnraum – Offenheit gegenüber Zuzüglern (Willkommenskultur)
Öffentliche Infrastruktur	– Ausbildungsstätten (Kindergärten, Schulen, Universitäten etc.) – Medizinische Versorgung (Anzahl niedergelassener Ärzte, Fachärzte, Krankenhaus, Alters- und Pflegeheime etc.) – Bearbeitungszeit, Kommunikation sowie Digitalisierung der Verwaltung (Smart City)
Demographische Merkmale	– Allgemeines Bildungsniveau – Altersstruktur – Einkommen
Kultur- und Freizeitangebot	– Kultur (Museen, Theater, Opern, Philharmonie etc.) – Freizeit (Gastronomie, Kino, Schwimmbad, Veranstaltungen etc.) – starkes Vereinsleben – gemeinsame Identitäten und Werte mit Zugezogenen (Feste, Traditionen etc.)
Umweltqualität	– nationale und regionale Umweltvorschriften (Gesetze, Auflagen, Naturschutzgebiete)

Quelle: Eigene Darstellung und Zusammenstellung nach Grabow (1995)[116]

116 Lahner (2021), S. 550–552.

3. Smart City

In diesem Kapitel wird das Konzept der Smart City zunächst näher erläutert und eingeordnet. Anschließend werden im Rahmen des Smart-City-Modells geeignete Faktoren und Indikatoren definiert, um eine Bewertung der Doppelstadt Frankfurt (Oder) – Słubice sowie der Eurostadt Guben – Gubin durchführen zu können.

Durch Prozesse wirtschaftlicher Integration und der Globalisierung hat sich die Rolle von Städten sowie Metropolen verändert. Vor dem Hintergrund sich rasant ändernder wirtschaftlicher und technologischer Bedingungen sind Städte einem zunehmenden Wettbewerb um Investoren, Touristen und qualifizierte Arbeitskräfte ausgesetzt. Wettbewerbsfähigkeit und Attraktivität von Städten werden somit immer wichtiger.[117]

Wirtschaftliche Aktivitäten verlagern sich in Gebiete, die in Bezug auf Produktion, Innovation und Lebensqualität die attraktivsten Standortfaktoren aufweisen. Gleichzeitig entstehen komplexe soziale, ökologische und wirtschaftliche Probleme, die sich zunehmend negativ auf die Lebensqualität in Städten auswirken, so dass es neuer Ansätze und Lösungen in Stadtplanung und Kommunalpolitik bedarf. Vor diesem Hintergrund nutzen bereits viele Städte und Kommunen neue Technologien, um diese Herausforderungen zu meistern. Neue technologische Entwicklungen dienen dabei nicht nur der Verbesserung harter Standortfaktoren, sondern auch der weichen, so dass deren Einführung in vielen Bereichen von entscheidender Bedeutung ist. Dabei geht es um Erhöhung der Energieeffizienz, Verringerung von Emissionen oder neue Kommunikationsarten. Diese Entwicklung bildet den Ausgangspunkt für die seit Ende der 1990er Jahre an Popularität gewinnende Diskussion zum Thema Smart City.[118]

Obwohl das Konzept bereits seit den 1990er Jahren bekannt ist, gibt es in der Literatur bis heute keine klare und allgemeingültige Definition von Smart City – es existieren mehrere Definitionen nebeneinander.[119] Albino, Berardi und Dangelico haben verschiedene Smart-City-Definitionen untersucht und kommen ebenso zu dem Ergebnis, dass es schwierig ist, eine allgemeingültige Definition zu formulieren. Dies hängt mit der Individualität und Komplexität der unterschiedlichen Städte zusammen, die dann jeweils eine bestimmte Priorisierung und Vision zur Folge haben, um bestimmte Aspekte von Smart City voranzutreiben.[120] Jede Stadt hat ihre eigene Dynamik, Historie und eine individuelle

117 Begg (1999).
118 Giffinger/Kramar (2021), S. 35.
119 Baran et al. (2022), S. 3.
120 Albino/Berardi/Dangelico (2015), S. 18.

Ressourcenausstattung, woraus sich spezifische Bedürfnisse und individuell gesetzte Schwerpunkte ergeben.[121]

Das Konzept Smart City ist so vielseitig und komplex, dass sich verschiedene wissenschaftliche Disziplinen damit befassen.[122] In der Literatur finden sich auch Überschneidungen mit verwandten Stadtkonzepten, je nach wissenschaftlicher Perspektive.[123] Beispiele dafür sind *digital city* (digitale Stadt), wobei der Schwerpunkt auf der Entwicklung von digitaler Infrastruktur in der Stadt liegt,[124] *knowledge city* (Wissensstadt), wobei der Fokus auf der Schaffung eines innovativen Umfelds für Wissenschaft und Forschung liegt[125] oder *green city* (grüne Stadt), bei dem sich die Stadtplanung und -entwicklung im Einklang mit der Natur versteht und eine grüne Infrastruktur ein wichtiger Bestandteil ist.[126]

Unabhängig von der wissenschaftlichen Disziplin gibt es zwei Aspekte, die in den Definitionen immer wieder vorkommen. Zum einen ist es die Berücksichtigung der Bedürfnisse und Präferenzen der Bürger, denn sie sind es, die von einer Smart City profitieren sollen; insofern ist deren Partizipation ein entscheidender Bestandteil im Prozess hin zu einer Smart City.[127] Der zweite Aspekt stellt die *information and communications technology* (ICT) – innovative Informations- und Kommunikationstechnologie – dar, die wesentlicher Bestandteil des Smart-City-Konzepts ist und ein wichtiges Instrument zur Verbesserung der Lebensqualität in allen Bereichen der Stadt darstellt. Die bloße Einführung neuer Technologien macht eine Stadt jedoch nicht automatisch zu einer Smart City, sondern deren intelligente Nutzung, d. h. eine entsprechende Datenanalyse und -auswertung sowie die Umsetzung und Verknüpfung verschiedener Ebenen.[128]

Eine Studie des Europäischen Parlaments nimmt diese beiden Aspekte ebenso in ihre Definition auf. Danach ist eine Smart City eine Stadt, die versucht, öffentliche Belange mit Hilfe von Informations- und Kommunikationstechnologie zu lösen, basierend auf der partnerschaftlichen Zusammenarbeit verschiedener kommunaler Stakeholder.[129]

Die Doppelstadt Frankfurt (Oder) – Słubice bezieht sich im Handlungsplan bei der Definition des Begriffs Smart City auf das Institut für Raumordnung der TU Wien. Diesem zufolge versteht man unter Smart City einen Ort, der sich durch

121 Manville et al. (2014).
122 Pichlak (2018), S. 194; Masik/Sagan/Scott (2021), S. 3.
123 Winkowska/Szpilko/Pejić (2019), S. 71–73.
124 Yovanof/Hazapis (2009).
125 Cueva-Ortiz/Cruz-Cárdenas (2021).
126 Breuste (2023).
127 Winkowska/Szpilko/Pejić (2019), S. 77–79.
128 Gotlibowska (2018), S. 77–79.
129 Manville et al. (2014), S. 23–25.

besondere Innovationsfähigkeit und Modernität auszeichnet und an dem durch den Einsatz digitaler Lösungen traditionelle Netzwerke und Dienste zum Wohle der Bevölkerung sowie ansässiger Unternehmen effizienter gestaltet werden. Es geht dabei um eine bessere Ressourcennutzung und weniger Emissionen, aber auch um intelligentere städtische Verkehrsnetze, verbesserte Wasserversorgungs- und Abfallentsorgungsanlagen und effizientere Möglichkeiten, Gebäude zu beleuchten und zu beheizen. Weiterhin schließt der Begriff Smart City eine interaktive und reaktionsschnelle Stadtverwaltung, sichere öffentliche Räume sowie die Bedürfnisse einer alternden Bevölkerung mit ein.[130]

3.1 Smart-City-Modell

Eines der ersten und mittlerweile bekanntesten Smart-City-Modelle, das die Grundlage für weitere Smart-City-Konzepte darstellt, liefern Rudolf Giffinger et al.[131] Auf dieses bezieht sich auch die Doppelstadt Frankfurt (Oder) – Słubice in ihrem Handlungsplan,[132] so dass im Rahmen der Studie dieses Giffinger-Modell[133] als Basis für die nähere Betrachtung genutzt wird. So soll sichergestellt werden, dass die Bewertung der Doppelstadt als Smart City anhand derselben Kriterien vollzogen wird, wie von den Verfassern des Handlungsplans erdacht.[134]

Das Smart-City-Modell von Giffinger et al. wurde mit dem Ziel entwickelt, mittelgroße europäische Städte mit 100.000 bis 500.000 Einwohnern miteinander vergleichen zu können. Anhand des Modells wurde ein Ranking mit 70 europäischen Städten erstellt. Neben dem Kriterium der Einwohnerzahl sollten alle beteiligten Städte über mindestens eine Universität verfügen und in einem Einzugsgebiet mit weniger als 1,5 Mio. Einwohnern liegen. In dem Modell werden sechs Charakteristika definiert, in denen eine Stadt gute Werte erzielen muss, damit sie als Smart City bezeichnet werden kann. Die Grundlage dafür bilden der intelligente Einsatz von Ressourcen sowie das Handeln unabhängiger und verantwortungsbewusster Bürger.[135] In Abbildung 2 werden die sechs Charakteristika des Modells sowie deren Zusammenhang abgebildet, und in Tabelle 6 sind diese im Detail aufgelistet.

130 Europäische Kommission: Smart cities.
131 Gotlibowska (2018), S. 69.
132 Stadtverwaltung Frankfurt (Oder) (2019).
133 Giffinger, Rudolf et al. (2007): european smart cities.
134 Einen Überblick über weitere Smart-City-Konzepte findet man u. a. in Gotlibowska (2018), bei Baran/Kłos/Chodorek et al. (2022) oder in der vom EU-Parlament in Auftrag gegebenen Studie von Manville et al. (2014).
135 Ebenda, S. 11.

Abbildung 2: Smart-City-Modell

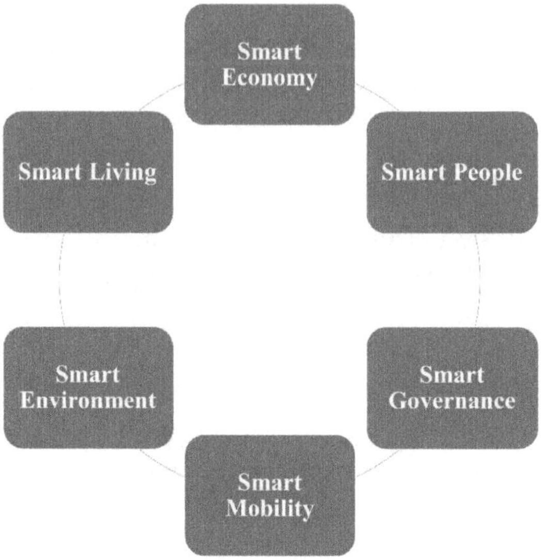

Quelle: Eigene Darstellung nach Giffinger et al.[136]

Tabelle 6: Charakteristika und Faktoren des Smart-City-Modells

Smart Economy **Wettbewerbsfähigkeit** **(Competitiveness)**	**Smart People** **Soziales und Arbeitskraft** **(Social and Human Capital)**
• Innovationsgeist (Innovative spirit) • Unternehmertum (Entrepreneurship) • Wirtschaftliches Image & Marken (Economic image & trademarks) • Produktivität (Productivity) • Flexibilität des Arbeitsmarktes (Flexibility of labour market) • Internationale Vernetzung (International embeddedness)	• Qualifikationsniveau (Level of qualification) • Affinität zu lebenslangem Lernen (Affinity to lifelong learning) • Soziale und ethnische Pluralität (Social and ethnic plurality) • Flexibilität (Flexibility) • Kreativität (Creativity) • Weltoffenheit / Toleranz (Cosmopolitanism/Open-mindedness) • Teilhabe am öffentlichen Leben (Participation in public life)

136 Giffinger et al. (2007): Smart Cities.

Smart Governance Partizipation (Participation)	**Smart Mobility** Transport und Informationstechnik (Transport and ICT)
• Mitbestimmung (Participation in decision-making) • Öffentliche und soziale Dienste (Public and social services) • Transparente Verwaltung (Transparent governance)	• Lokale Verkehrsanbindung (Local accessibility) • (Inter-)nationale Anbindung ((Inter)national accessibility) • Verfügbarkeit von ICT-Infrastruktur (Availability of ICT-infrastructure) • Nachhaltige, innovative und sichere Verkehrssysteme (Sustainable, innovative and safe transport systems)
Smart Environment Natürliche Ressourcen (Natural resources)	**Smart Living** Lebensqualität (Quality of life)
• Attraktivität der natürlichen Gegebenheiten (Attractivity of natural conditions) • Umweltverschmutzung (Pollution) • Umweltschutz (Environmental protection) • Nachhaltiger Umgang mit Ressourcen (Sustainable resource management)	• Kulturelle Einrichtungen (Cultural facilities) • Gesundheitliche Einrichtungen (Health conditions) • Persönliche Sicherheit (Individual safety) • Wohnqualität (Housing quality) • Bildungseinrichtungen (Education facilities) • Touristische Attraktivität (Touristic attractivity) • Sozialer Zusammenhalt (Social cohesion)

Quelle: Eigene Auflistung nach Giffinger et al. (2007)[137]

Das Modell ist hierarchisch aufgebaut, d. h. die sechs Charakteristika werden durch mehrere Faktoren beschrieben, die ihrerseits wieder durch verschiedene Indikatoren erfasst werden. In Tabelle 6 sind die sechs Bereiche und deren Faktoren aufgeführt.

Giffinger und Kramar definierten 2021 den „European Smart City"-Ansatz (ESC). Die am stärksten aggregierte Bewertungsebene liefert die allgemeine Position einer Stadt in Form eines Ranges innerhalb des Systems ausgewählter Städte. Im Rahmen des Benchmarks wird somit vor allem die Stadt im Vergleich

137 Ebenda, S. 22 f.

zu anderen Städten betrachtet, es wird also ein Ranking durchgeführt. Durch die zahlreichen Indikatoren, die bei der Bewertung eine Rolle spielen, geht das Benchmark über ein einfaches Ranking weit hinaus. Unter diesen Voraussetzungen und in Anlehnung an die aktuelle Idee der Smart-City-Entwicklung kann jede Stadt auf der empirischen Basis von transparenten und umfassenden datenbasierten Profilen mit ähnlichen Städten gleichen Typs oder gleicher Größe in Beziehung gesetzt und verglichen werden. Die einzelnen Profile liefern detailliertere Informationen und zeigen anhand einfacher Diagramme die Leistung einer Stadt in verschiedenen Schlüsselbereichen oder Bereichen der intelligenten Entwicklung im Vergleich zum Durchschnitt der gesamten Stichprobe. Dies ermöglicht eine transparente Darstellung der relativen Stärken und Schwächen im Vergleich zu anderen vergleichbaren Städten. Hierdurch stellt der ESC-Ansatz eine umfassende Methode zum Profilieren und Benchmarking europäischer mittelgroßer Städte dar. Das Label „Smart City" erhält laut dem Ansatz eine Stadt, die in sechs relevanten Schlüsselfeldern gut abschneidet, die auf einer „smarten" Kombination von Ressourcen und Aktivitäten selbstentscheidender, unabhängiger und bewusster Bürger basiert.[138]

Der Ansatz von Giffinger und Kramar wird im Rahmen eines Modells umgesetzt, das als Bewertungsinstrument dazu genutzt werden kann, Städte in Bezug auf eine Vielzahl von „smarten" Merkmalen transparent zu vergleichen, um individuelle Städteprofile für ein evidenzbasiertes Benchmarking zu erstellen. Die Indikatoren basieren auf verfügbaren und zuverlässigen statistischen Daten und sind nicht nur auf lokale Einrichtungen oder Ausstattungen beschränkt, sondern umfassen auch soziale, institutionelle, kulturelle und ökologische Bedingungen im Zusammenhang mit Bereichen wie dem Bewusstsein und der Beteiligung selbstbestimmter Bürger.[139]

Das Modell wird im Folgenden für die Bewertung der Doppelstadt Frankfurt (Oder) – Słubice und der Eurostadt Guben – Gubin angewendet. Hierbei ist zu beachten, dass die Anforderungen des Modells hinsichtlich der Einwohnerzahl weder durch die Doppelstadt noch durch die Eurostadt erfüllt werden und die Anforderung einer vor Ort ansässigen Universität lediglich in der Doppelstadt gewährleistet ist. Dies wird im Weiteren jedoch vernachlässigt, da sich die Doppelstadt in ihrem Handlungsplan auf das Modell bezieht, sich also mit großer Wahrscheinlichkeit über diese Umstände im Klaren war. Im Vergleich wird auch weitestgehend auf die Betrachtung nationaler Indikatoren verzichtet, da sich beide Städte in denselben Ländern und Bundesländern befinden, so dass diese

138 Giffinger, Rudolf et al. (2007): european smart cities, S. 3.
139 Giffinger/Haindlmaier (2010).

Werte sich nicht unterscheiden würden. Da im Rahmen dieser Arbeit erforscht werden soll, ob die Doppelstadt Frankfurt (Oder) – Słubice das wirtschaftliche Zentrum der Grenzregion in Brandenburg und der Woiwodschaft Lubuskie ist, wird beim Smart-City-Modell auf die Betrachtung einiger weniger wirtschaftsrelevanter Charakteristika verzichtet. Das heißt, dass im Folgenden der Schwerpunkt auf die Charakteristika Smart Economy und Smart Mobility gelegt wird. Eine vollumfängliche Betrachtung der Doppelstadt anhand des Smart-City-Modells würde den Rahmen der Studie sprengen. In den folgenden Unterkapiteln werden die einzelnen Teilkategorien des Modells vorgestellt. Dabei wird definiert, welche Faktoren bzw. Indikatoren für die Betrachtung der Doppelstadt und den anschließenden Vergleich mit der Eurostadt Verwendung finden und welche nicht weiter berücksichtigt werden.

3.2 Smart Economy

Für den Begriff Smart Economy existieren unterschiedliche Definitionen. Mateusz Ryba versteht unter Smart Economy den Einsatz innovativer und flexibler Lösungen zur Produktivitätssteigerung der lokalen Wirtschaft. Indikatoren dafür sind Produktivität, Innovation und Unternehmertum, z. B. gemessen an der Zahl der Neugründungen oder der Forschungs- und Entwicklungsausgaben (FuE). Die Flexibilität des Arbeitsmarktes, die Transformationsfähigkeit oder der Internationalisierungsgrad der Wirtschaft, z. B. gemessen an der Anzahl internationaler Veranstaltungen oder der Bedeutung von Exporten, sind weitere Indikatoren.[140] Eine durch ICT gesteigerte Produktivität und fortschrittlichere Fertigung sowie auf ICT basierende Innovation, neue Produkte, Dienstleistungen und Geschäftsmodelle werden auch in einer vom EU-Parlament in Auftrag gegebenen Studie genannt. Ebenso wird dort auf die lokale sowie eine globale Vernetzung und die internationale Einbindung von physischen und digitalen Waren-, Dienstleistungs- und Wissensströmen verwiesen.[141] Laut Justyna Winkowska zählen zu Smart Economy eine gesteigerte Produktivität durch ICT, Unternehmertum, die Anpassungsfähigkeit der Wirtschaft an Veränderungen, die Flexibilität auf dem Arbeitsmarkt und die internationale Zusammenarbeit.[142] Mike Barlow weist bei der Transformation und Entwicklung von Smart Economy zusätzlich auf die besondere Bedeutung einer nachhaltigen Ausrichtung hin.[143]

140 Ryba (2017), S. 84.
141 Manville et al. (2014), S. 28.
142 Winkowska/Szpilko/Pejić (2019), S. 71 f.
143 Barlow/Levy-Bencheton (2018), S. 210.

Ein Vergleich der obenstehenden Definitionen zeigt, dass sie sich inhaltlich ähneln. Dies trifft auch auf die Begriffe in den nachfolgenden Unterkapiteln zu und ist darauf zurückzuführen, dass sich bei den Definitionen oftmals auf das Modell von Giffinger et al. bezogen wird. Dieses dient als Grundlage für die Betrachtung der Doppel- sowie der Eurostadt. Aus diesem Grund werden im weiteren Verlauf unterschiedliche Definitionen der einzelnen Oberkategorien vorgestellt, die Auswahl der zur Messung dieser zu berücksichtigenden Faktoren und Indikatoren orientiert sich jedoch stets an dem Modell von Giffinger et al.

Eine Zusammenfassung der Faktoren und der dazugehörigen Smart-Economy-Indikatoren, die im Rahmen der Studie zur Betrachtung der Doppelstadt und der Eurostadt verwendet werden, befindet sich in Tabelle 7.

Für den Faktor Innovationskraft wird auf eine Betrachtung des im Originalmodell genannten Indikators „nationale FuE-Ausgaben in % des BIP" verzichtet, da diese hier identisch ausfallen würden. Stattdessen werden die internen FuE-Aufwendungen und angestelltes FuE-Personal (Vollzeit) betrachtet. Auch wird die Beschäftigungsquote in wissensintensiven Sektoren aufgrund mangelnder Datenlage nicht berücksichtigt.

Der Faktor „Wirtschaftliches Image/Markenkraft" wird aufgrund mangelnder Datenlage für den Indikator „Bedeutung als Entscheidungszentrum" ersatzlos gestrichen. Ausführungen zum wirtschaftlichen Image finden sich jedoch in den Experteninterviews in Kapitel 6.

Auch der Faktor „Internationale Vernetzung" wird nicht betrachtet. Die hierfür relevanten Indikatoren „Unternehmen mit Hauptsitz in der Stadt, die auf dem nationalen Aktienmarkt notiert sind", „Lufttransport von Passagieren" sowie „Lufttransport von Fracht" sind weder für die Doppelstadt noch für die Eurostadt relevant, da zum einen keine der Städte einen Flughafen besitzt. Zum anderen ist keine von ihnen Hauptsitz eines Unternehmens, das auf dem nationalen Aktienmarkt notiert ist.

Beim Faktor „Flexibilität des Arbeitsmarktes" wird der Indikator „Anteil der Teilzeitbeschäftigten" nicht berücksichtigt.

Um die wirtschaftliche Situation sowohl der Doppelstadt als auch der Eurostadt breiter bewerten zu können, werden zudem die Faktoren „Verfügbarkeit und Kosten von Flächen und Gebäuden" und „Investitionsförderung" in die Bewertung von Smart Economy aufgenommen.

Für die Betrachtung der Doppelstadt und den Vergleich mit der Eurostadt im Bereich Smart Economy lassen sich zusammenfassend folgende Faktoren und Indikatoren auflisten:

Tabelle 7: Smart Economy: Faktoren und Indikatoren

Faktor	Indikator
Innovationskraft (Innovative spirit)	• Interne FuE-Aufwendungen und angestelltes FuE-Personal (Vollzeit) • Patentanmeldungen pro Kopf
Unternehmertum (Entrepreneurship)	• Zahl der Selbständigen • Anzahl neugegründeter Unternehmen
Produktivität (Productivity)	• BIP pro Erwerbstätigen
Flexibilität des Arbeitsmarktes (Flexibility of labour market)	• Arbeitslosenquote
Verfügbarkeit und Kosten von Flächen und Gebäuden	• Qualitative Auswertung
Investitionsförderung	• Qualitative Auswertung

Quelle: Eigene Auflistung nach Giffinger et al.[144]

3.3 Smart Mobility

Unter Smart Mobility werden ICT-gestützte, integrierte und nachhaltige Verkehrssysteme verstanden, die sowohl den Transport und die Logistik von Gütern als auch den Personenverkehr umfassen. Die Nachhaltigkeit ist dabei ein wichtiger Aspekt, daher sollen saubere und nicht motorisierte Optionen bevorzugt werden. Die ICT-gestützten Systeme ermöglichen der Öffentlichkeit den Zugriff auf Echtzeitdaten, was neue Verbesserungsmöglichkeiten schafft, um z. B. das Pendeln effizienter zu gestalten oder Transportkosten zu sparen, was im Ergebnis die CO_2-Emissionen verringert. Neue ICT trägt auch zu einer Verbesserung der Verkehrssicherheit bei.[145]

Der Faktor „Lokale Erreichbarkeit“ samt den Indikatoren „Zufriedenheit mit dem Zugang zu öffentlichen Verkehrsmitteln“, „Öffentliches Verkehrsnetz pro Einwohner“ sowie „Zufriedenheit mit der Qualität der öffentlichen Verkehrsmittel“ werden aufgrund mangelnder Datenlage nicht berücksichtigt.

Für den Faktor Verfügbarkeit von ICT-Infrastruktur werden die Indikatoren „Computer in Haushalten“ und „Breitband-Internetzugang in Haushalten“ nicht berücksichtigt. Stattdessen wird der Indikator „Festnetzverfügbarkeit für

144 Giffinger et al. (2007): Smart Cities, S. 22.
145 Ryba (2017), S. 84; Giffinger et al. (2007): Smart Cities, S. 11 f.

Unternehmen in % nach Geschwindigkeit" betrachtet. Dieser Indikator hat eine höhere Aussagekraft in Bezug auf wirtschaftliche Aspekte des Internetzugangs.

Für den Faktor „Nachhaltige, innovative und sichere Verkehrssysteme" werden die Indikatoren „Einsatz von sparsamen Autos" und „Nutzung von Elektroautos" aufgrund mangelnder Datenlage nicht berücksichtigt. Stattdessen wird der „Anteil grüner Mobilität (nicht motorisierter Individualverkehr)" betrachtet.

Für die Betrachtung der Doppelstadt und den Vergleich mit der Eurostadt im Bereich Smart Mobility lassen sich zusammenfassend folgende Faktoren und Indikatoren auflisten:

Tabelle 8: Smart Mobility: Faktoren und Indikatoren

Faktor	**Indikator**
(Inter-)nationale Anbindung ((Inter)national accessibility)	• Internationale Verkehrsanbindung • Nationale Verkehrsanbindung
Verfügbarkeit von ICT-Infrastruktur (Availability of ICT infrastructure)	• Festnetzverfügbarkeit für Unternehmen in % nach Geschwindigkeit
Nachhaltige, innovative und sichere Verkehrssysteme (Sustainable, innovative, and safe transport systems)	• Nutzung von Elektroautos • Verkehrssicherheit

Quelle: Eigene Auflistung nach Giffinger et al. (2007)[146]

146 Giffinger et al. (2007): Smart Cities, S. 23.

4. Die Doppelstadt Frankfurt (Oder) – Słubice

Nach der theoretischen Erörterung der Forschungsfrage der vorliegenden Studie steht nun in diesem Kapitel die Doppelstadt Frankfurt (Oder) – Słubice im Fokus. Die Darstellung geschieht im Einklang mit den in Kapitel 3 definierten Faktoren und Indikatoren und hat dabei stets die oben formulierten Hypothesen 1 und 2 im Blick. Die Analyse der statistischen Daten erfolgt gemäß der Reihenfolge der Smart-City-Modell-Charakteristika aus Kapitel 3.

4.1 Allgemeine Situation der Doppelstadt und Platzierung im Prognos-Zukunftsatlas

Frankfurt (Oder) ist eine kreisfreie Stadt im Osten Brandenburgs mit rund 58.200 Einwohnern.[147] Słubice ist eine Stadt im Westen der Woiwodschaft Lubuskie mit rund 16.300 Einwohnern und gehört zum gleichnamigen Powiat (Kreis) Słubice. Die Gebietsstrukturen in Polen ähneln denen in Deutschland, so dass der polnische Powiat mit einem deutschen Landkreis vergleichbar ist. Die Regierungsstruktur in Polen ist jedoch zentralistisch aufgebaut, weshalb die Entscheidungskompetenzen in Polen auf nationaler Ebene liegen. Das führt den befragten Experten zufolge auch zu Problemen in der Zusammenarbeit der beiden Städte.

Die Einwohnerzahl der Stadt Frankfurt (Oder) ist in den vergangenen zehn Jahren relativ konstant geblieben, von 2012 bis 2022 ist sie lediglich um rund 0,5 % gesunken. Im gleichen Zeitraum hingegen ist die Einwohnerzahl im Land Brandenburg um 5,1 % gestiegen.[148] Während in Frankfurt (Oder) eine Stagnation zu erkennen ist, stellt dies im Kontext Frankfurts durchaus eine zunächst positive Entwicklung dar, da die Stadt nach der Wende einen starken Bevölkerungsschwund erlebte (1990 hatte sie noch 86.131 Einwohner, bis 2012 war ein Rückgang um 32,4 % zu verzeichnen). Dennoch ist es kein gutes Zeichen, wenn in Zeiten deutschlandweiter Landflucht die Bevölkerung in Frankfurt (Oder) sinkt, während sie in Brandenburg insgesamt steigt.

Auch die Einwohnerzahl von Słubice ist in den vergangenen zehn Jahren gesunken. Es gab von 2012 bis 2022 einen Rückgang von 3,3 %. Allerdings sank auch die Einwohnerzahl der Woiwodschaft Lubuskie in dieser Zeit um 4,2 %. Im

147 Statistisches Bundesamt Deutschland Destatis (2023a): GENESIS Datenbank. Tabelle: 12411-0011.
148 Ebenda.

Gegensatz zu Słubice ist die Einwohnerzahl über einen längeren Zeitraum relativ konstant geblieben. In Abbildung 3 ist die Einwohnerzahl beider Städte dargestellt.

Abbildung 3: Einwohnerzahl der Städte Frankfurt (Oder) und Słubice (2012–2022)

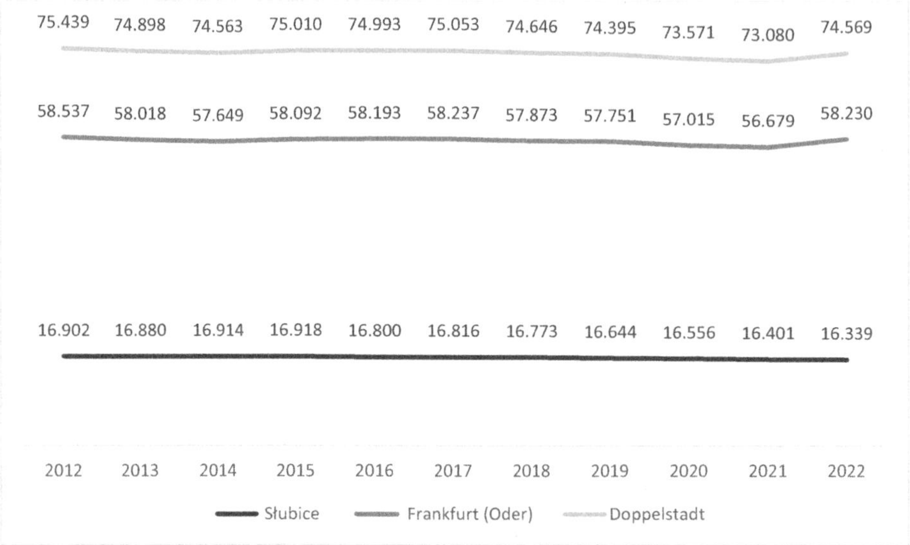

Quelle: Eigene Darstellung aus Daten von Destatis[149] und GUS[150]

Im Jahresdurchschnitt lag die Quote von Geborenen und Verstorbenen in Frankfurt (Oder) bei minus 402 (Reduktion der Bevölkerung um 0,7%) und von Zu- und Fortgezogenen bei minus 315 (Reduktion der Bevölkerung um 0,55%).[151] Eine gewisse Reduktion gibt es bei der Altersgruppe der 30- bis 44-Jährigen mit 133 Personen. Bei der Altersgruppe der 45- bis 64-Jährigen ist die Reduktion mit 299 Personen am größten. Dies verringert die Anzahl der erwerbsfähigen Bevölkerung der Stadt.[152] In der Woiwodschaft Lubuskie lag die Quote von Geborenen und Verstorbenen im ersten Halbjahr 2021 bei minus 3.493, was rund minus 0,4% entspricht.[153]

149 Statistische Ämter des Bundes und der Länder (2023b): Gemeindeverzeichnis-Informationssystem GV-ISys.
150 Główny Urząd Statystyczny GUS (2023): Baza Demografia.
151 Bundesagentur für Arbeit (2022): Der Arbeitsmarkt im Kontext des demografischen Wandels, S. 1.
152 Kannenberg, Heinz (2022): Industrie und Einkommen. Große Betriebe fehlen – wie kommt Frankfurt (Oder) weg vom Tabellenende?, *moz.de*, 15.07.2022,
153 Urząd Statystyczny w Zielonej Górze (2022): Biuletyn statystyczny województwa lubuskiego – 2 kwartał 2022, Zielona Góra.

Der Haushalt von Frankfurt (Oder) ist defizitär, was in der Verpflichtung zu einem Haushaltssicherungskonzept (HSK) resultiert. Die Stadt hat dadurch nur einen sehr begrenzten finanziellen Handlungsspielraum. Laut §§ 63 ff. der Kommunalverfassung des Landes Brandenburg (BbgKVerf) sind die Gemeinden in Brandenburg grundsätzlich dazu verpflichtet, ihre Haushalte so aufzustellen, dass diese positiv oder zumindest ausgeglichen sind. Ist dies nicht möglich, muss gemäß § 63 Abs. 5 BbgKVerf ein HSK aufgestellt werden, das von der Kommunalaufsicht im Ministerium des Innern und für Kommunales des Landes Brandenburg genehmigt werden muss.[154] Im HSK für das Haushaltsjahr 2021 wurde noch mit einem Haushaltsausgleich im Jahr 2031 gerechnet, während im aktuellen HSK für 2023/24 erst im Jahr 2033 damit gerechnet wird.[155] Das bedeutet, dass Frankfurt (Oder) frühestens ab 2033 über eine gewisse Eigenständigkeit verfügt, um nötige Investitionen zu tätigen. Im Vergleich dazu sind die Einnahmen in Słubice über die letzten zehn Jahre von rund 5,7 Mio. PLN (2013) auf 11,8 Mio. PLN (2022) gestiegen, was einem Zuwachs von 123,8 % entspricht.

Betrachtet man das Einkommen privater Haushalte in Frankfurt (Oder), so befindet sich die Stadt mit einem verfügbaren Pro-Kopf-Einkommen von 19.118 € auf Platz 395 von 401 deutschen Landkreisen und kreisfreien Städten. Im Land Brandenburg ist Frankfurt (Oder) damit das Schlusslicht. Das ergibt sich aus einer Studie des Wirtschafts- und Sozialwissenschaftlichen Instituts der Hans-Böckler-Stiftung. Die Berechnung des verfügbaren Einkommens ergibt sich aus der Summe aus Vermögen und Erwerbstätigkeit (dem Primäreinkommen) abzüglich der Sozialbeiträge, Einkommensteuer, Vermögensteuer und sonstigen direkten Abgaben. Addiert werden Sozialleistungen und sonstige öffentliche Transfers. Folglich ist die Kaufkraft wegen des geringeren Einkommens gegenüber dem Bundesdurchschnitt von 23.706 € sowie aufgrund der Positionierung im Ranking als sehr schwach zu bewerten. Auch das Sozialsystem hat tendenziell mehr Zuzahlungen zu leisten.[156]

Prognos hat im Auftrag des Hanse Clubs Wirtschaft im März 2023 in einer Extra-Studie den im Forschungsstand bereits genannten Zukunftsatlas 2022 vertiefend für Frankfurt (Oder) ausgewertet. In dieser Auswertung werden folgende Ergebnisse hervorgehoben.

Erstens: *Wirtschaftskraft und Wohlstand*. Frankfurt (Oder) gehört bundesweit zu den Regionen mit der niedrigsten Wirtschaftskraft. Beim BIP-Wachstum wird im ZKA 2022 eine Trendwende festgestellt. Lag es im ZKA 2019 noch auf dem vorletzten Platz, schafft Frankfurt (Oder) mit einem Wachstum von 10,3 %

154 Stadtverwaltung Frankfurt (Oder) (2023h): Haushaltssatzung Doppelhaushalt 2023/2024, S. 12.
155 Ebenda, S. 30.
156 Seils/Pusch (2022).

(2015–2020) den Sprung ins Mittelfeld (Platz 226).[157] Die Kaufkraft bleibt aber im regionalen Vergleich dauerhaft schwach (Platz 363). Der Anteil der in Bedarfsgemeinschaften lebenden Einwohner ist mit 10,3 % weiterhin hoch (Brandenburg 5,7 %).[158] Mögliche Einkommenssteigerungen liegen eher bei Einpendlern, die bei der Kaufkraft in Frankfurt (Oder) nicht berücksichtigt werden.

Zweitens: *Innovationskraft*. Frankfurt (Oder) belegt bei Wettbewerb und Innovationen den vorletzten Platz (399).[159] Die Europa-Universität Viadrina und das IHP entfalten laut der Analyse in der Region keine Wirkung. Die Wirtschaft der Stadt Frankfurt (Oder) verfügt zudem über einen niedrigen und sinkenden FuE-Personalbesatz. Dessen Anteil beträgt im Jahr 2019, gemessen an den Gesamtbeschäftigten in der Wirtschaft, 0,15 % (Platz 368), in Brandenburg sind es 0,55 % und in Deutschland 1,42 %. Die Stadt verfügt über wenig digitale Impulsgeber, und es gibt kaum Top-Unternehmen (Platz 396).[160]

Drittens: *Unternehmensgründungen*. Die Stadt Frankfurt (Oder) ist ein wichtiger Gründungsstandort in Brandenburg (Gründungsintensität), der über die Jahre ein starkes Wachstum zeigt. Die Gründungsintensität 2018 bis 2021 liegt bei einem Deutschland-Index = 100 bei 86,9 (Rang 211); in Brandenburg bei 79,5. Der Anteil der FuE-Beschäftigten ist von 2015 bis 2019 jedoch um 0,16 % zurückgegangen (Platz 353). Keine Aussagen gibt es im ZKA 2022, wie sich das Gründungsgeschehen zusammensetzt und in welchen Bereichen die Gründungsaktivität am stärksten ist. Insgesamt hat sich bei der Gründungsintensität der Abstand der Stadt zum Bund vergrößert. Sie liegt in Frankfurt (Oder) etwa 13 % unter Bundesniveau und damit im Mittelfeld.

Viertens: *Standortbedingungen und Investitionen*. Die Standortbedingungen sind überdurchschnittlich gut (Platz 73). Die Investitionsquote der Industrie ist jedoch stark gefallen (von Platz 12 im Jahr 2016 mit 19,2 % auf Platz 392 mit 3,4 %). Die Ansiedlungen sind extrem unterdurchschnittlich (Platz 396).

Fünftens: *Zukunftsbranchen*. In Frankfurt (Oder) arbeiten laut der Analyse sehr wenige Menschen in Zukunftsbranchen. Der Beschäftigungsanteil in Zukunftsbranchen 2021 beträgt in Frankfurt (Oder) 30,9 % (Rang 399). Zum Vergleich: Deutschland 47,1 %, Brandenburg 40,3 %.

Sechstens: *Arbeitsmarkt*. Die Arbeitsplatzdichte rangiert konstant im sehr guten Mittelfeld (Platz 62) und liegt deutlich über dem Bundesdurchschnitt. Die Arbeitslosigkeit in Frankfurt (Oder) sinkt kontinuierlich (Platz 355), liegt jedoch weiter über dem Bundes- und Landesdurchschnitt.

157 Freitag/Schenten/Mayimona (2023), S. 23.
158 Ebenda, S. 30 f.
159 Ebenda, S. 39.
160 Ebenda, S. 26–28.

Siebtens: *Kriminalitätsrate*. Diese ist nach einem Rückgang wieder deutlich gestiegen und liegt über dem Niveau des ZKA 2016. In Frankfurt (Oder) ist die Kriminalitätsrate (11.051 Straftaten pro 100.000 Einwohner, Rang 393) fast doppelt so hoch im Vergleich zu Deutschland (6.070) und Brandenburg (6.281). Sie ist eine der höchsten bundesweit. Nicht dargestellt wird im ZKA 2022 ein möglicher statistischer Effekt durch die Hinzurechnung der erfassten Grenzkriminalität.

Achtens: *Vergleichende Untersuchungen*. Die Landkreise Märkisch-Oderland (Platz 329) und Uckermark (367) sind als Grenzregionen ebenfalls im hinteren Feld des ZKA 2022 platziert. Dies gilt auch für die kreisfreien Städte Brandenburg/Havel (369) und Cottbus (337).

Erkennbar ist aus den von Prognos 2022 ermittelten Entwicklungsdaten: Die Stadt Frankfurt (Oder) braucht zwingend Investitionen – von ansässigen und externen Unternehmen.

Neben anderen ostdeutschen Städten hatte sich Frankfurt (Oder) als Standort für das Zukunftszentrum Deutsche Einheit und Europäische Transformation beworben. Die Jury reiste für die Begutachtung in die jeweiligen Städte, um daraufhin eine Empfehlung auszusprechen. Die Stadt Halle (Saale) wurde danach von der Bundesregierung im Februar 2023 als Standort ausgewählt. Frankfurt (Oder) belegte den zweiten Platz.[161] Das Zukunftszentrum sollte in Frankfurt (Oder) ein Kultur- und Begegnungszentrum sowie ein Forschungsinstitut beinhalten und dadurch eine gewisse eigene Transformation einleiten. Die Stadt hatte nach der Wende bereits eigene Transformationserfahrungen gesammelt, die vor allem mit einem beträchtlichen Bevölkerungsrückgang einhergingen. Zugleich wurde sie zu einem Symbol der voranschreitenden deutsch-polnischen Versöhnung und des Zusammenwachsens Europas, wie dies in einem Treffen zwischen dem damaligen Bundeskanzler Helmut Kohl und Polens Regierungschef Tadeusz Mazowiecki im November 1990 zum Ausdruck kam.[162] Diese Entwicklungen wirken bis heute weiter und sind auch ohne Zukunftszentrum gute Voraussetzungen für weitere Impulse im Transformationsprozess.

Eine Zusage hätte jedoch die Internationalität der Doppelstadt erkennbar gesteigert. Zu den bestehenden Institutionen, die für die Internationalität der Stadt stehen, gehören das Klinikum Frankfurt (Oder), die Europa-Universität Viadrina (EUV), das IHP u. a. Mit rund 1.700 Beschäftigten ist das Klinikum Frankfurt (Oder), das zur Rhön-Klinikum AG gehört, der größte Arbeitgeber in der Stadt,[163] gefolgt von der EUV mit aktuell 623 Beschäftigten und 4.797

161 MDR Sachsen-Anhalt (2023): Deutsche Einheit. Der große Überblick: Das Zukunftszentrum in Halle, *mdr.de*, 28.02.2023.

162 „Wie Frankfurt (Oder) zum Straßburg des Ostens werden kann – ein Kommentar", *moz.de*, 25.09.2022.

163 Stepputtis, Philipp (2022): Klinikum Frankfurt (Oder). Patrick Hilbrenner geht – Krankenhaus Markendorf bekommt neuen Geschäftsführer, *moz.de*, 02.12.2022.

Studierenden aus 107 Ländern (Stand: Wintersemester 2022/23). Der Anteil ausländischer Studierender beträgt 33 %.[164] Am IHP arbeiten derzeit über 350 Personen aus mehr als 30 Nationen.[165] Das Brandenburgische Staatsorchester trägt mit seinen 86 Musikerinnen und Musikern aus zehn Ländern ebenso seinen Teil zur Internationalität der Stadt bei.[166]

4.2 Smart City Frankfurt (Oder) – Słubice

Die Erarbeitung eines Smart-City-Konzepts für Frankfurt (Oder) – Słubice gestaltet sich nicht unkompliziert und verzögert sich. Am 23. November 2020 gab der Beigeordnete für Wirtschaft und Digitales Claus Junghanns (CDU) im Wirtschaftsausschuss bekannt, dass Frankfurt (Oder) im Jahr 2021 keinen Förderantrag für das vom Bund aufgelegte Modellprojekt Smart City stellen würde. Die notwendigen Eigenmittel in Höhe von 250.000 € seien wegen der angespannten Haushaltslage und Steuerausfällen aufgrund der Pandemie nicht aufzubringen. Andere Projekte würden ihre Finanzierung verlieren, außerdem würde Personal für die Durchführung des Projekts benötigt. Die Stadtwerke wären Partner bei der Finanzierung des Eigenanteils gewesen. Nun fließt ein Teil von deren Gewinnen in die Haushaltskonsolidierung. Laut Junghanns hat sich jedoch beim Breitbandausbau und dem Angebot von kostenlosem WLAN in der Stadt etwas getan. Laut *Märkische Oderzeitung* sind allerdings bestimmte Stadtteile weiterhin unterversorgt.[167]

Am 18. Juni 2021 kamen Vertreter der EUV, der European New School of Digital Studies (ENS), der Frankfurter Dienstleistungsholding und Bürger zusammen, um die Transformation der Doppelstadt zu einer Smart City zu diskutieren.[168] Junghanns stellte bei einem Zoom-Meeting der Arbeitsgruppenleiter einige Aspekte heraus, die beim Erstellen eines Konzeptes beachtet werden sollten. Es gelte smarte Lösungen zu finden – die Digitalisierung stehe dabei zwar im Vordergrund, sei jedoch kein Allheilmittel. Es soll versucht werden, möglichst grenzenlos Ideen zu entwerfen. Für die Umsetzung sollen vorwiegend bestehende Technologien herangezogen werden, um schnell funktionierende Systeme zu schaffen. Der Ausbau der Fahrradwege soll stärker vorangetrieben werden, denn

164 Europa-Universität Viadrina (2023): Zahlen und Fakten.
165 Leibniz-Institut für innovative Mikroelektronik (2023): Über Uns.
166 Nikolaisaal Potsdam gGmbH (2023): Brandenburgisches Staatsorchester Frankfurt (Oder).
167 Kannenberg, Heinz (2020): Abschied von Smart City, *Frankfurter Stadtbote*, 26.11.2020.
168 Stadtverwaltung Frankfurt (Oder) (2021b): Frankfurt (Oder) / Słubice: Smarte Doppelstadt.

das Auto werde von vielen Bürgern weiterhin vorgezogen. Ebenso werde die Transformation im Wohnungsmarkt angestrebt. Allerdings seien die Wünsche und Bedürfnisse von Mietern im Allgemeinen recht individuell, so dass diese Veränderungen auf gemeinschaftlicher Ebene integriert werden sollen. Die Digitalisierung ist während der Pandemie vorangeschritten, vor allem im Bildungsbereich. Alle genannten Aspekte spielen für den Ausbau der Attraktivität der Doppelstadt als Investitionsstandort eine Rolle.[169]

Das Prozesspapier der Arbeitsgruppe sollte den Stadtverordneten im letzten Quartal 2022 vorgestellt werden, was jedoch auf 2023 verschoben wurde. Auf Anfrage des Stadtverordneten Jan Augustyniak (Die Linke) vom 04.10.2023 sollte das Prozesspapier „Smart City ohne Grenzen – Die vernetzte Doppelstadt Frankfurt (Oder) – Słubice" den Stadtverordneten im November 2023 präsentiert werden.[170] Im Anschluss daran soll analysiert werden, welche der darin befindlichen Projekte bereits laufen oder in Planung sind und welche in Zukunft folgen könnten. Die ENS wird den Prozess vorerst nicht weiter begleiten, weil die Finanzierung ausgelaufen ist. Während des Erstellungsprozesses wurde durch das ENS-Mitarbeiterumfeld bekannt, dass es keinen operativen Ansprechpartner in der Stadtverwaltung gab und dadurch die Kommunikation erschwert wurde. Der damalige ENS-Leiter Jürgen Neyer attestierte jedoch den Beteiligten eine rundum positive und konstruktive Zusammenarbeit. Der Prozess der Gestaltung bezieht sich laut Junghanns allein auf die Doppelstadt. Umliegende Kommunen würden nicht mit einbezogen, wie es im Jahr 2020 noch angedacht war.[171]

4.2.1 Smart Economy

Im Folgenden wird die Smart Economy der Doppelstadt näher betrachtet. Da im Rahmen der Studie vor allem die wirtschaftlichen Aspekte der Doppelstadt bewertet werden sollen, liegt der Schwerpunkt dementsprechend vor allem im Bereich Smart Economy. Nachfolgend werden die in Kapitel 3.2 definierten Faktoren Innovationskraft, Unternehmertum, Produktivität, Flexibilität des Arbeitsmarktes, Verfügbarkeit und Kosten von Flächen und Gebäuden sowie Investitionsförderung und deren jeweilige Indikatoren betrachtet.

169 Stadtverwaltung Frankfurt (Oder) (2021c): Frankfurt (Oder) / Słubice: Smarte Doppelstadt. Öffentliches Online-Forum. Digitaltag 2021.

170 Stadt Frankfurt (Oder) – Der Oberbürgermeister (2023): Anfrage Vorlage-Nr.: 23/AFR/1553. Prozesspapier „Smart City ohne Grenzen", Frankfurt (Oder). Augustyniak, Jan: Anfrage vom 04.10.2023.

171 „Digitalisierung Projekt ‚Smart City'. Frankfurt (Oder) lässt bei zweitem Anlauf märkische Kommunen außen vor", *moz.de*, 03.11.2022.

4.2.1.1 *Innovationskraft*

Ein wichtiger Faktor für eine smarte Wirtschaft ist eine hohe Innovationskraft. Hier bietet die Doppelstadt ein weniger positives Bild. Von 2009 bis 2019 sind die internen FuE-Aufwendungen der Wirtschaft in Tsd. Euro in Frankfurt (Oder) von 13.323 auf 3.687 enorm geschrumpft. Gleichzeitig sind die Aufwendungen in Brandenburg von 186.024 auf 485.763 gestiegen, haben sich also mehr als verdoppelt. Dies zeigt, dass in Zeiten allgemein steigender FuE-Aufwendungen in der Wirtschaft diese sich in Frankfurt (Oder) mehr als halbiert haben. Auch der zweite Indikator – das FuE-Personal in der Wirtschaft – hat in Frankfurt (Oder) eine negative Entwicklung genommen. Im Zeitraum 2009–2019 schrumpfte die Zahl von 144 auf 42 Vollzeitäquivalente, in Brandenburg wuchs sie im gleichen Zeitraum von 2.106 auf 4.685. Hier kann dieselbe Entwicklung wie bei den FuE-Aufwendungen beobachtet werden. Die Entwicklung der Aufwendungen und des Personals wird in den Tabelle 9 und Tabelle 10 verdeutlicht. In der Studie wird nur der Zeitraum bis 2019 dargestellt, da aktuellere Daten auf Kreisebene nur gegen die Zahlung nicht unerheblicher Geldbeträge zur Verfügung gestellt werden.

Tabelle 9: Interne FuE-Aufwendungen der Wirtschaft und deren Anteil am BIP in Brandenburg, Frankfurt (Oder) und Lubuskie (2009–2019)

Jahr	**Interne FuE-Aufwendungen der Wirtschaft (in Tsd. Euro) bzw. (in Tsd. PLN) sowie deren Anteil am BIP in %**		
	Brandenburg	**Frankfurt (Oder)**	**Lubuskie**[172]
2009	186.024 (0,35 %)	13.323 (0,66 %)	9.429 (0,03 %)
2011	307.750 (0,54 %)	12.622 (0,59 %)	- (-)
2013	269.774 (0,45 %)	16.141 (0,85 %)	31.200 (0,09 %)
2015	397.479 (0,61 %)	9.689 (0,48 %)	56.659 (0,14 %)
2017	405.004 (0,57 %)	8.712 (0,41 %)	124.602 (0,29 %)
2019	485.763 (0,64 %)	3.687 (0,16 %)	153.500 (0,31 %)

Quelle: Eigene Berechnung und Zusammenstellung nach Stifterverband für die Deutsche Wissenschaft e. V., RDB sowie BDL (GUS)[173]

172 Die Daten für 2013 und 2019 stammen aus dem statistischen Jahrbuch der Woiwodschaft Lubuskie für 2015 (S. 258) und für 2021 (S. 104): Urząd Statystyczny w Zielonej Górze (2021): Rocznik Statystyczny Województwa Lubuskiego, URL: https://zielonagora.stat.gov.pl/, Abruf am 11.01.2024.

173 Stifterverband für die Deutsche Wissenschaft e. V. (2023): AW: Statistische Daten bezüglich FuE für wissenschaftliche Arbeit. Agg_Kreisdaten_2009bis2019.xlsx. Finger, Lena. E-Mail vom 17.10.2023; Statistische Ämter des Bundes und der Länder (2024): Ergebnis 82111-01-05-4.

Tabelle 10: FuE-Personal der Wirtschaft und dessen Anteil an den Gesamterwerbstätigen in Brandenburg, Frankfurt (Oder) und Lubuskie (2009–2019)

Jahr	FuE-Personal der Wirtschaft[174] sowie als Anteil an den Gesamterwerbstätigen[175]		
	Brandenburg	Frankfurt (Oder)	Lubuskie
2009	2.106 (0,28 %)	144 (0,51 %)	94 (0,03 %)
2011	3.229 (0,42 %)	130 (0,44 %)	164 (0,05 %)
2013	3.091 (0,39 %)	190 (0,70 %)	211 (0,07 %)
2015	3.667 (0,45 %)	85 (0,31 %)	324 (0,10 %)
2017	4.379 (0,52 %)	72 (0,26 %)	- (-)
2019	4.685 (0,55 %)	42 (0,15 %)	960 (0,27 %)

Quelle: Eigene Berechnung und Zusammenstellung nach Stifterverband für die Deutsche Wissenschaft e. V., BA, BDL (GUS) sowie Rocznik Statystyczny Województwa Lubuskiego[176]

Auch ein weiterer Indikator, die Patentanmeldungen pro Kopf, entwickelte sich in den vergangenen Jahren insgesamt leicht negativ. Insbesondere seit Beginn der Corona-Pandemie ist ein starker Einbruch zu verzeichnen. Es ist vor allem zu beobachten, dass die Anzahl der angemeldeten Patente in Frankfurt (Oder) insgesamt zurückgegangen ist, während die Anmeldungen in Słubice im Allgemeinen nicht konstant verlaufen sind. Die sinkenden FuE-Ausgaben und die sinkende Zahl der FuE-Angestellten haben hierauf sicherlich einen Einfluss gehabt. Fraglich bleibt, ob die Doppelstadt zukünftig wieder mehr Patentanmeldungen verzeichnen wird. Dies erscheint angesichts der sinkenden Ausgaben für Forschung und Entwicklung unwahrscheinlich. Die Entwicklung der Patentanmeldungen in den vergangenen zehn Jahren wird in Tabelle 11 dargestellt.

Bruttoinlandsprodukt/Bruttowertschöpfung nach Wirtschaftsbereichen – Jahressumme – regionale Tiefe: Kreise und krfr. Städte.; Główny Urząd Statystyczny GUS: Nauka i technika. Społeczeństwo informacyjne (K10). Działalność Badawcza i Rozwojowa (G184). Nakłady wewnętrzne na działalność B+R (P2401).

174 Es handelt sich beim FuE-Personal in Brandenburg und Frankfurt (Oder) um Vollzeitäquivalente, während es sich bei den Zahlen für Polen um beschäftigte Personen handelt.

175 Es handelt sich um die sozialversicherungspflichtig Beschäftigten am Arbeitsort.

176 Stifterverband für die Deutsche Wissenschaft e. V. (2023); Bundesagentur für Arbeit (2023b): Statistiken. Statistiken nach Regionen; Główny Urząd Statystyczny GUS: Nauka i Technika. Społeczeństwo Informacyjne (K10). Działalność Badawcza i Rozwojowa (G184). Personel wewnętrzny B+R – wskaźniki (P3740); Urząd Statystyczny w Zielonej Górze (2021): Rocznik Statystyczny Województwa Lubuskiego.

Tabelle 11: Patentanmeldungen absolut sowie je 10.000 Einwohner der Doppelstadt (2013–2023)

Jahr	Frankfurt (Oder)	Słubice	Doppelstadt (Summe)	Doppelstadt Einwohner	Patent/ 10.000 Einwohner
2013	29	5	34	74.898	4,54
2014	32	3	35	74.563	4,69
2015	21	6	27	75.010	3,60
2016	31	1	32	74.993	4,27
2017	28	3	31	75.053	4,13
2018	26	0	26	74.646	3,48
2019	22	1	23	74.395	3,09
2020	20	0	20	73.571	2,72
2021	14	2	16	73.080	2,19
2022	17	7	24	74.569	3,22
01.10.2023	14	10	24	-	-

Quelle: Eigene Berechnungen nach Deutsches Patent- und Markenamt (DPMA) Register sowie Urząd Patentowy Rzeczpospolitej Polskiej (UPRP)[177]

Insgesamt ist die Innovationskraft der Doppelstadt somit als vergleichsweise schwach zu bewerten. Gleichzeitig wird sie voraussichtlich in näherer Zukunft nicht steigen. Hier besteht großer Bedarf, beispielsweise nach weiteren Investitionen in die Europa-Universität, aber auch in die allgemeine Forschungslandschaft der Doppelstadt.

4.2.1.2 *Unternehmertum*

Das Unternehmertum spielt eine wichtige Rolle für eine smarte Wirtschaft. Um es zu bewerten, wird im Folgenden die Zahl der Selbständigen sowie die Anzahl neugegründeter Unternehmen betrachtet.

Da für die Stadt Guben keine Daten zur Anzahl der Einzelunternehmer vorliegen, wird für eine bessere Vergleichbarkeit für die deutsche Seite der Doppelstadt die Anzahl rechtlicher Einheiten als Indikator für die Zahl der Selbständigen gewählt; auf polnischer Seite jedoch die Zahl der Einzelunternehmer. Bei den rechtlichen Einheiten ist zu berücksichtigen, dass diese auswertungsrelevant

177 Deutsches Patent- und Markenamt (2023): DPMAregister; Urząd Patentowy Rzeczpospolitej Polskiej (2023): Wyszukiwarki. E-Wyszukiwarka.

werden, wenn sie im Berichtsjahr einen Umsatz von mehr als 17.500 Euro erzielten oder über registrierte Beschäftigte verfügten. Eine Niederlassung wird dann in die Auswertung mit einbezogen, wenn sie Beschäftigte aufweist oder wenn sie die einzige Niederlassung einer rechtlichen Einheit ist, die im Berichtsjahr einen Umsatz von mehr als 17.500 Euro aufweist.[178]

Insgesamt ist die Anzahl der Selbständigen in der Doppelstadt in den vergangenen zehn Jahren konstant geblieben. Während auf deutscher Seite ein Rückgang der rechtlichen Einheiten verzeichnet werden kann – insgesamt um 199 Einheiten zwischen 2013 und 2021 – ist im selben Zeitraum die Anzahl der Einzelunternehmer in Słubice um 162 gestiegen. Schaut man sich die Unternehmen je 100 Einwohner an, gab es hier auch nur geringe Schwankungen. Auffällig ist, dass während der Covid-Pandemie die Zahl der Unternehmen in Frankfurt (Oder) gesunken ist, während die Anzahl der Einzelunternehmer in Słubice wuchs. Gleichzeitig übersteigt die Zahl der Selbständigen in Słubice seit 2021 auch erstmals die Anzahl der rechtlichen Einheiten in Frankfurt (Oder). Hieraus lässt sich ableiten, dass das wirtschaftliche Gleichgewicht sich zugunsten von Słubice entwickelt. Die Entwicklungen des Indikators werden in Tabelle 12 veranschaulicht.

Tabelle 12: Anzahl rechtlicher Einheiten in Frankfurt (Oder) und Einzelunternehmen in Słubice (2013–2022)

Jahr	**Frankfurt (Oder)**	**Słubice**	**Doppelstadt**	**Doppelstadt Unternehmen je 100 Einwohner**
2013	2.127	1.832	3.959	5,3
2014	2.147	1.808	3.955	5,3
2015	2.092	1.789	3.881	5,2
2016	2.062	1.769	3.831	5,1
2017	2.054	1.768	3.822	5,1
2018	2.033	1.818	3.851	5,2
2019	2.027	1.877	3.904	5,2
2020	1.953	1.936	3.889	5,3
2021	1.928	1.994	3.922	5,4
2022	-	2.014	2.014	2,7

Quelle: Eigene Zusammenstellung nach Amt für Statistik Berlin-Brandenburg und BDL (GUS)[179]

178 Amt für Statistik Berlin-Brandenburg (2020): StatIS-BBB Das Statistische Informationssystem Berlin-Brandenburg. Tabelle: Unternehmensregister – Rechtliche Einheiten.

179 Ebenda; Główny Urząd Statystyczny (2023a): Bank Danych Lokalnych.

Der Blick auf die Anzahl neugegründeter Unternehmen zeigt eine ähnliche Entwicklung. Während die Gewerbeneugründungen je 1.000 Einwohner zwischen 2013 und 2021 auf einem ähnlichen Niveau schwankten, ist allgemein zu erkennen, dass die Anmeldungen in Frankfurt (Oder) in den vergangenen Jahren zurückgingen, während sie in Słubice stiegen. Das wird in Tabelle 13 veranschaulicht.

Tabelle 13: Gewerbeanmeldungen (Neugründungen) in der Doppelstadt (2013–2022)

Jahr	**Frankfurt (Oder)**	**Słubice**	**Doppelstadt**	**Gewerbeneugründungen je 1.000 Einwohner**
2013	498	188	686	9,2
2014	382	207	589	7,9
2015	322	198	520	6,9
2016	283	194	477	6,4
2017	302	193	495	6,6
2018	324	234	558	7,5
2019	262	225	487	6,5
2020	285	228	513	7,0
2021	256	213	469	6,4
2022	-	214	214	2,9

Quelle: Eigene Darstellung nach StatIS-BBB und BDL (GUS)[180]

Während grundsätzlich zu begrüßen ist, dass trotz der wirtschaftlichen Krisen in den vergangenen Jahren das Unternehmertum nicht abgenommen hat, ist die Entwicklung in Frankfurt (Oder) insgesamt besorgniserregend. Hier sollten zusätzliche Anreize zur Gründung neuer Unternehmen geschaffen werden. Insgesamt aber lässt sich sagen, dass der Faktor Unternehmertum in der Doppelstadt angemessen ausgeprägt ist.

4.2.1.3 *Produktivität*

Ein weiterer wichtiger Faktor im Bereich Smart Economy ist die Produktivität. Diese wird anhand des BIP pro Erwerbstätigen ermittelt. Ein Blick auf die Entwicklung zwischen 2013 und 2021 zeigt, dass das BIP je Erwerbstätigen in

180 Amt für Statistik Berlin-Brandenburg (2023b): StatIS-BBB Das Statistische Informationssystem Berlin-Brandenburg; Główny Urząd Statystyczny (2023a): Bank Danych Lokalnych.

Frankfurt (Oder) in dieser Zeit von 49.696 € auf 61.541 € gestiegen ist. Hier lag Frankfurt (Oder) durchgehend unter dem Durchschnitt Brandenburgs, und auch gemessen an Deutschland insgesamt fällt Frankfurt (Oder) deutlich zurück. Dies wird in Tabelle 14 veranschaulicht.

Tabelle 14: BIP je Erwerbstätigen in EUR, Frankfurt (Oder) im Vergleich (2013–2021)

Jahr	**Deutschland**	**Brandenburg**	**Frankfurt (Oder)**
2013	66.384	55.913	49.696
2014	68.524	58.824	50.775
2015	70.177	60.190	53.745
2016	71.797	61.381	54.042
2017	73.832	63.401	55.542
2018	75.011	64.635	56.568
2019	76.711	67.243	58.499
2020	75.819	67.442	59.922
2021	80.074	71.125	61.541

Quelle: Eigene Zusammenstellung nach Regionaldatenbank Deutschland (RDB)[181]

Hieraus folgt, dass – gemessen an Brandenburg – die Produktivität in Frankfurt deutlich niedriger ausfällt, was dagegensprechen könnte, dass die Doppelstadt ein wirtschaftliches Zentrum ist. Der Vergleich mit Gesamtdeutschland zeigt zudem, dass auch im bundesweiten Kontext Frankfurt (Oder) kein nationales Wirtschaftszentrum darstellt. Insgesamt ist der Faktor Produktivität somit nur schwach ausgeprägt.

4.2.1.4 *Flexibilität des Arbeitsmarktes*

Eine weitere wichtige Rolle für die Smart Economy einer Stadt spielt die Flexibilität des Arbeitsmarktes.

In Ostdeutschland wird infolge des demographischen Wandels ein Rückgang von Arbeitskräften um 15 % erwartet. Bundesländer wie Hessen dürften hingegen aufgrund ihrer besseren Altersstruktur und des Zuzugs von Arbeitnehmern von einem Wachstum profitieren.[182] In Brandenburg haben sich die

181 Statistische Ämter des Bundes und der Länder (2023d): Regionaldatenbank Deutschland. Tabelle: 82111-01-05-4. Bruttoinlandsprodukt/-wertschöpfung nach Wirtschaftsbereichen – Jahressumme – regionale Tiefe: Kreise und krfr. Städte.

182 Jürgensmeier/Schulz-Montag (2021), S. 441.

Engpässe im Fachkräftebereich deutlich verschärft. Im Jahr 2017 waren circa 28 % der Stellen betroffen, im Jahr 2020 bereits über 40 %. Auch die Anzahl der betroffenen Berufsgruppen hat sich in diesem Zeitraum von 49 auf 70 erhöht.[183]

Tabelle 15: Fachkräfteengpässe im Land Brandenburg

Anforderungsniveau	**2017**		**2020**	
	Zahl der Berufsgruppen in Engpasslage	**Anteil der gemeldeten Stellen in Engpasslage**	**Zahl der Berufsgruppen in Engpasslage**	**Anteil der gemeldeten Stellen in Engpasslage**
insgesamt	49	28,2 %	70	40,5 %
Fachkräfte	18	23,1 %	31	36,6 %
Spezialisten	16	43,7 %	22	54,1 %
Experten	15	57,2 %	17	56,1 %

Quelle: Eigene Darstellung nach Statistik der Bundesagentur für Arbeit Brandenburg[184]

Es wird prognostiziert, dass zwar die Gesamtbevölkerung bis 2030 um 1,4 % wächst, die erwerbsfähige Bevölkerung im Alter zwischen 15 und 64 Jahren allerdings bis 2030 durch den demographischen Wandel um 8,3 % abnimmt.[185]

In Polen führen eine mangelhafte staatliche Gesundheitsversorgung, niedrige Renten sowie das Fehlen von sozialen und finanziellen Vorteilen zu einem Verbleib von Rentnern auf dem Arbeitsmarkt. Diese Rentner werden jedoch nicht mehr in der Beschäftigungsquote Polens geführt, sondern nur in der Rentenstatistik, obwohl sie weiterhin zur Wertschöpfung Polens beitragen.[186] Im zweiten Quartal 2022 lag die Beschäftigungsrate bei 77,4 % in Deutschland und bei 71,5 % in Polen. Die Beschäftigungsrate gibt den prozentualen Anteil der Beschäftigten an der gesamten erwerbsfähigen Bevölkerung an.[187] Die polnische nationalkonservative Partei Recht und Gerechtigkeit (Prawo i Sprawiedliwość – PiS) hat im Jahr 2017 das Renteneintrittsalter auf 60 Jahre für Frauen und 65 Jahre für Männer gesenkt. Dies hat zur Folge, dass die Rente sinken wird, da jedes zusätzliche Jahr einer sozialversicherungspflichtigen Beschäftigung die auszahlbare Rente um ca. 8 % erhöht. Ungefähr die Hälfte der polnischen Staatsbürger bezieht eine

183 Ministerium für Wirtschaft, Arbeit und Energie des Landes Brandenburg (2022): Fach- und Arbeitskräftestrategie des Landes Brandenburg, S. 5–6.
184 Ebenda.
185 Ebenda, S. 6.
186 Bocheńska-Włostowska / Bocheńska-Brandt (2014).
187 OECD Data (2022): Employment rate.

Rente von durchschnittlich unter 480 € pro Monat.[188] Die demographischen Verhältnisse in Polen und Deutschland ähneln sich ansonsten. Abwanderung, Fachkräftemangel auf dem Arbeitsmarkt und Alterung der Bevölkerung sind auch in Polen registrierte Trends.[189] Trotz dieser Entwicklungen hat sich Polen aufgrund der gegebenen wirtschaftlichen Stabilität und der Verfügbarkeit qualifizierter Arbeitskräfte (Fremdsprachenkenntnisse und Hochschulbildung) bei zugleich geringen Vergütungen als Investitionsstandort attraktiver gemacht.[190]

Eine positive Entwicklung in Ostdeutschland gibt es seitens der Grenzpendler. Ihr Anteil an den Beschäftigten insgesamt hat sich von unter 0,1 % im Jahr 2010 (2.085 Beschäftigte) auf 0,9 % (52.951 Beschäftigte) im Jahr 2019 gesteigert und damit sogar den Anteil in Westdeutschland um 0,4 Prozentpunkte übertroffen. Deutschland grenzt im Westen an reiche Länder, wie Frankreich, die Benelux-Staaten und die Schweiz. Im Osten sind es hingegen ärmere Länder mit einem höheren Lohngefälle. Dies begünstigt das Grenzpendeln nach Ostdeutschland, während die Lohnunterschiede im Westen nicht so groß sind. Ein Blick auf Brandenburg allein zeigt eine noch stärkere Entwicklung. Im Jahr 2010 waren nur 438 Beschäftigte Grenzpendler. Im Jahr 2019 sind es bereits 14.749 Beschäftigte. Der Anstieg des Anteils an der Beschäftigung insgesamt beträgt 1,6 Prozentpunkte, von 0,1 % im Jahr 2010 auf 1,7 % im Jahr 2019. In Brandenburg kommen 93 % der Grenzpendler aus Polen.[191]

Die Arbeitslosenquote liegt in Frankfurt (Oder) aktuell bei 8,1 % (Stand: 09/2023).[192] Auf dem Ausbildungsmarkt erhielten 2022 rund 76,7 % (1.639 von 2.138) einen Ausbildungsplatz, allerdings blieben 804 Ausbildungsstellen unbesetzt.[193] Die Handwerkskammer Ostbrandenburg berichtet im Frühjahr 2022 im Vergleich zum Vorjahr von einer Auslastungssteigerung beim Handwerk von 12 % – insgesamt auf 71 %.[194] Laut dem Frankfurt (Oder) – Słubicer Kooperationszentrum hat sich vor allem der Logistik- und Technologiebereich gut entwickelt, gesucht werden jedoch mehr Arbeitsplätze für hochqualifizierte Arbeitskräfte.[195] Die *Märkische Oderzeitung* befragte dazu Experten aus der Region. Ihnen zufolge ist die geringe Anzahl von Industriearbeitsplätzen in Frankfurt (Oder) das Hauptproblem. Darunter leidet die Arbeitsplatzattraktivität, was auch das

188 B. J. (2017): Polen: Rentenalter für Frauen auf 60 gesenkt.
189 Bocheńska-Włostowska/Bocheńska-Brandt, S. 128.
190 Rödl & Partner GmbH Wirtschaftsprüfungs- und Steuerberatungsgesellschaft (2020): Entrepreneur, S. 27.
191 Buch et al. (2020), S. 3–8.
192 Bundesagentur für Arbeit (2023a): Statistik. Frankfurt (Oder), Stadt.
193 Ebenda, S. 1.
194 Handwerkskammer Frankfurt (Oder) (2022): Konjunkturbericht. 1. Halbjahr 2022, S. 4; Urząd Statystyczny w Zielonej Górze (2022): Biuletyn statystyczny.
195 Experteninterview mit Sören Bollmann, 08.06.2022.

Jobcenter Frankfurt (Oder) bestätigt. Die Wertschöpfung im verarbeitenden Gewerbe pro Arbeitsplatz liegt in der kreisfreien Stadt erheblich unter dem Bundesdurchschnitt.[196]

In der Stadt Słubice sieht die Situation anders aus. Die Pandemie führte zwar zu einem leichten Anstieg der Arbeitslosigkeit von 0,9 % (2019) auf 1,7 % (2020), allerdings liegt sie 2022 wieder bei 0,9 %.[197] Bei einer so geringen Arbeitslosenquote lässt sich von Vollbeschäftigung sprechen. Zu beachten ist jedoch, dass die Vergleichbarkeit der polnischen und deutschen Arbeitslosenquote nur bedingt möglich ist, weil sich viele Arbeitssuchende in Polen wegen geringer Absicherung gar nicht arbeitslos melden und so auch nicht in der Statistik erfasst werden. Gleichwohl sieht die Perspektive auf dem Arbeitsmarkt in Słubice aus Arbeitnehmersicht gut aus. Verglichen zum Vorjahr gab es 2021 im Arbeitsamt Słubice 40 % mehr Stellenanzeigen. Mindestlöhne und Sozialtransfers steigen in Polen ebenso und erhöhen die Kaufkraft. Die Innovations- und Anpassungsfähigkeit der polnischen Unternehmer hat trotz Pandemie zu guten konjunkturellen Ergebnissen geführt. Der EU-Binnenmarkt und die Nachbarländer Polens tragen ebenfalls zu einer starken Nachfrage bei.[198]

Laut dem Frankfurt (Oder) – Słubicer Kooperationszentrum hat sich Frankfurt (Oder) nach der Pandemie „außerordentlich gut" erholt, und die Arbeitslosigkeit konnte schnell wieder nach unten reguliert werden.[199] Diese Aussage ist kritisch zu bewerten, denn die Arbeitslosenquote lag im September 2020 bei 8,5 %, im Jahr darauf bei 7,5 %, anschließend bei 7,6 % (2022), und aktuell liegt sie bei 8,1 %. Eine „außerordentlich" gute Entwicklung ist hier nicht erkennbar. Zu den Arbeitsmarktdaten im Prognos-Ranking gehört auch der Anteil digitaler Impulsgeber. Dieser liegt in Deutschland bei 8,4 % und in Frankfurt (Oder) bei nur 4,9 % (Rang 292). Anders sieht es bei der Arbeitsplatzdichte aus.[200] Diese beschreibt laut Gabler-Wirtschaftslexikon „das Verhältnis der Erwerbspersonen zu einem Untersuchungsgebiet".[201] Ihr Durchschnitt beträgt in Deutschland 54 und in Brandenburg rund 44. In Frankfurt (Oder) sieht dieser Wert mit 66 (Rang 62) deutlich besser aus.[202]

Mit Blick auf die Arbeitslosenquote als Indikator für die Flexibilität ist festzustellen, dass diese seit 2013 sowohl in Frankfurt (Oder) als auch Słubice stark

196 Kannenberg, Heinz (2022): Industrie und Einkommen. Große Betriebe fehlen – wie kommt Frankfurt (Oder) weg vom Tabellenende?, *moz.de*, 15.07.2022.
197 Główny Urząd Statystyczny (2023a): Bank Danych Lokalnych.
198 Dercz, Magdalena/Pallokat, Jan (2021): Polen erlebt Wirtschaftsboom – trotz Corona, Frankfurt (Oder), *rbb24*.
199 Experteninterview mit Sören Bollmann, 08.06.2022.
200 Freitag/Schenten/Mayimona (2023), S. 18.
201 Schmid, Josef/Schmid, Susanne (2018): Arbeitsplatzdichte.
202 Freitag/Schenten/Mayimona (2023), S. 18.

gesunken ist. Während in Słubice beinahe Vollbeschäftigung erreicht wurde, ist die Arbeitslosenquote in Frankfurt (Oder) von 14,3 % im Jahr 2013 auf 8,1 % im Jahr 2023 gesunken. Die Arbeitslosenquote Słubices liegt damit noch unter der gesamtpolnischen Arbeitslosenquote sowie der Arbeitslosenquote in der Woiwodschaft Lubuskie. In Frankfurt (Oder) liegt sie jedoch über der landes- und bundesweiten Arbeitslosenquote. Dies wird in Tabelle 16 veranschaulicht.

Tabelle 16: Arbeitslosenquote der Doppelstadt im Vergleich (2013–2023)

Jahr	Deutschland	Brandenburg	Frankfurt (Oder)	Słubice[203]	Lubuskie	Polen
2013	6,9	9,9	14,3	6,6	9,1	8,8
2014	6,7	9,4	13,1	3,5	7,2	7,5
2015	6,4	8,7	11,2	2,8	6,1	6,5
2016	6,1	8	10	1,7	5,1	5,6
2017	5,7	7	8,9	1,4	3,9	4,6
2018	5,2	6,3	8,5	1,1	3,6	4,2
2019	5	5,8	7,9	0,9	3	3,8
2020	5,9	6,2	8,4	1,7	4	4,6
2021	5,7	5,9	7,8	0,9	3,1	4
2022	5,3	5,6	7,5	0,9	2,7	3,7
2023[204]	5,7	5,8	8,1	-	-	-

Quelle: Eigene Zusammenstellung nach Bundesagentur für Arbeit (BA) und BDL (GUS)[205]

Während eine sinkende Arbeitslosenquote grundsätzlich positiv zu bewerten ist, kann eine Vollbeschäftigung gleichzeitig auch zu wirtschaftlichen Nachteilen führen, da es hierdurch zu mangelnder Flexibilität am Arbeitsmarkt kommen kann. Sollten neue Unternehmen in die Doppelstadt ziehen wollen, würde es aktuell vor allem auf der polnischen Seite an verfügbaren Arbeitskräften mangeln. Während somit in Frankfurt (Oder) aktuell eine Flexibilität des Arbeitsmarktes gegeben ist, ist dies in Słubice nicht der Fall.

203 Für die Jahre 2013 bis 2019 lagen nur Daten für „Słubice (3) – Gmina miejsko-wiejska" vor, so dass diese vorgestellt werden. Von 2019 bis 2022 gibt es die Daten für „Słubice – miasto (4)", so dass diese dargestellt werden.

204 Bundesagentur für Arbeit, Regionaldirektion Berlin-Brandenburg (2023).

205 Bundesagentur für Arbeit (2023b); Główny Urząd Statystyczny (2023a): Bank Danych Lokalnych.

4.2.1.5 *Verfügbarkeit und Kosten von Flächen und Gebäuden*

Die Quellenlage hinsichtlich der aktuellen Verfügbarkeit von Wirtschaftsflächen in Polen und Deutschland ist unzureichend. Bezogen auf die Flächenverfügbarkeit ist Ostdeutschland gegenüber dem Rest Deutschlands gut positioniert. Die höhere Flächennachfrage in den alten Bundesländern sorgt für ein begrenztes und höherpreisiges Flächenangebot. Auf der polnischen Seite der deutsch-polnischen Grenzregion – den Powiaty – fehlen erforderliche Daten für vergleichbare Analysen. Jedoch lässt sich die Schlussfolgerung ziehen, dass bei den Standortbedingungen in den Powiaty große interregionale Abweichungen vorherrschen, da die Einkommen und die Wirtschaftsdichte stark variieren.[206] Polen kann allerdings mit qualitativ hochwertigen Investitionsgrundstücken locken, zudem wurde das Verfahren zum Erwerb neuer Immobilien vereinfacht.[207] Von der gesamten Bodenfläche in Brandenburg wurden 2020 circa 1,5 % für die Nutzung durch Gewerbe und Industrie bereitgestellt. Tatsächlich genutzt wurde ungefähr 1 %.[208] Die Landwirtschaft nahm mit rund 48,5 % den größten Teil der Wirtschaftsflächen in Brandenburg ein.[209]

Nach Aussage der Stadt Frankfurt (Oder) ließen sich mindestens 155 Hektar Gewerbeflächen neu erschließen. 110 Hektar weist der Bebauungsplan in Westnuhnen aus. Die restlichen 45 Hektar mit vorhandenem Planungsrecht befinden sich im Industriegebiet an der Autobahn A 12. Mehrere Millionen Euro Eigenanteil wären – abhängig von Förderquote und Ausbaugrad – vonnöten. Die Haushaltslage der Stadt Frankfurt (Oder) sieht aktuell keine Budgets für die Erschließung vor, weshalb Oberbürgermeister René Wilke nach alternativen Fördermöglichkeiten sucht. Die Immobilie des Business and Innovation Centre (BIC) im Stadtteil Markendorf befindet sich beispielsweise in der Liquidation, um einen Teil des erforderlichen Eigenanteils aufzubringen.[210] Laut Wilke haben sich zudem Ansiedlungen nicht ergeben, weil eine schnelle Erschließung sowie ein schneller Entscheidungsprozess nicht gegeben waren. Dementsprechend wirbt er bei der Investitionsbank des Landes Brandenburg (ILB) und der Wirtschaftsförderung Land Brandenburg GmbH (WFBB) für neue Möglichkeiten der Förderung. Im Raum steht die Ermöglichung von Sonderkrediten, Darlehen oder Zwischenfinanzierungsmodellen, die einzig und allein für Wirtschaftsinvestitionen bereitgestellt und bei erfolgreicher Ansiedlung im Nachhinein mit

---

206 Lammers et al. (2006), S. S. 14 f.

207 Rödl & Partner GmbH Wirtschaftsprüfungs- und Steuerberatungsgesellschaft (2020): Entrepreneur, S. 27.

208 Amt für Statistik Berlin-Brandenburg (2022): Statistischer Bericht A V 3 – j / 20. Flächenerhebung nach Art der tatsächlichen Nutzung, Potsdam, S. 30–70.

209 Ebenda, S. 92–111.

210 Gutke, Thomas (2022): Immobilien in Frankfurt (Oder). Neuer Eigentümer – Stadt trennt sich von BIC-Gründerzentrum, *moz.de*, 21.05.2022.

Flächenverkäufen getilgt würden. ILB, WFBB und Stadt haben Daten zusammengetragen, um ein solches Finanzierungsmodell für Frankfurt (Oder) durchzurechnen. Dieses Modell könnte laut Wilke als Vorbild für andere strukturschwache Regionen in Brandenburg gesehen werden.[211]

Frankfurt (Oder) besitzt sieben kommunale Industrie- und Gewerbeflächen, die nahe an der Autobahn A 12 oder Bundesstraße B 87 gelegen sind.[212] Der Technologiepark Ostbrandenburg liegt direkt an der B 87, und die A 12 kann mit einem Fahrtweg von nur 2,5 km erreicht werden. Das Areal mit rund 251.219 m² ist vollständig erschlossen und steht vorwiegend für Instituts- und technologieorientierte Betriebsansiedlungen bereit. Das BIC bietet zudem modern ausgestattete Büros für Existenzgründer an.[213]

Das Gewerbegebiet Markendorf liegt an der B 87 und der B 112n. Die A 12-Auffahrt befindet sich 1,5 km entfernt. Die vollerschlossenen Grundstücke sind für Dienstleistungsfirmen und Produktionsbetriebe ausgelegt. Die Gesamtfläche beläuft sich auf 819.239 m².[214]

Das Technologie- und Gewerbecenter (TeGeCe) ist über die B 87 angebunden und umfasst bisher 628.976 m². Die Autobahnauffahrt befindet sich in 3,5 km Entfernung. Produktions-, Werkstatt- und Büroräume gehören zum vorhandenen Angebot. Zudem sind Flächen zur Bebauung vorhanden. Eine eigene Wasserversorgung für Rein- und Reinstwasser und ein eigenes 110 kV-Umspannwerk bereichern das TeGeCe.[215]

Das Industriegebiet an der A12 liegt an der Bundesstraße A112n und liegt, wie der Name impliziert, nur 0,1 km von der Autobahnauffahrt der A12 entfernt. Es umfasst 643.357 m², die mit Beteiligung eines Investors binnen kurzer Zeit für dessen spezifischen Bedarf erschlossen werden können.[216]

Das Güterverkehrszentrum (GVZ) Frankfurt (Oder) – Nordost besitzt 279.520 m² und ist Teil des gesamten GVZ Frankfurt (Oder), das sich in drei Standorte teilt. Das GVZ Nordost befindet sich direkt nördlich der A 12 und bietet sich an für Transportlogistik, Produktveredelung, Lagerwirtschaft, Großhandelsvermarktung und Distribution, Handwerk, Recycling und verwandte Serviceleistungen.[217]

211 Kannenberg, Heinz (2022a): OB René Wilke und die Erschließung von Gewerbeflächen – das ist der Plan. Immobilien in Frankfurt (Oder), *moz.de*, 18.04.2022.
212 Stadtverwaltung Frankfurt (Oder) (2022): Gewerbeflächen.
213 Stadtverwaltung Frankfurt (Oder) (2023k): Technologiepark Ostbrandenburg. Top-Innovationsstandort!
214 Stadtverwaltung Frankfurt (Oder) (2023f): Gewerbeflächenkataster. Gewerbegebiet Markendorf.
215 Stadtverwaltung Frankfurt (Oder) (2023g): Gewerbeflächenkataster. Technologie- und Gewerbecenter.
216 Stadtverwaltung Frankfurt (Oder) (2023e): Gewerbeflächenkataster. Industriegebiet an der A12.
217 Stadtverwaltung Frankfurt (Oder) (2023c): Gewerbeflächenkataster. GVZ Frankfurt (Oder) – Nordost.

Das GVZ Frankfurt (Oder) – Süd ist direkt südlich der A 12 gelegen und verfügt über 675.439 m². Es ist für Gewerbe- und Industrieansiedlungen ausgelegt. Dazu wurden kommunale Flächen erworben.[218]

Der dritte Standort des GVZ ist das EastGate Logistikcenter, das Teil des Logpark 1 Container Terminals ist und als Besonderheit ein KV-Terminal besitzt, an dem sich Waren und Güter auf die Schiene verlagern lassen.[219] Als erster Umschlagplatz auf die Schiene hinter der deutsch-polnischen Grenze lassen sich Ost-West- oder Ost-Süd-Verkehre aufbauen.[220] Es befindet sich an der Georg-Richter-Straße im Norden der Stadt Frankfurt (Oder).[221] Das Gebiet des Containerterminals erstreckt sich über 171.181 m² und ist für logistische Dienstleistungen prädestiniert.[222]

Die Gewerbeflächen in Frankfurt (Oder) sind voll erschlossen und setzen bei einem Quadratmeterpreis von 15 € ein. Büro- und Gewerbeflächen bietet die Stadt auch im Zentrum an, z. B. im Oderturm.[223] Die Abstimmung mit umliegenden Landkreisen bezüglich der Verfügbarkeit von Flächen und Infrastruktur ist jedoch laut dem ehemaligen Oberbürgermeister Martin Wilke ausbaufähig.[224] Unternehmensberater Markus Tolle stellt fest, dass es in Frankfurt (Oder) zwar erschlossene und verfügbare Flächen gibt, jedoch keine für Großansiedlungen. Damit sind solche wie die von Tesla in Grünheide oder Intel in Magdeburg vorerst nicht zu erwarten.[225]

Insgesamt sind Verfügbarkeit und Kosten von Flächen und Gebäuden weder als besonders positiv noch als besonders negativ zu bewerten. Auf der einen Seite stehen zahlreiche freie Flächen und Gewerbegebiete zur Nutzung zur Verfügung. Gleichzeitig aber bleibt die Erschließung freier Flächen aufgrund der Haushaltslage sowie langsamer Verwaltungsverfahren schwierig. Hier mangelt es an Flexibilität, wie sie von interessierten Unternehmen oftmals gefordert wird. Attraktiv ist, dass einige der Flächen verkehrstechnisch sehr gut an die Autobahn angebunden sind. Dies macht sie für den Güterverkehr, aber auch für Pendler grundsätzlich attraktiv. Ein großes Manko bleibt jedoch die Nichtverfügbarkeit von erschlossenen Flächen für Großansiedlungen. Solche Flächen würden jedoch der Region neue Potentiale eröffnen, da zum einen die Anbindung, aber

218 Stadtverwaltung Frankfurt (Oder) (2023d): Gewerbeflächenkataster. GVZ Frankfurt (Oder) Süd.

219 Stadtverwaltung Frankfurt (Oder) (2022): Gewerbeflächen.

220 Stadtverwaltung Frankfurt (Oder) (2023j): logpark I container terminal. Top -Standort für Ihre Investition!

221 Stadtverwaltung Frankfurt (Oder) (2023b): EastGate Logistikcenter (KV-Terminal).

222 Ebenda.

223 Investor Center Ostbrandenburg GmbH (2022): Gewerbeflächen & -immobilien.

224 Kannenberg, Heinz (2022): Industrie und Einkommen. Große Betriebe fehlen – wie kommt Frankfurt (Oder) weg vom Tabellenende?, *moz.de*, 15.07.2022.

225 Kannenberg, Heinz (2022c): Industrie und Ansiedlungen. Was Guben und Gubin besser machen als Frankfurt (Oder) und Słubice, *moz.de*, 22.07.2022.

auch der Zugang zu Arbeitskräften von beiden Seiten der Oder für potentielle Investoren durchaus attraktiv sind.

4.2.1.6 Investitionsförderung

Auf beiden Seiten der deutsch-polnischen Grenze bieten sich die EU-Förderprogramme für die Kofinanzierung wirtschaftlicher und soziokultureller Projekte an. Der Europäische Sozialfonds (ESF) wurde im Jahr 1957 aufgelegt, ist mittlerweile aufgrund historischer Entwicklungen reformiert worden und dient als beschäftigungspolitisches Instrument. Neben dem ESF gibt es noch vier weitere europäische Förderstrukturen, zu denen der Europäische Fonds für regionale Entwicklung (EFRE), der Europäische Ausrichtungs- und Garantiefonds für die Landwirtschaft (EAGFL), die Finanzinstrumente der Europäischen Gemeinschaft für Kohle und Stahl (EGKS) und die Europäische Investitionsbank (EIB) zählen.[226] Als Sonderform der Kooperationsformen auf europäischer Ebene gibt es zudem die Europäischen Verbünde für territoriale Zusammenarbeit (EVTZ). Im Gegensatz zu Vereinen oder Zweckverbänden, die sich auf das jeweilige Landesrecht gründen, basieren die EVTZ auf einer eigenen Rechtspersönlichkeit auf gemeinschaftlicher Ebene. Diese Besonderheit vereinfacht die grenzüberschreitende Zusammenarbeit. Einrichtungen des öffentlichen Rechts, regionale und lokale Gebietskörperschaften und/oder Mitgliedstaaten bilden einen EVTZ.[227]

INTERREG ist eine Gemeinschaftsinitiative seitens des EFRE, die seit 1990 den grenzüberschreitenden Strukturrahmen für die Zusammenarbeit bildet. Ziel des Programms ist die stärkere Integration der innergemeinschaftlichen Grenzregionen in den europäischen Raum. Viele Grenzregionen weisen weiterhin ausgeprägte Ungleichheiten und Strukturschwächen auf. Auch daher ist INTERREG mittlerweile ein Teilziel der Europäischen Kohäsionspolitik geworden, das dem weiteren Ausbau der grenzüberschreitenden Zusammenarbeit dient.[228]

Es lassen sich fünf Formen grenzüberschreitender Kooperation identifizieren, die auf verschiedenen Ebenen ansetzen: der europäischen, der zwischenstaatlichen, der gliedstaatlichen, der regionalen sowie der kommunalen Ebene. Auf europäischer Ebene seien u. a. die Arbeitsgemeinschaft Europäischer Grenzregionen (AGEG) genannt (agiert als eingetragener Verein) oder auch der Initiativkreis Metropolitane Grenzregionen (IMeG), der die Entwicklungschancen der Grenzregionen stärken soll. Die AGEG dient seit 1971 als Plattform für den Austausch von gemeinsamen Erfahrungen in den Grenzregionen. Mit gliedstaatlicher Ebene wird eine grenzüberschreitende Kooperation seitens eines

226 Wiesner (Hg.) (2018), S. 39 f.
227 Pallagst (2018), S. 354 f.
228 Ebenda, S. 358.

bzw. mehrerer Bundesländer mit einem Nachbarland bezeichnet. Vor dem Hintergrund, dass Deutschland ein föderaler Staat ist, spielen die Bundesländer eine entscheidende Rolle in der grenzüberschreitenden Kooperation.[229] In der deutsch-polnischen Zusammenarbeit unterzeichnet beispielsweise das Land Brandenburg Kooperationsvereinbarungen mit der Zentralregierung in Polen.

Auf nationaler Ebene gibt es in Deutschland das Bund-Länder-Programm „Soziale Stadt", das vom Bund finanziert wird. Dieses seit 1999 existierende Programm ist kein soziales, wie der Name vermuten lassen würde, sondern ein städtebauliches Programm. Das Augenmerk liegt auf der Aufwertung und Stabilisierung benachteiligter Orts- und Stadtteile. Die Grundpfeiler der Programmgestaltung sind kommunale Sozialpolitik und Stadtplanung.[230]

Laut Einschätzung der Wirtschaftsprüfungsgesellschaft Rödl & Partner GmbH lag Polen 2020 im internationalen Vergleich der attraktivsten Investitionsstandorte auf Rang fünf, hinter Indien, Großbritannien, Deutschland und China. Ein Grund dafür seien diverse Investitionsvergünstigungen, die internationale Geldgeber in ihrem Wunsch bestärken, in Polen aktiv zu werden. Auch wurde die polnische Gesetzgebung als unternehmerfreundlich eingestuft. Polen verfüge zudem über Investitionszonen (Polska Strefa Inwestycyjna), in denen die Investoren von der Körperschafts- und bei neuen Investitionen auch von der Grundsteuer befreit sind. Zusätzlich gibt es Vergünstigungen im FuE-Bereich.[231]

Im Land Brandenburg unterstützt die bereits erwähnte WFBB in Zusammenarbeit mit der ILB potentielle Investoren und bietet Beratungs- und Fördermöglichkeiten an. Ein Serviceangebot der WFBB ist der digitale Fördernavigator, der seit März 2023 auf Deutsch und Englisch verfügbar ist. Damit können sich Benutzer unkompliziert über alle Förderinstrumente des Landes Brandenburg informieren.[232]

Auf kommunaler Ebene gibt es die Wirtschaftsförderung Frankfurt (Oder). Deren Steuerung wird als problematisch beurteilt, da die Leitung nach dem Weggang von Mario Quast im Jahre 2020 über längere Zeit nicht kontinuierlich besetzt war. Von Quasts wirtschaftlicher Expertise profitiert nun das Schlaubetal, wo er aktuell als Amtsdirektor tätig ist. Quast arbeitete mehrere Jahre lang auch als Referent für Internationale Beziehungen in der Stadtverwaltung und engagierte sich für die Verbesserung der Breitbandversorgung in Frankfurt (Oder). Er beherrscht die polnische Sprache und arbeitete zuvor im deutsch-polnischen Kooperationsbüro der Sparkasse Frankfurt (Oder). Mit Quast verlor die

229 Pallagst (2018), S. 355.
230 Wiesner (Hg.) (2018), S. 47–49.
231 Rödl & Partner GmbH Wirtschaftsprüfungs- und Steuerberatungsgesellschaft (2020): Entrepreneur, S. 27.
232 Ministerium für Wirtschaft, Arbeit und Energie des Landes Brandenburg (2023): Brandenburgs Wirtschaftsministerium launcht „neuen" Fördernavigator.

Stadtverwaltung einen erfahrenen Wirtschaftsreferenten.[233] Ab November 2021 leitete die Diplom-Bankbetriebswirtin Claudia Stübler die Wirtschaftsförderung.[234] Nach einem Jahr kündigte Stübler, und es folgte im Juni 2023 der Berliner Rechtsanwalt Sebastian Jungnickel, der im Bereich des öffentlichen Wirtschaftsrechts tätig ist. Dieser kündigte nach nur sieben Wochen, so dass die Stelle erneut nicht besetzt ist.[235]

Der Ruf nach einem Unternehmer aus der Stadt Frankfurt (Oder) als Wirtschaftsförderer wird lauter. Die Geschäftsführerin des Hanseclubs Wirtschaft Frankfurt (Oder) – Eisenhüttenstadt Ursula Jung-Friedrich sieht dringenden Bedarf bei der Neuaufstellung der städtischen Wirtschaftsförderung und ihrer Strukturen. Nach der latent nicht besetzten Stelle eines Leiters für Wirtschaftsförderung in der Frankfurter Stadtverwaltung fordert sie: „Endlich muss die Verwaltung mal einen Richtigen – bodenständig, pragmatisch und der Wirtschaft zugewandt – auswählen. Am besten einen aus der Frankfurter Wirtschaft."[236]

Interessant ist auch ein Blick auf die Investitionsdynamik in der Region, die 2021 in Brandenburg im Vergleich zu Berlin stabil geblieben ist. Die Anzahl der Unternehmen, die in Brandenburg in Kapazitätserweiterungen investieren wollten, war im Vergleich zum Vorjahr 2020 sogar um einen Prozentpunkt gestiegen.[237] Die Investitionen im Handwerk in Ostbrandenburg gingen dagegen weiterhin zurück. Nur 11 % der Unternehmen erhöhten ihre Investitionen, während 33 % ihre Investitionen zurückfuhren.[238] Ein Blick auf die polnische Seite zeigt, dass Institutionen wie die Deutsche Handwerkskammer mit ihren Strukturen und Aufgabenbereichen in Polen in dieser Form nicht vorhanden sind. Die Datenlage ist daher beschränkt. Ebenso beschränkt ist sie in Bezug auf die Sonderwirtschaftszone KSSSE in Słubice.

In Frankfurt (Oder) haben 12 % der Handwerksunternehmen Investitionen getätigt oder erweitert, während 29 % ihre Investitionen reduzierten. In Frankfurt (Oder) gingen nur 5 % der befragten Handwerksunternehmen für 2023 von einer Investitionssteigerung aus. 11 % prognostizierten hingegen einen Rückgang der Investitionen.[239] Positive Beispiele für Investitionstätigkeit am Standort Frankfurt (Oder) sind u. a. die B&O-Holzbau GmbH, die 25 Mio. € für die Neuansiedlung

233 Groneberg, Frank (2020): Kommunalpolitik. Mario Quast aus Frankfurt (Oder) wird neuer Amtsdirektor im Schlaubetal, *moz.de*, 19.05.2020.

234 Stadtverwaltung Frankfurt (Oder) (2021d): Wirtschaftsförderung der Stadt unter neuer Leitung.

235 Stadtverwaltung Frankfurt (Oder) (2023i): Leiter verlässt Wirtschaftsförderung.

236 „Ruf nach Unternehmer aus der Stadt als Wirtschaftsförderer", o. Verf., *Märkische Oderzeitung*, 29.08.2023.

237 Klaus, Simon (2021): Investitionspläne.

238 Handwerkskammer Frankfurt (Oder) (2022), S. 12.

239 Ebenda, S. 22.

am Standort Markendorf investierte, oder das Unternehmen Alcaro.[240] An der Autobahn A 12 entsteht ein Logistikpark, der vom Projektentwickler Alcaro gebaut und vermarktet wird. Im Frühjahr 2022 wurde die Halle 1 an die EV Cargo Unternehmensgruppe vermietet. Darin werden für den Automobilhersteller Tesla in Grünheide Lithium-Ionen-Akkus zwischengelagert, umgepackt und ausgeliefert. Alcaro will aktuell etwa 75 Mio. € in den zweiten Bauabschnitt investieren und eine zweite, 550 m lange Halle bauen. Ende 2025 könnte diese Halle bezugsfertig sein.[241]

Erschwerend wirken sich Veränderungen bei EU-Programmen aus. Die INTERREG-Förderung für die Wirtschaft sei mit einem neubeschlossenen Programm ab 2015 stark beschnitten worden, weshalb zuvor durchgeführte Projekte des deutsch-polnischen wirtschaftlichen Austausches nicht mehr stattfänden, sagt Aleksander Knapczyk – Referent für Außenwirtschaft an der IHK Cottbus. Im Allgemeinen wäre es hilfreich, wenn die Förderung entbürokratisiert und die Finanzierung erleichtert würde, z. B. dadurch, dass man nicht mehr in Vorkasse gehen müsse. Vor allem auf polnischer Seite würden die Kommunen bei der Vorfinanzierung oft an ihre Grenzen stoßen, während dies auf deutscher Seite meist umsetzbar sei.[242]

Der Investitionsstau bei öffentlichen Projekten in Frankfurt (Oder) beläuft sich laut Aussagen der Stadtverwaltung auf etwa 110 Mio. €. Nur etwa 2 bis 3 Mio. € stünden jährlich für Investitionen in die öffentliche Infrastruktur zur Verfügung. Ein Beispiel ist das Hallenbad, dessen notwendige Sanierung 5 Mio. € kosten soll. Laut Oberbürgermeister René Wilke könnten 500.000 € Eigenanteil aufgebracht werden, wenn es eine passende Förderung gäbe. Aktuell ist dies nicht der Fall, so dass selbst kleinere Reparaturen einen Dauerbetrieb verhindern. Bisher gibt es nur ein Förderprogramm für die Verbesserung der Energieeffizienz von Schwimmbädern, das aber die Gesamtkosten der Sanierung nicht abdecken würde.[243] Słubice besitzt nur ein Freibad, das jedoch auch saniert werden muss. Gestiegene Baukosten führten zu einer Verzögerung des Sanierungsbeginns, so der Stadtverordnete Daniel Szurka. Eine gemeinsame Einrichtung für Słubice und Frankfurt (Oder) ist bisher noch nicht diskutiert worden.[244]

Laut Frankfurt (Oder) – Słubicer Kooperationszentrum sind Investitionen in Frankfurt (Oder) begrenzt, weil die Stadt eine Haushaltssicherungs-Kommune

240 „25 Millionen Euro-Investition in den Standort Frankfurt (Oder)“, o. Verf, *oder-spree-fernsehen.de*, 08.11.2021.

241 Gutke, Thomas (2023b): Wirtschaft in Frankfurt (Oder). Logistikpark wächst – Bauantrag für Mega-Halle an der A12, *moz.de*, 11.10.2023.

242 Experteninterview mit Aleksander Knapczyk, 18.10.2022.

243 Mahlke, Lisa (2022): Schwimmer demonstrieren für ihr Hallenbad – doch was kann die Stadt tun? Protest in Frankfurt (Oder), *moz.de*, 08.10.2022.

244 Westermann, Jacqueline (2022): Warum das Freibad in Słubice auch in diesem Sommer geschlossen bleibt. Baden bei Frankfurt (Oder), *moz.de*, 25.06.2022.

sei. Alle Investitionen laufen nur mit der Bewilligung des Landes. Aufgrund dieser Beschränkungen sind Investitionen immer abzuwägen – zwischen Bestandssicherung, wie der Sanierung von Schulgebäuden, und zukunftsweisenden Investitionen.[245]

Mit der Halbleiterindustrie gibt es in Frankfurt (Oder) dem ehemaligen Oberbürgermeister Martin Wilke zufolge wieder Chancen für die wirtschaftliche Entwicklung. Die Stadt verfüge auch über die Potentiale, diese Chancen zu nutzen. Die Weltproduktion von Halbleitern wird sich bis 2030 verdoppeln. Die EU-Kommission hat angekündigt, den Produktionsanteil am Weltmarkt von 10 auf 20 % zu steigern. In Europa bedeutet dies eine Vervierfachung der Kapazitäten. Das IHP im Technologiepark Ostbrandenburg ist ein wichtiger Standortfaktor. Es betreibt Spitzenforschung für die internationale Halbleiterindustrie, von Silizium bis hin zu kompletten Systemen im Terahertz-Bereich. Der Ausbau der Halbleiterindustrie wird durch Förderprogramme der EU und des Bundes gestützt. Es gibt ebenso in nachgelagerten Branchen, wie z. B. der Photovoltaikproduktion, in der kompletten Wertschöpfungskette Investitionsmöglichkeiten. Spezielle Förderprogramme seitens des Bundes und der EU sind in Vorbereitung.[246]

Laut Dagmara Jajeśniak-Quast, Direktorin des Viadrina Center of Polish and Ukrainian Studies (VCPU) an der Europa-Universität Viadrina, profitieren Infrastrukturprojekte in Polen von EU-Finanzhilfen. Ein Grund dafür sei, dass Polen immer noch in der günstigen Situation ist, leichter an EU-Fördermittel heranzukommen. Dies trage zum Arbeits- und Wirtschaftswachstum Polens bei. Daraus könnten auch in der grenzüberschreitenden Zusammenarbeit in der Doppelstadt Frankfurt (Oder) – Słubice Synergieeffekte entstehen.[247]

Insgesamt steht die Investitionsförderung in der Doppelstadt vor vielen Herausforderungen. Zum einen herrscht viel Unsicherheit in der Wirtschaftsförderungsabteilung der Frankfurter Stadtverwaltung aufgrund der vielen Personalwechsel auf Leitungsebene. Zum anderen leidet Frankfurt (Oder) weiterhin am Haushaltsdefizit. Dies erschwert es nicht nur, eine nachhaltige Investitionsstrategie für die Stadt und somit auch für die Doppelstadt zu formulieren, sondern diese auch mit entsprechenden Geldmitteln auszustatten und somit zukunftsweisende Investitionen zu sichern. Mittel- und langfristig müssen also die Personalsituation stabilisiert sowie der Haushalt entschuldet werden, damit eine wirksame Investitionsförderung wieder möglich wird. Bis dahin muss auf weitere Fördergelder zurückgegriffen und privates Kapital akquiriert werden. Bei der Nutzung von Fördermitteln könnte das grenzübergreifende Potential genutzt

245 Experteninterview mit Sören Bollmann, 08.06.2022.
246 Kannenberg, Heinz (2022d): Industrie und Ansiedlungen. In welchen Branchen der frühere OB Martin Wilke gute Chancen für Frankfurt (Oder) sieht, *moz.de*, 26.07.2022.
247 Dercz, Magdalena/Pallokat, Jan (2021): Polen erlebt Wirtschaftsboom – trotz Corona, *rbb24*.

werden – über die Beantragung gemeinsamer Projekte auf der polnischen Seite, da für diese der Zugang zu EU-Fördermitteln aktuell noch erleichtert ist. Problematisch bleibt jedoch, dass die INTERREG-Förderung stark beschnitten worden ist. Zusammenfassend ausgedrückt müssen also zunächst einige Herausforderungen gelöst werden, ehe die Investitionsförderung der Doppelstadt jener einer Smart City gerecht wird.

4.2.2 Smart Mobility

Im Folgenden wird die Smart Mobility der Doppelstadt näher betrachtet. Nachfolgend werden die in Kapitel 3.3 definierten Faktoren (Inter-)nationale Anbindung, Verfügbarkeit von ICT-Infrastruktur sowie Nachhaltige, innovative und sichere Verkehrssysteme betrachtet.

4.2.2.1 *(Inter-)nationale Anbindung*

In Bezug auf den öffentlichen Personennahverkehr sowie Schienennahverkehr besteht für den deutsch-polnischen Grenzraum ein Zukunftskonzept namens „Vision 2030". Teil dieses Konzeptes des Deutsch-Polnischen Raumordnungsausschusses ist es, „die verkehrlichen Verbindungen" zu stärken und zu erweitern.[248]

Die Transeuropäischen Verkehrsnetze (TEN-V) sollen leistungsfähige und gut vernetzte Infrastrukturen schaffen, die für Wachstum, Beschäftigung, Wohlstand und Wettbewerbsfähigkeit in der EU sorgen. Die Generaldirektion Mobilität und Verkehr der Europäischen Kommission (GD MOVE) ist federführend in der TEN-V-Politik.[249] In unserem Fallbeispiel ist vor allem der Nord-Ostsee-Korridor relevant, der von Helsinki über das Baltikum, Polen und Deutschland bis zu den Niederlanden und Belgien reicht.[250] Im Englischen gibt es dafür den Namen Trans-European Network Transport (TEN-T). Bis 2050 sollen neun definierte Hauptkorridore vollständig ausgebaut werden, um den Binnenmarkt weiter zu stärken. Die Vernetzung begann bereits durch einen Beschluss des Europäischen Parlaments im Jahre 1990, der die Luftfahrt, die Wasserwege, das Schienennetz und die Straßeninfrastruktur beinhaltet. Die Förderquoten seitens der EU für grenzüberschreitende Verbindungen betragen maximal je 40 % bei Schienenwegen und Bundeswasserstraßen. Straßen werden nur mit bis zu 10 % bezuschusst.[251]

Die Zuganbindung der Doppelstadt über den Bahnhof Frankfurt (Oder) zur Metropolregion Berlin erfolgt seit dem 11.12.2022 im 20-Minuten-Takt. Die

248 Ulrich (2022), S. 14.
249 Bundesministerium für Digitales und Verkehr (2021): Transeuropäische Verkehrsnetze (TEN-V).
250 Bundesministerium für Digitales und Verkehr (2022): Korridormanagement.
251 Bundesministerium für Klimaschutz, Umwelt, Energie, Mobilität, Innovation und Technologie (2020): Europäisches Verkehrsnetz TEN-T.

ODEG hatte die Ausschreibung für die Strecke des RE 1 von Cottbus oder Frankfurt (Oder) nach Magdeburg gegen die Deutsche Bahn gewonnen.[252] Die Anbindung auf der polnischen Seite ist laut VBB-Fahrplan mit der Regionalbahn nach Zielona Góra allerdings nur dreimal täglich möglich und kostet laut POLREGIO 16,90 PLN pro Strecke. POLREGIO bietet auch Monatstickets an, die nach Kilometerdistanz gestaffelt sind.[253]

Die Anbindung an den Flughafen Poznań (POZ) beträgt laut aktuellem Fahrplan mit dem Zug rund 2,5 h (mit Umsteigen auf Bus oder Taxi am Hauptbahnhof Poznań). Mit dem Auto sind es 170 km, für die man laut Google Maps im Schnitt 1 h 50 min benötigt. Laut Deutscher Bahn beträgt dagegen die Fahrzeit von Frankfurt (Oder) zum Flughafen Berlin-Brandenburg (BER) mit der schnellsten Verbindung nur 1 h 12 min. Mit dem Auto sind es rund 84 km, für die man laut Google Maps im Schnitt 1 h 5 min benötigt.

Betrachtet man die Oder als Wasserstraße, so ist diese wegen Niedrigwasserständen, Eisstau sowie Packeis nicht immer schiffbar. Das deutsche sowie das polnische Schifffahrtsamt setzen jedoch Eisbrecher ein, um im Winter die Fahrrinne passierbar zu halten und Eisstaus zu verhindern.[254]

Zusammenfassend ist die nationale und internationale Verkehrsanbindung der Doppelstadt als sehr gut zu bewerten. Die schnelle Anbindung an Autobahnen und der vergleichsweise schnelle Zugang zu einem internationalen Flughafen eröffnen zahlreiche Chancen. Insbesondere für Unternehmen im Logistikbereich ist die Doppelstadt damit ein attraktiver Standort. Gleichzeitig macht die gute Anbindung die Stadt auch attraktiv für Pendler – sowohl in die Doppelstadt als auch in die andere Richtung.

4.2.2.2 *Verfügbarkeit von ICT-Infrastruktur*

Die Europäische Kommission hat 2010 die Digitale Agenda für Europa beschlossen. Alle EU-Bürger sollten bis 2013 Internetzugang erhalten und zudem bis 2020 über mindestens 30 Mbps Download-Datenrate verfügen. 2016 wurden die Ziele mit dem Planhorizont bis 2025 erweitert. Das 5G-Netz soll in den Städten und entlang wichtiger Verkehrsverbindungen vollständig ausgebaut sein. Die Download-Datenrate soll für Privathaushalte mindestens 100 Mbps betragen, und 1 Gbps soll beworben werden. Für alle Schulen, Verkehrsknotenpunkte und die wichtigsten Anbieter öffentlicher Dienstleistungen sowie Unternehmen mit hohem Digitalisierungsgrad muss eine Download-Datenrate von 1 Gbps bereitgestellt werden können.[255]

In Brandenburg besteht ein Digitalisierungsrückstand. Der Großteil der brandenburgischen Unternehmen benutzt zwar digitale Anwendungen, die

252 VBB Verkehrsverbund Berlin-Brandenburg GmbH (2022c): RE1.
253 POLREGIO (2022): Bilety miesięczne.
254 Trudslev, Alexandra (2015): Schifffahrt auf der Oder, *planet-wissen.de*, 22.12.2015.
255 Sarachuk/Missler-Behr (2020), S. 1105.

Komplexität der betrieblichen Prozesse nimmt jedoch zu – und damit auch der signifikante Bedarf an digitaler Ausstattung. Bei den Klein- und Kleinstbetrieben scheint eine suboptimale Nutzung digitaler Infrastruktur vorzuliegen.[256]

Bei einem Blick in den aktuellen Breitbandatlas mit dem Fokus auf Brandenburg ergeben sich folgende Werte: 92 % der Schulen decken die 30 Mbps-Download-Datenrate ab, allerdings nur 18 % die geforderten 1 Gbps bis 2025. Von den gewerblichen Unternehmen decken bereits 96 % die erstgenannte Download-Rate ab und 29 % die zweitgenannte. Bei den Privathaushalten sind es 93 % bzw. 29 %. Der 5G-Ausbau erfasst bislang nur 30,25 % der Landesfläche.[257]

Gemäß dem Breitbandatlas deckt die kreisfreie Stadt Frankfurt (Oder) aktuell 28 % der Fläche mit 5G ab. 90 % der Schulen verfügen über die 30 Mbps-Download-Datenrate und 15 % bereits die 1 Gbps-Download-Datenrate. Bei den gewerblichen Unternehmen sind es 98 % bzw. 22 % für die jeweiligen Datenraten, bei den Privathaushalten 97 % bzw. 19 %.[258]

Laut dem Breitbandatlas des Bundesministeriums für Digitales und Verkehr (BMDV) liegt der Anteil der Festnetzverfügbarkeit für Unternehmen in Frankfurt (Oder) in allen Geschwindigkeitsbereichen sowohl über dem brandenburgischen als auch dem deutschlandweiten Durchschnitt. Insbesondere in den hohen Geschwindigkeitsbereichen von ≥ 400 Mbit/s und ≥ 1000 Mbit/s liegt Frankfurt (Oder) deutlich über den Vergleichszahlen. Hieraus folgt, dass die Unternehmen in Frankfurt (Oder) einen guten Zugang zu schnellem Internet haben. Dies wird in Tabelle 17 veranschaulicht.

Tabelle 17: Festnetzverfügbarkeit für Unternehmen (alle Technologien)

Verwaltungs-einheit	**Festnetzverfügbarkeit für Unternehmen in % nach Geschwindigkeit (alle Technologien)**						
	≥ 16 Mbit/s	**≥ 30 Mbit/s**	**≥ 50 Mbit/s**	**≥ 100 Mbit/s**	**≥ 200 Mbit/s**	**≥ 400 Mbit/s**	**≥ 1.000 Mbit/s**
Deutschland	98,93	95	94,73	90,72	80,37	70,22	67,43
Brandenburg	98,17	93,76	93,76	88,26	68,75	49,19	46,75
Frankfurt (Oder)	99	97,65	97,65	95,81	89,2	84,91	84,91
Guben	98,73	94,77	94,77	90,4	50,85	0	0

Quelle: Eigene Zusammenstellung nach Breitbandatlas des BMDV[259]

256 Kampe, Carsten/Walter, Anja/Porep, Daniel (2018): Arbeit 4.0 in Brandenburg, S. 4.
257 Bundesnetzagentur (2022): Breitbandatlas.
258 Ebenda.
259 Bundesministerium für Digitales und Verkehr (2023): Breitbandatlas. Stand: Ende 2022.

In Polen sieht die Situation folgendermaßen aus. Die polnische Regierung initiierte das Programm Digitales Polen (2014 bis 2020) mit 2 Mrd. PLN und erhielt dafür zusätzlich 8 Mrd. PLN von der EU. Dieses Programm sollte die Digitalisierung vorantreiben und damit die Lebensqualität erhöhen. Der Ausbau des Hochgeschwindigkeitsinternets, das Einrichten elektronischer Dienste und das Erlernen digitaler Kompetenzen durch polnische Bürger standen dabei im Vordergrund. Teil des Plans war es, regionale gesetzliche Hindernisse zu beseitigen, um einen homogenen Markt für ein universelles Breitband-Angebot zu schaffen.[260] Laut Eurostat hatte Polen 2021 eine Abdeckung von 77 % mit einer Downloadrate von mehr als 30 Mbps und eine Abdeckung von 55,2 % bei Geschwindigkeiten von mehr als 1 Gbps.[261] Mehr als 96 % der Unternehmen in der Woiwodschaft Lubuskie hatten 2019 einen schnellen Internet-Zugang.[262]

Der 5G-Ausbau geht in Polen jedoch langsamer voran. Die Versteigerung der notwendigen Frequenzbänder für die Betreiberfirmen sollte 2020 stattfinden, der Termin wurde allerdings wegen der Pandemie abgesagt. Ein neuer Termin wurde noch nicht benannt. Seit 2018 gibt es ein paar Teilnetze im 5G-Betrieb, die jedoch wegen der aktuell genutzten Frequenzen nicht das volle Potential ausschöpfen können. Auch das noch nicht in Kraft getretene Cybersicherheitsgesetz (Krajowy System Cyberbezpieczeństwa) spielt hierbei eine Rolle, da es in der Vergangenheit Hackerangriffe auf Regierungsbeamte gab. Das Gesetz soll vor einer Vergabe der Frequenzen in Kraft treten, um in Zukunft Sicherheitsrisiken zu minimieren.[263]

Insgesamt ist der Internetzugang sowohl für die Unternehmen auf deutscher Seite als auch auf polnischer Seite als schnell zu bewerten. Während es beim 5G-Ausbau noch Potentiale gibt, können die bereits ansässigen Unternehmen wie auch solche, die Neuansiedlungen planen, davon ausgehen, dass die entsprechende ICT-Infrastruktur vorhanden ist. Die Verfügbarkeit von ICT-Infrastruktur für Unternehmen als Indikator für den Faktor Smart Mobility ist somit zu bejahen.

4.2.2.3 *Nachhaltige, innovative und sichere Verkehrssysteme*

Für Smart Mobility spielen auch die Verkehrssysteme eine wichtige Rolle. Es gibt moderne Ansätze von Mobilität in Frankfurt (Oder). Die Stadtverkehrsgesellschaft mbH Frankfurt (Oder) (SVF) hat zusammen mit dem US-amerikanischen Unternehmen Bird im August 2021 insgesamt 150 E-Roller an 15 Standorten zur

260 Nowak (2020), S. 318 f.
261 Eurostat (2022): Eurostat Data Browser. Breitband-Internetabdeckung nach Geschwindigkeit.
262 Nowak (2020), S. 332.
263 Fuß, Christopher (2021): 5G-Ausbau in Polen stockt.

Nutzung bereitgestellt. Laut Benedict Prusa, dem Dezernenten für Stadtentwicklung, Bauen und Umwelt der Stadtverwaltung, soll mit einem neuen „innovativen Anreizsystem" die ordentliche Nutzung und das korrekte Parken der E-Roller gewährleistet werden, so dass die Mikromobilitätslösung insgesamt einen höheren Nutzen erhält. Es stellt sich jedoch die Frage, ob aufgemalte Parkplätze und eine Gutschrift in Höhe von 0,50 € für das korrekte Abstellen in besagten Parkzonen als „innovativ" zu bezeichnen sind.[264]

Das US-Unternehmen Bird verließ aufgrund von zu hoher Konkurrenz mehrere deutsche Städte, so dass zum 31.12.2022 die E-Roller und E-Fahrräder auch in Frankfurt (Oder) wieder von den Straßen verschwanden.[265] Seit Juni 2023 gibt es eine Kooperation der SVF mit dem Cottbuser Unternehmen Go Mobility, so dass mittlerweile wieder 30 E-Fahrräder verfügbar sind; zu einem späteren Zeitpunkt kommen 150 E-Roller an 25 Standorten hinzu. Zusätzlich bietet das Unternehmen in Frankfurt (Oder) E-Mopeds an. Die E-Fahrräder haben eine Reichweite von 110 km, bei den E-Rollern sind es 55 km. Die E-Fahrzeuge lassen sich über die GO FFO-App ausleihen. Die Grundgebühr für das Ausleihen beträgt einen Euro, jede genutzte Minute kostet 24 Cent.[266] Die SVF kooperiert auch mit der Stadtwerke Frankfurt (Oder) GmbH. Gemeinsam bieten sie seit dem Sommer 2021 E-Lastenräder in der Stadt an. Der Geschäftsführer der SVF, Christian Kuke, sieht in der E-Lastenradflotte als Ergänzung zum ÖPNV einen Schritt zu einer zunehmend smarten Mobilität.[267] Laut Torsten Röglin, dem Geschäftsführer der Stadtwerke, gestalten beide Unternehmen damit aktiv die Energie- und Mobilitätswende in Frankfurt (Oder).[268]

Die Ansätze in der Mikromobilität sind grundsätzlich positiv zu bewerten. Vor dem Hintergrund, dass beide Städte sich als Doppelstadt Frankfurt (Oder) – Słubice sehen, sind die Mobilitätslösungen jedoch auch kritisch zu bewerten. Im Rathaus wird zwar davon gesprochen, Mobilität in einer 360°-Perspektive zu denken.[269] Die präsentierten Ansätze sind allerdings nicht grenzüberschreitend, so dass es in Słubice keine Nutzungsmöglichkeiten gibt.

Seit Dezember 2012 gibt es einen grenzüberschreitenden Busverkehr. Die SVF betreibt die Buslinie 983, die aktuell von der Station Frankfurt (Oder) Bahnhof zum Busbahnhof in Słubice (Dworzec Autobusowy) verläuft.[270] Die Buslinie 983

264 Stadtverwaltung Frankfurt (Oder) (2021a): Bird startet in Frankfurt (Oder).
265 Reinschmidt, Janine (2022): E-Roller und E-Räder. Anbieter Bird verlässt Frankfurt (Oder) zum Jahresende, *moz.de*, 22.10.2022.
266 Stadtverkehrsgesellschaft mbH Frankfurt (Oder) (2023): Neuer Sharing-Anbieter für Frankfurt (Oder). Wegener, Ken. Presseinformation, 09.06.2023
267 Stadtverwaltung Frankfurt (Oder) (2021a): Bird startet in Frankfurt (Oder).
268 Stadtwerke Frankfurt (Oder) GmbH (2021): Kostenfreie E-Lastenräder für Frankfurt (Oder).
269 Experteninterview mi Claus Junghanns, 13.06.2022.
270 Landesregierung Brandenburg (2013): Ein Jahr Buslinie 983. Woidke würdigt Grenzbus als „deutsch-polnisches Erfolgsprojekt".

wurde nicht zuletzt aufgrund des Engagements seitens der Studierendenschaft der EUV ins Leben gerufen. Bis vor einem Jahr finanzierten die Studierenden die Buslinie 983 mit einem Teil ihres Semesterbeitrags.[271] Mit dem Bau einer Straßenbahnverbindung über die Grenze könnte man noch einen Schritt weiter gehen. Eine Straßenbahnlinie könne „bei finanzieller Förderung mit einem positiven wirtschaftlichen Ergebnis betrieben werden", heißt es in einer Studie.[272] Im Vorfeld der Buslinie hatte es bereits Pläne für eine grenzüberschreitende Tramlinie gegeben, allerdings wurden diese wegen fehlender Akzeptanz der Bürger nicht realisiert.

Aktuell ist die Ausweitung des Straßenbahnnetzes zum neuen Gewerbegebiet an der A 12 ein Thema. Es handelt sich dabei um den Logistikkomplex Log Plaza des Unternehmens Alcaro Invest GmbH. Eine Anbindung hätte nicht nur ökologische und verkehrstechnische Vorteile. Gegenüber einer Busverbindung wäre eine Tramlinie deutlich leistungsfähiger. Eine erste Prognose geht von 30 Mio. € Kosten für die Erweiterung aus. Neben dem Bundesprogramm zum Gemeindeverkehrsfinanzierungsgesetz (GVFG) könnte eine Förderung seitens des Landes Brandenburg herangezogen werden, so dass zwischen 75–90 % der notwendigen Kosten laut SVF-Geschäftsführer Christian Kuke abgedeckt werden könnten. Eine genaue Kosten-Nutzen-Berechnung liegt allerdings bisher nicht vor. Andere Gewerbeflächen in der Nähe könnten bei entsprechender Streckenführung ebenso mit angeschlossen werden.[273]

Am bundesweiten Digitaltag 2021 wurde als Idee zur Gestaltung der Smart City eine Seilbahn ins Spiel gebracht. Diese würde möglicherweise nördlich und südlich der Stadtbrücke die Oder passieren und somit einen Ring bilden. Neben dem Personenverkehr könnten auch Lasten mit der Seilbahn transportiert werden. Neben dem unternehmerischen und ÖPNV-Aspekt würde davon auch der Tourismus profitieren. Zur Sprache kommen auch immer wieder kleinere Ideen für mehr Service und Nachhaltigkeit, wie die Verwendung von Sensorik, sei es bei der Straßenbeleuchtung oder beim Container-Management der Müllentsorgung.[274]

Mit Blick auf den Indikator „Nutzung von Elektroautos" fällt auf, dass der Anteil der PKW mit Elektroantrieb in Frankfurt sowohl unter dem bundes- als auch landesweiten Durchschnitt liegt. Zugleich ist aber auch in Frankfurt (Oder) ein Anstieg zu beobachten. Dies wird in Tabelle 18 verdeutlicht.

271 „Nach Fahrplanwechsel. Grenzübergreifender Bus 983 fährt weiter", *moz.de*, 05.11.2019.
272 Rebentisch/Schroeter (2014).
273 Gutke, Thomas (2022): Nahverkehr und Immobilien. Fährt die Straßenbahn in Frankfurt (Oder) bald bis zum neuen Gewerbegebiet an der A12?, *moz.de*, 02.04.2022.
274 Stadtverwaltung Frankfurt (Oder) (2021c): Frankfurt (Oder)–Słubice: Smarte Doppelstadt.

Tabelle 18: Anteil an PKW mit Elektro-Antrieb (BEV sowie Plug-in-Hybrid) in Frankfurt (Oder) im Vergleich

Jahr	Deutschland	Brandenburg	Frankfurt (Oder)
01.10.2022	3,26	2,14	1,6
01.01.2023	3,85	2,53	1,9
01.04.2023	4,00	2,64	1,9
01.07.2023	4,20	2,75	2,0

Quelle: Eigene Zusammenstellung nach Kraftfahrt-Bundesamt (KBA)[275]

Hinsichtlich des Indikators Verkehrssicherheit sind in den vergangenen Jahren keine speziellen Trends in der Doppelstadt erkennbar. Das wird in Tabelle 19 deutlich.

Tabelle 19: Verkehrsunfälle mit Personenschaden (VUP) in der Doppelstadt (2013–2022)

Jahr	Frankfurt (Oder)	Słubice	Doppelstadt	VUP je 1.000 Einwohner
2013	164	12	176	2,3
2014	124	11	135	1,8
2015	146	10	156	2,1
2016	153	18	171	2,3
2017	138	22	160	2,1
2018	139	9	148	2,0
2019	127	20	147	2,0
2020	118	14	132	1,8
2021	133	17	150	2,1
2022	165	3	168	2,3

Quelle: Eigene Darstellung aus Polizei-Presseanfrage[276]

Insgesamt gibt es in der Doppelstadt einige zukunftsträchtige Projektideen, die einen positiven Einfluss auf die Smart Mobility entwickeln könnten. Es

275 Kraftfahrt-Bundesamt (2023a): Vierteljährlicher Bestand. Zahlen, Daten, Fakten; Kraftfahrt-Bundesamt (2023b): Bestand an Personenkraftwagen mit Elektro-Antrieb

276 Polizeipräsidium Land Brandenburg, Polizeidirektion Ost, Pressestelle (2023): 230925_Anfrage_Auftrag_Statistische Daten für wissenschaftliche Arbeit. Frohberg, Thomas; Kamenz, Roland. E-Mail vom 04.10.2023.

gibt allerdings Herausforderungen. Insbesondere der niedrige Anteil von E-PKW zeigt, dass zum einen das Bewusstsein im Bereich Smart Mobility erhöht werden muss, zum anderen auch die entsprechende Infrastruktur in der Doppelstadt bspw. für Elektromobilität entstehen muss, um diese weiter zu fördern.

4.3 Zusammenfassung

Bei Betrachtung der Doppelstadt anhand der Smart-City-Charakteristika Smart Economy und Smart Mobility ergeben sich Chancen und Herausforderungen.

Zu den großen Herausforderungen gehören die schwache Innovationskraft sowie das schwächelnde Unternehmertum auf der deutschen Seite. Auch fehlt es dem Arbeitsmarkt der Doppelstadt an Flexibilität. Insbesondere aber die Investitionsförderung steht vor großen Herausforderungen. Das Haushaltsdefizit im Zusammenspiel mit der unklaren Personalsituation in der Wirtschaftsförderungsabteilung der Frankfurter Stadtverwaltung stellt die Doppelstadt auch in Zukunft vor Probleme bei der Gewinnung von neuen Unternehmen. Gleichzeitig ist die Produktivität zumindest auf deutscher Seite nur schwach ausgeprägt – sie liegt deutlich unter dem bundesweiten und brandenburgischen Durchschnitt.

Chancen für die Doppelstadt bestehen dagegen im Logistikbereich, denn die nationale und internationale Verkehrsanbindung der Doppelstadt ist sehr gut. Auch verfügt die Doppelstadt über einen sehr guten Zugang zu ICT-Infrastruktur.

Sowohl eine Herausforderung als auch eine Chance stellen dagegen die Verfügbarkeit und die Kosten von Flächen und Gebäuden dar. Während hier vor allem für kleinere Gewerbe genügend Flächen zur Verfügung stehen, mangelt es an Möglichkeiten für Großansiedlungen. Das städtische Haushaltsdefizit erschwert weitere Erschließungen. Bei nachhaltigen, innovativen und sicheren Verkehrssystemen gibt es erste gute Ansätze. Es besteht aber noch Handlungsbedarf, um bestehende Chancen zu nutzen und Herausforderungen zu bewältigen.

Die Doppelstadt ist somit ein durchaus attraktiver, europäischer Investitionsstandort mit guter Infrastruktur und Anbindung an internationale Verkehrskorridore und Metropolen sowie mit gutausgebildeten Fachkräften bei vergleichsweise günstigen Standortbedingungen. Hypothese 1 kann somit bestätigt werden.

Durch die zahlreichen grenzübergreifenden Initiativen und Projekte ist die Doppelstadt auch eine Twin City. Da sie aber zugleich nicht alle Faktoren der untersuchten Smart-City-Charakteristika erfüllt, wie etwa Innovationskraft oder Flexibilität des Arbeitsmarktes, kann sie nicht als Smart City bezeichnet werden. Das sinkende Unternehmertum sowie die zahlreichen Herausforderungen bei der Wirtschaftsförderung sprechen zudem dagegen, dass die Doppelstadt eine Founder City ist. Somit kann Hypothese 2 nicht bestätigt werden. Die Doppelstadt ist eine Twin City, jedoch keine Smart Founder City.

5. Die Eurostadt Guben – Gubin

In diesem Kapitel wird die Eurostadt Guben – Gubin anhand der in Kapitel 3 definierten Faktoren und Indikatoren für die Charakteristika Smart Economy und Smart Mobility untersucht. Diese beiden Charakteristika sind maßgeblich für die wirtschaftliche Bewertung eines Standortes, daher werden nur diese betrachtet, um zu prüfen, ob die Eurostadt eher das wirtschaftliche Zentrum der Region darstellt als die Doppelstadt Frankfurt (Oder) – Słubice (FS). Die Untersuchung erfolgt anhand statistischer Daten, gemäß der Reihenfolge der Smart-City-Modell-Charakteristika in Kapitel 3. Ziel ist es, einen Vergleich mit der Doppelstadt FS zu ermöglichen.

Guben ist laut Landesentwicklungsplan ein Mittelzentrum im Landkreis Spree-Neiße, Frankfurt (Oder) als kreisfreie Stadt dagegen ein Oberzentrum.[277] Die Statistischen Ämter weisen daher wenig Daten für Guben aus. Auch das Prognos-Gutachten enthält keine belastbaren Daten zu Guben. Für einige Indikatoren ließen sich somit keine Daten für die Städte Guben und Gubin finden, so dass für den Vergleich Daten des Landkreises Spree-Neiße herangezogen werden. Dies ist mit Blick auf die Leitfrage der Studie trotzdem sinnvoll. Die Doppelstadt FS versteht sich als wirtschaftliches Zentrum der deutsch-polnischen Grenzregion in Ostbrandenburg und der Woiwodschaft Lubuskie. Ein solches Zentrum muss sich auch mit umliegenden Landkreisen messen können. Bei fehlenden Daten für die Eurostadt ist es also legitim, Landkreisdaten für Spree-Neiße heranzuziehen.

5.1 Allgemeine Situation und Entwicklung der Eurostadt

Eine Zusammenarbeit der Städte Gubin und Guben besteht bereits seit DDR-Zeiten. Das war auch darauf zurückzuführen, dass beide Städte unterschiedliche Schwächen bei der Versorgung aufwiesen. Mit den Jahren wurde die Zusammenarbeit auf verschiedene Bereiche ausgeweitet. Nach der Wiedervereinigung Deutschlands wurde am 19.01.1991 zwischen beiden Städten ein Partnerschaftsvertrag unterzeichnet. Darin ging es hauptsächlich um den kulturellen Austausch, aber auch die Wirtschaft wird bereits erwähnt. Am 03.04.1996 wurde

277 Freitag/Schenten/Mayimona (2023), S. 13.

der Grundstein für eine gemeinsame deutsch-polnische Abwasserbehandlungsanlage gelegt.[278]

Abbildung 4 zeigt, dass in den letzten zehn Jahren die Einwohnerzahl der Stadt Gubin kontinuierlich von 17.019 auf 15.798 Einwohner im Jahre 2022 gesunken ist, was einen Rückgang von 7,2 % darstellt. In Guben sank die Einwohnerzahl in diesem Zeitraum sogar um 8,7 %, von 17.971 auf 16.402 im Jahre 2022. Lediglich 2015 und 2022 war ein leichter Anstieg der Einwohnerzahl Gubens zu verzeichnen.

Laut Unternehmensberater Markus Tolle entwickelt sich Guben – Gubin zu einem dynamischen Wirtschaftsstandort. Vor allem das „gemeinsame fachlich kompetente" Auftreten der beiden Bürgermeister, Fred Mahro in Guben und Bartłomiej Bartczak in Gubin, wird vielfach hervorgehoben. Für Tolle sticht heraus, dass die Unternehmen deren Entgegenkommen bei Standortanforderungen spüren und somit ein beidseitiges Vertrauensverhältnis gewachsen ist.[279]

Abbildung 4: Einwohnerzahl der Städte Guben und Gubin (2012–2022)

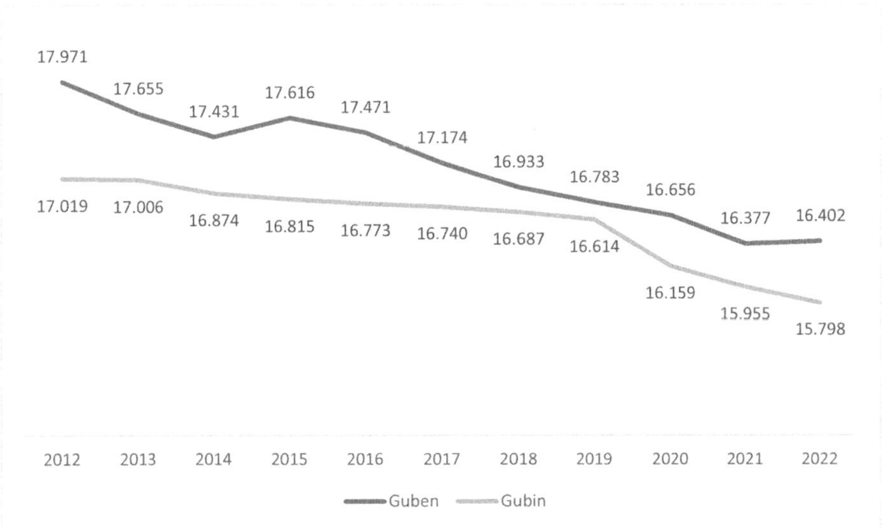

Quelle: Eigene Darstellung aus Daten von Destatis[280] und Główny Urząd Statystyczny GUS[281]

278 Horn (1997), S. 6–8.
279 Kannenberg, Heinz (2022c): Industrie und Ansiedlungen. Was Guben und Gubin besser machen als Frankfurt (Oder) und Słubice, *moz.de*, 22.07.2022.
280 Statistische Ämter des Bundes und der Länder (2023a, b).
281 Główny Urząd Statystyczny GUS (2023b).

Tabelle 20: Zusammengefasste Geburtenziffer je Frau im Alter von 15 bis 45 Jahren in Guben im Vergleich

Gebiet	Jahr				
	2018	**2019**	**2020**	**2021**	**2022**
Deutschland	1,56	1,54	1,52	1,57	1,45
Brandenburg	1,61	1,59	1,56	1,59	1,47
Spree-Neiße	1,78	1,67	1,69	1,73	1,55

Quelle: Eigene Zusammenstellung nach Destatis und dem Amt für Statistik Berlin-Brandenburg[282]

Ein Indikator für den demographischen Wandel ist die Geburtenziffer. Tabelle 20 verdeutlicht für die letzten fünf Jahre die Geburtenziffer pro Frau im gebärfähigen Alter im Landkreis Spree-Neiße und vergleicht diese mit Brandenburg und Deutschland. Im Landkreis Spree-Neiße sinkt die Geburtenziffer zwar, liegt allerdings über dem Landes- und Bundeswert.

5.2 Smart City Guben – Gubin

Das Thema Smart City steht auch in der Eurostadt Guben – Gubin auf der Agenda. So wurde Guben, als kleinste ostdeutsche Stadt unter allen Teilnehmern und als einzige Grenzstadt, 2021 vom Bundesministerium des Innern, für Bau und Heimat (BMI) als eines von 28 Projekten im Rahmen der „Modellprojekte Smart Cities" ausgewählt, ein für zehn Jahre ausgelegtes Förderprogramm.[283] 2017, zwei Jahre vor dem Start des Programms, war vom Bundesbauministerium die Smart City Charta ins Leben gerufen worden. Die Charta dient Kommunen als Leitlinie zur digitalen Modernisierung von Städten und Gemeinden.[284] Unter dem Slogan „Eurostadt Guben – Gubin grenzenlos smart" möchte Guben in Zusammenarbeit mit Gubin bis 2027 die digitale Transformation voranbringen.[285]

282 Statistisches Bundesamt Deutschland Destatis: GENESIS Datenbank. Tabelle: 12612-0009. Zusammengefasste Geburtenziffern (je Frau) (2023b); Amt für Statistik Berlin-Brandenburg (2023a): Statistischer Bericht A II 1 – j / 22. Eheschließungen, Geborene und Gestorbene im Land Brandenburg 2022.

283 Stadt Guben (2021): Guben – „Modellprojekt Smart Cities".

284 Bundesinstitut für Bau-, Stadt- und Raumforschung (BBSR) (2021): Smart City Charta., S. 5.

285 Engelhardt, Thomas (2022a): Smart City Guben. Mit diesen Projekten will die Neißestadt fit für die digitale Zukunft werden, *LR*, 30.03.2022.

5.2.1 Smart Economy

Im Folgenden wird die Smart Economy der Eurostadt näher betrachtet. Nachfolgend werden dazu die in Kapitel 3.2 definierten Faktoren Innovationskraft, Unternehmertum, Produktivität, Flexibilität des Arbeitsmarktes, Verfügbarkeit und Kosten von Flächen und Gebäuden sowie Investitionsförderung und deren jeweilige Indikatoren untersucht.

5.2.1.1 *Innovationskraft*

Die Innovationskraft der Eurostadt hat in den vergangenen Jahren eine andere Entwicklung genommen als die der Doppelstadt. Ein Blick auf die internen FuE-Aufwendungen der Wirtschaft sowie auf das in Vollzeit beschäftigte FuE-Personal in der Wirtschaft zwischen 2009 und 2019 zeigt, dass insgesamt sowohl die Aufwendungen als auch das Personal gewachsen sind. Bemerkt sei jedoch, dass lediglich Daten für den Kreis Spree-Neiße und nicht für Guben direkt vorliegen. Die Details sind in den Tabellen 21 und 22 dargestellt.

Tabelle 21: Interne FuE-Aufwendungen der Wirtschaft und deren Anteil am BIP in Brandenburg, Spree-Neiße und Lubuskie (2009–2019)

Jahr	**Interne FuE-Aufwendungen der Wirtschaft (in Tsd. Euro) bzw. (in Tsd. PLN) sowie deren Anteil am BIP in %**		
	Brandenburg	**Spree-Neiße**[286]	**Lubuskie**[287]
2009	186.024 (0,35 %)	1.456 (0,04 %)	9.429 (0,03 %)
2011	307.750 (0,54 %)	3.795 (0,06 %)	- (-)
2013	269.774 (0,45 %)	2.036 (0,05 %)	31.200 (0,09 %)
2015	397.479 (0,61 %)	1.611 (0,05 %)	56.659 (0,14 %)
2017	405.004 (0,57 %)	1.498 (0,04 %)	124.602 (0,29 %)
2019	485.763 (0,64 %)	1.696 (0,04 %)	153.500 (0,31 %)

Quelle: Eigene Berechnung und Zusammenstellung nach Stifterverband für die Deutsche Wissenschaft e. V., RDB sowie BDL (GUS) [288]

286 Im Jahr 2011 gab es für den Landkreis Spree-Neiße und die Stadt Cottbus nur aggregierte Daten. Dies wurde bei der Berechnung des prozentualen Anteils entsprechend berücksichtigt.

287 Die Daten für 2013 und 2019 stammen aus dem statistischen Jahrbuch der Woiwodschaft Lubuskie für 2015 (S. 258) und für 2021 (S. 104), vgl. Urząd Statystyczny w Zielonej Górze (2021): Rocznik Statystyczny.

288 Stifterverband für die Deutsche Wissenschaft e. V. (2023): E-Mail vom 17.10.2023; Statistische Ämter des Bundes und der Länder (2024); Główny Urząd Statystyczny GUS: Nauka i technika. Społeczeństwo informacyjne (K10). Działalność badawcza i rozwojowa (G184). Nakłady wewnętrzne na działalność B+R (P2401).

Tabelle 22: FuE-Personal der Wirtschaft und dessen Anteil an den Gesamterwerbstätigen in Brandenburg, Spree-Neiße und Lubuskie (2009–2019)

Jahr	FuE-Personal der Wirtschaft[289] sowie als Anteil an den Gesamterwerbstätigen[290]		
	Brandenburg	Spree-Neiße	Lubuskie
2009	2.106 (0,28 %)	22 (0,06 %)	94 (0,03 %)
2011[291]	3.229 (0,42 %)	65 (0,12 %)	164 (0,05 %)
2013	3.091 (0,39 %)	26 (0,07 %)	211 (0,07 %)
2015	3.667 (0,45 %)	17 (0,05 %)	324 (0,10 %)
2017	4.379 (0,52 %)	18 (0,05 %)	- (-)
2019	4.685 (0,55%)	27 (0,07 %)	960 (0,27 %)

Quelle: Eigene Berechnung und Zusammenstellung nach Stifterverband für die Deutsche Wissenschaft e. V., BA, BDL (GUS) sowie Rocznik Statystyczny Województwa Lubuskiego[292]

Der positive Trend lässt sich auch im Bereich der Patentanmeldungen pro Kopf beobachten. Hier stieg in den vergangenen Jahren die Zahl der Patente je 10.000 Einwohner an, wie in Tabelle 23 verdeutlicht.

Tabelle 23: Patentanmeldungen absolut sowie je 10.000 Einwohner der Eurostadt (2013–2023)

Jahr	Guben	Gubin	Eurostadt (Summe)	Eurostadt Einwohner	Patent/10.000 Einwohner
2013	3	1	4	34.661	1,15
2014	1	0	1	34.305	0,29
2015	4	1	5	34.431	1,45
2016	4	0	4	34.244	1,17
2017	2	1	3	33.914	0,88
2018	5	0	5	33.620	1,49

289 Es handelt sich beim FuE-Personal in Brandenburg und dem Landkreis Spree-Neiße um Vollzeitäquivalente, während es sich bei den Zahlen für Polen um beschäftigte Personen handelt.
290 Es handelt sich um die sozialversicherungspflichtig Beschäftigten am Arbeitsort.
291 Im Jahr 2011 gab es für den Landkreis Spree-Neiße und die Stadt Cottbus nur aggregierte Daten. Dies wurde bei der Berechnung des prozentualen Anteils entsprechend berücksichtigt.
292 Stifterverband für die Deutsche Wissenschaft e.V. (2023): E-Mail vom 17.10.2023; Bundesagentur für Arbeit (2023b): Statistiken. Statistiken nach Regionen; Główny Urząd Statystyczny GUS; Urząd Statystyczny w Zielonej Górze (2021): Rocznik Statystyczny.

2019	10	0	10	33.397	2,99
2020	15	0	15	32.815	4,57
2021	5	2	7	32.332	2,17
2022	9	1	10	32.161	3,11
01.10.2023	0	1	1	-	-

Quelle: Eigene Berechnungen nach DPMA Register sowie UPRP[293]

Zusammenfassend lässt sich somit sagen, dass in der Eurostadt durchaus eine Innovationskraft wahrnehmbar ist und diese aktuell auch im Wachsen begriffen ist. Dies ist umso erstaunlicher, als in der Region keine Hochschule existiert.

5.2.1.2 *Unternehmertum*

Auch das Unternehmertum spielt eine wichtige Rolle für eine smarte Wirtschaft. Um es zu bewerten, wird im Folgenden die Zahl der Selbständigen sowie der neugegründeten Unternehmen in der Eurostadt betrachtet.

Da für die Stadt Guben keine Daten zur Zahl der Einzelunternehmen vorliegen, wird für eine bessere Vergleichbarkeit auf der deutschen Seite der Eurostadt die Anzahl rechtlicher Einheiten als Indikator für die Zahl der Selbständigen gewählt (auf polnischer Seite jedoch die Zahl der Einzelunternehmen). Bei den rechtlichen Einheiten ist zu berücksichtigen, dass sie auswertungsrelevant werden, wenn sie im Berichtsjahr einen Umsatz von mehr als 17.500 Euro erzielten oder über Beschäftigte verfügten. Eine Niederlassung wird dann in die Auswertung einbezogen, wenn sie Beschäftigte hat oder wenn sie die einzige Niederlassung einer rechtlichen Einheit ist, die im Berichtsjahr einen Umsatz von mehr als 17.500 Euro aufweist.

Insgesamt ist die Anzahl der Selbständigen in der Eurostadt in den vergangenen zehn Jahren nach einem Rückgang wieder gewachsen. Während auf deutscher Seite eine schwankende Anzahl rechtlicher Einheiten zu verzeichnen war, ist im selben Zeitraum die Anzahl der Einzelunternehmer in Gubin zunächst gesunken, um dann ab 2019 wieder zu steigen. Ein wirkliches Ungleichgewicht in der Entwicklung ist nicht ersichtlich. Die Entwicklungen des Indikators werden in Tabelle 24 veranschaulicht:

293 Deutsches Patent- und Markenamt (2023): DPMAregister; Urząd Patentowy Rzeczpospolitej Polskiej (2023).

Tabelle 24: Anzahl rechtlicher Einheiten in Guben und von Einzelunternehmen in Gubin (2013–2022)

Jahr	Guben[294]	Gubin	Eurostadt	Doppelstadt Unternehmen je 100 Einwohner
2013	609	1531	2.140	6,2
2014	626	1500	2.126	6,2
2015	628	1472	2.100	6,1
2016	619	1457	2.076	6,1
2017	609	1439	2.048	6,0
2018	601	1494	2.095	6,2
2019	630	1547	2.177	6,5
2020	4.105	1612	5.717	17,4
2021	4.067	1672	5.739	17,8
2022	-	1715	1.715	5,3

Quelle: Eigene Zusammenstellung nach Amt für Statistik Berlin-Brandenburg und BDL (GUS)[295]

Ein Blick auf die Anzahl neugegründeter Unternehmen zeigt eine andere Entwicklung. Sowohl in Guben als auch in Gubin sind die Gewerbeneugründungen in den vergangenen Jahren zurückgegangen, vgl. Tabelle 25.

Tabelle 25: Gewerbeanmeldungen (Neugründungen) in der Eurostadt (2013–2022)

Jahr	Guben	Gubin	Eurostadt	Gewerbeneugründung je 1.000 Einwohner
2013	163	185	348	10,0
2014	153	170	323	9,4
2015	152	176	328	9,5
2016	163	172	335	9,8
2017	189	146	335	9,9
2018	156	176	332	9,9
2019	133	175	308	9,2

294 Für 2020 und 2021 gab es nur Zahlen für den Landkreis Spree-Neiße, daher wurden diese aufgelistet.

295 Amt für Statistik Berlin-Brandenburg (2020): StatIS-BBB; Główny Urząd Statystyczny (2023a): Bank Danych Lokalnych.

2020	87	158	245	7,5
2021	91	178	269	8,3
2022	-	175	175	5,4

Quelle: Eigene Darstellung nach StatIS-BBB und BDL (GUS)[296]

Während zu begrüßen ist, dass trotz der wirtschaftlichen Krisen in den vergangenen Jahren die Anzahl rechtlicher Einheiten und Einzelunternehmen in der Eurostadt zugenommen haben, ist es zugleich kein guter Indikator für die Zukunft, dass die Gewerbeneuanmeldungen eingebrochen sind. Hier besteht dringender Verbesserungsbedarf, damit der Faktor Unternehmertum auch zukünftig als positiv ausgebildet betrachtet werden kann.

5.2.1.3 *Produktivität*

Wie im Fall der Doppelstadt ist auch für die Eurostadt die Produktivität ein wichtiger Faktor der Smart Economy. Ein Blick auf die Entwicklung des BIP pro Erwerbstätigen zwischen 2013 und 2021 zeigt, dass dieses im Landkreis Spree-Neiße in diesem Zeitraum von 78.395 € auf 104.529 € angestiegen ist. Der Landkreis lag dabei durchgehend über dem Durchschnitt Brandenburgs, aber auch über dem Bundesdurchschnitt, vgl. Tabelle 26.

Tabelle 26: BIP je Erwerbstätigen in EUR: Spree-Neiße im Vergleich (2013–2021)

Jahr	Deutschland	Brandenburg	Spree-Neiße
2013	66.384	55.913	78.395
2014	68.524	58.824	78.484
2015	70.177	60.190	77.451
2016	71.797	61.381	80.603
2017	73.832	63.401	85.994
2018	75.011	64.635	90.425
2019	76.711	67.243	92.080
2020	75.819	67.442	92.266
2021	80.074	71.125	104.529

Quelle: Eigene Zusammenstellung nach RDB[297]

296 Amt für Statistik Berlin-Brandenburg (2023b): StatIS-BBB; Główny Urząd Statystyczny (2023a): Bank Danych Lokalnych.

297 Statistische Ämter des Bundes und der Länder (2023d): Regionaldatenbank Deutschland. Tabelle: 82111-01-05-4.

Anders als in der Doppelstadt ist die Produktivität des Spree-Neiße-Kreises deutlich höher als die Produktivität Brandenburgs. Das könnte ein Indiz dafür sein, dass die Eurostadt ein wirtschaftliches Zentrum darstellt. Zugleich zeigt der Vergleich mit Gesamtdeutschland, dass es sich in Bezug auf die Produktivität auch um ein nationales Wirtschaftszentrum handeln könnte. Insgesamt ist der Faktor Produktivität in der Eurostadt sehr stark ausgeprägt.

5.2.1.4 *Flexibilität des Arbeitsmarktes*

Die Arbeitskräfte in Gubin sind gut ausgebildet und vorwiegend zweisprachig. Polnische Arbeitnehmer sprechen sehr gut Deutsch.[298]

Mit Blick auf die Arbeitslosenquote als Indikator für die Flexibilität ist festzustellen, dass sie seit 2013 sowohl im Kreis Spree-Neiße als auch in Gubin stark gesunken ist. In Gubin sank die Quote von 14,9 % (2013) auf 3,3 % (2022). Gleichzeitig sank die Arbeitslosenquote im Landkreis Spree-Neiße von 10,4 % (2013) auf 6 % (2023). Die Arbeitslosenquote Gubins liegt damit noch unter der gesamtpolnischen Arbeitslosenquote, jedoch über der Arbeitslosenquote der Woiwodschaft Lubuskie. Die Arbeitslosenquote im Landkreis Spree-Neiße liegt allerdings über der landes- und bundesweiten Arbeitslosenquote, wie aus Tabelle 27 ersichtlich ist.

Tabelle 27: Arbeitslosenquote der Eurostadt im Vergleich (2013–2023)

Jahr	Deutschland	Brandenburg	Spree-Neiße	Gubin	Lubuskie	Polen
2013	6,9	9,9	10,4	14,9	9,1	8,8
2014	6,7	9,4	10,3	10,9	7,2	7,5
2015	6,4	8,7	9,2	10	6,1	6,5
2016	6,1	8	8,4	8,3	5,1	5,6
2017	5,7	7	7,4	6,4	3,9	4,6
2018	5,2	6,3	6,9	5,6	3,6	4,2
2019	5	5,8	6,3	4,9	3	3,8
2020	5,9	6,2	6,5	5,7	4	4,6
2021	5,7	5,9	6,1	4,4	3,1	4
2022	5,3	5,6	5,8	3,3	2,7	3,7
2023[299]	5,7	5,8	6	-	-	-

Quelle: Eigene Zusammenstellung nach BA und BDL (GUS)[300]

298 Stadt Guben (2022a): Industrie- und Gewerbeflächen in Gubin.
299 Bundesagentur für Arbeit, Regionaldirektion Berlin-Brandenburg (2023).
300 Bundesagentur für Arbeit (2023b): Statistiken. Statistiken nach Regionen; Główny Urząd Statystyczny (2023a): Bank Danych Lokalnych.

Die sinkenden Arbeitslosenquoten sind positiv zu bewerten. Gleichzeitig sind sie nicht so niedrig, dass sie die Flexibilität beeinträchtigen könnten. Sollten neue Unternehmen in die Eurostadt ziehen wollen, würde es gegenwärtig also noch freie Arbeitskräfte geben. Eine Flexibilität des Arbeitsmarktes ist in der Eurostadt somit aktuell gegeben.

5.2.1.5 *Verfügbarkeit und Kosten von Flächen und Gebäuden*

In Gubin gibt es zehn Hektar erschlossene Investitionsfläche, die Teil der KSSSE sind. Das noch verfügbare Gelände liegt in der Nähe der Landesstraße 32, die eine Achse zwischen Zielona Góra und Cottbus bildet. Der Grenzübergang ist zwei Kilometer entfernt. Zur Autobahnauffahrt der A 15 sind es rund 30 Minuten Fahrzeit. Es gibt darüber hinaus vier weitere Gewerbegebiete in Gubin. Verglichen mit den Gewerbeflächen in Słubice kann Gubin mit einem günstigeren Preis aufwarten.[301] Guben verfügt über das Gewerbegebiet Deulowitz im Westen, das nahe der B 112 liegt und etwa 35 km von der Autobahn A 15 entfernt ist. Vertreten sind dort vor allem Handwerksbetriebe.[302] Das Industriegebiet Süd in Guben liegt nur vier Kilometer entfernt vom Grenzübergang nach Polen. Es ist an B 112 und B 97 angeschlossen und etwa 30 km von der Auffahrt zur A 15 entfernt. Hier sind vorwiegend chemische Betriebe und Kunststoffhersteller ansässig.[303] Von der 124,85 Hektar großen Gesamtfläche sind 25,79 Hektar erschlossene und freie Flächen. Zudem bestehen eine Werksfeuerwehr und ein Gleisanschluss an das überregionale Netz der DB AG.[304]

Insgesamt sind Verfügbarkeit und Kosten von Flächen und Gebäuden als eher negativ zu bewerten. Dies liegt nicht an der Qualität der Flächen an sich, sondern eher an der geringen Anzahl. Gleichzeitig ist eine direkte Anbindung an die Autobahn nicht gegeben. Positiv zu bewerten ist hingegen der schnelle Zugang zum Grenzübergang. Ein großes Manko ist die Nichtverfügbarkeit von erschlossenen Flächen für Großansiedlungen.

5.2.1.6 *Investitionsförderung*

Die Investitionsausgaben seitens der Stadt Gubin beliefen sich 2021 auf 3,5 Mio. PLN.[305] Die Stadtbehörden sind Neuinvestoren gegenüber zudem aufgeschlossen und helfen auch bei der Abwicklung von Investitionen. Des Weiteren gibt

301 Stadt Guben (2022a): Industrie- und Gewerbeflächen in Gubin.
302 Loginvest GmbH (2022a): Gewerbegebiet Deulowitz.
303 Loginvest GmbH (2022b): Industriegebiet Süd Guben.
304 Stadt Guben (2022b): Industriegebiet-Süd.
305 Główny Urząd Statystyczny (2023b): Baza Demografia.

es Steuerermäßigungen und verschiedene Zuzahlungen vom Arbeitsamt beim Landkreis, die die anfänglichen Kosten senken.[306]

Am 21.11.2022 erhielt Bürgermeister Fred Mahro vom Lausitz-Beauftragten Klaus Freytag einen Fördermittelscheck über 247.500 € aus Landesmitteln für die Lausitzer Strukturentwicklung. Die Stadt trägt die zweite Hälfte zu den Gesamtkosten von 595.000 € bei. Es sollen 18 Hektar bisher landwirtschaftlich genutzten Landes zu einem attraktiven Industriegebiet Guben Süd umgestaltet werden. Das Geld fließt in die verkehrs- und versorgungstechnische Erschließung des Areals. Im August 2022 waren bereits 150.000 € an die Stadt Guben geflossen, um die Erweiterung des Gewerbegebietes Deulowitz zur Hälfte zu fördern.[307]

Am 10.10.2022 erfolgte der erste Spatenstich für das BiFi-Produktionswerk in Guben. Dies ist eine 50 Mio. €-Investition der Schafft Fleischwerke aus Ansbach. Ab 2024 sollen dort etwa 100 Mitarbeiter beschäftigt werden. Auf dem Gelände können drei weitere Produktionsstätten dieser Art errichtet werden.[308]

Neben dem BiFi-Werk siedelt sich in Guben eine Lithiumhydroxid-Fabrik an. Die bauvorbereitenden Maßnahmen laufen bereits. Das kanadische Unternehmen Rock Tech Lithium will am Standort jährlich 24.000 Tonnen Lithiumhydroxid herstellen. Die Kanadier investieren knapp 650 Mio. € in den Standort mit Gleisanschluss. Die Produktion soll mit 170 Mitarbeitern ab 2024 beginnen.[309]

Mit Blick auf Nachhaltigkeit und auf die Energiewende will sich ein weiteres Unternehmen im Bereich des Batterie-Recyclings ansiedeln. Das chinesische Unternehmen Botree Cycling plant, bis 2025 eine Batterie-Recycling-Anlage in Betrieb zu nehmen. Der CEO Dr. Xiao Lin und Bürgermeister Fred Mahro unterzeichneten am 16.11.2022 die Kooperationsvereinbarung. Am Standort Guben Süd sollen bis zu 100 Mio. € investiert und 100 Mitarbeiter beschäftigt werden. Zusätzlich sollen 30 Ausbildungsplätze geschaffen werden.[310]

Die Geschicke der Wirtschaftsförderung Guben werden von einem Rückkehrer mitbestimmt. Oskar Starick ist nach dem Studium in seine Heimatstadt Guben zurückgekehrt und ist dort als jüngster Wirtschaftsförderer tätig. Starick wünscht sich, dass auch andere junge Gubener und Gubiner in ihre Heimat zurückkehren und am Aufwärtstrend der Eurostadt mitwirken.[311]

---

306 Stadt Guben (2022a): Industrie- und Gewerbeflächen in Gubin.

307 Roy, S. (2022b): Guben setzt auf weitere Ansiedlungsprojekte, *Märkischer Bote*, 22.11.2022.

308 Roy, S. (2022a): Baustart für neues BiFi-Produktionswerk in Guben, *Märkischer Bote*, 24.10.2022.

309 dpa/Pluta, Werner (2022): Elektromobilität. Rock Tech Lithium baut Lithiumhydroxid-Fabrik in Guben – Golem.de, *Golem.de*, 22.06.2022.

310 Köhler, Marie-Charlott (2022): Nächste Großinvestition in Guben. Batterie-Recycling & 100 Jobs geplant, *Oberlausitz-Aktuell*, 22.11.2022.

311 RBB Rundfunk Berlin-Brandenburg (2022): Wie Guben 30 Jahre nach der Wende langsam aufblüht.

Die Wirtschaftsförderung in der Eurostadt kann insgesamt als sehr dynamisch bewertet werden. Zum einen gab es in der jüngeren Vergangenheit etliche Ansiedlungen, zum anderen werden potentielle Investoren gut betreut. Mit der Ansiedlung des Unternehmens Botree Cycling setzt man außerdem auf zukunftsträchtige Technologien. Die Investitionsförderung ist somit ein Faktor, der die Smart Economy in der Eurostadt wesentlich stärkt.

5.2.2 Smart Mobility

Im Folgenden sei die Smart Mobility der Eurostadt näher betrachtet. Dazu werden die in Kapitel 3.3. definierten Faktoren (Inter-)nationale Anbindung, Verfügbarkeit von ICT-Infrastruktur sowie Nachhaltige, innovative und sichere Verkehrssysteme unter die Lupe genommen.

5.2.2.1 *(Inter-)nationale Anbindung*

Der Zugverkehr zwischen Guben – Gubin über den Bahnhof Guben zur Metropolregion Berlin ist über Frankfurt (Oder) oder Cottbus nur stündlich gewährleistet. Die veränderte Taktung auf der Strecke von Frankfurt (Oder) nach Magdeburg (ab Dezember 2022 alle 20 Minuten) gilt leider nicht für die weitere Strecke bis Cottbus.[312] Es gibt laut VBB eine zweite Anbindung zur Metropolregion Berlin über den Zwischenhalt Cottbus, die im Durchschnitt im Vergleich zu erstgenannter Verbindung ca. 15 Minuten Zeitersparnis bringt. Betrachtet man beide Strecken gemeinsam, so lässt sich die Metropolregion Berlin in etwa alle 30 Minuten erreichen, allerdings mit einer Fahrzeit von immer noch über zwei Stunden. Eine Fahrt kostet aktuell 15,50 €, mit Hilfe eines Monatstickets lassen sich die monatlichen Fahrtkosten jedoch deutlich minimieren.[313] Die Anbindung an die internationalen Flughäfen in Berlin und Poznań beträgt aktuell im Durchschnitt drei Stunden. Es gibt jedoch auch schnellere Verbindungen (stündlich) zum Flughafen in Berlin, die die Reisezeit um bis zu 40 Minuten verkürzen.[314] Die Polregio-Zugstrecke der RB92 von Guben – Gubin nach Zielona Góra wird seit dem Fahrplanwechsel im Dezember 2022 werktags sechsmal bedient. Für die 60 Kilometer braucht der Dieselzug auf alten Gleisen allerdings eine Stunde und 23 Minuten. Das große Problem bei der Förderung ist, dass nur 30 % aller Strecken im Lebuser Land elektrifiziert sind. Und die EU fördert nur wasserstoff-, elektro- oder batteriebetriebene Fahrzeuge, d. h. „Null-Emissions-Fahrzeuge“. Hinzu kommen rechtliche Hemmnisse bei der Genehmigung in beiden Ländern. Polen möchte Geld

312 VBB Verkehrsverbund Berlin-Brandenburg GmbH (2022c): RE1.
313 VBB Verkehrsverbund Berlin-Brandenburg GmbH (2022b): Monatskarten.
314 VBB Verkehrsverbund Berlin-Brandenburg GmbH (2022a): Fahrinformation.

aus dem EU-Corona-Wiederaufbaufonds für Hybrid-Fahrzeuge mit Diesel- oder Strombetrieb nutzen. Die Gelder hierfür wurden erst nach langer Verzögerung als Vertrauensvorschuss für die neue Regierung unter Donald Tusk freigegeben.[315] Das polnische Bahn-Infrastrukturprogramm „Kolej plus" ist nicht wirksam, weil die Woiwodschaften hohe Eigenanteile stemmen müssen. Viele Projekte sind zwar genehmigt, jedoch können sich nur finanzstarke Kommunen die Umsetzung leisten. Die strukturschwachen Regionen profitieren nicht davon.[316]

Der frühere Bundesverkehrsminister Scheuer machte sich 2020 auch für eine schnellere Anbindung europäischer Metropolen stark und wollte die „Trans-Europa-Express"-Verbindungen mit europäischen Fördermitteln wiederbeleben. Vor allem die Achse Paris-Berlin-Warschau steht hier im Fokus, ein europäisches Buchungsportal für diese Tickets würde den Kunden leichteren Zugang verschaffen.[317]

Die Neiße ist laut Wasserstraßen- und Schifffahrtsamt Oder-Havel als für die Güterschifffahrt nicht schiffbar zu betrachten, somit hat die Eurostadt keine Schiffsanbindung.[318]

Zusammenfassend ist die nationale und internationale Verkehrsanbindung der Eurostadt als schwach zu bewerten. Durch die weite Zufahrt zu Autobahnen und die erst nach stundenlanger Fahrt vorhandene Erreichbarkeit internationaler Flughäfen reduzieren sich die Chancen für die Eurostadt. Die schlechte Anbindung macht sie wenig attraktiv für Pendler – und zwar in beide Richtungen.

5.2.2.2 *Verfügbarkeit von ICT-Infrastruktur*

Laut Breitbandatlas gibt es in Guben noch kein reines 5G-Netz. Jedoch wird aktuell das Dynamic Spectrum Sharing (DSS) eingesetzt und deckt 64,71 % ab. DSS erlaubt den Parallelbetrieb von LTE (4G) und 5G im selben Frequenzbereich. Besonders hohe Bandbreiten im Gigabitbereich können aufgrund fehlender 5G-Infrastruktur jedoch noch nicht erreicht werden. Die Download-Datenrate von 30 Mbps gewährleisten die Schulen schon zu 100 %, 50 % bieten bereits 1 Gbps. Gewerblich werden 30 Mbps von 99 % der Unternehmen und 1 Gbps erst von 6 % abgedeckt. Bei den privaten Haushalten betragen die entsprechenden Anteile 90 % bzw. 0 %.

---

315 „Brüssel und Polen kommen sich näher", *tagesschau.de*, 21.11.2023.

316 Waldmann, Nancy (2022): Bahn RB92 Brandenburg Polen. Zwischen Guben und Zielona Góra fahren bald mehr Züge – aber sehr langsam, *moz.de*, 19.10.2022.

317 „Scheuer will ‚Trans-Europa-Express' mit EU-Finanzhilfen unterstützen, *rnd.de*.

318 Wasserstraßen- und Schifffahrtsamt Oder-Havel (2022): AW: Forschungsprojekt des ZIP der Europa-Universität Viadrina zur wirtschaftlichen Entwicklung der Eurostadt Guben/Gubin. Dimmek, Ralf-Rüdiger. E-Mail vom 12.10.2022.

Laut Breitbandatlas des Bundesministeriums für Digitales und Verkehr (BMDV) liegt der Anteil der Festnetzverfügbarkeit für Unternehmen in Guben in den Geschwindigkeitsbereichen bis ≥ 100 Mbit/s auf einem vergleichbaren Niveau mit dem Bund und mit Brandenburg. Bei höheren Geschwindigkeiten liegt Guben jedoch weit zurück. So sind Geschwindigkeiten von ≥ 400 Mbit/s und ≥ 1.000 Mbit/s überhaupt nicht vorhanden, nur ca. 50 % der Unternehmen können auf Geschwindigkeiten von ≥ 200 Mbit/s zugreifen. Dies wird in Tabelle 28 veranschaulicht.

Tabelle 28: Festnetzverfügbarkeit für Unternehmen (alle Technologien)

Verwaltungseinheit	**Festnetzverfügbarkeit für Unternehmen in % nach Geschwindigkeit (alle Technologien)**						
	≥ 16 Mbit/s	**≥ 30 Mbit/s**	**≥ 50 Mbit/s**	**≥ 100 Mbit/s**	**≥ 200 Mbit/s**	**≥ 400 Mbit/s**	**≥ 1.000 Mbit/s**
Deutschland	98,93	95	94,73	90,72	80,37	70,22	67,43
Brandenburg	98,17	93,76	93,76	88,26	68,75	49,19	46,75
Frankfurt (Oder)	99	97,65	97,65	95,81	89,2	84,91	84,91
Guben	98,73	94,77	94,77	90,4	50,85	0	0

Quelle: Eigene Zusammenstellung nach Breitbandatlas des BMDV[319]

Zugleich verfügten jedoch mehr als 96 % der Unternehmen in der Woiwodschaft Lubuskie 2019 über einen schnellen Internet-Zugang.[320]

Zusammenfassend ist somit der Zugang zum Internet auf der deutschen Seite der Eurostadt als nicht zufriedenstellend zu bewerten. Insbesondere für Unternehmen, die einen hohen Bedarf an schnellem Internet haben, fehlt es hier an der passenden Infrastruktur. Die Verfügbarkeit von ICT-Infrastruktur für Unternehmen als Indikator für den Faktor Smart Mobility ist somit trotz der guten Anbindung der polnischen Seite zu verneinen.

5.2.2.3 *Nachhaltige, innovative und sichere Verkehrssysteme*

Dank einer EFRE-Förderung von 614.450 € wurden im Zeitraum 01.01.2019–31.05.2022 beide Stadtverkehrssysteme untersucht. Im Vordergrund stand die Verbesserung des umweltfreundlichen und grenzüberschreitenden Mobilitätsangebotes. Nach Prüfung der europäischen und nationalen Rahmenbedingungen

319 Bundesministerium für Digitales und Verkehr (2023): Breitbandatlas. Stand: Ende 2022.
320 Nowak (2020), S. 332.

sowie dem Finden von Parallelen und „Anknüpfungspunkten“ hat eine Verzahnung der Systeme stattgefunden. Fünf Bushaltestellen wurden modernisiert oder angepasst, vier davon in Gubin und eine in Guben. Auch der grenzüberschreitende Radverkehr wurde bei der Projektplanung mit einbezogen.[321] Aleksander Knapczyk zufolge konnten sich die deutschen und polnischen Betreiber beim Busverkehr nicht auf einen Ticketpreis einigen, ansonsten könnte das Netz beider Städte noch komfortabler genutzt werden. Hier bestehe noch Handlungsbedarf.[322]

Laut Pendlerstatistik von 2021 gibt es in Guben jeden Tag 2.600 Auspendler und 2.800 Einpendler. Die Stadt Guben hat die Kampagne „Guben tut gut“ bereits 2018 gestartet, um die Zeitersparnis bei einer Verlegung des Wohn- oder Arbeitsortes in die Stadt hervorzuheben. Das Pendeln zwischen Cottbus und Guben nimmt in eine Richtung per Auto 30 Minuten in Anspruch, mit der Bahn 40 Minuten und mit dem Bus eine Stunde.[323]

Mit Blick auf den Indikator „Nutzung von Elektroautos“ fällt auf, dass der Anteil von PKW mit Elektroantrieb in Guben sowohl unter dem bundes- als auch landesweiten Durchschnitt liegt. Zugleich ist aber auch in Guben ein Anstieg zu beobachten, vgl. Tabelle 29.

Tabelle 29: Anteil an PKW mit Elektro-Antrieb (BEV sowie Plug-in-Hybrid) in Guben im Vergleich

Jahr	**Deutschland**	**Brandenburg**	**Guben**
01.10.2022	3,26	2,14	1,0
01.01.2023	3,85	2,53	1,2
01.04.2023	4,00	2,64	1,2
01.07.2023	4,20	2,75	1,3

Quelle: Eigene Zusammenstellung nach KBA [324]

Hinsichtlich des Indikators Verkehrssicherheit sind in den vergangenen Jahren in der Eurostadt keine speziellen Trends erkennbar. Das Niveau war in den vergangenen Jahren konstant, vgl. Tabelle 30.

321 Ministerium der Finanzen und für Europa des Landes Brandenburg – Referat IV.3 Europäische Territoriale Zusammenarbeit (2018): GUB-E-BUS.

322 Experteninterview mit Aleksander Knapczyk, 18.10.2022.

323 Engelhardt, Thomas (2022b): Wohnen in Guben. Stadt will Pendler zum Arbeiten und Leben an die Neiße locken, *lr-online*, 16.11.2022.

324 Kraftfahrt-Bundesamt (2023b): Bestand an Personenkraftwagen mit Elektro-Antrieb.

Tabelle 30: Verkehrsunfälle mit Personenschaden in der Eurostadt (2013–2022)

Jahr	Guben	Gubin	Eurostadt	VUP je 1.000 Einwohner
2013	53	6	59	1,7
2014	47	3	50	1,5
2015	33	2	35	1,0
2016	49	10	59	1,7
2017	44	3	47	1,4
2018	40	7	47	1,4
2019	40	7	47	1,4
2020	41	6	47	1,4
2021	36	10	46	1,4
2022	41	6	47	1,5

Quelle: Eigene Darstellung gemäß E-Mail der Polizei-Pressestelle[325]

In der Eurostadt gab es einige gemeinsame Projekte, die einen positiven Einfluss auf die Smart Mobility entwickeln konnten. Doch auch hier werden bestehende Herausforderungen deutlich. Insbesondere der niedrige Anteil von PKW mit Elektroantrieb zeigt, dass zum einen das Bewusstsein für Smart Mobility erhöht werden muss, zum anderen in der Eurostadt auch die entsprechende Infrastruktur etwa für Elektromobilität entstehen muss, um diese weiter zu fördern. Zudem wäre z. B. in der Frage der Ticketpreise eine höhere Kompromissbereitschaft wünschenswert.

5.3 Zusammenfassung

Die Betrachtung der Eurostadt Guben – Gubin anhand der Smart-City-Charakteristika Smart Economy und Smart Mobility zeigt, dass die Eurostadt ein dynamisches Umfeld mit zahlreichen Chancen bietet. Zugleich steht die Stadt jedoch noch vor zahlreichen Herausforderungen.

Im Bereich der Smart Economy spricht für die Stadt, dass die Innovationskraft spürbar zunimmt. Zugleich aber nimmt das Unternehmertum eine weniger positive Entwicklung. Zufriedenstellend präsentiert sich dafür die Produktivität

325 Polizeipräsidium Land Brandenburg, Polizeidirektion Süd, Pressestelle (2023): Anfrage zu Kriminalitäts-und Verkehrsunfallzahlen für die Stadt Guben. Kettlitz, Maik. E-Mail, 27.09.2023.

der Eurostadt, da sie deutlich über dem brandenburgischen Durchschnitt liegt. Auch die Flexibilität des Arbeitsmarktes stärkt die Smart Economy der Eurostadt. Verfügbarkeit und Kosten von Flächen und Gebäuden sind ein Schwachpunkt des Standortes Eurostadt. Hier besteht akuter Verbesserungsbedarf. Hilfreich dabei könnte insbesondere die Investitionsförderung sein, die sehr positiv zu bewerten ist. Insgesamt lässt sich somit sagen, dass die Eurostadt zwar einige, aber nicht alle Faktoren erfüllt, um das Label Smart Economy zu tragen.

Im Bereich Smart Mobility stellt vor allem die schlechte Verkehrsanbindung eine Herausforderung dar. Auch ist die Anbindung an schnelles Internet auf deutscher Seite nicht für alle Unternehmen gegeben. Auch wenn es für den Faktor „Nachhaltige, innovative und sichere Verkehrssysteme" einige interessante Projekte gibt, reicht dies nicht aus, um der Eurostadt die Erfüllung der Voraussetzungen für eine Smart Mobility zu bescheinigen.

6. Experteninterviews[326]

Für den empirischen Teil der Studie wurden 26 Experteninterviews mit insgesamt 28 Führungspersönlichkeiten aus folgenden Bereichen geführt: Stadtverwaltung, Wirtschaftsförderung, Tourismus- und Marketingbereich, Bundesagentur für Arbeit (BA), Unternehmen, Industrie- und Handelskammern (IHK) Ostbrandenburg und Cottbus, Handwerkskammern (HWK) Frankfurt (Oder) und Cottbus.[327] Damit keine der beiden Doppelstädte besser oder schlechter gestellt wird, wurde eine gleich ausfallende Gewichtung beider Doppelstädte angestrebt. Bei der Anzahl der Experteninterviews wurde zudem die Größe der Städte berücksichtigt. Es wurden daher in Frankfurt (Oder) – Słubice zwei Interviews mehr geführt, was einem Plus von rund 7 % entspricht. Zudem wurde bei den Interviews auf ein Gleichgewicht zwischen der polnischen und der deutschen Seite geachtet.

Mit Blick auf die Gesamtanzahl der Interviews und die Anzahl aus den jeweiligen Städten wird kein Anspruch auf Vollständigkeit erhoben. Ferner wird die fachliche Kompetenz der ausgewählten Experten nicht bewertet. Es handelt sich jedoch um zentrale Entscheidungsträger der im Rahmen der Studie untersuchten Städte bzw. Institutionen, so dass von einer umfassenden, fundierten Expertise der befragten Personen ausgegangen werden kann. Für die vorliegende Studie sind die fachlichen Einschätzungen aus den geführten Interviews somit fundierte Erkenntnisse, aus denen Aussagen abgeleitet oder Tendenzen beschrieben werden können. Außerdem wird davon ausgegangen, dass mit der Anzahl der befragten Experten in den jeweiligen Städten alle relevanten Stakeholder im Bereich Wirtschaft abgedeckt sind. Dies untermauert zusätzlich die Aussagekraft der Erkenntnisse. In Tabelle 31 sind die mit den Interviews abgedeckten Funktionsbereiche aufgelistet.

326 Aus Gründen der Vereinfachung und besseren Lesbarkeit wird im folgenden Teil der Studie durchgängig das Maskulinum *Experte* bzw. im Plural *Experten* verwendet. Gemeint sind jedoch sowohl Frauen als auch Männer.

327 Eine namentliche Liste aller Interviewpartner (mit ihren für die Studie relevanten Funktionsbereichen) befindet sich im Quellen- und Literaturverzeichnis (Punkt 2: Experteninterviews). Bei der Auswertung der Gespräche werden die gemachten Aussagen in vielen Fällen anonymisiert dargestellt. Namentliche Verweise auf bestimmte Interviewpartner erfolgen in den Fußnoten.

Tabelle 31: Mit Experteninterviews abgedeckte Funktionsbereiche

Stadt / Funktion	Doppelstadt		Eurostadt	
	Frankfurt (Oder)	**Słubice**	**Guben**	**Gubin**
Bürgermeister	X	X	X	X
Wirtschaftsförderung	X	X	X	X
Marketing und Tourismus	X		X	
BA	X		X	
IHK	X		X	
HWK	X		X	
Unternehmen	X	X	X	X

Quelle: Eigene Zusammenstellung

Aus Tabelle 31 ist ersichtlich, dass für die polnischen Städte in einigen Bereichen keine Experteninterviews geführt wurden. Dies hat unterschiedliche Gründe. Die IHK sowie die HWK haben kein entsprechendes Pendant in Polen. Vergleichbare Institutionen haben im Allgemeinen einen anderen Status. Sie unterscheiden sich sowohl strukturell als auch in ihren Funktionen von den deutschen Kammern. Weiterhin sind die Verwaltungen in beiden polnischen Städten kleiner, so dass bestimmte Aufgabenbereiche und Funktionen in bestimmten Positionen zusammengefasst werden.

6.1 Probleme der deutsch-polnischen Kooperation im Bereich Wirtschaft

In der ersten Frage sollten sich die Experten zu den ihrer Einschätzung nach drängendsten Problemen der deutsch-polnischen Kooperation im Bereich Wirtschaft äußern. Diese, wie auch die weiteren Fragen, wurde dabei offen gestellt. Hierdurch eröffnete sich den Experten die Möglichkeit, die Existenz von Problemen zu verneinen, sofern solche nicht wahrgenommen werden. In Abbildung 5 werden die Ergebnisse zu dieser Frage dargestellt.

Die von allen Experten am häufigsten genannten Probleme gehören zu den Kategorien *Verwaltung und Recht* (24,3 %), *Sprache* (14,1 %), *Mobilität* (11,9 %), *mangelnde deutsch-polnische Kooperation* (9,7 %) und *Probleme auf dem Arbeitsmarkt* (9,2 %). Die Reihenfolge der genannten Problemfelder innerhalb der jeweiligen

Doppelstädte ähnelt sich, so dass in beiden von fast denselben Problemen die Rede ist. Es fällt auf, dass es beim Tourismus in Frankfurt (Oder) – Słubice (FS) keine Nennung gab, während in Guben – Gubin (GG) diesbezüglich Probleme gesehen wurden (7,4 % der Nennungen aus Guben entfielen darauf). Ein weiterer Unterschied lässt sich im Bereich *Mobilität* feststellen. In der Doppelstadt lagen 16,2 % der beschriebenen Probleme in dieser Kategorie, während es in der Eurostadt lediglich 4,4 % waren. Auffällig ist, dass Experten aus FS über Probleme in diesem Bereich berichten, obwohl die Doppelstadt grundsätzlich über eine bessere Verkehrsanbindung verfügt als die Eurostadt.

Abbildung 5: Probleme für deutsch-polnische Kooperation im Bereich Wirtschaft

	Frankfurt-Słubice	Guben-Gubin	Total
1) Hauptprobleme für DE-PL Kooperation im Bereich Wirtschaft			
Verwaltung und Recht	27,4%	19,1%	24,3%
Sprache	13,7%	14,7%	14,1%
Mobilität	16,2%	4,4%	11,9%
mangelnde DE-PL Kooperation	8,5%	11,8%	9,7%
Probleme auf dem Arbeitsmarkt	8,5%	10,3%	9,2%
keine Probleme sondern Herausforderungen und Chancen	2,6%	5,9%	3,8%
Abwanderung	3,4%	4,4%	3,8%
Wirtschaftsförderung	4,3%	1,5%	3,2%
Tourismus		7,4%	2,7%
Demographischer Wandel	2,6%	2,9%	2,7%
Mentalitätsunterschiede	2,6%	2,9%	2,7%
Standortattraktivität	1,7%	2,9%	2,2%
mangelnde Priorität der Wirtschaft	2,6%	1,5%	2,2%
Industrie- und Gewerbefächen	1,7%	1,5%	1,6%
Preisunterschied Deutschland>Polen	1,7%	1,5%	1,6%
Visionäre und Macher fehlen	0,9%	1,5%	1,1%
Gesundheit	1,7%		1,1%
Energieversorgung		2,9%	1,1%
keine Kontinuität bei Projekten		1,5%	0,5%
Wasserprobleme		1,5%	0,5%
Σ SUMME	100,0%	100,0%	100,0%
# N = Dokumente/Sprecher	14 (53,8%)	12 (46,2%)	26 (100,0%)

Quelle: Eigene Darstellung, generiert mit MAXQDA 2022[328]

Betrachtet man die Kategorie *Verwaltung und Recht*, in der am häufigsten von Problemen die Rede war, so wurden in beiden Städten hauptsächlich *unterschiedliche Rechtssysteme, -normen und -standards* bemängelt (56,3 % in FS, 69,2 %

328 Diese Studie verwendet eine vereinfachte Darstellung der MAXQDA-Codes. Nicht alle Unterebenen sind im Detail erfasst, und einige im Folgenden kursiv gesetzte Textteile finden sich möglicherweise nicht wortwörtlich in den MAXQDA-Darstellungen wieder. Die kursiv gesetzten Begriffe dienen der Übersichtlichkeit und folgen der allgemeinen Struktur der Kodierungen, um so den Lesefluss zu erleichtern.

in GG). Es fällt auf, dass die Experten in FS bezüglich der Verwaltung ein Problem benannten, das in GG überhaupt nicht genannt wurde: die sog. Verwaltungsmentalität. Die Aussage *das ist nicht meine bzw. unsere Zuständigkeit* macht 15,6 % aller in FS gemachten Aussagen zu dieser Kategorie aus. In der politischen Außenwahrnehmung sehen beide die Tatsache des Nichtvorhandenseins eines gesonderten Rechtsstatus für Doppelstädte als Problem (6,3 % in FS, 7,7 % in GG). Im Unterschied zu FS wurde in GG ein *fehlendes Verständnis und Konflikte durch nationale Politik* deutlich häufiger als Problem benannt (3,1 % in FS, 15,4 % in GG). Mögliche Ursachen dafür sind, dass Frankfurt (Oder) als kreisfreie Stadt mehr Kompetenzen der Selbstverwaltung und somit als besondere Verwaltungsebene mehr Gewicht hat sowie zugleich auch die höhere Einwohnerzahl der Doppelstadt ein größeres politisches Gewicht bedeutet. Die Gesamtauswertung der Kategorie *Verwaltung und Recht* befindet sich im Anhang 2.

In der Kategorie *Sprache* gibt es in FS differenzierte Aussagen zu wahrgenommenen Problemen, während in GG nur zwei Punkte genannt werden. Experten beider Städte bezeichneten die *Sprachbarriere* (43,8 % in FS, 50 % in GG) und die Tatsache, dass in Polen Deutsch, jedoch in Deutschland kaum Polnisch gesprochen wird, als Probleme (18,8 % in FS, 50 % in GG). In der Doppelstadt sahen es Experten problematisch, dass es kein verpflichtendes Schulfach „Nachbarsprache" an den Schulen in der Grenzregion gibt. Die Gesamtauswertung der Kategorie *Sprache* befindet sich im Anhang 3.

Bereits erwähnt wurde, dass es in der Eurostadt kaum Nennungen zur Kategorie *Mobilität* gab. Deshalb bezieht sich die nachfolgende Beschreibung nur auf die Doppelstadt. Die benannten Probleme liegen bei der *Bahn* (36,8 %) und beim ÖPNV (21,1 %). Es wurden jedoch auch eine *mangelnde Infrastruktur* (21,1 %) sowie die *Verkehrsbelastung* (15,8 %) als Problemfelder in FS benannt. Den Experten zufolge sind fehlende Kapazitäten auf der Schiene sowie eine geringe Attraktivität aufgrund mangelnder Zuverlässigkeit die großen Probleme bei der Bahn. Beim ÖPNV wird auf eine schlechtere Versorgung auf polnischer Seite hingewiesen. Als Probleme der mangelnden Infrastruktur wurden u. a. das Fehlen einer weiteren Brücke sowie einer Umgehungsstraße auf polnischer Seite genannt. Die Gesamtauswertung der Kategorie *Mobilität* befindet sich im Anhang 4.

In der Kategorie *mangelnde deutsch-polnische Kooperation* konstatierten die Experten in FS, dass es *Wettbewerb statt Kooperation* zwischen der deutschen und der polnischen Seite gibt (33,3 % in FS, 12,5 % in GG) und dass es an *Pragmatismus fehlt* (22,2 % in FS). Wie man erkennt, wird in GG der Wettbewerb eher weniger als Problem wahrgenommen, und ein Mangel an Pragmatismus wird überhaupt nicht erwähnt. Das deckt sich mit weiteren Aussagen der Experten beider Städte, dass die Kooperation in GG eher pragmatisch und unternehmensorientiert stattfindet. Die Experten in GG benannten eine *mangelnde Kommunikation im Bereich Wirtschaft* (11,1% in FS, 37,5% in GG) und damit verbundene Probleme in den Bereichen *Finanzierung und Förderung* (11,1% in FS, 25% in GG). Es gab in GG große Unternehmensansiedlungen, die auf der deutschen Seite in Guben stattgefunden haben, allerdings einen signifikanten Einfluss auf die Stadt Gubin haben. Die Unternehmen, die sich auf deutscher Seite ansiedelten, bemühten sich in erster Linie um deutsche Fördergelder und anschließend um europäische. Es wurde beklagt, dass es keine ausreichenden Informationen bzw. kein ausreichendes Angebot oder Engagement einer deutsch-polnischen Wirtschaftsförderung gegeben hat. Die Gesamtauswertung der Kategorie *mangelnde deutsch-polnische Kooperation* befindet sich im Anhang 5.

An fünfter Stelle folgen *Probleme auf dem Arbeitsmarkt*. Zu dieser Kategorie wurden in FS vor allem der *Fachkräftemangel* (50% in FS, 28,6% in GG) sowie ein allgemeiner *Arbeitskräftemangel* (20% in FS, 42,9% in GG) benannt. Der Fachkräftemangel ist demnach auch in GG ein Problem. Es war allerdings doppelt so häufig von einem Mangel an einfachen Arbeitskräften die Rede. Zudem wurde in GG ein *Ungleichgewicht zwischen Deutschland und Polen* (10% in FS, 28,6% in GG) erwähnt. Den Experten zufolge verdienen qualifizierte Fachkräfte in Gubin genauso gut oder zum Teil besser als in Deutschland. Bei einfachen Arbeitskräften gibt es jedoch ein Lohngefälle, so dass niedrig qualifizierte polnische Arbeitskräfte vorwiegend in Deutschland arbeiten und somit auf dem polnischen Arbeitsmarkt fehlen. Die Gesamtauswertung der Kategorie *Probleme auf dem Arbeitsmarkt* befindet sich im Anhang 6.

6.2 Wünschenswerte Projekte der grenzüberschreitenden Zusammenarbeit

In der zweiten Frage wurden die Experten zu wünschenswerten Projekten der deutsch-polnischen Zusammenarbeit befragt. Die offene Fragestellung ermöglichte es den Interviewpartnern, ehemalige, aktuell bestehende oder für die Zukunft wünschenswerte Projekte sowie Programme zu benennen. In Abbildung 6 sind die Ergebnisse dargestellt.

Am häufigsten wünschen sich alle Experten Projekte im Bereich *Wirtschaft* (26,6%), *Verwaltung und Recht* (20,1%), *Mobilität* (15,1%), *Bildung* (11,5%) sowie Projekte in den Kategorien *Wissenschaft* und *Tourismus* (jeweils 7,9%). Experten beider Städte äußerten sich im Allgemeinen ähnlich häufig zu besagten Kategorien, allerdings fallen bestimmte Punkte ins Auge, die im Weiteren beschrieben werden.

Abbildung 6: Wünschenswerte Projekte der deutsch-polnischen Zusammenarbeit

	Frankfurt-Słubice	Guben-Gubin	Total
2) Wünschenswerte Projekte der DE-PL Zusammenarbeit			
Wirtschaft	16,0%	39,1%	26,6%
Verwaltung und Recht	21,3%	18,8%	20,1%
Mobilität	25,3%	3,1%	15,1%
Bildung	13,3%	9,4%	11,5%
Wissenschaft	9,3%	6,3%	7,9%
Tourismus	4,0%	12,5%	7,9%
Lebensqualität	4,0%	4,7%	4,3%
Kultur	6,7%		3,6%
Gesundheitswesen		6,3%	2,9%
Σ SUMME	100,0%	100,0%	100,0%
# N = Dokumente/Sprecher	14 (53,8%)	12 (46,2%)	26 (100,0%)

Quelle: Eigene Darstellung, generiert mit MAXQDA 2022

In der Doppelstadt bezeichneten die befragten Experten Projekte in der Kategorie *Wirtschaft* weniger häufig als wünschenswert als die Befragten in der Eurostadt (16 % in FS, 39,1 % in GG). Dafür gibt es unterschiedliche mögliche Ursachen. Ein Grund könnte sein, dass es in FS bereits zahlreiche Projekte im Bereich Wirtschaft gibt, oder dass die Wirtschaft sich so gut entwickelt, dass seitens der Experten kein hoher Bedarf für neue Projekte gesehen wird. Möglich ist jedoch auch, dass der Schwerpunkt in der Kommunalpolitik nicht auf der Wirtschaft liegt, sondern woanders. Diese Hypothesen gelten im Umkehrschluss auch für die Eurostadt. Aus der qualitativen Auswertung, also der Interpretation der Aussagen, geht hervor, dass eher Letzteres zutrifft und eben der Schwerpunkt in GG im Bereich Wirtschaft liegt. Die in GG erfolgten Großansiedlungen könnte man somit als Erfolg dieser Priorisierung werten. Für präzisere Erkenntnisse bedarf es jedoch weiterer Forschung.

In der Doppelstadt gab es in der Kategorie *Wirtschaft* häufig Äußerungen zu folgenden Themen: einem besseren *deutsch-polnischen Wirtschaftsaustausch* (16,7 % in FS, 24 % in GG), Projekten in der *Energieversorgung* (16,7 % in FS, 12 % in GG), der *Erschließung von Industrie- und Gewerbeflächen* (16,7% in FS, 4 % in GG) und der *Ansiedlung von Logistik* (16,7 % in FS). Beim deutsch-polnischen Wirtschaftsaustauch wünschten sich die Befragten in FS vor allem ein niedrigschwelliges Angebot etwa in Form von Unternehmerstammtischen, während in GG ein eher institutionalisierter Ansatz gewünscht wurde, z. B. durch verstärkte Kooperation der deutsch-polnischen Wirtschaftsverbände. Im Bereich der Energieversorgung wurde in FS mit dem gemeinsamen Fernwärmenetz ein bereits bestehendes Projekt hervorgehoben. In GG lobten die Befragten ebenfalls ein bestehendes Projekt: die deutsch-polnische Abwasserbehandlungsanlage, die seit 1998 in Betrieb ist. Es wurden in GG jedoch zusätzlich Ideen für die Zukunft geäußert, so etwa gemeinsame Projekte im Bereich der erneuerbaren Energien, insbesondere Wasserstoff. Im Unterschied zu FS gab es in GG weniger Aussagen zur *Erschließung von Industrie- und Gewerbeflächen*. Das kann damit zusammenhängen, dass die Eurostadt über genügend Flächen verfügt, so dass der Fokus eher auf anderen Themen liegt. Es wurde z. B. der Wunsch einer *grenzüberschreitenden Wirtschaftszone* (12 % in GG) und *Wirtschaftsförderung* (8,3 % in FS, 20 % in GG) geäußert. Weiterhin wurde in GG auf die bereits gut funktionierende *gemeinsame Strategie zur Investorengewinnung* (8,3 % in FS, 20 % in GG) hingewiesen. Außerdem kam in der Eurostadt der Aspekt *Ansiedlung von Logistik* nicht vor. Das liegt wahrscheinlich an der strategischen Ausrichtung und den zur Verfügung stehenden infrastrukturellen Ressourcen des Standortes. Die Eurostadt sieht sich als Industriestandort, so dass Logistik nicht im Fokus ist. Neben der Ansiedlung von Logistik ist den Experten zufolge die strategische Ausrichtung der Wirtschaftspolitik in FS nicht klar. Dazu ist anzumerken, dass in der Logistik zwar Arbeitsplätze geschaffen werden, allerdings sind diese überwiegend im Niedriglohnbereich angesiedelt, und es handelt sich dabei um keine wertschöpfende Zukunftsbranche. Falls FS zu stark auf die Logistikbranche setzen sollte, wird es schwierig, die bestehenden Probleme zu lösen. Die Gesamtauswertung der Kategorie *Wirtschaft* befindet sich im Anhang 7.

In der Kategorie *Verwaltung und Recht* wünschten sich die Befragten in der Doppelstadt häufig Projekte zu einer *gemeinsamen Stadtentwicklung* (62,5 % in FS, 16,7 % in GG) oder einer stärkeren *Bürgerbeteiligung* (25 % in FS). In der Eurostadt wurden hingegen Projekte für eine *bessere politische und administrative Zusammenarbeit* (12,5 % in FS, 33,3 % in GG) und *Bürokratieabbau* (16,7 % in GG) als wünschenswert bezeichnet. Weiterhin wurde in GG auf bereits gut laufende Projekte im Rahmen eines *gemeinsamen Sicherheitskonzepts* (16,7 % in GG) verwiesen. Im Rahmen der gemeinsamen Stadtentwicklung hielt man in FS Projekte bezüglich Smart City und Digitalisierung sowie eines gemeinsamen Stadtzentrums für wünschenswert. In GG sieht man Synergieeffekte und wünschte sich deshalb Projekte zur Vermeidung doppelter Infrastruktur. Hinsichtlich einer besseren politischen und administrativen Zusammenarbeit hielten die befragten Experten europäische Lösungen, neue Kooperationsformen und eine überregionale Zusammenarbeit in der deutsch-polnischen Grenzregion für erstrebenswert. Im Unterschied zu GG gab es in FS keine Aussagen zum Bürokratieabbau. Vor dem Hintergrund, dass in der ersten Frage die Verwaltungsmentalität als Problem benannt wurde, ist auffällig, dass in dieser Frage keine Projekte zum Bürokratieabbau gewünscht wurden. Dafür sind mehrere Ursachen auszumachen: Die Verwaltung in der Doppelstadt funktioniert allgemein gut, und es gibt nur in einzelnen Punkten Probleme, wie z. B. dem „Zuständigkeitsdenken". Es kann ebenso sein, dass es Beschwerden gibt, allerdings keine Lösungsvorschläge gemacht werden. Interpretiert man die Expertenaussagen, sieht es in diesem Punkt nach Resignation aus. Auch an dieser Stelle bedarf es weiterer Untersuchungen. Positive Aussagen gab es zur gemeinsamen deutsch-polnischen Polizeistreife, die es, im Rahmen eines gemeinsamen deutsch-polnischen Sicherheitskonzepts, in beiden Städten gibt. Die Gesamtauswertung der Kategorie *Verwaltung und Recht* befindet sich im Anhang 8.

Bei der Anzahl der gewünschten Projekte in der Kategorie *Mobilität* gibt es einen deutlichen Unterschied zwischen den beiden Städten (25,3 % in FS, 3,1 % in GG), am häufigsten wünschten sich beide jedoch Projekte zum *Ausbau der Verkehrsinfrastruktur* (57,9 % in FS, 100 % in GG). Es wurden außerdem der *Straßenausbau* und der *Ausbau des Bahn- und Schienennetzes* genannt. Die Befragten in der Doppelstadt wünschten sich zusätzlich mehr Parkplätze, eine weitere Grenzbrücke und lobten den *grenzüberschreitenden ÖPNV* (26,3 % in FS). Angemerkt sei hier, dass es in beiden Städten bereits einen grenzüberschreitenden ÖPNV gibt. In GG gibt es zwei Buslinien – Linie 858 der DB Regio Bus Ost GmbH und Linie 171 des PKS Zielona Góra; in FS gibt es die Buslinie 983 der SVF GmbH. Die Gesamtauswertung der Kategorie *Mobilität* befindet sich im Anhang 9.

Einen weiteren Unterschied zwischen den beiden Städten sahen die Befragten bei wünschenswerten Projekten im Bereich *Tourismus* (4 % in FS, 12,5 % in GG). Es werden also zum einen Probleme hervorgehoben, allerdings auch Wünsche und Ideen zu deren Lösung. Dazu gehören der *Ausbau von Wander- und Radwegen* sowie der Wunsch nach einem *gemeinsamen Tourismuskonzept*. In FS wurde der *Ausbau des Tourismus* auch genannt, allerdings ohne Konkretisierung. Die Gesamtauswertung der Kategorie *Tourismus* befindet sich im Anhang 12.

Im Bereich *Kultur* (6,7 % in FS, 0 % GG) und im *Gesundheitswesen* (0 % in FS, 6,3 % in GG) unterscheidet sich die Anzahl der gewünschten Projekte ebenso. In FS wurde von einem gut funktionierenden und diversifizierten kulturellen Angebot gesprochen, allerdings wurde eine stärkere Zusammenarbeit mit der polnischen Seite in diesem Bereich als wünschenswert bezeichnet. In GG hielten die Befragten Projekte zur grenzüberschreitenden Gesundheitsversorgung für erstrebenswert. Das hängt vermutlich damit zusammen, dass es nur auf deutscher Seite in Guben ein Krankenhaus gibt und es dadurch für die polnische Bevölkerung der Eurostadt „unzugänglicher" ist. In FS gibt es hingegen auf deutscher und polnischer Seite jeweils ein Krankenhaus, so dass der Bedarf eventuell nicht so groß ist.

Die Anzahl der Aussagen im Hinblick auf die Kategorien *Bildung* und *Wissenschaft* ähnelt sich. Zur Bildung wurde in beiden Städten der Wunsch geäußert, die *Sprachbarriere zu überwinden*, wobei die befragten Experten aus FS dazu einen *verpflichtenden Sprachunterricht an Schulen* für geeignet hielten, während in GG vermehrt zu *freiwilligen Weiterbildungsangeboten* tendiert wurde. Im Bereich der *Wissenschaft* wurde in FS vermehrt Forschung zur *europäischen Transformation* gewünscht, wohingegen in GG eher die *Verflechtung von Wissenschaft und Wirtschaft* (14,3 % in FS, 50 % in GG) betont wurde. Das liegt gewiss daran, dass die Interviews zeitlich mit dem Bewerbungsprozess der Stadt Frankfurt (Oder) als Standort für das Zukunftszentrum für Deutsche Einheit und Europäische Transformation zusammenfiel, in dem die Stadt gute Chancen hatte, den Zuschlag zu erhalten. Die Gesamtauswertung der Kategorie *Bildung* befindet sich im Anhang 10 und die Gesamtauswertung der Kategorie *Wissenschaft* im Anhang 11.

6.3 Benötigte Unterstützung für die Umsetzung eigener Pläne

Hier wurde an die gewünschten Projekte aus der zweiten Frage angeknüpft, allerdings lag der Fokus auf der Intensivierung bzw. Weiterentwicklung bestehender Projekte. Die Experten sollten sich dazu äußern, welche politische Unterstützung für die Weiterentwicklung der grenzüberschreitenden Kooperation im Bereich Wirtschaft nötig sei. Zwecks einer Konkretisierung der Ergebnisse wurden die Experten zusätzlich gefragt, von welcher politischen Ebene sie die genannten Formen der Unterstützung erwarten. Die Ergebnisse wurden mit Hilfe der Funktion Code-Relations-Browser (CRB) in MAXQDA 2022 visualisiert. Diese Art von grafischer Darstellung veranschaulicht, welche Codes miteinander assoziiert sind. In Abbildung 7 ist die Auswertung für die Doppelstadt FS zu sehen, und in Abbildung 8 ist die grafische Auswertung für die Eurostadt GG dargestellt.

Abbildung 7: Benötigte Unterstützung in der Doppelstadt Frankfurt (Oder) – Słubice

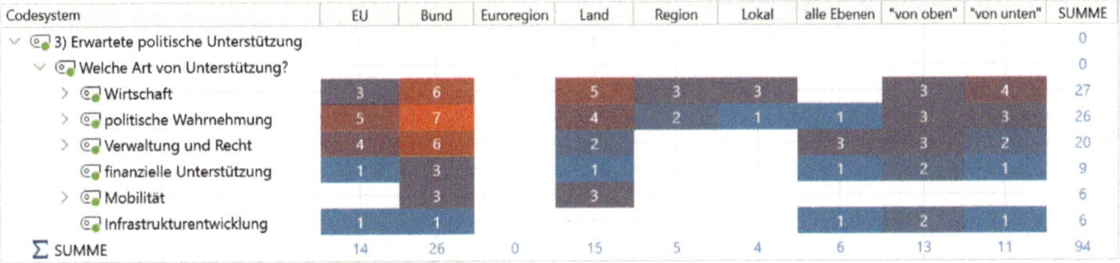

Codesystem	EU	Bund	Euroregion	Land	Region	Lokal	alle Ebenen	"von oben"	"von unten"	SUMME
3) Erwartete politische Unterstützung										0
Welche Art von Unterstützung?										0
Wirtschaft	3	6		5	3	3		3	4	27
politische Wahrnehmung	5	7		4	2	1	1	3	3	26
Verwaltung und Recht	4	6		2			3	3	2	20
finanzielle Unterstützung	1	3		1			1	2	1	9
Mobilität		3		3						6
Infrastrukturentwicklung	1	1					1	2	1	6
SUMME	14	26	0	15	5	4	6	13	11	94

Quelle: Eigene Darstellung, generiert mit MAXQDA 2022

In der Doppelstadt sehen die Experten Unterstützungsbedarf hauptsächlich in den Kategorien *Wirtschaft*, *politische Wahrnehmung* sowie *Verwaltung und Recht*. Die meiste Unterstützung solle – so die Befragten – vom Bund, dem Land und erst im Anschluss von der EU kommen. Zusätzlich gab es 13 Äußerungen hinsichtlich einer generellen Unterstützung „von oben“. Allerdings wurde auch elfmal erwähnt, dass Veränderungen „von unten" stattfinden müssten, z. B. durch Impulse seitens der Bürger. Auffällig ist, dass kein einziges Mal die Euroregion Erwähnung fand, und die EU – trotz des vermeintlich größten Einflusses – nur an dritter Stelle rangiert. Dies könnte daran liegen, dass den Experten nicht bekannt ist, welche Unterstützungsmöglichkeiten die EU in diesem Rahmen bietet.

In der *Wirtschaft* sieht man vorrangig Unterstützungsbedarf beim *Bau und der Erschließung von Industrie- und Gewerbeflächen*, bei der *Fachkräftegewinnung* sowie der besseren *wirtschaftlichen Zusammenarbeit*, bei der wiederum eher lokaler Bedarf für Unterstützung gesehen wird. Um die *politische Wahrnehmung* zu verbessern, wurde wieder zuerst der Bund genannt, an zweiter Stelle jedoch die EU. Die Experten erhoffen sich seitens dieser Ebenen, dass die *Doppelstadt als Einheit* wahrgenommen wird und die *Grenzregion in den Fokus (inter-)nationaler Politik* rückt. In der Kategorie *Verwaltung und Recht* wurde sich vor allem Unterstützung für einen *gesonderten rechtlichen Status von* Doppelstädten seitens des Bundes sowie der EU gewünscht. Von diesen Ebenen erhofften sich die Befragten auch Unterstützung für eine *bessere deutsch-polnische Zusammenarbeit*.

Abbildung 8: Benötigte Unterstützung in der Eurostadt Guben – Gubin

Codesystem	EU	Bund	Euroregion	Land	Region	Lokal	alle Ebenen	"von oben"	"von unten"	SUMME
3) Erwartete politische Unterstützung										0
Welche Art von Unterstützung?										0
Verwaltung und Recht	5	7	2	7	3	3	4	1		32
Wirtschaft	5	7	1	5	2	3	3		2	28
politische Wahrnehmung	3	8	2	4		3	4		1	25
Mobilität	3	4		3		3	3		3	19
Infrastrukturentwicklung	2	2	1	2		2	2		1	12
finanzielle Unterstützung	1	2		1		1	1		1	7
Σ SUMME	19	30	6	22	5	15	17	1	8	123

Quelle: Eigene Darstellung, generiert mit MAXQDA 2022

In der Eurostadt gab es von den Experten knapp 31 % mehr Äußerungen (94 in FS, 123 in GG) in Bezug auf gewünschte politische Unterstützung. In erster Linie gab es dazu Aussagen in der Kategorie *Verwaltung und Recht*, gefolgt von der *Wirtschaft* und der *politischen Wahrnehmung*. Im Unterschied zu FS gab es deutlich mehr GG-Nennungen bei der *Mobilität* (6 in FS, 19 in GG). Die politischen Ebenen, von denen eine Unterstützung erwartet wird, ähneln teilweise den in FS genannten, gleichwohl gibt es durchaus Unterschiede. Am häufigsten wurde auch in GG Unterstützung seitens des Bundes gefordert, danach vom Land und erst an dritter Stelle von der EU. Im Gegensatz zu FS wurden allerdings die Euroregionen genannt. Der Gubener Bürgermeister bezeichnet sie sogar als „das probateste Mittel […] den Menschen die Politik aus Brüssel […] zu vermitteln".[329] Im

329 Experteninterview mit Fred Mahro, 07.06.2022.

Unterschied zu FS wurde in GG deutlich häufiger die *lokale* Ebene beschrieben. Ein weiterer Unterschied ist, dass weniger ein generelles *„von oben"*, sondern die Zusammenarbeit aller Akteure und somit eine gemeinsame Unterstützung auf *allen Ebenen* angeführt wurde.

In der Kategorie *Verwaltung und Recht* wurde von Bund und Land insbesondere Unterstützung beim *Bürokratieabbau* sowie eine rechtliche Unterstützung gefordert, die es Doppelstädten ermöglichen würde, *doppelte Infrastruktur zu vermeiden*. Unterstützung in der Kategorie *Wirtschaft* wünschten sich die Befragten in GG gleichermaßen von allen Ebenen. Dies betrifft das Thema Arbeitsmarkt, insbesondere die Fachkräftegewinnung. Weiterhin wurde auf die benötigte Hilfe des Bundes und des Landes bei der Verbesserung der deutsch-polnischen wirtschaftlichen Zusammenarbeit verwiesen. Ein weiterer Punkt ist das Thema *Wasserstoff*. In diesem Bereich wünschten sich die Befragten gleichermaßen Unterstützung von der EU, dem Land und der Region. Ähnlich wie in FS wurde in erster Linie vom Bund die Wahrnehmung der *Doppelstadt als Einheit* sowie eine allgemein stärkere Beachtung von Grenzregionen in der (inter-)nationalen Politik gefordert. Im Bereich *Mobilität* sahen die Experten vor allem eine Unterstützung vom Bund für die Verbesserung der *Verkehrsinfrastruktur* als erforderlich an.

6.4 Konkurrenz der Städte

Wie bereits beschrieben, kooperieren die Städte Frankfurt (Oder) und Słubice als Doppelstadt miteinander, während Guben und Gubin als Eurostadt zusammenarbeiten. Die gemeinsame Zusammenarbeit erstreckt sich dabei auf mehrere Bereiche, so auch auf die Wirtschaft. Das Thema Finanzen birgt jedoch ein gewisses Konfliktpotential. Ein Sprichwort besagt: „Beim Geld hört die Freundschaft auf." Im Rahmen der Befragung sollten daher vor allem mögliche Konkurrenzgedanken erforscht werden. Die Experten sollten Auskunft dazu geben, ob sie Konkurrenz innerhalb der jeweiligen Doppelstadt wahrnehmen und ob sie diese auch zwischen der Doppelstadt und der Eurostadt sehen. Die grafische Auswertung dieser Frage ist in Abbildung 9 veranschaulicht.

Zur *Konkurrenz innerhalb der Doppelstädte* gab es deutlich mehr Aussagen (79 %) als zu der Kategorie *zwischen den Doppelstädten* (21 %). Es wurden dafür keine Gründe genannt. In der Gesamtübersicht in Abbildung 9 erkennt man, dass die meisten Experten keine Konkurrenz innerhalb (51,6 %), allerdings einige die Konkurrenz zwischen den Doppelstädten wahrnehmen (12,9 %). Im Vergleich zu FS äußerten sich die Befragten in GG mehrheitlich, keine Konkurrenz innerhalb der Eurostadt wahrzunehmen (41,9 % in FS, 61,3 % in GG).

Abbildung 9: Konkurrenzgedanke der Städte

	Frankfurt-Słubice	Guben-Gubin	Total
4) Städte als Standort in Konkurrenz			
Zwischen den Doppelstädten			
Ja	12,9%	12,9%	12,9%
Nein	3,2%	12,9%	8,1%
Innerhalb der Doppelstädte			
Ja	41,9%	12,9%	27,4%
Nein	41,9%	61,3%	51,6%
Σ SUMME	100,0%	100,0%	100,0%
# N = Dokumente/Sprecher	14 (53,8%)	12 (46,2%)	26 (100,0%)

Quelle: Eigene Darstellung, generiert mit MAXQDA 2022

Betrachtet man die Frage zur wahrgenommenen *Konkurrenz zwischen FS und GG* gesondert, erkennt man, dass das Gros der Experten aus FS eine Konkurrenz zwischen den beiden Doppelstädten wahrnimmt, während die Äußerungen in GG eher ausgewogen sind (80 % in FS, 50 % in GG). Den Befragten in der Eurostadt zufolge ist *GG ein Industriestandort und FS nicht*, so dass man mit FS als Standort nicht im Wettbewerb stehe. Weiterhin wurde gesagt, dass man *größer denken* und *als Gesamtregion* zusammenarbeiten sollte. Die Firma Roch Tech Lithium äußerte sich zur Konkurrenz wie folgt: „Wir haben einen Katalog von ungefähr 80 Kriterien gehabt, die wir bei der Standortauswahl berücksichtigt haben. Guben – Gubin war für uns nach der Auswertung der erfüllten Kriterien der am besten geeignete Standort. Von daher gab es keine direkte Konkurrenzsituation."[330] Die Gesamtauswertung zur *Konkurrenz zwischen den Doppelstädten* befindet sich im Anhang 14.

Eine gesonderte Betrachtung der Frage zur wahrgenommenen *Konkurrenz innerhalb der Doppelstädte* ergibt, dass hier das Gros der Experten aus GG keine Konkurrenz innerhalb der Eurostadt wahrnimmt, während die Äußerungen in FS eher ausgewogen ausfielen (50 % in FS, 82,6 % in GG). In GG wurde die gute deutsch-polnische Zusammenarbeit hervorgehoben, insbesondere im Bereich Wirtschaft (11,5 % in FS, 34,8 % in GG). Es wurde dabei auf Pragmatismus bei der grenzüberschreitenden *Kooperation* und *Investorenakquise* sowie die *gemeinsame Wirtschaftsförderung* verwiesen. Experten in FS lobten hingegen die gute Zusammenarbeit im Bereich *Kultur*. Weitere Gründe, die in GG gegen eine Konkurrenz innerhalb der Eurostadt angeführt wurden, liegen in der Kategorie *Verwaltung*. Für die Befragten spielt die *enge Zusammenarbeit der Bürgermeister* eine entscheidende Rolle. Die Bürgermeister seien Impulsgeber für die Verwaltungen, wodurch sich beide Verwaltungen als *eine Einheit* betrachteten. Die Gesamtauswertung zur *Konkurrenz innerhalb der Doppelstädte* befindet sich im Anhang 13.

330 Experteninterview mit André Mandel, 04.05.2023.

6.5 Standortfaktoren für Tech Lithium und Jack Link's Bifi

In den letzten Jahren haben sich die Unternehmen Rock Tech Lithium und Jack Link's Bifi für den Standort Guben entschieden und investieren hier mehrere Hundert Mio. Euro. Außerdem gab das chinesische Unternehmen Botree Cycling bekannt, ebenfalls in Guben investieren zu wollen. Die drei Großansiedlungen umfassen insgesamt mehr als eine halbe Mrd. Euro und knapp 400 Arbeitsplätze.[331]

Die Suche nach Antwort auf die Frage, warum sich diese Unternehmen für Guben entschieden haben, war neben dem Handlungsplan der Doppelstadt Frankfurt (Oder) – Słubice 2020–2030 einer der Beweggründe für die vorliegende Studie. Deshalb wurden auch die Experten gebeten, ihre Einschätzung dazu zu geben. Alle befragten Experten betonten, dass sie „nur eine allgemeine Einschätzung" geben könnten, da ihnen tiefergehende Informationen nicht bekannt seien. Dies ist im Vorfeld der Experteninterviews, bei der Erstellung des Leitfragebogens, jedoch bedacht worden. Die Experten aus den jeweiligen Städten sollten ja eine Einschätzung abgeben bzw. ihre Hypothesen bezüglich der Investitionsentscheidungen äußern, um einen Vergleich vornehmen zu können. Die Überlegung dabei lautete, dass aus dem Vergleich der Expertenaussagen mit den von den Unternehmensvertretern tatsächlich genannten Gründen weitere Erkenntnisgewinne möglich sein würden, z. B. zu der Frage: Wie gut sind die Einschätzungen der Experten in den jeweiligen Städten? Die Unternehmen wurden also direkt gefragt, warum ihrer Ansicht nach Rock Tech Lithium und Jack Link's Bifi in Guben investieren.

Abbildung 10: Standortfaktoren für Investitionsentscheidung (Experten, ohne Rock Tech und Bifi)

	Frankfurt-Słubice	Guben-Gubin	Total
5) Standortfaktoren: Lithium-Fabrik und Bifi in Guben			
Vorteile Eurostadt	66,7%	85,2%	79,5%
Vorteile im Grenzgebiet (allgemein)	16,7%	5,6%	9,0%
Nachteile Doppelstadt	8,3%	7,4%	7,7%
Vorteile Doppelstadt	4,2%	1,9%	2,6%
Nachteile Eurostadt	4,2%		1,3%
Vorteile Brandenburg			
Σ SUMME	100,0%	100,0%	100,0%
# N = Dokumente/Sprecher	14 (58,3%)	10 (41,7%)	24 (100,0%)

Quelle: Eigene Darstellung, generiert mit MAXQDA 2022

331 Taubert, Christian (2023): Strukturwandel in der Lausitz. Vorteil Guben – darum läuft die Stadt Forst dem Wirtschaftsaufschwung hinterher, *lr-online.de*, 06.03.2023.

Zunächst lässt sich feststellen, dass die Experten beider Doppelstädte am häufigsten direkte *Standortvorteile in GG* nannten (66,7 %in FS, 85,2 % in GG). In FS gab es auch Aussagen zu *allgemeinen Vorteilen des Grenzgebiets* (16,7 % in FS, 5,6 % in GG), wie z. B. dem *Vorteil beider Märkte* oder niedrigere Löhne auf polnischer Seite. Es wurden allerdings auch Nachteile der Doppelstadt angeführt (8,3 % in FS, 7,4 % in GG). Eine *schwache Wirtschaftsförderung* und eine *Verwaltung, die nur mit sich selbst beschäftigt* ist, wurden dabei von den Befragten in FS genannt, während die Experten in GG ein *geringes Arbeitskräftepotential* in der Doppelstadt sehen, woraus Standortnachteile resultierten.

Betrachtet man die Kategorie *Standortvorteile der Eurostadt*, so nannten die Befragten in beiden Städten in erster Linie eine *gute Investorenbetreuung* (56,3 % in FS, 43,5 % in GG), die *Industrie- und Gewerbeflächen* (12,6 % in FS, 34,7 % in GG) und Aspekte des *Arbeitsmarktes* (12,5 % in FS, 10,9 % in GG). Im Rahmen der guten Investorenbetreuung wurde in beiden Städten das besondere *Engagement der beiden Bürgermeister in GG* (25 % in FS, 21,7 % in GG) betont, insbesondere das *des Gubener Bürgermeisters* Fred Mahro. Dieser sehe die *Akquise und Ansiedlung von Investoren als „Chefsache"*. Der persönliche Einsatz des Bürgermeisters und die daraus resultierende gute deutsch-polnische Zusammenarbeit wirkten den Experten zufolge sehr gut auf potentielle Investoren. Weiterhin wurde eine *gemeinsame aktive Wirtschaftsförderung* als Vorteil gesehen. Hinsichtlich der Industrie- und Gewerbeflächen wurden die *Verfügbarkeit von Genehmigungen*, allen voran laut Bundes-Immissionsschutzgesetz (BImSchG), ein vorhandener *Bahnanschluss* sowie niedrigere Grundstückspreise als Standortvorteile der Eurostadt genannt. Experten aus FS sehen außerdem ein größeres Arbeitskräftepotential in GG als Vorteil, wobei die Befragten aus GG zusätzlich weniger *Wettbewerb um Arbeitskräfte* auf dem Arbeitsmarkt nannten. Die Gesamtauswertung zu den *Standortvorteilen der Eurostadt (Experten, ohne Rock Tech und Bifi)* befindet sich im Anhang 15.

Abbildung 11: Standortfaktoren für Investitionsentscheidung der Unternehmen Rock Tech und Bifi

	Jack Link's Bifi	Rock Tech Lithium	Total
5) Standortfaktoren: Lithium-Fabrik und Bifi in Guben			
Vorteile Eurostadt	66,7%	73,9%	71,4%
Vorteile Brandenburg		17,4%	11,4%
Vorteile im Grenzgebiet (allgemein)	16,7%	8,7%	11,4%
Vorteile Doppelstadt	16,7%		5,7%
Nachteile Doppelstadt			
Nachteile Eurostadt			
Σ SUMME	100,0%	100,0%	100,0%
# N = Dokumente/Sprecher	1 (50,0%)	1 (50,0%)	2 (100,0%)

Quelle: Eigene Darstellung, generiert mit MAXQDA 2022

Auch die Vertreter der beiden Unternehmen nannten in erster Linie direkte Vorteile der Eurostadt. Anders als in den Experteneinschätzungen wurden seitens der Unternehmen jedoch keine Nachteile der Doppelstadt genannt. Bifi nannte sogar positive Aspekte der Doppelstadt, so z. B. *leistet das ICOB sehr gute Arbeit*. Die Doppelstadt habe „nichts direkt falsch gemacht“. Im Gegensatz zu Bifi benannte Rock Tech allgemeine Vorteile des Landes Brandenburg: die *Nähe zu ähnlicher Industrie und Zulieferern*, einen relativ hohen *Anteil an regenerativer Energie*, *transparente Verfahren und deren schnelle Bearbeitung* sowie die *Priorisierung von Großprojekten seitens des Brandenburgischen Ministeriums für Wirtschaft, Arbeit und Energie* (MWAE). Beide Unternehmen sahen außerdem direkte *Vorteile des deutsch-polnischen Grenzgebiets* und gaben an, dass man als Investor größer denke und somit die Region als Ganzes betrachte. Zu Beginn wurde nicht zwischen FS und GG differenziert, man entschied sich vielmehr im ersten Schritt für eine prosperierende *Grenzregion als Ganzes*. Diesen Aussagen zufolge könnte man davon ausgehen, dass sowohl die Doppelstadt als auch die Eurostadt für die beiden Unternehmen in Frage gekommen waren. Es werden also höchstwahrscheinlich die direkten Standortvorteile der Eurostadt Guben – Gubin gewesen sein, die die beiden Unternehmen überzeugt haben. Es folgt daher eine Auswertung zu den direkten Standortvorteilen der Eurostadt, wie sie in Abbildung 12 als Übersicht dargestellt sind.

Abbildung 12: Vorteile der Eurostadt laut den Unternehmen Rock Tech und Bifi

	Jack Link's Bifi	Rock Tech Lithium	Total
5) Standortfaktoren: Lithium-Fabrik und BiFi in Guben			
Vorteile Eurostadt			
Industrie- und Gewerbeflächen	50,0%	35,3%	40,0%
gute Investorenbetreuung	37,5%	29,4%	32,0%
Arbeitsmarkt		11,8%	8,0%
bessere Förderbedingungen (Strukturwandel Lausitz)	12,5%	5,9%	8,0%
gute Kommunikation der Verwaltung		11,8%	8,0%
Nähe zur BTU Cottbus		5,9%	4,0%
gute Verkehrsanbindung			
wirtschaftlicher Gesamtplan der auch umgesetzt wird			
Σ SUMME	100,0%	100,0%	100,0%
# N = Dokumente/Sprecher	1 (50,0%)	1 (50,0%)	2 (100,0%)

Quelle: Eigene Darstellung, generiert mit MAXQDA 2022

Für beide Unternehmen standen die verfügbaren *Industrie- und Gewerbeflächen* an erster Stelle. Für Bifi spielten in diesem Zusammenhang vor allem *Genehmigungen* eine Rolle, so u. a. gemäß BImSchG. Weiterhin erachtete das Unternehmen die Flächenverfügbarkeit und die damit verbundenen *Erweiterungsmöglichkeiten* als Standortvorteile. Beide Aspekte wurden auch von Rock Tech am häufigsten genannt. Weiterhin verwies Rock Tech bezüglich der Flächen auf die Bedeutung eines *Bahnanschlusses* und den potentiellen *Zugang zu Wasserstoffnetzen*. Wie bereits von den Experten vermutet, wurde von beiden Unternehmen auch die *gute Investorenbetreuung*, insbesondere das *Engagement der Bürgermeister* wertgeschätzt. Weiterhin beschrieben beide die gute *deutsch-polnische Zusammenarbeit* sowie die *Unterstützung seitens der Verwaltung* als Standortvorteile. Rock Tech wertschätzte die *Schnelligkeit der Verwaltung* und beschrieb ein *investorenfreundliches Klima*, so dass man sich als Investor „von Anfang an gut aufgehoben" fühlte. Beide Unternehmen sahen zusätzlich den *Strukturwandel in der Lausitz* und die damit verbundenen Investitionen als Chance. Rock Tech sah in GG außerdem ein größeres Arbeitskräftepotential sowohl in Bezug auf Fach- als auch Arbeitskräfte und erachtete die Nähe zu einer Technischen Universität wie der *BTU Cottbus* als wichtig. Die Gesamtauswertung zu den *Standortvorteilen der Eurostadt laut Rock Tech und Bifi* befindet sich im Anhang 16.

6.6 Standortfaktoren mit Verbesserungsbedarf

In der sechsten Frage wurden die Experten dazu befragt, bei welchen Standortfaktoren sie in ihrer Stadt Bedarf für eine Verbesserung sehen. Diese Frage ähnelt auf den ersten Blick der zweiten, bei der sechsten sollten die Befragten jedoch konkret auf die Standortfaktoren eingehen. Die Ergebnisse sind in Abbildung 13 dargestellt.

Abbildung 13: Standortfaktoren mit Verbesserungsbedarf

	Frankfurt-Słubice	Guben-Gubin	Suma
6) Standortfaktoren: Verbesserungsbedarf			
weiche Faktoren	59,0%	64,3%	60,8%
harte Faktoren	34,6%	16,7%	28,3%
Verwaltung und Recht	6,4%	19,0%	10,8%
Σ SUMA	100,0%	100,0%	100,0%
# N = Dokumenty/Uczestnicy	14 (53,8%)	12 (46,2%)	26 (100,0%)

Quelle: Eigene Darstellung, generiert mit MAXQDA 2022

Die Experten beider Städte sahen am häufigsten Verbesserungsbedarf im Bereich der *weichen Standortfaktoren* (59 % in FS, 64,3 % in GG). Unterschiede zwischen GG und FS gab es hinsichtlich der *harten Standortfaktoren* (34,6 % in FS, 16,7 % in GG) und in der Kategorie *Verwaltung und Recht* (6,4 % in FS, 19 % in GG).

In der Kategorie der *weichen Standortfaktoren* wurden am häufigsten die Themen *Bildung* (28,3 % in FS, 29,6 % in GG), *medizinische Versorgung* (21,7 % in

FS, 37 % in GG) sowie *Wohnen* (26,1 % in FS, 18,5 % in GG) angesprochen. Im Bereich *Bildung* sehen die Befragten in beiden Städten in erster Linie Bedarf für eine Verbesserung der *Sprachkenntnisse* (Deutsch und Polnisch), der *Kooperation bzw. des Austausches mit der Universität* und des *Angebots an Schul- und Kitaplätzen,* um attraktiver für potentielle Arbeitskräfte zu werden. Im Unterschied zu GG gab es seitens der Experten aus FS häufiger Aussagen zu den *Sprachkenntnissen* (13 % in FS, 7,4 % in GG). Im Gegensatz zur Doppelstadt gibt es in GG keine Universität, allerdings wurden Vorschläge in Bezug auf Kooperationen mit Institutionen in der Umgebung genannt, wie z. B. der BTU Cottbus, der Universität Zielona Góra oder der Technischen Hochschule Wildau. In FS wurde hingegen ein Mangel an regionaler Einbindung und Vernetzung seitens der EUV konstatiert. Weiterhin sahen die Befragten in GG häufiger Bedarf für Verbesserung bei der *medizinischen Versorgung* (21,7 % in FS, 37 % in GG), so werden die *Verfügbarkeit von Haus- und Fachärzten*, eine *günstigere Behandlungsmöglichkeit für Polen in Deutschland* sowie die *Krankenhausversorgung* thematisiert. Beim letztgenannten Aspekt ist der Unterschied zwischen den Städten am größten (2,2 % in FS, 11,1 % in GG). Beim Thema *Wohnen* ähneln sich die Aussagen der Experten. In beiden Städten nannten die Befragten Verbesserungsbedarf bei der *Verfügbarkeit von Wohnraum, Grundstücken* und allgemein beim *Wohnungsbau*. In FS wurde zusätzlich die *Wohnqualität* genannt, während in GG von einem *gemeinsamen deutsch-polnischen Wohnungskonzept* gesprochen wurde. Den Experten aus FS zufolge gibt es Optimierungsbedarf beim *Innovationspotential* (8,7 % in FS), wobei exemplarisch Aspekte wie *Digitalisierung* und *Netzwerke für Wissenstransfer* genannt wurden, sowie beim *Image* (4,3 % in FS) der Stadt. In GG äußerten sich die Befragten hingegen in Bezug auf die Verbesserung der Lebensqualität und nannten dabei z. B. das *kulturelle Angebot*. Die Gesamtauswertung zu den *weichen Standortfaktoren* befindet sich im Anhang 17.

In Bezug auf die *harten Standortfaktoren* sahen die Experten beider Städte in erster Linie Bedarf für eine Verbesserung im Bereich der *Mobilität* (44,4 % in FS, 42,9 % in GG) und bei Faktoren des *Arbeitsmarktes* (29,6 % in FS, 28,6 % in GG). In der Kategorie Mobilität äußerten sich die Befragten in beiden Städten ähnlich häufig im Hinblick auf die *Verbesserung des ÖPNV*, wobei in FS zusätzlich die Themen *Smart City* und *weitere Grenzbrücke* erwähnt wurden. Im Gegensatz zu FS äußerten die Experten aus der Eurostadt Ideen und Projekte in Bezug auf einen 360°-Ansatz bei Mobilitätsprojekten, während diesbezüglich genannte Ideen in FS an der Grenze Halt machen. Im Hinblick auf den *Arbeitsmarkt* sahen die Befragten aus FS Verbesserungsbedarf bei den Fachkräften und der generellen Verfügbarkeit von Arbeitskräften, wobei Letzteres häufiger in GG genannt wurde. In GG sah man aufgrund der *aktuellen Preisentwicklung* außerdem einen Verbesserungsbedarf beim *Lohnniveau*. Die befragten Experten aus FS erkannten zusätzlich Verbesserungspotential beim Thema *Investitionsförderung*, da die Stadt durch das HSK auf finanzielle

Unterstützung dritter angewiesen ist. Ein Unternehmer aus FS sagte jedoch, dass es „natürlich besser sei, wenn es eine Investitionsförderung gibt, aber wenn ich mich für einen Standort entschieden habe, investiere ich dort, unabhängig von etwaigen Förderprogrammen".[332] Im Unterschied zu FS wurde in GG häufiger angegeben, dass die *harten Standortfaktoren wichtiger als die weichen* seien (3,7 % in FS, 14,3 % in GG). In GG nannten die Befragten außerdem Verbesserungsbedarf beim *Ausbau des Bahn- und Schienennetzes*. Der Gubener Bürgermeister benannte u. a. folgendes Ziel: „Die Schienenanbindung müssen wir nutzen und ausbauen, [...] nicht nur die Nord-Süd-Anbindung, sondern wir müssen weiterdenken [und] versuchen, die Regionen Poznań und Leipzig zu verbinden [...]."[333] Die Gesamtauswertung zur Kategorie *harte Standortfaktoren* befindet sich im Anhang 18.

In der Kategorie *Verwaltung und Recht* sehen die Befragten beider Städte den Bedarf, sowohl in der Bevölkerung als auch in der Verwaltung ein Bewusstsein dafür zu schaffen, dass man gemeinsam in einer Doppelstadt bzw. Eurostadt lebe, um so die *Stadt als Einheit* wahrzunehmen. Den Experten aus FS zufolge gibt es zusätzlich Verbesserungsbedarf im Hinblick auf den *Bürgerservice*, die *Unterstützung seitens der Politik* sowie die *Digitalisierung in der Verwaltung*. In GG wird hingegen Bedarf für *europäische Lösungen zur besseren Zusammenarbeit* und *Unterstützung seitens der Politik* gesehen, beispielsweise zur *Vermeidung doppelter Infrastruktur* oder beim *Bürokratieabbau*. Die Gesamtauswertung zur Kategorie *Verwaltung und Recht* befindet sich im Anhang 19.

6.7 Verfügbarkeit von Arbeitskräften

Laut dem Bundesministerium für Wirtschaft und Klimaschutz (BMWK) gibt es derzeit zwar keinen flächendeckenden Fachkräftemangel in Deutschland, allerdings gibt es in bestimmten Branchen bereits deutliche Probleme, vakante Positionen mit qualifizierten Arbeitskräften zu besetzen. Einige Unternehmen bezeichnen den Fachkräftemangel sogar als Geschäftsrisiko.[334] In Anlehnung an die vorherige Frage wurden die Experten diesbezüglich um eine Einschätzung der Verfügbarkeit von Arbeitskräften in ihrer Stadt gebeten sowie um eine Bewertung der Idee einer gemeinsamen deutsch-polnischen Berufsausbildung. Die Auswertung der siebten Frage erfolgt in zwei Teilen. Die Auswertung des ersten Teils ist in Abbildung 14 dargestellt.

---

332 Experteninterview mit Gao Song, 03.11.2022.

333 Experteninterview mit Fred Mahro, 07.06.2022.

334 Bundesministerium für Wirtschaft und Klimaschutz (2023): Fachkräftesicherung. Fachkräfte für Deutschland.

Abbildung 14: Verfügbarkeit von Arbeitskräften

	Frankfurt-Słubice	Guben-Gubin	Total
7.1) Verfügbarkeit von Arbeitskräften			
Arbeitskräfte vorhanden	42,3%	34,7%	38,6%
Arbeitskräfte nicht vorhanden	34,6%	32,7%	33,7%
Probleme	17,3%	16,3%	16,8%
Arbeitsplätze vorhanden	5,8%	16,3%	10,9%
Σ SUMME	100,0%	100,0%	100,0%
# N = Dokumente/Sprecher	14 (53,8%)	12 (46,2%)	26 (100,0%)

Quelle: Eigene Darstellung, generiert mit MAXQDA 2022

Die Expertenaussagen aus FS und GG ähneln sich in dieser Frage. Am häufigsten wurde angegeben, dass *Arbeitskräfte vorhanden* sind (42,3 % in FS, 34,7 % in GG), gleichzeitig gab es jedoch ähnlich viele Aussagen dazu, dass *Arbeitskräfte nicht vorhanden* sind (34,6 % in FS, 32,7 % in GG). In beiden Städten äußerten sich die Befragten zusätzlich zu *Problemen* (17,3 % in FS, 16,3 % in GG). Im Unterschied zu FS wurde in GG häufiger das Thema *vorhandener Arbeitsplätze* (5,8 % in FS, 16,3 % in GG) in der Region genannt.

Das Vorhandensein von Arbeitskräften wurde in beiden Städten unterschiedlich begründet. Während in der Doppelstadt häufiger *Migration* (45,5 % in FS, 11,8 % in GG) hervorgehoben wurde, verwiesen die Experten aus GG häufiger auf *Mitarbeitermotivation* (22,7 % in FS, 41,2 % in GG). In beiden Städten wurden auch *Pendler* (18,2 % in FS, 11,8 % in GG) als potentielle Arbeitskräfte angesehen. Laut Einschätzung einiger Experten aus beiden Städten sind *Arbeitskräfte grundsätzlich vorhanden* (9,1 % in FS, 5,9 % in GG). Im Unterschied zu FS nannten die Experten aus GG zurückgekehrte Einwohner, also *Rückkehrer* (11,8 % in GG) als potentielle Arbeitskräfte. Hinsichtlich der *Migration* als Quelle von Arbeitskräften verwiesen die Befragten aus der Doppelstadt in erster Linie auf *ukrainische Arbeitskräfte in Polen* (18,2 % in FS, 0 % in GG). Im Unterschied zu GG wurden *polnische Arbeitskräfte* (13,6 % in FS, 11,8 % in GG) in FS erst an zweiter Stelle genannt. In Bezug auf die polnischen Arbeitskräfte äußerten sich die Experten beider Städte allerdings sehr positiv, diese seien im Vergleich zu deutschen Arbeitskräften *motivierter* und *engagierter*. Im Kontext der *Mitarbeitermotivation* wurden in GG *günstiges Wohnen*, ein *gutes Arbeitsklima*, ein *Firmenticket* u. a. genannt. Im Unterschied dazu wurden von den Experten aus FS eine gute *Work-Life-Balance*, *flexible Arbeitszeiten* und *Home-Office* als Instrumente der Mitarbeitermotivation hervorgehoben. In der Doppelstadt verwiesen die Befragten außerdem auf eine im Bundesdurchschnitt *gute Nachbesetzungsquote*. Die Gesamtauswertung zu dieser Kategorie befindet sich im Anhang 20.

Experten beider Städte äußerten sich auch zu den Themen *Arbeitskräfte- und Fachkräftemangel*. In FS gab es häufiger Aussagen in Bezug auf einen allgemeinen *Arbeitskräftemangel* (33,3 % in FS, 25 % in GG). Die in FS genannten Gründe für diesen sind ein *hoher Anteil an Langzeitarbeitslosen* und *hohe Sozialleistungen in Deutschland*, wobei letztere auch in GG genannt wurden. Im Unterschied zur Doppelstadt nannten die Befragten aus GG zusätzlich *fehlende Investitionen in der Vergangenheit*, einen *Informations- und Aufklärungsbedarf bei Jugendlichen* sowie deren *geringe Motivation* als Gründe für einen Arbeitskräftemangel. In beiden Städten konstatierten die Experten auch einen allgemeinen *Fachkräftemangel* (5,6 % in FS, 6,3 % in GG), allerdings unterscheiden sich die Städte bezüglich der genannten Branchen. In FS sprachen die Befragten von einem Fachkräftemangel im *Handwerk* (16,7 % in FS, 12,5 % in GG), *Baugewerbe* (16,7 %), in der *Logistik* (5,6 %) sowie in *elektrotechnischen Berufen* (5,6 %). Im Unterschied dazu sahen die Experten aus der Eurostadt Defizite bei Mitarbeitern der *Leitungsebene und der Verwaltung* (18,8 %), der *Industrie* (6,3 %) und der *Lebensmitteltechnik* (6,3 %). Die Aussagen der Experten stimmen mit den jeweils vor Ort vorhandenen Branchen überein. Die Gesamtauswertung zur Kategorie *Arbeitskräfte nicht vorhanden* befindet sich im Anhang 21.

Bei den genannten Problemen unterscheiden sich die Aussagen der Experten. In der Doppelstadt wurden vorwiegend *Abwanderung* (44,4 % in FS, 25 % in GG) und der *demographische Wandel* (44,4 %in FS, 25 % in GG) als Probleme genannt. In diesem Zusammenhang wurde in FS auch ein *Aussterben einzelner Berufszweige* beschrieben. Im Unterschied zu FS nannten die Befragten aus GG mehr Probleme, bspw. *Mentalitätsunterschiede, geringere Löhne in kleinen Städten, geringe Attraktivität kleiner Städte* für Fachkräfte. Die Gesamtauswertung zur Kategorie *Probleme* befindet sich im Anhang 22.

6.8 Gemeinsame deutsch-polnische Berufsausbildung

Eine gemeinsame deutsch-polnische Berufsausbildung könnte für die Grenzregion ein Mittel gegen den Arbeits- und Fachkräftemangel darstellen. Im zweiten Teil der siebten Frage sollten die befragten Experten daher die Idee einer solchen Berufsausbildung bewerten. Die Auswertung zu dieser Frage ist in Abbildung 15 dargestellt.

In beiden Städten bewerteten die Experten die Idee einer gemeinsamen deutsch-polnischen Berufsausbildung überwiegend positiv. In erster Linie äußerten die Befragten ihre *Wünsche* (24,5 % in FS, 47,8 % in GG) für eine gelungene

Umsetzung, wobei es in der Eurostadt deutlich mehr Aussagen diesbezüglich gab. Die Experten äußerten sich zu Berufen und *Ausbildungsbereichen* (22,4 % in FS, 30,4 % in GG), in denen ihrer Einschätzung nach eine solche gemeinsame Berufsausbildung sinnvoll wäre. In der Doppelstadt wurden jedoch, im Unterschied zur Eurostadt, deutlich mehr *Probleme* (42,9 % in FS, 6,5 % in GG) gesehen.

Abbildung 15: Gemeinsame deutsch-polnische Berufsausbildung

	Frankfurt-Słubice	Guben-Gubin	Total
7.2) Gemeinsame DE-PL Berufsausbildung			
Wünsche	24,5%	47,8%	35,8%
Ausbildungsbereiche	22,4%	30,4%	26,3%
Probleme	42,9%	6,5%	25,3%
ist nötig und wichtig	10,2%	10,9%	10,5%
hat Potenzial		4,3%	2,1%
Σ SUMME	100,0%	100,0%	100,0%
# N = Dokumente/Sprecher	14 (53,8%)	12 (46,2%)	26 (100,0%)

Quelle: Eigene Darstellung, generiert mit MAXQDA 2022

In der Kategorie *Wünsche* nannten die Befragten aus FS am häufigsten die Notwendigkeit eines Wandels *von einer schulischen hin zu einer dualen Berufsausbildung in Polen* (41,7 % in FS, 18,2 % in GG). Im Gegensatz dazu wurde in GG am häufigsten eine einfachere *Anerkennung von Abschlüssen* (8,3 % in FS, 27,3 % in GG) genannt. Im Vergleich zu FS gab es diesbezüglich in GG auch deutlich mehr Aussagen. Den Experten aus FS wie auch aus GG zufolge müsste eine gemeinsame deutsch-polnische Berufsausbildung *auf die Bedürfnisse lokaler Unternehmen zugeschnitten* (16,7 % in FS, 22,7 % in GG) sein. Im Unterschied zu GG wurde in FS deutlich häufiger die Bedeutung von Sprachunterricht, insbesondere dem der *Nachbarsprache an Schulen* (16,7 % in FS, 4,5 % in GG) sowie einer *Förderung von Diversität* (8,3 % in FS) betont. Im Unterschied zu FS sagten die Experten aus GG, dass sich *Deutsche und Polen auf Augenhöhe* (13,6 % in GG) begegnen müssten und wünschten sich mehr *Unterstützung seitens der Verwaltung* (9,1 % in GG). Die Gesamtauswertung zur Kategorie *Wünsche* befindet sich im Anhang 23.

Die Experten beider Städte nannten mehrere *Ausbildungsbereiche*, in denen eine gemeinsame deutsch-polnische Berufsausbildung sinnvoll wäre. Am häufigsten wurden in beiden Städten das *Handwerk* (27,3 % in FS, 28,6 % in GG) und *elektrotechnische Berufe* (27,3 % in FS, 14,3 % in GG) erwähnt. Im Unterschied zu GG wurden in der Doppelstadt häufiger *soziale und Pflegeberufe* (18,2 % in FS, 7,1 % in GG) genannt, zudem gab es häufiger die Aussage, dass eine *Bedarfsanalyse erforderlich* (18,2 % in FS, 7,1 % in GG) sei. Im Unterschied zu GG bezeichneten die

Experten aus FS eine solche gemeinsame Berufsausbildung auch in *Verwaltungsberufen* als sinnvoll. In der Eurostadt wurden hingegen im Unterschied zu FS die *Metall- und Lebensmittelverarbeitung, Industrie, Hotellerie, Gastronomie* sowie die *chemische Industrie* als geeignete Ausbildungsbereiche genannt. Die Gesamtauswertung zur Kategorie *Ausbildungsbereiche* befindet sich im Anhang 24.

Experten beider Städte äußerten sich auch zu Hindernissen bzw. *Problemen* einer solchen deutsch-polnischen Berufsausbildung. In beiden Städten nannte man ähnlich häufig die *Sprache* (38,1 % in FS, 33,3 % in GG), insbesondere die Sprachbarriere sowie *fehlende Anreize und eine geringe Attraktivität* (23,8 % in FS, 33,3 % in GG) als Probleme einer gemeinsamen Berufsausbildung. Im Vergleich zu GG wurde in FS zusätzlich von einer *mangelnden Nachfrage* (19 %) berichtet. In GG verwiesen die Experten im Gegensatz zu FS ebenso auf *unterschiedliche Regelungen und Gesetze* (33,3 %). Die in diesem Teil genannten Probleme decken sich mit den genannten Problemen aus der ersten Frage. Die Gesamtauswertung zur Kategorie *Probleme* befindet sich im Anhang 25.

6.9 Die größte Hürde der Doppel- bzw. Eurostadt beim Ausbau zum Zentrum der deutsch-polnischen Grenzregion

In der letzten Frage wurden die Experten darum gebeten einzuschätzen, was die größte Hürde beim Ausbau ihrer jeweiligen Stadt zum wirtschaftlichen Zentrum der deutsch-polnischen Grenzregion darstellt. Die Ergebnisse sind in Abbildung 16 dargestellt.

Die Antworten zu dieser Frage kommen denen aus der ersten Frage aufgrund der thematischen Verwandtschaft sehr nahe. Die Aussagen der Experten sind daher konsistent. Im Vergleich zu FS beschränkten sich die Aussagen in der Eurostadt auf weniger Kategorien (16 in FS, 7 in GG). In beiden Städten gab es jedoch die meisten Aussagen zur Kategorie *Verwaltung und Recht* (15,7 % in FS, 34,4 % in GG), wobei es innerhalb der Eurostadt mehr Aussagen diesbezüglich gab. In FS wurden zudem häufig Aussagen in Bezug auf die *Sprache* (11,8 % in FS, 6,3 % in GG), die *Standortattraktivität* (11,8 %), den *Doppelstadtgedanken* (7,8 %) sowie die *Probleme auf dem Arbeitsmarkt* (5,9 % in FS, 31,3 % in GG) getroffen. Letztgenannte stehen im Gegensatz zu FS in der Eurostadt an zweiter Stelle. Im Unterschied zu FS wurde zudem häufiger die *wirtschaftliche Infrastruktur* (3,9 % in FS, 15,6 % in GG) genannt. In beiden Städten sprachen die Experten ebenso das Thema *Universität* (5,9 % in FS, 3,1 % in GG) an, wobei in FS eine *fehlende Umsetzung von Business-Plänen* seitens der Universität kritisiert sowie der Wunsch gegenüber der EUV geäußert wurde, *stärker die Bedürfnisse der regionalen Wirtschaft zu berücksichtigen*. In der Eurostadt wurden hingegen die fehlende *Verfügbarkeit* einer Universität sowie die *Größe der Eurostadt* als Hürde beim Ausbau zu einem Zentrum der deutsch-polnischen Grenzregion in Ostbrandenburg/Lubuskie gesehen.

Abbildung 16: Hürden beim Ausbau der Doppelstadt und der Eurostadt

	Frankfurt-Słubice	Guben-Gubin	Total
8) Größte Hürde beim Ausbau zum wirtschaftlichen Zentrum			
Vewaltung und Recht	15,7%	34,4%	22,9%
Probleme auf dem Arbeitsmarkt	5,9%	31,3%	15,7%
Sprache	11,8%	6,3%	9,6%
wirtschaftliche Infrastruktur	3,9%	15,6%	8,4%
Standortattraktivität	11,8%		7,2%
360° denken	5,9%	6,3%	6,0%
Universität	5,9%	3,1%	4,8%
Doppelstadtgedanken implementieren	7,8%		4,8%
keine Hürden	5,9%		3,6%
Verständnis und Vertrauen zueinander	5,9%		3,6%
Verkehr	5,9%		3,6%
EU Förderung	3,9%		2,4%
Wohnen	3,9%		2,4%
Arbeitsplätze in der Region fehlen	2,0%		1,2%
Konkurrenzdenken	2,0%		1,2%
Eurostadt wesentlich kleiner als Doppelstadt		3,1%	1,2%
geringe Priorität der Wirtschaft	2,0%		1,2%
Σ SUMME	100,0%	100,0%	100,0%
# N = Dokumente/Sprecher	14 (53,8%)	12 (46,2%)	26 (100,0%)

Quelle: Eigene Darstellung, generiert mit MAXQDA 2022

In der Kategorie *Verwaltung und Recht* wurden in FS am häufigsten fehlendes *Verständnis und Konflikte durch nationale Politik* (37,5 % in FS, 9,1 % in GG) beschrieben, während in GG in erster Linie *unterschiedliche Rechtssysteme, -normen und -standards* (25 % in FS, 45,5 % in GG) genannt wurden. Während die Befragten in FS häufiger *Sonderregelungen für Grenzgebiete* (25 % in FS, 9,1 % in GG) forderten, mangelt es den Experten in GG zufolge an *Lösungen seitens der EU* (18,2 %). Die Gesamtauswertung zur Kategorie *Verwaltung und Recht* befindet sich im Anhang 26.

In der Eurostadt gab es zudem mehr Aussagen im Hinblick auf Probleme des Arbeitsmarktes. Genannt wurden beispielsweise die *Verfügbarkeit von Arbeits- und Fachkräften* oder die *Schaffung von besseren Arbeitsbedingungen*. Im Gegensatz zu FS beschrieben einige Experten aus GG zusätzlich *Tesla als Konkurrenz zur lokalen Wirtschaft*. In Bezug auf das Thema *Sprache* wurde wiederum die *Sprachbarriere* als große Hürde beschrieben. Zur *wirtschaftlichen Infrastruktur* nannten die Experten aus FS fehlende *Industrie- und Gewerbeflächen* und eine *allgemein mangelhafte Infrastruktur*, während in GG zusätzlich die Themen *Energieversorgung* und *Energiesicherheit* als Hürden genannt wurden. Im Gegensatz zur Eurostadt beschrieben die Experten aus FS eine geringe Standortattraktivität als Hürde, wobei sowohl *Frankfurt (Oder)* (66,7 %) als auch *Słubice* (33,3 %) als *unattraktiv* bezeichnet wurden.

7. Vergleich der Doppelstadt mit der Eurostadt

In diesem Kapitel wird die Doppelstadt Frankfurt (Oder) – Słubice mit der Eurostadt Guben – Gubin verglichen, so dass überprüft werden kann, ob es sich bei einer der beiden Städte um das wirtschaftliche Zentrum der Grenzregion in Brandenburg und der Woiwodschaft Lubuskie handelt.

Hierzu wird zunächst die Bevölkerung der beiden Städte verglichen. Anschließend wird überprüft, welche der Städte die Voraussetzungen der besonders wirtschaftsrelevanten Smart-City-Charakteristika Smart Economy und Smart Mobility besser erfüllt. Unter Einbeziehung der Aussagen aus den Experteninterviews wird im Fazit das Ergebnis des Vergleichs dargestellt und Antwort auf die eingangs formulierte Frage gegeben.

7.1 Bevölkerung

Die Einwohnerzahl der beiden polnischen Städte ist in den letzten fünf Jahren rückläufig gewesen. In Słubice ist sie in dieser Zeit um 2,6 % gesunken, in Gubin um 5,3 %. Nicht nur im Vergleich zur Woiwodschaft Lubuskie, die einen Rückgang von 3,4 % verzeichnete, sondern auch zur Stadt Gubin ist der Rückgang in Słubice somit geringer ausgefallen. Mit 16.339 Einwohnern im Jahre 2022 hatte Słubice dennoch nur eine leicht höhere Bevölkerung als Gubin mit 15.798 Einwohnern im selben Jahr. Die auf der Bevölkerungsgröße basierenden wirtschaftlichen Faktoren wie etwa Größe des Absatzmarktes oder auch Verfügbarkeit von Arbeitskräften sind also auf polnischer Seite in beiden Städten ähnlich, vgl. Abbildung 17.

Auf deutscher Seite sind hingegen bei der Bevölkerungsgröße große Unterschiede festzustellen. In Abbildung 18 ist zu sehen, dass von 2018 bis 2021 in beiden deutschen Städten die Einwohnerzahl kontinuierlich zurückgegangen ist, während sie 2022 wieder stieg. In Frankfurt (Oder) ist sie bis 2021 um 2,1 % gesunken und 2022 um 2,8 % gestiegen. In Guben ist sie bis 2021 sogar um 3,3 % gesunken und dann um 0,2 % angestiegen. Im Land Brandenburg stieg die Einwohnerzahl von 2018 bis 2021 um 1 % und dann 2022 um 1,4 %. Der Bevölkerungsanstieg im Jahr 2022 ist höchstwahrscheinlich eine Folge der russischen Vollinvasion der Ukraine am 24.02.2022. Seither hat Deutschland eine große Zahl ukrainischer Kriegsflüchtlinge aufgenommen.

Obwohl davon auszugehen ist, dass die meisten von ihnen nach Beendigung des Krieges in ihre Heimat zurückkehren werden, ergeben sich aus dieser Situation für beide Städte Chancen, dem demographischen Wandel entgegenzuwirken. Betrachtet man die Jahre vor 2022, schrumpfte die Bevölkerung sowohl in Frankfurt (Oder) (−2,1 %) als auch in Guben (−3,3 %), während sie im Land Brandenburg wuchs (+1 %).

Abbildung 17: Vergleich der Einwohnerzahl von Gubin und Słubice (2018–2022)

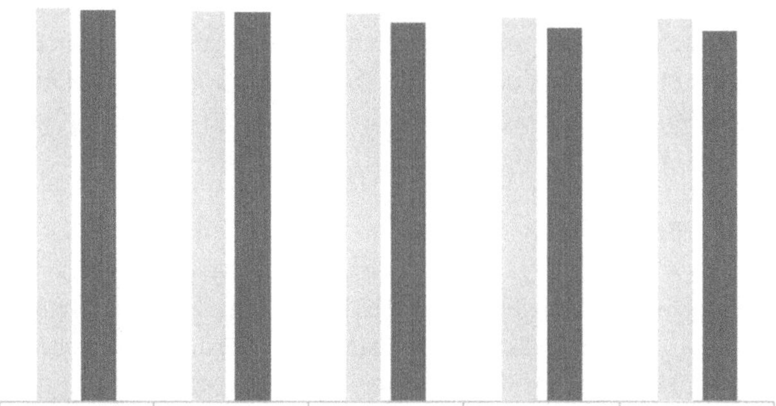

	2018	2019	2020	2021	2022
Słubice	16.773	16.644	16.556	16.401	16.339
Gubin	16.687	16.614	16.159	15.955	15.798

Quelle: Eigene Darstellung aus Daten von Baza Demografia GUS[335]

Mit 58.260 Einwohnern im Jahr 2022 hat Frankfurt (Oder) mehr als dreimal so viele Einwohner wie Guben mit 16.402 Einwohnern im selben Jahr. Das bedeutet einen großen Unterschied bezüglich verfügbarer Arbeitskraft, aber auch mit Blick auf die Größe des lokalen Absatzmarktes.

Die deutlich größere Einwohnerzahl der Doppelstadt Frankfurt (Oder) – Słubice bietet somit ein erstes Argument, warum die Doppelstadt das wirtschaftliche Zentrum sein könnte.

335 Główny Urząd Statystyczny GUS (2023b): Baza Demografia.

Abbildung 18: Vergleich der Einwohnerzahl von Frankfurt (Oder) und Guben (2018–2022)

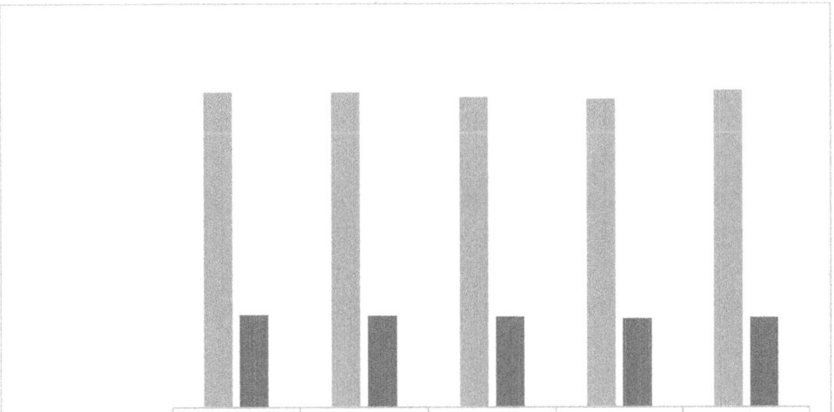

	2018	2019	2020	2021	2022
Frankfurt (Oder)	57.873	57.751	57.015	56.679	58.260
Guben	16.933	16.783	16.656	16.377	16.402

Quelle: Eigene Darstellung aus Daten von Destatis[336]

7.2 Smart City

Im Folgenden wird die Eurostadt mit der Doppelstadt hinsichtlich der für die Bewertung als Wirtschaftsstandort besonders wichtigen Smart-City-Bereiche Smart Economy und Smart Mobility verglichen. An einigen Stellen werden Daten von nur einem Teil der jeweiligen Doppelstadt/Eurostadt verwendet, und zwar dann, wenn keine Zahlen für den entsprechenden polnischen Teil verfügbar waren. Da die Faktoren „Verfügbarkeit und Kosten von Flächen und Gebäuden“ und „Wirtschaftsförderung“ qualitativ ausgewertet wurden, wird auf einen direkten Vergleich verzichtet. Dennoch fließen diesbezügliche Aspekte beim Fazit in die Endbewertung ein.

7.2.1 Smart Economy

Zunächst werden die Faktoren für Smart Economy miteinander verglichen: Innovationskraft, Unternehmertum, Produktivität, Flexibilität des Arbeitsmarktes, Verfügbarkeit und Kosten von Flächen und Gebäuden sowie Investitionsförderung.

336 Statistische Ämter des Bundes und der Länder (2023b) Gemeindeverzeichnis-Informationssystem GV-ISys.

7.2.1.1 *Innovationskraft*

Bei Betrachtung der Innovationskraft zeigt sich ein Bild zugunsten der Eurostadt. Die untenstehenden Tabellen zeigen, dass aktuell die Aufwendungen für Forschung und Entwicklung sowie für das FuE-Personal in Vollzeit in der Doppelstadt zwar höher ausfallen (in absoluten Zahlen), es wird aber auch ein sehr negativer Trend sichtbar – beide Zahlen zeigen in den vergangenen Jahren in Frankfurt (Oder) eine stark sinkende Tendenz. Gleichzeitig konnte der Landkreis Spree-Neiße in diesem Bereich sogar leicht zulegen.

Tabelle 32: Interne FuE-Aufwendungen der Wirtschaft sowie deren Anteil am BIP im Vergleich (2009–2019)

Jahr	**Interne FuE-Aufwendungen der Wirtschaft (in Mio. Euro) bzw. (in Mio. PLN) sowie deren Anteil am BIP in %**					
	Deutschland	**Brandenburg**	**Frankfurt (Oder)**	**Spree-Neiße**[337]	**Lubuskie**[338]	**Polen**
2009	45.275 (1,85 %)	186 (0,35 %)	13,3 (0,66 %)	1,5 (0,04 %)	9,4 (0,03 %)	2.584,7 (0,19 %)
2011[339]	51.077 (1,90 %)	307,8 (0,54 %)	12,6 (0,59 %)	3,80 (0,06 %)	- (-)	3.521,6 (0,23 %)
2013	53.566 (1,91 %)	269,8 (0,45 %)	16,1 (0,85 %)	2 (0,05 %)	31,2 (0,09 %)	6.291,2 (0,39 %)
2015	60.952 (2,01 %)	397,5 (0,61 %)	9,7 (0,48 %)	1,6 (0,05 %)	56,7 (0,14 %)	8.411,4 (0,47 %)
2017	68.787 (2,11 %)	405 (0,57 %)	8,7 (0,41 %)	1,5 (0,04 %)	124,6 (0,29 %)	13.271,9 (0,67 %)
2019	75.830 (2,18 %)	485,8 (0,64 %)	3,7 (0,16 %)	1,7 (0,04 %)	153,5 (0,31 %)	19.030,9 (0,83 %)

Quelle: Eigene Berechnung und Zusammenstellung nach Stifterverband für die Deutsche Wissenschaft e.V., RDB sowie BDL (GUS)[340]

337 Im Jahr 2011 lagen für den Landkreis Spree-Neiße und die kreisfreie Stadt Cottbus nur aggregierte Daten vor. Für die Berechnung als Anteil am BIP wurden deshalb auch aggregierte Daten verwendet.

338 Die Daten für 2013 und 2019 stammen aus dem statistischen Jahrbuch der Woiwodschaft Lubuskie für 2015 (S. 258) und für 2021 (S. 104): Urząd Statystyczny w Zielonej Górze (2021): Rocznik Statystyczny.

339 Im Jahr 2011 gab es für den Landkreis Spree-Neiße und die Stadt Cottbus nur aggregierte Daten. Dies wurde bei der Berechnung des prozentualen Anteils entsprechend berücksichtigt.

340 Stifterverband für die Deutsche Wissenschaft e.V. (2023); Statistische Ämter des Bundes und der Länder (2024); Główny Urząd Statystyczny GUS: Nauka i technika. Społeczeństwo informacyjne (K10). Działalność badawcza i rozwojowa (G184). Nakłady wewnętrzne na działalność B+R (P2401).

Da es gleichzeitig sowohl landes- als auch bundesweit bei beiden Zahlen sehr positive Trends gibt, deutet dies darauf hin, dass die Doppelstadt stark an Innovationskraft verloren hat und eine Verbesserung hier aktuell nicht abzusehen ist.

Tabelle 33: FuE-Personal der Wirtschaft und dessen Anteil an den Gesamterwerbstätigen im Vergleich (2009–2019)

Jahr	FuE-Personal der Wirtschaft[341] sowie als Anteil an den Gesamterwerbstätigen[342]					
	Deutschland	Brandenburg	Frankfurt (Oder)	Spree-Neiße[343]	Lubuskie	Polen
2009	332.491 (1,20 %)	2.106 (0,28 %)	144 (0,51 %)	22 (0,06 %)	94 (0,03 %)	18.519 (0,14 %)
2011	357.129 (1,25 %)	3.229 (0,42 %)	130 (0,44 %)	65 (0,12 %)	164 (0,05 %)	26.700 (0,19 %)
2013	360.375 (1,22 %)	3.091 (0,39 %)	190 (0,70 %)	26 (0,07 %)	211 (0,07 %)	37.996 (0,27 %)
2015	404.767 (1,32 %)	3.667 (0,45 %)	85 (0,31 %)	17 (0,05 %)	324 (0,10 %)	48.963 (0,34 %)
2017	436.571 (1,36 %)	4.379 (0,52 %)	72 (0,26 %)	18 (0,05 %)	- (-)	85.919 (0,56 %)
2019	475.676 (1,42 %)	4.685 (0,55 %)	42 (0,15 %)	27 (0,07 %)	960 (0,27 %)	10.785 (0,68 %)

Quelle: Eigene Berechnung und Zusammenstellung nach Stifterverband für die Deutsche Wissenschaft e.V., RDB, BDL (GUS) sowie sowie Rocznik Statystyczny Województwa Lubuskiego[344]

Während das entsprechende Wachstum im Landkreis Spree-Neiße nicht überwältigend ist, ist es dennoch positiver anzusehen als die negative Entwicklung Frankfurts. Somit ist die Innovationskraft in der Eurostadt höher zu bewerten als in der Doppelstadt.

341 Es handelt sich beim FuE-Personal in Deutschland, Brandenburg und Frankfurt (Oder) um Vollzeitäquivalente, während es sich bei den Zahlen für Polen um beschäftigte Personen handelt.

342 Es handelt sich um die sozialversicherungspflichtigen Beschäftigten am Arbeitsort.

343 Im Jahr 2011 gab es für den Landkreis Spree-Neiße und die Stadt Cottbus nur aggregierte Daten. Dies wurde bei der Berechnung des prozentualen Anteils entsprechend berücksichtigt.

344 Stifterverband für die Deutsche Wissenschaft e.V. (2023); Statistische Ämter des Bundes und der Länder (2023c): Regionaldatenbank Deutschland. Tabelle: 13111-01-03-5; Główny Urząd Statystyczny GUS; Urząd Statystyczny w Zielonej Górze (2021): Rocznik Statystyczny.

Auch hinsichtlich der Patentanmeldungen ist in den letzten zehn Jahren in der Doppelstadt ein negativer Trend erkennbar, während die Eurostadt – gemessen an der Bevölkerung – hier einen positiven Trend aufzuweisen hat.

Tabelle 34: Patentanmeldungen absolut sowie je 10.000 Einwohner der Doppelstadt und der Eurostadt (2013–2023)

Jahr	Doppelstadt Patente	Eurostadt Patente	Doppelstadt Patent/ 10.000 EW	Eurostadt Patent/ 10.000 EW
2013	34	4	4,54	1,15
2014	35	1	4,69	0,29
2015	27	5	3,60	1,45
2016	32	4	4,27	1,17
2017	31	3	4,13	0,88
2018	26	5	3,48	1,49
2019	23	10	3,09	2,99
2020	20	15	2,72	4,57
2021	16	7	2,19	2,17
2022	24	10	3,22	3,11
01.10.2023	24	1	-	-

Quelle: Eigene Berechnungen nach DPMA Register sowie UPRP[345]

Während insgesamt das FuE-Wachstum im Landkreis Spree-Neiße sowie der Anstieg der Patente nicht gerade überwältigend sind, ist dies aber immer noch ein deutlich positiverer Trend als die negative Entwicklung Frankfurts und der Doppelstadt. Somit ist die Innovationskraft in der Eurostadt auch in diesem Punkt höher zu bewerten als in der Doppelstadt.

7.2.1.2 *Unternehmertum*

Ein Blick auf die Anzahl rechtlicher Einheiten und Einzelunternehmen zeigt, dass diese sowohl in der Doppelstadt als auch in der Eurostadt seit Jahren rückläufig ist.

345 Deutsches Patent- und Markenamt (2023): DPMAregister; Urząd Patentowy Rzeczpospolitej Polskiej (2023).

Tabelle 35: Anzahl rechtlicher Einheiten und Einzelunternehmen der Doppelstadt und der Eurostadt im Vergleich

Jahr	Doppel-stadt	Euro-stadt	Doppelstadt Unterneh-men je 100 Einwohner	Eurostadt Unternehmen je 100 Einwohner
2013	3.959	2.140	5,3	6,2
2014	3.955	2.126	5,3	6,2
2015	3.881	2.100	5,2	6,1
2016	3.831	2.076	5,1	6,1
2017	3.822	2.048	5,1	6,0
2018	3.851	2.095	5,2	6,2
2019	3.904	2.177	5,2	6,5
2020	3.889	5.717	5,3	17,4
2021	3.922	5.739	5,4	17,8
2022	2.014	1.715	2,7	5,3

Quelle: Eigene Zusammenstellung nach Amt für Statistik Berlin-Brandenburg und BDL (GUS)[346]

Gleichzeitig sind auch die Gewerbeneuanmeldungen in beiden Städten seit Jahren rückläufig, wie Tabelle 36 zu entnehmen ist.

Tabelle 36: Gewerbeanmeldungen (Neugründungen) in der Doppelstadt und der Eurostadt im Vergleich

Jahr	Doppel-stadt	Euro-stadt	Gewerbeneu-gründungen je 1.000 Einwohner (Doppelstadt)	Gewerbeneu-gründungen je 1.000 Einwohner (Eurostadt)
2013	686	348	9,2	10,0
2014	589	323	7,9	9,4
2015	520	328	6,9	9,5
2016	477	335	6,4	9,8
2017	495	335	6,6	9,9
2018	558	332	7,5	9,9
2019	487	308	6,5	9,2

346 Amt für Statistik Berlin-Brandenburg (2020): StatIS-BBB; Główny Urząd Statystyczny (2023a): Bank Danych Lokalnych.

2020	513	245	7,0	7,5
2021	469	269	6,4	8,3
2022	214	175	2,9	5,4

Quelle: Eigene Darstellung nach StatIS-BBB und BDL (GUS)[347]

Da sowohl in der Doppelstadt als auch in der Eurostadt das Unternehmertum seit Jahren rückläufig ist, ist hier im Vergleich keine der beiden Städte positiver als die andere zu bewerten.

7.2.1.3 *Produktivität*

Der Vergleich der Produktivität zwischen Frankfurt (Oder) und dem Landkreis Spree-Neiße in den Jahren 2013 bis 2021 zeigt eine interessante Entwicklung.

Tabelle 37: BIP je Erwerbstätigen in EUR im Vergleich (2013–2021)

Jahr	Deutschland	Brandenburg	Frankfurt (Oder)	Spree-Neiße
2013	66.384	55.913	49.696	78.395
2014	68.524	58.824	50.775	78.484
2015	70.177	60.190	53.745	77.451
2016	71.797	61.381	54.042	80.603
2017	73.832	63.401	55.542	85.994
2018	75.011	64.635	56.568	90.425
2019	76.711	67.243	58.499	92.080
2020	75.819	67.442	59.922	92.266
2021	80.074	71.125	61.541	104.529

Quelle: Eigene Zusammenstellung nach RDB[348]

Auf beiden Seiten ist das BIP je Erwerbstätigen in den vergangenen Jahren kontinuierlich angestiegen. Während Frankfurt (Oder) dabei aber durchgehend unter dem Landes- und Bundesdurchschnitt lag, lag der Kreis Spree-Neiße deutlich darüber. Überträgt man das auf die Eurostadt, bedeutet das wahrscheinlich, dass aktuell die Eurostadt eine höhere Produktivität aufweist als die Doppelstadt.

347 Amt für Statistik Berlin-Brandenburg (2023b): StatIS-BBB; Główny Urząd Statystyczny (2023a): Bank Danych Lokalnych.

348 Statistische Ämter des Bundes und der Länder (2023d): Regionaldatenbank Deutschland. Tabelle: 82111-01-05-4.

7.2.1.4 *Flexibilität des Arbeitsmarktes*

Vergleicht man die Arbeitslosenquote als Indikator für die Flexibilität des Arbeitsmarktes, so wird ersichtlich, dass auf der deutschen Seite der Städte die Arbeitslosenquote jeweils höher liegt, vgl. Tabelle 38.

Tabelle 38: Arbeitslosenquoten, Doppelstadt und Eurostadt im Vergleich (2013–2023)

Jahr	Frankfurt (Oder)	Słubice	Spree-Neiße	Gubin
2013	14,3	6,6	10,4	14,9
2014	13,1	3,5	10,3	10,9
2015	11,2	2,8	9,2	10
2016	10	1,7	8,4	8,3
2017	8,9	1,4	7,4	6,4
2018	8,5	1,1	6,9	5,6
2019	7,9	1	6,3	4,9
2020	8,4	1,7	6,5	5,7
2021	7,8	1	6,1	4,4
2022	7,5	0,9	5,8	3,3
2023	8,1	-	6	-

Quelle: Eigene Zusammenstellung nach BA und BDL (GUS)[349]

Während somit auf der deutschen Seite eine gewisse Flexibilität möglich ist, da Arbeitskräfte zur Verfügung stehen, sieht dies auf der polnischen Seite anders aus. Insbesondere Słubice mit einer Arbeitslosenquote von 0,9 % lässt daran zweifeln, dass bei Unternehmensansiedlungen ausreichend Arbeitskräfte zur Verfügung stünden. Während eine niedrige Arbeitslosenquote grundsätzlich durchaus positiv ist, ist sie mit Blick auf die Flexibilität des Arbeitsmarktes als negativ einzuschätzen. Hieraus folgt, dass die Eurostadt mit Blick auf die Flexibilität des Arbeitsmarktes vor der Doppelstadt liegt.

7.2.2 Smart Mobility

Nun werden die Faktoren für Smart Mobility miteinander verglichen: (Inter-)nationale Anbindung, Verfügbarkeit von ICT-Infrastruktur und Nachhaltige, innovative und sichere Verkehrssysteme.

349 Bundesagentur für Arbeit (2023): Statistiken. Statistiken nach Regionen; Główny Urząd Statystyczny (2023a): Bank Danych Lokalnych.

7.2.2.1 *(Inter-)nationale Anbindung*

Die Doppelstadt verfügt über eine sehr gute nationale und internationale Verkehrsanbindung. Die gute Anbindung an Autobahnen und der vergleichsweise schnelle Zugang zum internationalen Flughafen in Berlin sind ein klarer Standortvorteil. Insbesondere für Unternehmen im Logistikbereich bietet dies interessante Optionen, doch auch Pendler können von der guten Anbindung profitieren.

Die Verkehrsanbindung der Eurostadt dagegen fällt im Vergleich deutlich schwächer aus. Mit ihrer schwachen Autobahnanbindung und der langen Anreise zum nächsten internationalen Flughafen fällt die Eurostadt deutlich hinter die Doppelstadt zurück. Zugleich steht auch die Schifffahrt als weiterer Transportweg nicht zur Verfügung. Die schlechte Anbindung macht die Eurostadt wenig attraktiv für Pendler – und zwar in beide Richtungen.

Bei der (inter-)nationalen Anbindung steht somit die Doppelstadt klar an erster Stelle.

7.2.2.2 *Verfügbarkeit von ICT-Infrastruktur*

Während auf polnischer Seite in beiden Städten von einem schnellen Internetzugang für Unternehmen auszugehen ist – mehr als 96 % der Unternehmen in der Woiwodschaft Lubuskie hatten im Jahr 2019 einen schnellen Internetzugang[350] – sieht die Situation auf der deutschen Seite anders aus, vgl. Tabelle 39.

Tabelle 39: Festnetzverfügbarkeit für Unternehmen (alle Technologien)

Verwaltungs-einheit	**Festnetzverfügbarkeit für Unternehmen in % nach Geschwindigkeit (alle Technologien)**						
	≥ 16 Mbit/s	**≥ 30 Mbit/s**	**≥ 50 Mbit/s**	**≥ 100 Mbit/s**	**≥ 200 Mbit/s**	**≥ 400 Mbit/s**	**≥ 1.000 Mbit/s**
Deutschland	98,93	95	94,73	90,72	80,37	70,22	67,43
Brandenburg	98,17	93,76	93,76	88,26	68,75	49,19	46,75
Frankfurt (Oder)	99	97,65	97,65	95,81	89,2	84,91	84,91
Guben	98,73	94,77	94,77	90,4	50,85	0	0

Quelle: Eigene Zusammenstellung nach Breitbandatlas des BMDV[351]

Deutlich wird, dass Frankfurt (Oder) in Bezug auf die Festnetzverfügbarkeit für Unternehmen in % nach Geschwindigkeit bei jeder Geschwindigkeit noch vor

350 Nowak (2020), S. 332.
351 Bundesministerium für Digitales und Verkehr (2023): Breitbandatlas, Stand: Ende 2022.

Guben liegt und dabei zum Teil auch Geschwindigkeiten bedient, die in Guben schlichtweg nicht zur Verfügung stehen. Bezüglich der Verfügbarkeit von ICT-Infrastruktur steht damit die Doppelstadt klar vor der Eurostadt.

7.2.2.3 *Nachhaltige, innovative und sichere Verkehrssysteme*

Mit Blick auf nachhaltige, innovative und sichere Verkehrssysteme bieten sowohl die Eurostadt als auch die Doppelstadt spannende Ansätze, für die aber wohl erst in der Zukunft bewertet werden kann, ob die betreffenden Projekte erfolgreich umgesetzt werden konnten.

Schaut man sich die Indikatoren des obenstehenden Faktors an, wird deutlich, dass mit Blick auf die Verkehrssicherheit in der Eurostadt weniger Unfälle mit Personenschaden zu verzeichnen sind. Während in beiden Städten die Zahlen in den vergangenen Jahren etwa konstant geblieben sind, ist das allgemeine Niveau in der Eurostadt niedriger, wie Tabelle 40 verdeutlicht.

Tabelle 40: Verkehrsunfälle mit Personenschaden (VUP) im Vergleich

Jahr	**Doppel-stadt**	**Eurostadt**	**VUP je 1.000 Einwohner (Doppelstadt)**	**VUP je 1.000 Einwohner (Eurostadt)**
2013	176	59	2,3	1,7
2014	135	50	1,8	1,5
2015	156	35	2,1	1,0
2016	171	59	2,3	1,7
2017	160	47	2,1	1,4
2018	148	47	2,0	1,4
2019	147	47	2,0	1,4
2020	132	47	1,8	1,4
2021	150	46	2,1	1,4
2022	168	47	2,3	1,5

Quelle: Eigene Darstellung aus Polizei Presseanfrage[352]

Zugleich ist die Elektromobilität bei PKW in der Doppelstadt weiter verbreitet, vgl. Tabelle 41.

352 Polizeipräsidium Land Brandenburg, Polizeidirektion Ost, Pressestelle (2023); Polizeipräsidium Land Brandenburg, Polizeidirektion Süd, Pressestelle (2023).

Tabelle 41: Anteil an PKW mit Elektro-Antrieb (BEV sowie Plug-in-Hybrid) im Vergleich

Jahr	Deutschland	Brandenburg	Frankfurt (Oder)	Guben
01.10.2022	3,26	2,14	1,6	1,0
01.01.2023	3,85	2,53	1,9	1,2
01.04.2023	4,00	2,64	1,9	1,2
01.07.2023	4,20	2,75	2,0	1,3

Quelle: Eigene Zusammenstellung nach KBA[353]

Mit Blick auf die Indikatoren und die Einbeziehung der allgemeinen Projekte beider Städte zu diesem Faktor kann Gleichstand attestiert werden. Keine der beiden Städte hat hier einen spürbaren Vorteil gegenüber der anderen.

7.2.3 Zusammenfassung

Im Bereich Smart Economy kann die Doppelstadt im Vergleich zur Eurostadt bei keinem der vier Faktoren überzeugen. Bezüglich der Innovationskraft ist gar ein starker negativer Trend sichtbar. Auch das Unternehmertum nimmt seit Jahren ab. Bei der Produktivität liegt die Doppelstadt durchgehend hinter der Eurostadt. Bezüglich der Flexibilität des Arbeitsmarktes macht vor allem die Vollbeschäftigung der polnischen Seite der Doppelstadt zu schaffen.

Die Eurostadt kann im Bereich Smart Economy dagegen bei der Innovationskraft sowie bei Produktivität und Flexibilität des Arbeitsmarktes punkten. Das Unternehmertum nimmt jedoch auch hier stetig ab. Insgesamt steht die Eurostadt bei Smart Economy aber vor der Doppelstadt.

Bei Smart Mobility sieht es anders aus. Hier ist die Doppelstadt klarer Sieger bei der (inter-)nationalen Anbindung sowie bei der Verfügbarkeit von ICT-Infrastruktur. Lediglich im Bereich „Nachhaltige, innovative und sichere Verkehrssysteme" kann von einem Gleichstand zwischen Doppelstadt und Eurostadt gesprochen werden.

Insgesamt gibt es keinen klaren Sieger. Folgt man also lediglich einer Bewertung anhand der Smart-City-Charakteristika Smart Economy und Smart Mobility, wären weder die Doppelstadt noch die Eurostadt das wirtschaftliche Zentrum der Grenzregion in Brandenburg und der Woiwodschaft Lubuskie. Für die Doppelstadt wäre dies auch bei Mitberücksichtigung der höheren Einwohnerzahl nicht zutreffend.

353 Kraftfahrt-Bundesamt (2023b): Bestand an Personenkraftwagen mit Elektro-Antrieb.

Im weiteren Vergleich wird nun untersucht, inwiefern die Experten in einer der beiden Städte ein eindeutiges Votum in der Frage abgegeben haben, welche der beiden Städte das wirtschaftliche Zentrum der Grenzregion in Brandenburg und der Woiwodschaft Lubuskie darstellt.

7.3 Experteninterviews

Unterschiedliche Rechtsysteme, -normen und -standards, insbesondere das Fehlen eines gesonderten rechtlichen Status für Doppelstädte, erschweren den Experten zufolge die grenzüberschreitende Zusammenarbeit. Die Rede war von einer Sprachbarriere, die auf allen Ebenen die Kooperation erschwert, und von Problemen auf dem Arbeitsmarkt. Der konstatierte Arbeits- und Fachkräftemangel beschränkt sich jedoch nicht nur auf die jeweiligen Städte, sondern ist aktuell ein überregionales Problem. Im Zusammenhang mit der Sprachbarriere wurde auch auf Asymmetrien verwiesen, die zum Teil auf polnischer Seite zu der Wahrnehmung führen, dass es keine Partnerschaft auf Augenhöhe gebe. Weiterhin wurde von allen Befragten auf die Bedeutung von erschlossenen Industrie- und Gewerbeflächen verwiesen sowie auf deren Knappheit. Insgesamt wurde für beide Städte dieselben Probleme thematisiert. In Anbetracht dieser Tatsache stellt sich die Frage, warum es keinen intensiveren Austausch der beiden Städte gibt, denn größere Herausforderungen sind für eine Kommune alleine kaum zu bewältigen. Aus einem Erfahrungsaustauch, einer möglichen Zusammenarbeit und Vernetzung können Synergieeffekte entstehen.

Die Analyse der Interviews mit den Experten zeigt, dass auch diese weder die Doppelstadt noch die Eurostadt als wirtschaftliches Zentrum der Grenzregion in Brandenburg und der Woiwodschaft Lubuskie identifizieren. Das stützt auch die Ergebnisse des Vergleichs der Smart-City-Charakteristika Smart Economy und Smart Mobility für beide Städte. Auch wenn die Doppelstadt eine höhere Einwohnerzahl als die Eurostadt hat, reicht dies nicht zur Behebung der zahlreichen, aktuell noch zu beobachtenden Defizite. Im Ergebnis ist die Doppelstadt Frankfurt (Oder) – Słubice somit nicht das wirtschaftliche Zentrum der Grenzregion in Brandenburg und der Woiwodschaft Lubuskie. Ein solcher Status der Doppelstadt verbleibt damit bis auf Weiteres eine Vision und entspricht aktuell nicht der Realität.

7.4 Fazit

Der Vergleich beider Städte zeigt, dass entlang der deutsch-polnischen Grenze in Brandenburg/Lubuskie weder die Doppelstadt noch die Eurostadt das wirtschaftliche Zentrum darstellen. Die Doppelstadt Frankfurt (Oder) – Słubice mit insgesamt knapp 80.000 Einwohnern hat jedoch das Potential, sich zu einem solchen zu entwickeln. Der Standort Frankfurt (Oder) kann dabei auf Erfahrungen vor und nach der Wende 1989 anknüpfen. Das letzte Wirtschaftskonzept der Stadt stammt dabei aus dem Jahre 2015.[354] Die Stadt Frankfurt (Oder) braucht daher dringend ein neues Wirtschaftskonzept, um den Auswirkungen des gravierenden Strukturwandels durch strategisches und pragmatisches Handeln zu begegnen. Dazu bedarf es der Formulierung neuer Entwicklungsziele und zielorientierter Maßnahmen – mit kritischer Wertung und analytischer Vorausschau unter Beachtung der aktuellen Wirtschaftsentwicklung in der Stadt. Insbesondere folgende Frage ist dabei wichtig: Welche Zukunftsbranchen sollen mittel- und langfristig am Standort angesiedelt und gesichert werden? Aus den Experteninterviews und Analysen folgt: Frankfurt (Oder) hat beispielsweise in der Halbleiterindustrie und -forschung ein Potential. Dazu muss die Wirtschaftsförderung größer und vernetzt denken, ähnlich wie es einst bei der Chipfabrik und den Solarwerken praktiziert wurde. Frankfurt (Oder) muss zudem Cluster ausbauen und dadurch seine Potentiale als Industriestandort nutzen. Obwohl Intel und TSMC ihre Chipfabriken in Magdeburg und Dresden bauen, könnten Zulieferbetriebe auch in Frankfurt (Oder) entstehen. Ein EU-Strategiepapier verweist auf diesen Bedarf.[355] Die Stadt muss jedoch eine Strategie und den Willen haben, dabei sein zu wollen. Ausgehend davon ist der 2019 beschlossene Handlungsplan Frankfurt (Oder) – Słubice 2020–2030 mit Blick auf gemeinsame realistische Ziele zu überarbeiten.[356] In den Mittelpunkt des Handlungsplanes sollte die Entwicklung des Wirtschaftsstandortes Frankfurt (Oder) – Słubice rücken. Ziel sollte eine gemeinsame Vermarktung des Wirtschaftsstandorts Frankfurt (Oder) – Słubice sein.

Die Eurostadt Guben – Gubin mit insgesamt knapp 35.000 Einwohnern entwickelt sich immer mehr zu einem dynamischen Wirtschaftsstandort an der deutsch-polnischen Grenze. Das gemeinsame fachlich kompetente Auftreten der beiden Bürgermeister von Guben und Gubin beeindruckt die Unternehmer. Seit einigen Jahren bemühen sich beide Verwaltungen um eine gemeinsame Wirtschaftsförderung für den Wirtschaftsstandort Guben – Gubin und eine europaweite Vermarktung des gemeinsamen Standortes. Aktuell fehlt jedoch hinsichtlich der gemeinsamen Wirtschaftsförderung in der Eurostadt Guben – Gubin eine gemeinsame formelle Struktur für die grenzübergreifenden Aktivitäten. Die Eurostadt ist auf der deutschen Seite geprägt durch das Industriegebiet mit

354 Stadtverwaltung Frankfurt (Oder) (2008): Wirtschaftskonzept Frankfurt (Oder) 2015.
355 Mantel, Mark (2020): IPCEI Mikroelektronik: EU-Halbleiterfertigung für mehr als 100 Milliarden Euro, *heise online*, 08.12.2020.
356 Stadtverwaltung Frankfurt (Oder) (2019): Frankfurt-Slubicer Handlungsplan 2020–2030.

seiner Kunststoff- und Chemieindustrie, das Gewerbegebiet mit einem großen Unternehmen der Ernährungswirtschaft – und auf beiden Seiten durch kleine und mittlere Unternehmen, sowohl im produzierenden als auch Dienstleistungsgewerbe. In Gubin ist in der Sonderwirtschaftszone mit Tekra sp. z o.o. ein großes Unternehmen aus der Stahlbranche angesiedelt. Beidseits der Neiße stehen Gewerbe- und Industrieflächen verschiedener Größen mit guten Fördermöglichkeiten und bedarfsgerechten Bedingungen zur Verfügung.[357] Mit dem kanadischen Unternehmen Rock Tech Lithium (650 Mio. Euro Investition) und dem Bifi-Hersteller Jack Link's aus den USA (50 Mio. Euro Investition) planen zwei Unternehmen große Ansiedlungen in Guben.[358] Durch diese Investitionen werden nun die Flächen für weitere Investoren knapp. Die Erschließung weiterer Industrieflächen ist somit aktuell die größte Herausforderung.

Als Hauptproblem bei der grenzüberschreitenden wirtschaftlichen Zusammenarbeit werden in beiden Doppelstädten die unterschiedlichen Rechtssysteme und Standards gesehen, was die Verwaltung gemeinsamer Projekte erschwert. Zugleich wird in beiden nationalen Politiken der Status Doppelstadt nicht anerkannt. Vor diesen Problemen stehen alle Akteure. Die Doppelstädte Frankfurt (Oder) – Słubice und Guben – Gubin begegnen dem mit unterschiedlichen Herangehensweisen. Eine Antwort auf diese Probleme kann die Schaffung eines EVTZ entlang der gesamten deutsch-polnischen Grenze oder für Regionen einzelner Doppelstädte sein, um so die grenzüberschreitende Zusammenarbeit zu erleichtern und die betreffenden regionalen und lokalen Behörden zu unterstützen. Durch ein EVTZ wird es den Partnern ermöglicht, gemeinsame Projekte umzusetzen, Fachwissen auszutauschen und die Koordinierung der Raumplanung zu verbessern.[359] Mit den Auswirkungen unterschiedlicher Gesetzgebungen in den Grenzregionen sollte sich die Juristische Fakultät der Europa-Universität Viadrina verstärkt beschäftigen und spezifische Lösungsansätze herausarbeiten. Das würde die Kommunen entlasten. Bei den E-Rollern, die nicht über die Stadtbrücken fahren dürfen, sehen wir: Die Grenze ist da, obwohl wir sie nicht mehr als solche wahrnehmen. Begrenzt auf die Kommunen in den Euroregionen, sind daher Sonderregelungen erforderlich, was wiederum die Euroregionen stärken würde. Sinnvoll wäre die Schaffung eines Forums, in dessen Rahmen sich die Bürgermeister der deutsch-polnischen Grenzstädte regelmäßig treffen und ihre Erfahrungen austauschen.

357 Stadt Guben (2020): Integriertes Stadtentwicklungskonzept (INSEK).

358 „Unternehmen Rock Tech beginnt mit Bau seiner Lithiumfabrik in Guben", *rbb24.de*; Informationsportal industrieller Lebensmittelverarbeitung, Food & Beverage (2022): 50 Millionen Euro Investition. Baustart für Bifi-Produktionswerk in Guben.

359 Europäisches Parlament: Kurzdarstellungen zur Europäischen Union. Europäische Verbünde für territoriale Zusammenarbeit (EVTZ).

Es hat eine ganze Generation gedauert, um zwischen Deutschen und Polen einen Bewusstseinswandel beim Blick auf die Wirtschaft der anderen Seite in Gang zu bringen. Für die Polen war Deutschland ein unerreichbares Vorbild an ökonomischer Rationalität, Ordnung und Organisiertheit. Der durchschnittliche Deutsche hingegen hielt die Rückständigkeit jenseits der Oder für den Inbegriff der „polnischen Wirtschaft". Trotz politischer Differenzen auf nationaler Ebene ist die wirtschaftliche Zusammenarbeit zwischen Deutschland und Polen, insbesondere in der Grenzregion, vermutlich nie besser als heute gewesen.[360] Eine Hürde in der aktuellen Phase beim Ausbau der wirtschaftlichen Kooperation in den deutsch-polnischen Grenzstädten sind jedoch die mangelnde Kooperation und die Kommunikation im Allgemeinen. Es dominiert Wettbewerb statt Kooperation. Vielfach fehlt es an pragmatischem Handeln. Zudem erfolgt die Kooperation größtenteils noch einseitig: Die Polen sehen sich eher als Arbeitnehmer in Deutschland, die Deutschen hingegen nahezu gar nicht als Arbeitnehmer in Polen. Auch wird die Kooperation von Unternehmen durch die unterschiedliche Förderung in beiden Ländern erschwert. Deutsche Unternehmen können größere Fördermöglichkeiten als polnische Unternehmen nutzen. Im Idealfall sollten die Doppelstädte Frankfurt (Oder) – Słubice und Guben – Gubin ein regionales Bündnis mit gemeinsamen wirtschaftspolitischen Zielen schließen. Dazu könnte mit Unterstützung der nationalen Politiken und der EU ein regionaler Hightech-Standort beidseits der Oder mit ähnlichem Lohnniveau und Lebensstandard gehören. Zum Beispiel könnte man gemeinsam ein Großprojekt anschieben, das aufgrund seines Umfangs auch eine politische Dimension hätte, beispielsweise die Ansiedlung eines Technologiekonzerns aus der Mikroelektronikbranche oder eines regionalen Infrastrukturprojekts. Solche ehrgeizigen Unternehmungen würden zudem neue Kompetenzen, Wissen und gemeinsame Interessen generieren.

Das Thema Sprache als Barriere spielt in beiden Doppelstädten eine große Rolle. Einerseits als Fremdsprache, andererseits als gemeinsame Sprache bei Projekten. Wenn Menschen in einer Sprache arbeiten, die sie nicht perfekt beherrschen, erschwert das den Wissensaustausch zwischen Unternehmen und Verwaltungen. Unterschiedliche Sprachniveaus führen nicht zuletzt auch zu einem Machtungleichgewicht in der Kooperation. Englisch erlaubt es zwar, sich zu verständigen, erst das Erlernen der Muttersprache des Partners erlaubt hingegen, sich auch wirklich zu verstehen. Kulturelle Unterschiede und unterschiedliche Sprachniveaus können sich negativ auf die Zusammenarbeit zwischen Unternehmern und Mitarbeitern auswirken. Die Akteure vertrauen einander

360 Płóciennik, Sebastian (2020): Analyse: Besser geht's nicht? Die deutsch-polnischen Wirtschaftsbeziehungen nach 1990.

tendenziell weniger, bewerten die Beweggründe der anderen weniger positiv und kommunizieren weniger miteinander. Das führt zu Missverständnissen und schließt sogar Menschen aus. In Guben und Gubin sprechen beide Bürgermeister Deutsch. Sie brauchen keinen Dolmetscher. In Frankfurt (Oder) und Słubice ist dies problematischer. Die Gespräche werden in der Regel von Mitarbeitern des deutsch-polnischen Kooperationszentrums gedolmetscht. Grundsätzlich gilt: In der Grenzregion sollte an allen Grundschulen zumindest das Angebot zum Erlernen der jeweiligen Nachbarsprache gemacht werden.

Das Thema Mobilität wird insbesondere in der Doppelstadt Frankfurt (Oder) – Słubice als Herausforderung für die Zukunft gesehen. Gegenüber Guben – Gubin verfügt Frankfurt (Oder) – Słubice über eine direkte Anbindung an die Bundesautobahn A 12 als Teil der Europastraße 30 sowie an das Schienennetz nach Berlin und Warschau. Die Bundesautobahn A 15 ist von Guben – Gubin 34 Kilometer entfernt. Die Reisezeit mit dem Zug nach Berlin ist verglichen mit Frankfurt (Oder) etwa doppelt so lang. Am Standort Frankfurt (Oder) sind jedoch die Kapazitäten für die Schienennetzanbindung und den LKW-Verkehr auf der Bundesautobahn A 12 ausgelastet. Es bedarf energischer Anstrengungen, diese Situation zu verbessern. Grenzregionen wollen nämlich nicht länger hochbelastete Durchgangsstationen des grenzübergreifenden Verkehrs sein. Frankfurt (Oder) fordert somit auch einen wirtschaftlichen Nutzen aus seiner Lage an einem großen europäischen Verkehrskorridor. Dazu gehören der sechsspurige Ausbau der A 12 auf deutscher und polnischer Seite sowie täglich mehr und regelmäßige Zugverbindungen nach Warschau, Poznań, Rzepin und Zielona Góra, aber auch nach Gdańsk und Szczecin. Die Eurostadt Guben – Gubin plant eine durchgängige Zuganbindung von Poznań über Zielona Gora, Guben/Gubin, Cottbus nach Leipzig. Aus Słubice und Frankfurt (Oder) kann man mit dem Flixbus mehr als 30 Orte in Europa direkt erreichen.[361] Die Brandenburgische Technische Universität Cottbus-Senftenberg (BTU) und die Adam-Mickiewicz-Universität Poznań – unterstützt von den Industrie- und Handelskammern sowie den Handwerkskammern – sollten gemeinsam ein verkehrspolitisches Leitbild für die deutsch-polnische Grenzregion 2040 erarbeiten. Damit könnten beide Städte wissenschaftlich fundiert jeweils ihre Forderungen an die Politik kommunizieren.

Die Verfügbarkeit qualifizierter Arbeitskräfte spielt bei der weiteren Entwicklung des Wirtschaftsstandortes und der Akquise der Unternehmen in beiden Doppelstädten eine herausragende Rolle. Experten in Frankfurt (Oder) beklagen sowohl einen Fachkräfte- als auch einen Arbeitskräftemangel für einfache Arbeiten. Insbesondere fehlt es jedoch an hochqualifizierten Fachkräften. Der Zuwachs

361 Westermann, Jacqueline (2022a): Reisen mit Flixbus. Fernbus fährt aus Frankfurt (Oder) und Słubice zu mehr als 30 Zielen, *moz.de*, 10.06.2022.

an Arbeitsplätzen entstand in den zurückliegenden Jahren vor allem im Niedriglohnsektor. In Guben fehlt es inzwischen ebenso an einfachen Fabrikarbeitern, und ein Fachkräftemangel deutet sich an. Beide Doppelstädte stehen vor der Herausforderung, Maßnahmen für eine wirtschaftsorientierte Ausbildung zu verstärken. Dabei sind leistungsfähige industrieorientierte Bildungs- und Ausbildungskapazitäten im Netzwerk von Unternehmen, Kammern, Arbeitsagentur sowie Bildungs- und Ausbildungsträgern für die künftige Fachkräftesicherung zusammenzuführen. Beide Doppelstädte könnten ihre Ausbildungs- und Fortbildungsressourcen mit polnischen Partnern bündeln, um eine bedarfsorientierte Ausbildung an den Standorten zu sichern und neue Kapazitäten, wie etwa eine Technische Fachschule, aufzubauen.

Für die Stärkung des Wirtschaftsstandortes beider Doppelstädte und die gesamte Regionalentwicklung ist das Innovationspotential von maßgeblicher Bedeutung. Beide Doppelstädte verfügen über ein vergleichsweise geringes wissenschaftliches Potential, insbesondere Guben – Gubin. Die Kapazitäten in Frankfurt (Oder) und Słubice sind im Wesentlichen auf die Europa-Universität Viadrina, das Collegium Polonicum und das Institut für innovative Mikroelektronik IHP konzentriert, die noch zu gering regional ausstrahlen. Insbesondere ist die wissenschaftliche Basis in Frankfurt (Oder) auszubauen. Es sind weitere Forschungskapazitäten zu gewinnen. Die Innovationsbereitschaft in vorhandenen Unternehmen ist stärker auszuprägen. Da aktuell eine Erweiterung der Europa-Universität um eine technische oder andere Fakultät nicht absehbar ist, sollte die hochschulpolitische Kooperation mit der BTU Cottbus-Senftenberg zielgerichtet verstärkt werden. Dies würde den Wissenschafts- und Technologietransfer effektiv unterstützen und damit die Kooperationsbeziehungen zwischen universitärer Forschung und Unternehmen fördern. Die Adam-Mickiewicz-Universität Poznań sollte fester Bestandteil in diesem Verbund sein.

Die Kulturpotentiale, insbesondere in Frankfurt (Oder), müssen grenzüberschreitend vermarktet werden. Ziel sollte das Anlocken internationaler Touristen durch grenzübergreifende Kooperation im Tourismusmarketing sein. Die touristische Vermarktung der Doppelstadt Frankfurt (Oder) – Słubice sollte auch verstärkt in der Metropolregion Berlin/Brandenburg erfolgen. Ziel ist ein Thementourismus im Inland. Da die touristischen Ziele in der einen wie der anderen Doppelstadt für einen mehrtägigen Aufenthalt nicht ausreichen, sollten Angebote für Doppelstadtreisen gemacht werden. In der Gastronomie und Hotellerie gibt es in beiden Doppelstädten Bedarf an höheren Qualitätsstandards.

Ziel der Wirtschaftsförderung vor Ort ist es, die spezifischen Potentiale unter strategischen Gesichtspunkten auszubauen, um die Wettbewerbsfähigkeit der Standorte Frankfurt (Oder) und Guben zu sichern. Es ist hierzu notwendig, die Entwicklungschancen und Ansiedlungsbedingungen für Unternehmen noch stärker als bisher im regionalen, nationalen und internationalen Kontext zu sehen. Um diesem Anspruch gerecht zu werden, muss die Wirtschaftsförderung vor allem über Aufgaben im Bereich der Infrastrukturentwicklung, des Gewerbeflächenmanagements und der Bestandspflege in die Lage versetzt werden, die Akteure am Standort in Netzwerken zusammenzuführen, diese zu orientieren und zu motivieren. Die Rahmenbedingungen der Wirtschaftsförderung sind an beiden Standorten ähnlich. Die kommunale Wirtschaftsförderung ist bei strukturpolitischen Entscheidungen einzubeziehen; in Frankfurt (Oder) ist sie zersplittert und in Guben konzentriert. Handlungsbedarf gibt es insbesondere in Frankfurt (Oder). Bewährt hat sich hier die Organisation der integrierten Wirtschaftsförderung als Kombination des städtischen Amts (als Koordinator) mit privatwirtschaftlichen Gesellschaften und Kammern. Die städtische Wirtschaftsförderung in Frankfurt (Oder) ist jedoch mit dem ICOB, BIC, TeGeCe und dem Amt für Wirtschaftsförderung in der Stadtverwaltung dezentral aufgestellt. Die bisherigen abgestimmten Schnittstellen sind für ein ergebniseffizientes Agieren nicht mehr den Herausforderungen gewachsen. Es gibt beispielsweise in Frankfurt (Oder) vergleichsweise viele Existenzgründungen. Es fehlt jedoch an Strukturen für ihre Weiterentwicklung. Eine Konzentration der Wirtschaftsförderung im Regionalen Wachstumskern Frankfurt (Oder) – Eisenhüttenstadt für Ansiedlungen, Bestandspflege und Existenzgründungen in Frankfurt (Oder) ist daher erforderlich.[362] Der im Aufbau befindliche Coworking Space an der Viadrina eignet sich dabei u. a. für eine Zusammenführung mit der Förderung und Beratung von regionalen Existenzgründungen, wie sie im BIC erfolgen. Universitäre Gründer und städtische Unternehmer würden somit zum gegenseitigen Nutzen vernetzt.[363]

Weiche Standortfaktoren beeinflussen harte wirtschaftliche Entscheidungen. Sie können nicht in die Kostenrechnung eines Unternehmens integriert werden, werden häufig subjektiv wahrgenommen, aber spielen eine immer größere Rolle bei der Standortwahl. Dazu gehören unter anderem das Kulturangebot, die Einkaufsmöglichkeiten, Mietpreise sowie Wohnmöglichkeiten, Lage, Freizeitmöglichkeiten, medizinische Versorgung, der Öffentliche Personen- und Nahverkehr und das Bildungsangebot. All dies kann für die Anwerbung hochqualifizierter Mitarbeiter entscheidend sein. In beiden Doppelstädten sehen die Befragten einen relativ hohen Verbesserungsbedarf bei den weichen Standortfaktoren insgesamt. Insbesondere betrifft das die medizinische Versorgung und

362 Stadtverwaltung Frankfurt (Oder) (2008): Wirtschaftskonzept Frankfurt (Oder) 2015.
363 Pekel, Selim (2023): Uni Frankfurt (Oder). Umbau schreitet voran – wann der Coworking Space der Viadrina fertig wird, *moz.de*, vom 18.04.2023.

das Kulturangebot (Guben) sowie die Wohn- und Einkaufsmöglichkeiten (gleichermaßen in beiden Doppelstädten). Ein weiterer potentieller Standortfaktor ist das Image einer Stadt oder Region, das oft stark durch die Tradition einer Stadt oder Region geprägt ist. Mittelfristig ist es durchaus möglich, dass das von Investoren wahrgenommene Image sich von den ökonomischen Fakten unterscheidet. Guben profitiert aktuell von der dynamischen wirtschaftlichen Entwicklung, die das Standortprestige der Eurostadt Guben – Gubin bestimmt. Die Ansiedlungen internationaler Unternehmen haben eine Strahlkraft, die national und international wirkt. Das Auf und Ab der wirtschaftlichen Entwicklung in Frankfurt (Oder) in den vergangenen 33 Jahren und insbesondere fehlende nennenswerte Ansiedlungen in den zurückliegenden zehn Jahren prägen das Image der Stadt und tragen in der aktuellen Phase zur Verschlechterung der Standortbedingungen bei. Um das Standortprestige der Doppelstadt Frankfurt (Oder) – Słubice zu verbessern, muss das überdurchschnittliche Standortpotential (laut Prognos Platz 73) für Investitionen genutzt werden (Platz 392).[364]

Kultur ist ein in seiner Bedeutung deutlich zunehmender weicher Standortfaktor. Die Grundsicherung und Entwicklungsfähigkeit der Kultur sind für die Wettbewerbsfähigkeit der Standorte Frankfurt (Oder) – Słubice und Guben – Gubin essentiell. Insbesondere die Doppelstadt Frankfurt (Oder) – Słubice hat sich seit 1989 zum kulturell-wissenschaftlichen Zentrum der Grenzregion in Brandenburg entwickelt. Dazu tragen unter anderem die Europa-Universität Viadrina, das Collegium Polonicum, das IHP, das Kleist Forum (als größtes Veranstaltungshaus im Land Brandenburg), das Brandenburgische Staatsorchester Frankfurt (Oder), das Kleist-Museum und das Brandenburgische Landesmuseum für moderne Kunst sowie zahlreiche nationale Festivals wie die Kleist-Festtage und das Liedfestival *transvocale* bei. Dieser weiche Standortfaktor macht Frankfurt (Oder) – Słubice im nationalen und internationalen Wettbewerb attraktiv, wenngleich eine Quantifizierung schwierig ist. Die Entwicklung zum kulturell-wissenschaftlichen Zentrum der Grenzregion in Brandenburg ist jedoch schon an sich ein bedeutsamer Standortfaktor, der insbesondere bei der Akquise von Ansiedlungen genutzt werden kann. Zugleich ist er aber auch das Fundament für die Sicherung und Weiterentwicklung von Standortqualität insgesamt. Die kulturellen, wissenschaftlichen und Hochschul-Einrichtungen können daraus zudem selbst Maßnahmen für ihre eigene weitere Profilierung sowie die Gewinnung von Publikum, Fachkräften und Studierenden ableiten. Die drei Fakultäten der Viadrina haben die Voraussetzungen am Standort, durch Forschung und Engagement in der Lehre einen Beitrag zu leisten, der regionalen und grenzüberschreitenden Entwicklung der Doppelstadt Impulse zu verleihen.

364 Freitag/Schenten/Mayimona (2023).

Hierbei gibt es deutlich Luft nach oben. Das größte Potential in der Doppelstadt Frankfurt (Oder) – Słubice besteht in der Kombination von kultureller Vielfalt und der Ausrichtung größerer Events. Die Großevents und Festivals werden benötigt, um Frankfurt (Oder) und Słubice als Kulturstandort überregional bekannt zu machen. Dies kann auch eine Rolle spielen bei der Anwerbung von jungen Arbeitnehmern und Führungskräften von außerhalb sowie bei der Standortwahl von Start-ups. Die Vermarktung der Doppelstadt als Kulturstandort muss verbessert werden; insbesondere in Berlin und in den umliegenden Landkreisen. Es gilt also die Vielfalt zu erhalten und auszubauen und die Strahlkraft von kulturellen Großprojekten zu erhöhen.

Die Mentalität in deutschen und polnischen Verwaltungen sowie Unternehmen hat Einfluss auf das Zustandekommen von Investitionsentscheidungen auswärtiger Investoren. Sie ist in den Verwaltungen beider Doppelstädte unterschiedlich. Bei der Anbahnung von Ansiedlungen spielen Mentalitäten eine besondere Rolle. Die persönliche Hartnäckigkeit und das vernetzte Engagement bei der Gewinnung von potentiellen Investoren scheint in Guben – Gubin höher zu sein als in Frankfurt (Oder) – Słubice. In Guben – Gubin dominiert der unbedingte Wille, nach einer langen Durststrecke neue Ansiedlungen für den Standort zu gewinnen. In Frankfurt (Oder) – Słubice scheint es an strategischen Lösungsansätzen und auch an Risikobereitschaft zu fehlen. Beim Abarbeiten der Entscheidungen der Verwaltungsspitzen sind die untergeordneten Ebenen in beiden Doppelstädten wieder gleichauf. In Guben – Gubin wird von den Investoren der enge, meist zeitgleiche Kontakt zu beiden Bürgermeistern hervorgehoben. In Frankfurt (Oder) – Słubice agierten beide Stadtoberhäupter in der Regel nicht unmittelbar miteinander.[365] Die Informations- und Entscheidungsprozesse werden durch das Investor Center Ostbrandenburg und das Deutsch-Polnische Kooperationszentrum weitervermittelt, was Zeitverluste mit sich bringt. Aber vor allem wünscht ein potentieller Investor gerade in der vorbereitenden Entscheidungsphase den regelmäßigen und persönlichen Kontakt zu den Verwaltungsspitzen. Die kleineren und konzentrierten Wirtschaftsförderstrukturen in Guben – Gubin erhöhen nicht zuletzt die Schlagkraft bei Ansiedlungsgesprächen und führen zu einer geschlossenen Teamarbeit. Eine vergleichende Studie durch die Viadrina über unterschiedliche Mentalitäten und Herangehensweisen in deutschen und polnischen Verwaltungen bei Ansiedlungen von auswärtigen Unternehmen könnte für die weitere Arbeit hilfreich sein.

Zur Interessenwahrnehmung in europäischen Angelegenheiten sollten beide Doppelstädte den politischen Lobbyismus als Instrument kommunaler

365 Die Wahl von Marzena Słodownik zur neuen Słubicer Bürgermeisterin im Mai 2024 könnte zukünftig zu einer Belebung der Kooperation führen.

Europapolitik nutzen. Gubin kommt zugute, dass der ehemalige Bürgermeister als Abgeordneter des polnischen Sejms gut in Warschau vernetzt ist. Frankfurt (Oder) wiederum profitierte acht Jahre lang von der Mitgliedschaft eines ehemaligen Oberbürgermeisters im Deutschen Bundestag. Für Grenzstädte ist eine solche politische Lobby besonders wichtig. Der regelmäßige Austausch mit den Europaabgeordneten spielt dabei eine wichtige Rolle. Sie können beispielsweise Praktikumsstellen in Brüssel zur Verfügung stellen. Regionale Verwaltungen, Unternehmen, Kammern und die Viadrina können Praktikanten dorthin schicken, um mit zielgerichteten „Arbeitsaufträgen" vor Ort zu Möglichkeiten für europäische Lösungen in der deutsch-polnischen Grenzregion zu recherchieren bzw. Kontakte zu EU-Experten aufzubauen.

Die interkommunale Zusammenarbeit der Doppelstädte muss die jeweils umliegenden Landkreise und Powiaty einbeziehen. In der kreisfreien Stadt Frankfurt (Oder) wird bisher eher im Rahmen der eigenen Kompetenzen gedacht, anstatt sich für Lösungen mit zuständigen Partnern in den umliegenden Landkreisen einzusetzen. Frankfurts Oberbürgermeister hat 2019 den Anspruch formuliert, dass die kreisfreie Stadt sich als Hauptstadt Ostbrandenburgs sieht. Ein konstruktives Echo aus den Landkreisen Märkisch-Oderland und Oder-Spree blieb aus. Ansprüche und Realisierungschancen sind künftig sachlicher, pragmatischer und kritischer zu formulieren, wobei Interessenlagen und Kompetenzen stärker beachtet werden sollten. Das könnte sich beispielsweise auf die gemeinsame Erschließung von Gewerbe- und Industriegebieten beziehen. Die Frankfurter Stadtverwaltung täte gut daran, perspektivisch größer und vernetzter zu denken. Beispielhaft ist das Vorgehen der Gubiner Stadtverwaltung bei der Planung der Bahnverbindung von Guben – Gubin nach Zielona Góra. Der Gubiner Bürgermeister hat alle Bürgermeister der an der Strecke liegenden Kommunen (Gminy) kontaktiert und für das Anliegen gewonnen.

Zusammenfassend ist zu konstatieren, dass sowohl die Doppelstadt als auch die Eurostadt sehr viel Potential, aber gleichzeitig auch viele Herausforderungen mit sich bringen. Der Vergleich hat gezeigt, dass keine der beiden Städte eine so überragende wirtschaftliche Stellung in der Region einnimmt, dass man sie als wirtschaftliches Zentrum betiteln könnte. Zugleich bringt die Doppelstadt das Potential mit, zukünftig zum Zentrum zu werden. Hierzu müssen aber zunächst die zahlreichen oben beschriebenen Herausforderungen gelöst werden. Die Doppelstadt Frankfurt (Oder) – Słubice als wirtschaftliches Zentrum der Grenzregion für Brandenburg und der Woiwodschaft Lubuskie verbleibt damit zunächst weiterhin eine Vision, die allerdings das Potential besitzt, in der Zukunft Realität zu werden.

8. Schlussbetrachtung

Im Rahmen der Studie wurde untersucht, ob die Doppelstadt Frankfurt (Oder) - Słubice das wirtschaftliche Zentrum der Grenzregion in Brandenburg und der Woiwodschaft Lubuskie ist.

Hierzu wurden zunächst zwei Hypothesen sowie die Forschungsfrage formuliert. Anschließend wurde mit harten und weichen Standortfaktoren sowie dem Smart-City-Modell eine theoretische Grundlage zur Überprüfung der Forschungsfrage geschaffen. Im nächsten Schritt wurden die zuvor definierten Faktoren und Indikatoren der Smart-City-Charakteristika Smart Economy und Smart Mobility mit Blick auf die Doppelstadt untersucht. Hierbei erschwerte vor allem die mangelnde Datenlage die Betrachtung. Für eine Betrachtung, die strikt dem Smart-City-Modell folgt, liegen nicht ausreichend Daten vor. Insbesondere mit Blick auf die polnische Seite sowie Guben als Stadt im Landkreis Spree-Neiße hat dies die Untersuchung erschwert.

Im Rahmen der Studie konnte Hypothese 1 bestätigt und Hypothese 2 abgelehnt werden.

Nach der Überprüfung der Hypothesen wurde die Doppelstadt Frankfurt (Oder) - Słubice mit der Eurostadt Guben - Gubin verglichen. Hierzu wurde die Eurostadt zunächst im Hinblick auf das Vorliegen der Smart-City-Charakteristika Smart Economy und Smart Mobility analysiert. Anschließend wurden Experteninterviews mit Stakeholdern beider Städte durchgeführt und ausgewertet. In diesen Interviews wurden die Interviewpartner zu wirtschaftlichen Aspekten befragt. Die Ergebnisse der Smart-City-Analyse sowie der Auswertung der Interviews wurde im Weiteren dazu genutzt, beide Städte miteinander zu vergleichen, um so eine Aussage dazu zu treffen, ob die Doppelstadt oder die Eurostadt den Status eines wirtschaftlichen Zentrums der Grenzregion in Brandenburg und der Woiwodschaft Lubuskie beanspruchen können. Der Vergleich hat gezeigt, dass die Eurostadt Guben - Gubin nicht das wirtschaftliche Zentrum der Grenzregion ist.

Zugleich wurde aber gezeigt, dass dies auch nicht für die Doppelstadt Frankfurt (Oder) - Słubice zutrifft, womit die Forschungsfrage negativ beantwortet werden konnte. Die Doppelstadt Frankfurt (Oder) - Słubice als wirtschaftliches Zentrum der Grenzregion für Brandenburg und der Woiwodschaft Lubuskie verbleibt vorerst weiterhin eine Vision, auch wenn sie durchaus Realität werden kann.

Für zukünftige, auf vorliegender Studie aufbauende Forschungsvorhaben gibt es zahlreiche Themen, die näher betrachtet werden könnten. Naheliegend ist vor allem eine erneute Überprüfung der Forschungsfrage nach dem zeitlichen Ablauf des Handlungsplans. Hierbei könnte vor allem überprüft werden, ob die in dieser Arbeit genannten Herausforderungen bewältigt werden konnten oder ob diese die Doppelstadt weiterhin davon abhalten, zum wirtschaftlichen Zentrum aufzusteigen. Potential für weitere Forschung hat auch die Anwendung des Smart-City-Modells auf kleinere Städte. Hier könnte eine Anpassung dieses auch für Orte mit schwieriger Datenlage praktikabler gestalten.

9. Thesen und Anregungen für die weitere Forschung

9.1 Regionale Position der Doppelstadt

- Die Doppelstadt Frankfurt (Oder) – Słubice ist nicht das wirtschaftliche Zentrum der deutsch-polnischen Grenzregion.
- Der Anspruch von Frankfurt (Oder) als Hauptstadt Ostbrandenburgs wird von den umliegenden Landkreisen und Gemeinden nicht akzeptiert.
- Frankfurt (Oder) verfügt nicht über die Wirtschaftskraft, um eine hervorgehobene regionale Position einzunehmen.
- Bei der grenzüberschreitenden Zusammenarbeit dominieren Kulturprojekte.
- Der Anspruch der europäisch ausgerichteten Doppelstadt wird auf nationaler Ebene unzureichend und auf europäischer Ebene kaum wahrgenommen.

9.2 Wirtschaftliche standortbezogene Rahmenbedingungen

- Frankfurt (Oder) hat in der Vergangenheit gezeigt, dass die Stadt für anspruchsvolle Industrieansiedlungen aufnahmefähig ist.
- Die logistische Anbindung von Frankfurt (Oder) – Słubice ist vergleichsweise gut.
- Frankfurt (Oder) verfügt über keine Strategie, um mit den zur Verfügung stehenden Ressourcen maximale Wertschöpfung zu erlangen.
- Der Umgang mit Investoren erfolgt in Frankfurt (Oder) eher verwaltungstechnisch und in Guben eher unternehmensorientiert.
- Die Dynamik der wirtschaftlichen Entwicklung in der Grenzregion hat sich nach Guben – Gubin verlagert.
- Das Potential an Forschung, Entwicklung und Hochschulbildung ist auf wenige renommierte Einrichtungen beschränkt, die eher isoliert von der Region agieren.

- Die Gründungsquote in Frankfurt (Oder) liegt über dem Durchschnitt. Die Gründungen sind jedoch mit wenig Wertschöpfung auf regionale Nachfrage ausgerichtet und wenig innovativ.
- Die Tourismuswirtschaft gewinnt an Bedeutung, es fehlt an Qualität und Fokussierung.

9.3 Deutsch-polnische Rahmenbedingungen

- Unterschiedliche Rechtssysteme und Standards auf der polnischen und deutschen Seite der Grenze erschweren grenzüberschreitende Projekte.
- Die Sprachbarriere ist nach wie vor ausgeprägt und behindert die Zusammenarbeit.
- Vielfältige persönliche Beziehungen und grenzüberschreitende Netzwerke begünstigen die Projektarbeit.
- Trotz politischer Differenzen auf binationaler Ebene wird das Niveau der grenzüberschreitenden Zusammenarbeit gehalten.

9.4 Empfehlungen

- Frankfurt (Oder) braucht ein Konzept zur strategischen Ausrichtung der wirtschaftlichen Entwicklung u. a. mit folgenden Schwerpunkten:
  - realistische Bewertung der Standortbedingungen nach Branchen und Gewerken,
  - Identifizierung von Wachstumschancen im Bestand und für neue Ansiedlungen,
  - Verbesserung ausgewählter Standortbedingungen zur Stärkung der Konkurrenzfähigkeit,
  - ein Maßnahmenpaket mit SMARTEN Zielen (spezifisch, messbar, ausführbar, realistisch und terminiert), einem Finanzvolumen und klaren Verantwortlichkeiten.
- Wirtschaftsförderung muss als ganzheitliche Aufgabe der Stadtverwaltung verstanden werden und braucht einen Paradigmenwechsel.

- Im Handlungsplan Frankfurt (Oder) – Słubice muss das Thema Wirtschaft deutlich aufgewertet werden:

  - Fokussierung auf das gemeinsam tatsächlich Machbare,
  - Benennung von Verantwortlichkeiten auf beiden Seiten.

- Den wissenschaftlichen Einrichtungen müssen für ein regionales Engagement passende Projektangebote unterbreitet werden:

  - Die Initiative muss von den Städten ausgehen,
  - Angebote müssen dem Anspruch der Einrichtungen entsprechen.

- Der Tourismus muss sich auf Produktangebote mit Alleinstellungsmerkmalen konzentrieren.

- Gründungsaktivitäten, insbesondere der Europa-Universität Viadrina, sollten an den Standort gebunden werden:

  - Schaffung eines geeigneten Umfelds mit passenden Räumlichkeiten,
  - Verknüpfung der Gründungen mit städtischen Wirtschaftsförderstrukturen sowie grenzüberschreitenden Netzwerken.

- Die Zusammenarbeit mit den Landkreisen muss auf eine pragmatische Grundlage zum Vorteil aller Beteiligten gestellt werden:

  - Projekte, Infrastrukturentwicklung, überregionale Lobbyarbeit etc.

- Die Lobbyarbeit in Berlin, Warschau und Brüssel muss für die deutsch-polnischen Standorte Frankfurt (Oder) – Słubice und Guben – Gubin in einem gemeinsamen Vorgehen systematisiert und verstärkt werden.

Abkürzungsverzeichnis

AGEG	Arbeitsgemeinschaft Europäischer Grenzregionen
BA	Bundesagentur für Arbeit
BbgKVerf	Kommunalverfassung des Landes Brandenburg
BDL	Bank Danych Lokalnych [Regionaldatenbank des polnischen Statistikamtes]
BIC	Business and Innovation Centre Frankfurt (Oder) GmbH
BImSchG	Bundes-Immissionsschutzgesetz
BMDV	Bundesministerium für Digitales und Verkehr
BMI	Bundesministerium des Innern, für Bau und Heimat
BMUV	Bundesministerium für Umwelt, Naturschutz, nukleare Sicherheit und Verbraucherschutz
BMWK	Bundesministerium für Wirtschaft und Klimaschutz
CRB	Code-Relations-Browser
DPMA	Deutsches Patent- und Markenamt
EAFFL	Europäischer Ausrichtungs- und Garantiefonds für die Landwirtschaft
EFRE	Europäischer Fonds für regionale Entwicklung
EGKS	Europäische Gemeinschaft für Kohle und Stahl
EIB	Europäische Investitionsbank
ENS	European New School of Digital Studies
ESCM	European Smart City Model
ESF	Europäischer Sozialfonds
EUV	Europa-Universität Viadrina
EVTZ	Europäische Verbünde für territoriale Zusammenarbeit
FuE	Forschung und Entwicklung
FS	Doppelstadt Frankfurt (Oder) – Słubice
GG	Eurostadt Guben – Gubin
GUS	Główny Urząd Statystyczny [Polnisches Amt für Statistik]
GVFG	Gemeindeverkehrsfinanzierungsgesetz
GVZ	Güterverkehrszentrum
HSK	Haushaltssicherungskonzept
HWK	Handwerkskammer
ICOB	Investor Center Ostbrandenburg
ICT	Information and communications technology Innovative Informations- und Kommunikationstechnologie
IHK	Industrie- und Handelskammer
IHP	Innovations for High Performance Microelectronics (Leibniz-Institut für innovative Mikroelektronik)

ILB	Investitionsbank des Landes Brandenburg
IMeG	Initiativkreis Metropolitane Grenzregionen
KMU	Kleine und mittelständische Unternehmen
KSSSE	Kostrzyńsko-Słubicka Specjalna Strefa Ekonomiczna [Sonderwirtschaftszone Kostrzyn-Słubice]
MOZ	Märkische Oderzeitung
MUV	Messe und Veranstaltungs GmbH
MWAE	Ministerium für Wirtschaft, Arbeit und Energie des Landes Brandenburg
RDB	Regionaldatenbank Deutschland (Regionalstatistik Genesis)
StatIS-BBB	Statistisches Informationssystem Berlin-Brandenburg
SVF	Stadtverkehrsgesellschaft mbH Frankfurt (Oder)
TeGeCe	Technologie- und Gewerbecenter Frankfurt (Oder) GmbH
UPRP	Urząd Patentowy Rzeczypospolitej Polskiej [Patent- und Markenamt der Republik Polen]
VCPU	Viadrina Center of Polish and Ukrainian Studies
WFBB	Wirtschaftsförderung Land Brandenburg GmbH
ZKA	Zukunftsatlas

Tabellenverzeichnis

Abbildungsverzeichnis

Anhang: Auswertung der Experteninterviews nach Fragen und Themen

Verzeichnis der Anhänge

Anhang 1: Experteninterviews: Gesprächsleitfaden

Zentrum für Interdisziplinäre Polenstudien

EUROPA UNIVERSITÄT VIADRINA

Zentrum für Interdisziplinäre Polenstudien

Daniel Sadecki

Tel.: +(49) 172 87 94 332
euv137039@europa-uni.de

Fragenkatalog für Expertengespräche

1) Welche drei Hauptprobleme für die DE-PL Kooperation im Bereich Wirtschaft in Ihrer Stadt sehen Sie?

2) Welche drei gemeinsamen Projekte der grenzüberschreitenden Zusammenarbeit halten Sie in Ihren Städten für wünschenswert?

3) Welche politische Unterstützung für die Weiterentwicklung der grenzüberschreitenden Wirtschaftskooperation in Ihrer Stadt erwarten Sie? Von welcher Seite (Bund, Land, EU etc.) muss diese Unterstützung kommen?

4) Was halten Sie von der Aussage: In Bezug auf Investitionen stehen die Partnerstädte als Standort in Konkurrenz zueinander. / Stehen die jeweiligen Partnerstädte (Frankfurt/Slubice und Guben/Gubin) als Standorte in Konkurrenz?

5) Welche Standortfaktoren waren Ihrer Meinung nach ausschlaggebend für die Investitionsentscheidungen, die größte Lithium-Fabrik Europas und die US-Wurstfabrik Bifi in Guben/Gubin und nicht in FFO/Slubice anzusiedeln?

6) Bei welchen (drei) weichen Standortfaktoren für die Entwicklung der Doppelstadt/ Eurostadt als wirtschaftliches Zentrum der deutsch-polnischen Grenzregion sehen Sie Bedarf für eine Verbesserung (Kultur, Wohnen, ÖPNV, Universität, Schulen, Kitas, Medizinische Versorgung (Krankenhaus/ Fachärzte/ Hausärzte), Senioren/ Pflegeheime etc.)?

7) Wie bewerten Sie die Verfügbarkeit von Arbeitskräften in der Doppelstadt/ Eurostadt? Welche Rolle sollte eine gemeinsame deutsch-polnische Berufsausbildung spielen? Und vor allem in welchen Berufen?

8) Welches ist Ihrer Meinung nach die größte Hürde beim Ausbau der Doppelstadt/Eurostadt als wirtschaftliches Zentrum der deutsch-polnischen Grenzregion?

EUROPA-UNIVERSITÄT VIADRINA FRANKFURT (ODER)

Anhang 2: Auswertung Experteninterviews: Frage 1) Top 1: Verwaltung und Recht

	Frankfurt-Słubice	Guben-Gubin	Total
1) Hauptprobleme für DE-PL Kooperation im Bereich Wirtschaft			
Verwaltung und Recht			
unterschiedliche Rechtssysteme, -normen und -standards	56,3%	69,2%	60,0%
"nicht unsere Zuständigkeit"	15,6%		11,1%
nur Reden, fehlende Umsetzung	6,3%	7,7%	6,7%
fehlendes Veständnis und Konflikte durch nationale Politik	3,1%	15,4%	6,7%
kein gesonderter Status von Doppelstädten	6,3%	7,7%	6,7%
Handlungsplan	6,3%		4,4%
Personalmangel in der Verwaltung	3,1%		2,2%
Kurzsichtigkeit in der Politik	3,1%		2,2%
Σ SUMME	100,0%	100,0%	100,0%
# N = Dokumente/Sprecher	14 (53,8%)	12 (46,2%)	26 (100,0%)

Quelle: Eigene Darstellung, generiert mit MAXQDA 2022

Anhang 3: Auswertung Experteninterviews: Frage 1) Top 2: Sprache

	Frankfurt-Słubice	Guben-Gubin	Total
1) Hauptprobleme für DE-PL Kooperation im Bereich Wirtschaft			
Sprache			
Sprachbarriere	43,8%	50,0%	46,2%
Deutsch wird in PL gesprochen, aber kaum Polnisch in DE	18,8%	50,0%	30,8%
Nachbarsprache nicht Pflicht an Schulen	12,5%		7,7%
mangelhaftes Englisch in deutschen KMU	6,3%		3,8%
polnisches Unterrichtsmaterial fehlt	6,3%		3,8%
keine konkreten Ziele	6,3%		3,8%
Deutsch verliert an Bedeutung in PL	6,3%		3,8%
Σ SUMME	100,0%	100,0%	100,0%
# N = Dokumente/Sprecher	14 (53,8%)	12 (46,2%)	26 (100,0%)

Quelle: Eigene Darstellung, generiert mit MAXQDA 2022

Anhang 4: Auswertung Experteninterviews: Frage 1) Top 3: Mobilität

	Frankfurt-Słubice	Guben-Gubin	Total
1) Hauptprobleme für DE-PL Kooperation im Bereich Wirtschaft			
Mobilität			
mangelnde Infrastruktur	21,1%	100,0%	31,8%
Bahn	36,8%		31,8%
ÖPNV	21,1%		18,2%
Verkehrsbelastung	15,8%		13,6%
Nähe zu Berlin	5,3%		4,5%
Σ SUMME	100,0%	100,0%	100,0%
# N = Dokumente/Sprecher	14 (53,8%)	12 (46,2%)	26 (100,0%)

Quelle: Eigene Darstellung, generiert mit MAXQDA 2022

Anhang 5: Auswertung Experteninterviews: Frage 1) Top 4: Mangelnde DE-PL Kooperation

	Frankfurt-Słubice	Guben-Gubin	Total
1) Hauptprobleme für DE-PL Kooperation im Bereich Wirtschaft			
mangelnde DE-PL Kooperation			
mangelnde Kommunikation im Bereich Wirtschaft	11,1%	37,5%	23,5%
Wettbewerb statt Kooperation	33,3%	12,5%	23,5%
Finanzierung und Förderung	11,1%	25,0%	17,6%
Pragmatismus fehlt	22,2%		11,8%
keine gemeinsame Strategie zur Investorengewinnung	11,1%	12,5%	11,8%
einseitige Kooperation lokaler Unternehmen	11,1%		5,9%
fehlender Bürgeraustauch		12,5%	5,9%
Σ SUMME	100,0%	100,0%	100,0%
# N = Dokumente/Sprecher	14 (53,8%)	12 (46,2%)	26 (100,0%)

Quelle: Eigene Darstellung, generiert mit MAXQDA 2022

Anhang 6: Auswertung Experteninterviews: Frage 1) Top 5: Probleme auf dem Arbeitsmarkt

	Frankfurt-Słubice	Guben-Gubin	Total
1) Hauptprobleme für DE-PL Kooperation im Bereich Wirtschaft			
Probleme auf dem Arbeitsmarkt			
Fachkräftemangel	50,0%	28,6%	41,2%
Arbeitskräftemangel	20,0%	42,9%	29,4%
Ungleichgewicht Deutschland>Polen	10,0%	28,6%	17,6%
schlechte Arbeitsbedingungen	10,0%		5,9%
Niedriglohnsektor, Mangel hochqualifizierter Arbeitsplätze	10,0%		5,9%
Σ SUMME	100,0%	100,0%	100,0%
# N = Dokumente/Sprecher	14 (53,8%)	12 (46,2%)	26 (100,0%)

Quelle: Eigene Darstellung, generiert mit MAXQDA 2022

Anhang 7: Auswertung Experteninterviews: Frage 2) Top 1: Wirtschaft

	Frankfurt-Słubice	Guben-Gubin	Total
2) Wünschenswerte Projekte der DE-PL Zusammenarbeit			
Wirtschaft			
DE-PL Wirtschaftsaustausch	16,7%	24,0%	21,6%
gemeinsame Strategie zur Investorengewinnung	8,3%	20,0%	16,2%
grenzüberschreitende Wirtschaftsförderung	8,3%	20,0%	16,2%
Energieversorgung	16,7%	12,0%	13,5%
Erschließung von Industrie- und Gewerbeflächen	16,7%	4,0%	8,1%
grenzüberschreitende Wirtschaftszone		12,0%	8,1%
Fachkräftegewinnung	8,3%	8,0%	8,1%
Ansiedlung von Logistik	16,7%		5,4%
Asymmetrie zu Nutze machen	8,3%		2,7%
Σ SUMME	100,0%	100,0%	100,0%
# N = Dokumente/Sprecher	14 (53,8%)	12 (46,2%)	26 (100,0%)

Quelle: Eigene Darstellung, generiert mit MAXQDA 2022

Anhang 8: Auswertung Experteninterviews: Frage 2) Top 2: Verwaltung und Recht

	Frankfurt-Słubice	Guben-Gubin	Total
2) Wünschenswerte Projekte der DE-PL Zusammenarbeit			
Verwaltung und Recht			
gemeinsame Stadtentwicklung	62,5%	16,7%	42,9%
bessere politische und administrative Zusammenarbeit	12,5%	33,3%	21,4%
Bürgerbeteiligung	25,0%		14,3%
gemeinsames Sicherheitskonzept		16,7%	7,1%
Bürokratieabbau		16,7%	7,1%
mehr Kompetenzen auf kommunaler Ebene in Polen		8,3%	3,6%
gesondertes Rechtssystem für Doppelstädte		8,3%	3,6%
Σ SUMME	100,0%	100,0%	100,0%
# N = Dokumente/Sprecher	14 (53,8%)	12 (46,2%)	26 (100,0%)

Quelle: Eigene Darstellung, generiert mit MAXQDA 2022

Anhang 9: Auswertung Experteninterviews: Frage 2) Top 3: Mobilität

	Frankfurt-Słubice	Guben-Gubin	Total
2) Wünschenswerte Projekte der DE-PL Zusammenarbeit			
Mobilität			
Ausbau der Verkehrsinfrastruktur			
Straßenausbau	15,8%	50,0%	19,0%
Bahn- und Schienennetzausbau	10,5%	50,0%	14,3%
Parkplätze	15,8%		14,3%
Zweite Grenzbrücke	15,8%		14,3%
grenzüberschreitender ÖPNV	26,3%		23,8%
gemeinsame Verkehrsentwicklung	5,3%		4,8%
stärkere Zusammenarbeit im Verkehrsbereich	5,3%		4,8%
Vernetzung mit der Region	5,3%		4,8%
Σ SUMME	100,0%	100,0%	100,0%
# N = Dokumente/Sprecher	14 (53,8%)	12 (46,2%)	26 (100,0%)

Quelle: Eigene Darstellung, generiert mit MAXQDA 2022

Anhang 10: Auswertung Experteninterviews: Frage 2) Top 4: Bildung

	Frankfurt-Słubice	Guben-Gubin	Total
2) Wünschenswerte Projekte der DE-PL Zusammenarbeit			
Bildung			
Überwindung der Sprachbarriere			
Sprachunterricht an Schulen Pflicht	50,0%	33,3%	43,8%
Weiterbildunsangebote	20,0%	50,0%	31,3%
bilinguale Ausbildung bereits ab dem Kindergarten	10,0%		6,3%
gemeinsame Berufsausbildung	10,0%		6,3%
Anerkennung von Abschlüssen		16,7%	6,3%
Doppelabschlüsse	10,0%		6,3%
Σ SUMME	100,0%	100,0%	100,0%
# N = Dokumente/Sprecher	14 (53,8%)	12 (46,2%)	26 (100,0%)

Quelle: Eigene Darstellung, generiert mit MAXQDA 2022

Anhang 11: Auswertung Experteninterviews: Frage 2) Top 5.1: Wissenschaft

	Frankfurt-Słubice	Guben-Gubin	Total
2) Wünschenswerte Projekte der DE-PL Zusammenarbeit			
Wissenschaft			
Verpflechtung von Wissenschaft und Wirtschaft	14,3%	50,0%	27,3%
europäische Transformation	28,6%		18,2%
Wissenschaftliche Zusammenarbeit	14,3%	25,0%	18,2%
Forschung zur Überwindung der Problematiken im Grenzraum		25,0%	9,1%
Viadrina um technische Studiengänge erweitern	14,3%		9,1%
eneuerbare Energien z.B.: Wasserstoff	14,3%		9,1%
Ausbildungszentrum für med. Fachkräfte	14,3%		9,1%
Σ SUMME	100,0%	100,0%	100,0%
# N = Dokumente/Sprecher	14 (53,8%)	12 (46,2%)	26 (100,0%)

Quelle: Eigene Darstellung, generiert mit MAXQDA 2022

Anhang 12: Auswertung Experteninterviews: Frage 2) Top 5.2: Tourismus

	Frankfurt-Słubice	Guben-Gubin	Total
2) Wünschenswerte Projekte der DE-PL Zusammenarbeit			
Tourismus			
Ausbau von Wander- und Radwegen	33,3%	37,5%	36,4%
Ausbau des Tourismus	66,7%	12,5%	27,3%
gemeinsames Tourismuskonzept		25,0%	18,2%
neues gemeinsames Wegeleitsystem		12,5%	9,1%
gemeinsame Marketing		12,5%	9,1%
Σ SUMME	100,0%	100,0%	100,0%
# N = Dokumente/Sprecher	14 (53,8%)	12 (46,2%)	26 (100,0%)

Quelle: Eigene Darstellung, generiert mit MAXQDA 2022

Anhang 13: Auswertung Experteninterviews: Frage 4) Konkurrenz innerhalb der Doppelstädte

	Frankfurt-Słubice	Guben-Gubin	Total
4) Städte als Standort in Konkurrenz			
Innerhalb der Doppelstädte			
Ja	50,0%	17,4%	34,7%
Nein	50,0%	82,6%	65,3%
Σ SUMME	100,0%	100,0%	100,0%
# N = Dokumente/Sprecher	14 (53,8%)	12 (46,2%)	26 (100,0%)

Quelle: Eigene Darstellung, generiert mit MAXQDA 2022

Anhang 14: Auswertung Experteninterviews: Frage 4) Konkurrenz zwischen den Doppelstädten

	Frankfurt-Słubice	Guben-Gubin	Total
4) Städte als Standort in Konkurrenz			
Zwischen den Doppelstädten			
Ja	80,0%	50,0%	63,6%
Nein	20,0%	50,0%	36,4%
Σ SUMME	100,0%	100,0%	100,0%
# N = Dokumente/Sprecher	14 (53,8%)	12 (46,2%)	26 (100,0%)

Quelle: Eigene Darstellung, generiert mit MAXQDA 2022

Anhang 15: Auswertung Experteninterviews: Frage 5) Standortvorteile der Eurostadt (Experten, ohne Rock Tech und Bifi)

	Frankfurt-Słubice	Guben-Gubin	Total
5) Standortfaktoren: Lithium-Fabrik und BiFi in Guben			
Vorteile Eurostadt			
gute Investorenbetreuung			
Bürgermeister engagieren sich gemeinsam aktiv	25,0%	21,7%	22,6%
gemeinsame aktive Wirtschaftsförderung	6,3%	8,7%	8,1%
Investorfreundlichkeit/ Investoren fühlen sich gut aufgehoben	18,8%	2,2%	6,5%
gute DE-PL Zusammenarbeit		6,5%	4,8%
Unterstützung seitens der Verwaltung	6,3%	2,2%	3,2%
schnelle Rückmeldungen		2,2%	1,6%
Industrie- und Gewerbeflächen			
Verfügbarkeit		10,9%	8,1%
Grundstückspreise niedriger		6,5%	4,8%
Genehmigungen, z.B. BImSchG		6,5%	4,8%
Infrastruktur	6,3%	4,3%	4,8%
Bahnanschluss	6,3%	4,3%	4,8%
Industriestandort Eurostadt		2,2%	1,6%
Erweiterungsmöglichkeiten			
Zugang zu Wasserstoffnetzwerken			
Arbeitsmarkt			
Arbeitskräftepotenzial größer	12,5%	4,3%	6,5%
kein Wettbewerb um Arbeitskräfte		4,3%	3,2%
niedrigere Löhne		2,2%	1,6%
Verfügbarkeit von Fachkräften			
bessere Förderbedingungen (Strukturwandel Lausitz)	6,3%	4,3%	4,8%
gute Kommunikation der Verwaltung	6,3%	2,2%	3,2%
Nähe zur BTU Cottbus	6,3%		1,6%
gute Verkehrsanbindung		2,2%	1,6%
wirtschaftlicher Gesamtplan der auch umgesetzt wird		2,2%	1,6%
Σ SUMME	100,0%	100,0%	100,0%
# N = Dokumente/Sprecher	14 (58,3%)	10 (41,7%)	24 (100,0%)

Quelle: Eigene Darstellung, generiert mit MAXQDA 2022

Anhang 16: Auswertung Experteninterviews: Frage 5) Standortvorteile der Eurostadt laut Rock Tech und Bifi

	Jack Link's Bifi	Rock Tech Lithium	Total
5) Standortfaktoren: Lithium-Fabrik und BiFi in Guben			
Vorteile Eurostadt			
Industrie- und Gewerbeflächen			
Genehmigungen, z.B. BISchG	25,0%	5,9%	12,0%
Erweiterungsmöglichkeiten	12,5%	5,9%	8,0%
Verfügbarkeit	12,5%	5,9%	8,0%
Zugang zu Wasserstoffnetzwerken		5,9%	4,0%
Infrastruktur		5,9%	4,0%
Bahnanschluss		5,9%	4,0%
Industriestandort Eurostadt			
Grundstückspreise niedriger			
gute Investorenbetreuung			
Unterstützung seitens der Verwaltung	12,5%	5,9%	8,0%
gute DE-PL Zusammenarbeit	12,5%	5,9%	8,0%
Bürgermeister engagieren sich gemeinsam aktiv	12,5%	5,9%	8,0%
schnelle Rückmeldungen		5,9%	4,0%
Investorfreundlichkeit/ Investoren fühlen sich gut aufgehoben		5,9%	4,0%
gemeinsame aktive Wirtschaftsförderung			
Arbeitsmarkt			
Verfügbarkeit von Fachkräften		5,9%	4,0%
Arbeitskräftepotenzial größer		5,9%	4,0%
kein Wettbewerb um Arbeitskräfte			
niedrigere Löhne			
bessere Förderbedingungen (Strukturwandel Lausitz)	12,5%	5,9%	8,0%
gute Kommunikation der Verwaltung		11,8%	8,0%
Nähe zur BTU Cottbus		5,9%	4,0%
gute Verkehrsanbindung			
wirtschaftlicher Gesamtplan der auch umgesetzt wird			
Σ SUMME	100,0%	100,0%	100,0%
# N = Dokumente/Sprecher	1 (50,0%)	1 (50,0%)	2 (100,0%)

Quelle: Eigene Darstellung, generiert mit MAXQDA 2022

Anhang 17: Auswertung Experteninterviews: Frage 6) Top 1: Weiche Standortfaktoren

	Frankfurt-Słubice	Guben-Gubin	Total
6) Standortfaktoren: Verbesserungsbedarf			
weiche Faktoren			
Bildung	28,3%	29,6%	28,8%
medizinische Versorgung	21,7%	37,0%	27,4%
Wohnen	26,1%	18,5%	23,3%
Lebensqualität	4,3%	7,4%	5,5%
Innovationspotenzial	8,7%		5,5%
Image	4,3%		2,7%
gemeinsame Kultur/ Zusammenleben	2,2%	3,7%	2,7%
Mentalität der Deutschen	2,2%		1,4%
spielen eine Rolle		3,7%	1,4%
Akzeptanz und Bereitschaft in der Bevölkerung	2,2%		1,4%
Σ SUMME	100,0%	100,0%	100,0%
# N = Dokumente/Sprecher	14 (53,8%)	12 (46,2%)	26 (100,0%)

Quelle: Eigene Darstellung, generiert mit MAXQDA 2022

Anhang 18: Auswertung Experteninterviews: Frage 6) Top 2: Harte Standortfaktoren

	Frankfurt-Słubice	Guben-Gubin	Total
6) Standortfaktoren: Verbesserungsbedarf			
harte Faktoren			
Mobilität	44,4%	42,9%	44,1%
Arbeitsmarkt	29,6%	28,6%	29,4%
Investitionsförderung	7,4%		5,9%
wichtiger als die weichen	3,7%	14,3%	5,9%
Kosten	7,4%		5,9%
fehlende Kaufkraft	3,7%		2,9%
Investitionsförderung spielt keine große Rolle	3,7%		2,9%
Ausbau des Bahn- und Schienennetzes		14,3%	2,9%
Σ SUMME	100,0%	100,0%	100,0%
# N = Dokumente/Sprecher	14 (53,8%)	12 (46,2%)	26 (100,0%)

Quelle: Eigene Darstellung, generiert mit MAXQDA 2022

Anhang 19: Auswertung Experteninterviews: Frage 6) Top 3: Verwaltung und Recht

	Frankfurt-Słubice	Guben-Gubin	Total
6) Standortfaktoren: Verbesserungsbedarf			
Verwaltung und Recht			
Stadt als Einheit	20,0%	25,0%	23,1%
Europäische Lösung zur besseren Zusammenarbeit		25,0%	15,4%
Unterstützung seitens der Politik	20,0%	12,5%	15,4%
Bürgerservice	40,0%		15,4%
Digitalisierung in der Verwaltung	20,0%		7,7%
Vermeidung doppelter Infrastruktur		12,5%	7,7%
DE-PL Zusammenarbeit im Bereich Politik und Wirtschaft		12,5%	7,7%
Bürokratieabbau		12,5%	7,7%
Σ SUMME	100,0%	100,0%	100,0%
# N = Dokumente/Sprecher	14 (53,8%)	12 (46,2%)	26 (100,0%)

Quelle: Eigene Darstellung, generiert mit MAXQDA 2022

Anhang 20: Auswertung Experteninterviews: Frage 7.1) Top 1: Arbeitskräfte vorhanden

	Frankfurt-Słubice	Guben-Gubin	Total
7.1) Verfügbarkeit von Arbeitskräften			
Arbeitskräfte vorhanden			
Migration	45,5%	11,8%	30,8%
Motivation	22,7%	41,2%	30,8%
Pendler	18,2%	11,8%	15,4%
grundsätzlich ja	9,1%	5,9%	7,7%
Rückkehrer		11,8%	5,1%
Umstrukturierung in der Lausitz		5,9%	2,6%
Umland einbeziehen		5,9%	2,6%
hohe Arbeitslosenquote in ländlichen Gebieten (PL)		5,9%	2,6%
Nachbesetzungsquote gut	4,5%		2,6%
Σ SUMME	100,0%	100,0%	100,0%
# N = Dokumente/Sprecher	14 (53,8%)	12 (46,2%)	26 (100,0%)

Quelle: Eigene Darstellung, generiert mit MAXQDA 2022

Anhang 21: Auswertung Experteninterviews: Frage 7.1) Top 2: Arbeitskräfte nicht vorhanden

	Frankfurt-Słubice	Guben-Gubin	Total
7.1) Verfügbarkeit von Arbeitskräften			
Arbeitskräfte nicht vorhanden			
Arbeitskräftemangel	33,3%	25,0%	29,4%
hohe Sozialleistungen in DE	5,6%	6,3%	5,9%
hoher Anteil an Langzeitarbeitslosen	11,1%		5,9%
fehlende Investitionen in der Vergangenheit		6,3%	2,9%
Informations- und Aufklärungsbedarf bei der Jugend		6,3%	2,9%
geringe Motivation seitens Jugendlicher		6,3%	2,9%
Fachkräftemangel	5,6%	6,3%	5,9%
Handwerk	16,7%	12,5%	14,7%
Verwaltung und Leitungsebene		18,8%	8,8%
Baugewerbe	16,7%		8,8%
Industrie		6,3%	2,9%
Lebensmitteltechnik		6,3%	2,9%
Logistik	5,6%		2,9%
Elektrotechnische Berufe	5,6%		2,9%
Σ SUMME	100,0%	100,0%	100,0%
# N = Dokumente/Sprecher	14 (53,8%)	12 (46,2%)	26 (100,0%)

Quelle: Eigene Darstellung, generiert mit MAXQDA 2022

Anhang 22: Auswertung Experteninterviews: Frage 7.1) Top 3: Probleme

	Frankfurt-Słubice	Guben-Gubin	Total
7.1) Verfügbarkeit von Arbeitskräften			
Probleme			
Abwanderung	44,4%	25,0%	35,3%
Demographischer Wandel	44,4%	25,0%	35,3%
unterschiedliche Mentalität		25,0%	11,8%
geringere Löhne in kleinen Städten		12,5%	5,9%
schwierig in kleinen Städten Fachkräfte zu finden		12,5%	5,9%
Aussterben einzelner Berufszweige	11,1%		5,9%
Σ SUMME	100,0%	100,0%	100,0%
# N = Dokumente/Sprecher	14 (53,8%)	12 (46,2%)	26 (100,0%)

Quelle: Eigene Darstellung, generiert mit MAXQDA 2022

Anhang 23: Auswertung Experteninterviews: Frage 7.2) Top 1: Wünsche

	Frankfurt-Słubice	Guben-Gubin	Total
7.2) Gemeinsame DE-PL Berufsausbildung			
Wünsche			
von schulischer zu dualer Berufsausbildung in PL	41,7%	18,2%	26,5%
auf die Bedürfnisse lokaler Unternehmen zugeschnitten	16,7%	22,7%	20,6%
Anerkennung von Abschlüssen	8,3%	27,3%	20,6%
DE und PL auf Augenhöhe		13,6%	8,8%
Nachbarsprache in Schulen	16,7%	4,5%	8,8%
Kooperation mit Schulen und Bildungseinrichtungen	8,3%	4,5%	5,9%
Unterstützung der Verwaltung		9,1%	5,9%
Diversität fördern	8,3%		2,9%
Σ SUMME	100,0%	100,0%	100,0%
# N = Dokumente/Sprecher	14 (53,8%)	12 (46,2%)	26 (100,0%)

Quelle: Eigene Darstellung, generiert mit MAXQDA 2022

Anhang 24: Auswertung Experteninterviews: Frage 7.2) Top 2: Ausbildungsbereiche

	Frankfurt-Słubice	Guben-Gubin	Total
7.2) Gemeinsame DE-PL Berufsausbildung			
Ausbildungsbereiche			
Handwerk	27,3%	28,6%	28,0%
Elektro-technische Berufe	27,3%	14,3%	20,0%
Soziale Berufe und Pflege	18,2%	7,1%	12,0%
Bedarfsanalyse erforderlich	18,2%	7,1%	12,0%
Metallverarbeitung		14,3%	8,0%
Industrie		7,1%	4,0%
Hotellerie und Gastronomie		7,1%	4,0%
Lebensmittelverarbeitung		7,1%	4,0%
Chemische Industrie		7,1%	4,0%
Verwaltung	9,1%		4,0%
Σ SUMME	100,0%	100,0%	100,0%
# N = Dokumente/Sprecher	14 (53,8%)	12 (46,2%)	26 (100,0%)

Quelle: Eigene Darstellung, generiert mit MAXQDA 2022

Anhang 25: Auswertung Experteninterviews: Frage 7.2) Top 3: Probleme

	Frankfurt-Słubice	Guben-Gubin	Total
7.2) Gemeinsame DE-PL Berufsausbildung			
Probleme			
Sprache	38,1%	33,3%	37,5%
fehlende Anreize und geringe Attraktivität	23,8%	33,3%	25,0%
mangelnde Nachfrage	19,0%		16,7%
Deutsche machen keine Ausbildung in PL	9,5%		8,3%
Priorität in PL lag auf mittlerer und höherer Bildung	9,5%		8,3%
Regelungen und Gesetze unterschiedlich		33,3%	4,2%
Σ SUMME	100,0%	100,0%	100,0%
# N = Dokumente/Sprecher	14 (53,8%)	12 (46,2%)	26 (100,0%)

Quelle: Eigene Darstellung, generiert mit MAXQDA 2022

Anhang 26: Auswertung Experteninterviews: Frage 8) Top 1: Verwaltung und Recht

	Frankfurt-Słubice	Guben-Gubin	Total
8) Größte Hürde beim Ausbau zum wirtschaftlichen Zentrum			
Vewaltung und Recht			
unterschiedliche Rechtssysteme, -normen und -standards	25,0%	45,5%	36,8%
fehlendes Verständnis und Konflikte durch nationale Politik	37,5%	9,1%	21,1%
keine Sonderregelungen für Grenzgebiete	25,0%	9,1%	15,8%
fehlende Lösungen seitens der EU		18,2%	10,5%
Zuständigkeitsdenken		9,1%	5,3%
Bürokratie		9,1%	5,3%
starre Gesetzgebung in DE	12,5%		5,3%
Σ SUMME	100,0%	100,0%	100,0%
# N = Dokumente/Sprecher	14 (53,8%)	12 (46,2%)	26 (100,0%)

Quelle: Eigene Darstellung, generiert mit MAXQDA 2022

Dwumiasto Frankfurt nad Odrą – Słubice centrum gospodarczym pogranicza brandenbursko-lubuskiego: wizja czy rzeczywistość?

Spis treści

Przedmowa

Niniejsza analiza zrodziła się z mojej fascynacji pograniczem polsko-niemieckim i chęci bliższego przyjrzenia się potencjałowi gospodarczemu Dwumiasta Frankfurt nad Odrą – Słubice. Kiedy przyjechałem z Berlina do Frankfurtu na studia na Uniwersytecie Europejskim Viadrina, związałem się z tym miastem, angażując się zarówno społecznie, jak i politycznie. Podczas studiów pracowałem ponadto przez krótki czas w Investor Center Ostbrandenburg, spółce zajmującej się promocją gospodarczą miasta Frankfurtu nad Odrą, gdzie zdobyłem cenną wiedzę o regionalnym wspieraniu gospodarki.

Do napisania niniejszej analizy skłoniły mnie dwa czynniki. Był to po pierwsze fakt, że Dwumiasto Frankfurt nad Odrą – Słubice postrzega się w swoim strategicznym Planie Działania jako centrum gospodarcze polsko-niemieckiego pogranicza we wschodniej Brandenburgii, chociaż gospodarce jako obszarowi działania poświęcono w tym dokumencie zaledwie dwie spośród łącznie 14 stron. Po drugie, w tym samym czasie usłyszałem o trzech planowanych dużych inwestycjach w Euromieście Guben – Gubin na kwotę ponad pół miliarda euro, które mają stworzyć blisko 400 miejsc pracy. I chociaż Frankfurtowi nad Odrą udało się pozyskać ważną inwestycję firmy Alcaro Invest GmbH, zadawałem sobie pytanie, dlaczego pozostałe przedsiębiorstwa wybrały jako lokalizację nie Frankfurt nad Odrą, lecz Guben – Gubin. W mojej analizie chciałem dokładniej naświetlić tę asymetrię.

Przedmiotem analizy jest to, czy Dwumiasto Frankfurt nad Odrą – Słubice rzeczywiście stanowi centrum gospodarcze pogranicza Brandenburgii i województwa lubuskiego. Aby to ustalić, sformułowano dwie hipotezy i jedno pytanie badawcze. Weryfikacji pytania badawczego służy schemat teoretyczny złożony z twardych i miękkich czynników lokalizacji oraz modelu Smart City, przy czym nacisk położono na wyróżniki Smart City w postaci Smart Economy i Smart Mobility. Odnośnie do hipotez analiza przynosi odmienne odpowiedzi: o ile Hipotezę 1 można potwierdzić, to w wypadku Hipotezy 2 jest inaczej. W uzupełnieniu przedstawiono porównanie z Euromiastem Guben – Gubin, które pokazuje, że ani Dwumiasto, ani Euromiasto nie może obecnie aspirować do statusu gospodarczego centrum pogranicza. Wizja Dwumiasta Frankfurt nad Odrą – Słubice, przewidująca przeobrażenie się w takie centrum, jest ambitna, ale niewątpliwie możliwa do zrealizowania.

Istotną częścią analizy są wywiady z ekspertami. Wynika z nich wyraźnie, że do decydujących czynników sukcesu gospodarczego i inwestycji na pograniczu należy jasna orientacja strategiczna lokalizacji oraz innowacyjne i kooperatywne nastawienie administracji. Jako wynik porównania z Guben–Gubinem na pierwszy plan wybija się to, że w Euromieście mniej mówi się o konkurencji i że wspieranie inwestorów jest tam silniej ukierunkowane na przedsiębiorstwa. W Dwumieście Frankfurt nad Odrą–Słubice potrzebna jest natomiast intensywniejsza współpraca i odejście od zdecentralizowanego wspierania gospodarki. Ponadto Frankfurt i Słubice działają w znacznym stopniu niezależnie od siebie, co należy w przyszłości gruntownie przemyśleć i zoptymalizować.

Za powstanie niniejszej pracy jestem winny wielką wdzięczność wielu osobom. Szczególnie wdzięczny jestem mojej rodzinie, mojej lepszej połowie oraz gronu moich najbliższych przyjaciół za ich wsparcie i wyrozumiałość w tym okresie. Bardzo szczególnie pragnę podziękować prof. dr Dagmarze Jajeśniak-Quast, dyrektorce Viadrina Center of Polish and Ukrainian Studies (VCPU). Jej wiedza fachowa oraz niezmienna życzliwość i uczynność były dla mnie nieocenioną pomocą podczas całego procesu badań. Jako współredaktorka serii *Interdisciplinary Polish and Ukrainian Studies* prof. Jajeśniak-Quast umożliwiła ponadto szybką publikację tej analizy, poświęconej bardzo aktualnym tematom – i to w dwujęzycznej edycji po niemiecku i polsku.

Wyrazy podziękowania przekazuję poza tym Lions Club Frankfurt (Oder), Hanse Club Wirtschaft we Frankfurcie nad Odrą, Alcaro Invest GmbH, VCPU, Förderkreis Europa-Universität Viadrina e. V. i Funduszowi Publikacji Monografii Open Access Kraju Związkowego Brandenburgia, których finansowe wsparcie umożliwiło ukończenie i publikację niniejszej analizy. Pragnę wreszcie podziękować wszystkim respondentkom i respondentom wywiadów, którzy byli gotowi poświęcić mi czas i przekazać cenne informacje.

Mam nadzieję, że wyniki tej analizy nie tylko przyczynią się do naświetlenia potencjałów gospodarczych Dwumiasta Frankfurt nad Odrą–Słubice, lecz również mogą być podstawą przyszłych badań w zakresie transnarodowego rozwoju miast.

Frankfurt nad Odrą, jesienią 2024 roku
Daniel Sadecki

1. Wprowadzenie

Miasto na prawach powiatu Frankfurt nad Odrą miało w 1990 roku jeszcze 86 131 mieszkańców, a po zmianie ustroju doznało kilku niepowodzeń[1]. Należały do nich likwidacja fabryki półprzewodników w 1990 roku i związana z tym utrata 8000 miejsc pracy, zamknięcie First Solar 2012 kosztem 1200 miejsc pracy oraz upadłość fabryk paneli słonecznych Conergy i Odersun, które zatrudniały łącznie 800 osób. Najnowszym niepowodzeniem jest decyzja o utworzeniu Centrum Przyszłości Niemieckiej Jedności i Europejskiej Transformacji nie we Frankfurcie nad Odrą, lecz w Halle[2]. Należy również wspomnieć o upadku fabryki mikroprocesorów w roku 2003. Kraj związkowy Brandenburgia próbował wraz z partnerami – firmą Intel i dużym inwestorem z Dubaju – tworzyć miejsca pracy wykorzystujące technologię opracowaną w Instytucie Innowacyjnej Mikroelektroniki im. Leibniza (IHP). Z powodu braku perspektyw sukcesu państwo niemieckie odmówiło jednak poręczenia na zabezpieczenie kapitału obcego[3]. To tylko najbardziej znane przykłady.

Po drugiej stronie Odry znajdują się Słubice – niegdyś należące do Frankfurtu Dammvorstadt, a od 1945 roku odrębne polskie miasto. Pod względem gospodarczym rozwinęło się ono dobrze. Jeśli przyjrzeć się na przykład przychodom gminy Słubice, to od 1995 roku zwiększyły się one ośmiokrotnie, przy czym liczba mieszkańców pozostawała niezmienna[4]. Mimo znacznych różnych między obu miastami współpracują one ze sobą i są od siebie wzajemnie zależne, co unaoczniło zwłaszcza przejściowe zamknięcie granicy podczas pandemii koronawirusa.

---

1 Por. Statistische Ämter des Bundes und der Länder (2023a): Gemeindeverzeichnis-Informationssystem GV-ISys. – W przypadku źródła internetowego skrót podany w przypisach (z podaniem nazwy instytucji i ew. imion i nazwisk) odnosi się do bibliografii, gdzie w punkcie 1.1 (Źródła internetowe i internetowe danych) podano odnośny adres URL i datę dostępu.

2 Kelm, Hartmut (2020): Lost Places. Verstaubte Überreste aus der Glanzzeit des Halbleiterwerkes Frankfurt (Oder), *moz.de*, 09.12.2020; dpa-AFX Wirtschaftsnachrichten GmbH (2012): Odersun: Weitere Solarfirma schlittert in die Insolvenz, *t-online*, 30.03.2012; Gutke, Thomas (2023a): Zukunftszentrum Deutsche Einheit: Jury entscheidet sich gegen Frankfurt (Oder) – Halle wird Standort, *moz.de*, 14.02.2023. – W przypadku odniesień do artykułów prasowych (chodzi z reguły o artykuły z mediów internetowych) w przypisach obok imienia i nazwiska autora podawany jest tytuł artykułu, nazwa medium oraz data publikacji. Odnośne adresy URL i daty dostępu podano w punkcie 1.2 bibliografii [Materiały prasowe (w tym media online)]; por. Quast (2015), s. 115 – W przypadku odniesień do literatury fachowej podawane jest nazwisko lub nazwiska autora lub autorki oraz rok ukazania się danej publikacji; pełne dane bibliograficzne podano w punkcie 3 (Literatura) bibliografii.

3 Por. Matten (2004).

4 Główny Urząd Statystyczny (2023a): Bank Danych Lokalnych.

Kooperacja między obu miastami rozpoczęła się w latach pięćdziesiątych XX wieku od porozumienia o wzajemnej pomocy w razie powodzi[5]. Obecnie współpracują ze sobą w różnych dziedzinach i promują się jako „Dwumiasto Frankfurt nad Odrą – Słubice" ze wspólnym logo i hasłem. Z myślą o dalszym wspólnym rozwoju Dwumiasta opracowano Plan Działania, który zgodnie przyjęli radni obu miast. 12.12.2019 uchwalono „Słubicko-Frankfurcki Plan Działania na lata 2020–2030", już trzeci w swoim rodzaju[6].

Plan Działania na lata 2020–2030 jest wynikiem narad ponad 100 niemieckich i polskich uczestników „Forum Przyszłości Dwumiasta" w 2018 roku i kamieniem węgielnym rozwoju w latach następnych. Plan współtworzyli również eksperci z innych dwumiast[7]. Wizja nadrzędna przewiduje, że europejskie Dwumiasto stanie się centrum pogranicza Brandenburgii i województwa lubuskiego w obszarach kultury, gospodarki i społeczeństwa. Plan Działania jest podzielony na cztery obszary działania: *I. Kształcenie; II. Jakość życia, infrastruktura i usługi; III. Gospodarka; IV. Komunikacja i partycypacja*. Każdą sekcję podzielono ponadto na cele do osiągnięcia we własnym zakresie odpowiedzialności oraz cele do osiągnięcia przy wsparciu stron trzecich[8].

Ten dokument strategiczny definiuje wizję nadrzędną Dwumiasta na rok 2030:

Jesteśmy Europejskim Dwumiastem – społecznym, gospodarczym i kulturowym centrum pogranicza Województwa Lubuskiego i Brandenburgii[9].

Dokument obejmuje łącznie 14 stron, przy czym gospodarce poświęcono tylko dwie. Wizję gospodarczą określono następująco:

1. Dwumiasto [...] jest atrakcyjnym, europejskim miejscem lokalizacji inwestycji z dobrą infrastrukturą, dobrym połączeniem z międzynarodowymi korytarzami komunikacyjnymi i metropoliami, dobrze wykształconymi pracownikami oraz korzystnymi warunkami lokalizacyjnymi.
2. Dwumiasto jest Smart Founder Twin City[10].

Plan Działania odnosi się tu do definicji Instytutu Planowania Przestrzennego Uniwersytetu Technicznego w Wiedniu, zgodnie z którą przez Smart City należy rozumieć miasto, które w zakresie rozwoju gospodarczego, mobilności urbanistycznej, struktur administracyjnych, troski o środowisko i jakości życia

5 Por. m.in. Stadtmarketing Frankfurt (Oder): Unsere deutsch-polnische Doppelstadt.
6 Tamże.
7 Stadtverwaltung Frankfurt (Oder) (2019): Frankfurt-Slubicer Handlungsplan 2020–2030. Wersja polska: Słubicko-Frankfurcki Plan Działania na lata 2020–2030, https://slubice24.pl/doc/2019/cele_FFO_SLU.pdf
8 Stadtverwaltung Frankfurt (Oder) (2020): Anlage 1: Maßnahmen des Frankfurt-Słubicer Handlungsplans 2020–2030.
9 Stadtverwaltung Frankfurt (Oder) (2019).
10 Tamże, s. 11.

ludności cechuje się szczególną innowacyjnością i nowoczesnością[11]. Dochodzą do tego angielskie pojęcia *Founder* (nowo powstałe firmy) i *Twin City* (dwumiasto)[12], których jednak Plan Działania bliżej nie objaśnia. Miasto Frankfurt nad Odrą, które zmaga się ze spadkiem liczby ludności, utratą miejsc pracy oraz deficytem budżetowym oraz związanym z nim niewielkim polem manewru urzędu miasta, pragnie w 2030 roku stanowić razem ze Słubicami społeczne, gospodarcze i kulturowe centrum pogranicza. Nasuwa się pytanie, na ile realistyczna jest ta wizja.

1.1 Pytanie badawcze

Plan Działania obejmuje okres do roku 2030, czyli jeszcze nie wszystkie działania zostały zrealizowane. Niniejsza analiza docieka zatem, na ile aspekt gospodarczy wizji nadrzędnej jest już rzeczywistością. Chodzi o udzielenie odpowiedzi na poniższe pytanie, wynikające z Planu Działania: *Czy Dwumiasto Frankfurt nad Odrą – Słubice jest centrum pogranicza Brandenburgii i województwa lubuskiego?*

W tym celu opisano bieżący stan faktyczny, który porównano z innym dwumiastem na polsko-niemieckim pograniczu w Brandenburgii i Lubuskiem. Na granicy w obrębie badanego obszaru jest pięć przejść granicznych z miastami po obu stronach: Küstrin-Kietz – Kostrzyn nad Odrą, Frankfurt nad Odrą – Słubice, Coschen – Żytowań, Guben – Gubin oraz Forst – Zasieki. Do celów porównawczych wchodzą w grę jednak tylko miasta Guben i Gubin, które promują się wspólnie jako Euromiasto Guben – Gubin. Pozostałe miasta współpracują ze sobą w określonych sprawach, nie są jednak dwumiastami, ponieważ ta współpraca nie ma szerokiego zasięgu i dostatecznej intensywności. Z tego powodu w dalszej części pracy nastąpi porównanie Dwumiasta Frankfurt nad Odrą – Słubice z Euromiastem Guben – Gubin.

Hipotezy wynikające z wizji *Obszaru działania III: Gospodarka* mają zostać zweryfikowane jako hipotezy badawcze 1 i 2:

1) Dwumiasto […] jest atrakcyjnym, europejskim miejscem lokalizacji inwestycji z dobrą infrastrukturą, dobrym połączeniem z międzynarodowymi korytarzami komunikacyjnymi i metropoliami, dobrze wykształconymi pracownikami oraz korzystnymi warunkami lokalizacyjnymi.

2) Dwumiasto jest Smart Founder Twin City.

11 Tamże; Technische Universität Wien – Institut für Raumplanung Stadt- und Regionalforschung: european smart cities. The smart city model.
12 Stadtverwaltung Frankfurt (Oder) (2019), s. 11.

1.2 Cel analizy

W literaturze można już znaleźć nieco rezultatów badań naukowych na temat transgranicznych dwumiast. Nowatorska koncepcja niniejszej analizy polega jednak na tym, że agreguje ona w ujęciu transgranicznym i porównuje ze sobą dane statystyczne dotyczące konstruktu Dwumiasta i Euromiasta, uwzględniając zarazem uzyskane w wywiadach eksperckie opinie ważnych interesariuszy. Koncepcja ta jest uprawniona i ważna, ponieważ rozwój miasta odbywa się w promieniu 360°, więc transgraniczne dwumiasto należy także pod względem statystycznym traktować jako jedność.

Kolejnymi wyróżnikami analizy są jej odniesienie regionalne i aktualność tematu. Jak wiadomo ze stanu badań, nie brakuje rezultatów dociekań dotyczących Dwumiasta Frankfurt nad Odrą – Słubice; dotychczas nie powstała jednak solidna ocena gospodarczej strategii działania. Wyniki analizy dają zatem interesariuszom do ręki istotne informacje, z których można wysnuć prognozy i rekomendacje działań.

1.3 Metodyka

Niniejsza analiza wykorzystuje metody ilościowe w postaci statystyki opisowej oraz wywiady z ekspertami.

1.3.1 Metody ilościowe

W celu weryfikacji hipotez najpierw wypracowuje się na podstawie literatury istotne wskaźniki teorii lokalizacji oraz koncepcji Smart City, do której odnosi się Dwumiasto w swoim Planie Działania. W teorii lokalizacji definiuje się w związku z tym trzy kategorie: czynniki lokalizacji dotyczące produkcji, zbytu i wielofunkcyjne. W rozdziale drugim dokładnie opisano te czynniki lokalizacji.

Definiując Smart City, Plan Działania powołuje się na „europejski portal miast"[13], który nosi jednak właściwie nazwę European Smart City Model (ESCM) i wyłonił się z projektu badawczego Instytutu Planowania Przestrzennego, Badań Urbanistycznych i Regionalnych Uniwersytetu Technicznego w Wiedniu. Z weryfikacji poszczególnych czynników lokalizacji zrezygnowano na rzecz weryfikacji modelu Smart City. W ocenie Dwumiasta jako Smart City uwzględniono zwłaszcza szczególnie istotne dla gospodarki wyróżniki Smart Economy i Smart

13 Stadtverwaltung Frankfurt (Oder) (2019), s. 11.

Mobility. Aby stwierdzić, w jakim stopniu Dwumiasto jest również „Founder City" (miastem nowo powstających firm), uwzględniono zwłaszcza związane z pojęciem Smart City czynniki przedsiębiorczości i promocji inwestycji. Nie jest to być może wystarczające do gruntownej oceny przyjazności danej lokalizacji dla nowych firm, jednak dokładniejsza analiza nie zmieściłaby się w ramach niniejszego opracowania.

Źródłem zebranych danych były niemieckie i polskie władze, zapytania prasowe i osobiste oraz bazy danych odnośnych urzędów statystycznych. W interesie jak najlepszej porównywalności dane statystyczne są w miarę możliwości pobierane z tego samego źródła, a zatem np. liczba mieszkańców miast niemieckich z tego samego szeregu czasowego Krajowego Urzędu Statystycznego Berlin-Brandenburgia. Ponieważ jednak chodzi o różne instytucje z dwóch krajów – z ewentualnie odmiennymi metodami zbierania danych – dane te nie są ze sobą idealnie porównywalne. Można to jednak pominąć, ponieważ nie ma to istotnych skutków dla porównania i dla rezultatów analizy.

Trudno jest ponadto porównywać miasto na prawach powiatu, takie jak Frankfurt nad Odrą, z małym miastem takim jak Guben, które jest częścią powiatu Sprewa-Nysa. W niektórych dziedzinach nie ma po prostu danych dla tak niewielkiej struktury terytorialnej. W takich wypadkach posłużono się danymi dla powiatu Sprewa-Nysa. Porównanie nie jest więc być może idealne, niemniej prowadzi do celu, jeśli chodzi o ustosunkowanie się do głównego pytania badawczego. Frankfurt nad Odrą ze swoimi aspiracjami do bycia centrum gospodarczym polsko-niemieckiego pogranicza musi się porównywać również z przyległymi powiatami. Niewątpliwie uzasadnione jest więc wykorzystanie w dziedzinach, w których brak dokładnych danych o mieście, informacji dotyczących powiatu Sprewa-Nysa. Przedmiotem badania jest również to, w jakim stopniu w wypadku kooperacji miast Frankfurt nad Odrą – Słubice można rzeczywiście mówić o dwumieście (Twin City), czy też to określenie jest jedynie konstruktem marketingowym. Według Helgi Schultz dwumiasto cechuje się intensywną kooperacją w obszarach infrastruktury, gospodarki komunalnej, kultury, turystyki i promocji gospodarki. Wymienia ona trzy płaszczyzny współpracy: I: realizację wspólnych projektów, np. w gospodarce wodnej; II: instytucjonalizację stałej współpracy, np. w formie regularnych spotkań burmistrzów lub wspólne posiedzenia parlamentów miejskich; III: powoływanie wspólnych ciał o samodzielnych kompetencjach[14]. Na podstawie istnienia wspólnych projektów ocenia się istnienie kooperacji.

W kolejnym etapie zbadano Euromiasto Guben – Gubin na podstawie modelu Smart City, po czym porównano je (z uwzględnieniem wypowiedzi pochodzących z wywiadów z ekspertami) z Dwumiastem. Ma to służyć rozstrzygnięciu,

14 Schultz (2004), s. 173–180.

które z tych dwóch miast stanowi centrum gospodarcze pogranicza Brandenburgii i województwa lubuskiego albo czy mianem takiego centrum nie można określić ani Dwumiasta, ani Euromiasta. Poniżej zostanie przybliżona metodyka wywiadów z ekspertami.

1.3.2 Jakościowa analiza treści

Analiza treści jako socjologiczna metoda badawcza stała się znana w 1910 roku za sprawą Maxa Webera. Opisał on wówczas trzy istotne cechy charakterystyczne istotne dla dalszego rozwoju analizy treści: związek z analizą mediów, ilościowe znaczenie argumentów oraz analizę ukierunkowaną tematycznie. Chodzi zasadniczo o systematyczną analizę tekstów w celu rozwiązywania problemów naukowych. Klasyczna analiza treści istnieje już od ponad 100 lat, od tego czasu zastosowano ją do wielu problemów, a niektóre z nich udało się dzięki niej rozwiązać[15].

Siegfried Kracauer uzupełnił w 1952 roku klasyczną analizę treści o komponent „interpretującego rozumienia", ponieważ subiektywna interpretacja tekstów i kontekstów jest jego zdaniem ważnym aspektem analizy treści. Nadmierne skupianie się na ilości redukuje w jego opinii ostatecznie siłę wyrazu, na przykład jeśli próbuje się określić tendencję danego tekstu. W takich przypadkach definiuje się w kodowaniu bardzo małe spektrum od „bardzo za" po „bardzo przeciw", co niekoniecznie jest bardziej precyzyjne niż interpretujące rozumienie. Według Kracauera jakościowa analiza treści stanowi więc ważne uzupełnienie[16].

Kolejny kamień milowy w analizie treści położył Philipp Mayring za sprawą swojej książki *Qualitative Inhaltsanalyse* – pierwszego podręcznika metod poświęconego tematowi jakościowej analizy treści. Na początku lat osiemdziesiątych XX wieku połączył i usystematyzował on metody analizy tekstu z pięciu różnych dyscyplin naukowych: nauk o komunikacji, hermeneutyki, jakościowych badań społecznych, literaturoznawstwa i psychologii. Uzupełnił w ten sposób klasyczną analizę treści o komponenty jakościowo-hermeneutyczne, podobnie jak Kracauer wiele lat wcześniej. Trzy podstawowe formy analizy tekstów to według Mayringa: streszczenie, eksplikacja i strukturyzacja[17].

Koncepcje Mayringa są tak bardzo znane, że przynajmniej w krajach niemieckojęzycznych jakościowa analiza treści jest często kojarzona z nim i jego książką. Jest jednak wiele innych metod jakościowej analizy treści, które nie opierają się na jego koncepcji. Przykład znanej w krajach niemieckojęzycznych koncepcji analizy treści dostarczają Jochen Gläser i Grit Laudel. Wytykają oni koncepcji

15 Kuckartz (2018), s. 13–14.
16 Kracauer (1952), s. 631–632.
17 Por. opis u Kuckartza (2018), s. 26.

Mayringa, że przy jej zamkniętych systemach kategorii analizy kwantyfikowalnej trzeba z czasem zrezygnować z otwartości. W wypadku ekstrakcji, czyli przyporządkowywania fragmentów tekstu z transkrypcji, świadomie umożliwia się w ten sposób swobodę interpretacji. Istnieje wprawdzie ustalony schemat kodowania, jednak uwzględnia się subiektywny czynnik własnego rozumienia[18]. Podobną koncepcję przedstawia Udo Kuckartz w swoim podręczniku metodycznym *Qualitative Inhaltsanalyse. Methoden, Praxis, Computerunterstützung*, gdzie opisuje trzy metody jakościowej analizy danych: „strukturyzującą treści", „ewaluacyjną" i „typotwórczą"[19]. Poniżej wywody Kuckartza oraz Gläsera i Laudel służą jako źródło orientacji, ponieważ objaśniają jakościową analizę treści na podstawie ewaluacji danych werbalnych, np. wywiadów opartych na kluczowych pytaniach[20].

Oparte na kluczowych pytaniach wywiady z ekspertami są przydatne do zrozumienia złożonych okoliczności i stanowią podobszar jakościowych badań społecznych, który charakteryzuje się zadawaniem pytań otwartych i niewielką próbą. Wywiady z ekspertami cechują się przede wszystkim szczególnym charakterem partnerów wywiadów[21]. Pojęcie eksperta opisuje przy tym szczególną „rolę partnera wywiadu jako źródła specjalnej wiedzy o badanych faktach społecznych"[22]. Należy przy tym uwzględnić następujące podstawowe zasady nauk społecznych:

1) Zasadę otwartości, która wymaga, żeby badanie było otwarte, także na wyniki nieoczekiwane i sprzeczne.

2) Zasadę postępowania kierującego się teorią, czyli istnienia koncepcji teoretycznych już przed rozpoczęciem badań.

3) Reprodukowalność badań, czyli zasadę, że kroki przedsiębrane w procesie badawczym muszą być przejrzyste i zrozumiałe.

4) Zasadę rozumienia, czyli interpretację i tłumaczenie wypowiedzi[23].

Wywiady z ekspertami są ponadto przydatne – jak twierdzą Gläser i Laudel – również wtedy, kiedy w wywiadzie poruszane są różne tematy, determinowane nie odpowiedziami ankietowanych osób, lecz celem wyznaczonym w badaniu. Poza tym także wtedy, gdy wywiad ma przynieść informacje podlegające konkretnemu zdefiniowaniu[24].

---

18 Gläser/Laudel (2010).
19 Kuckartz (2018), s. 6.
20 Tamże, s. 7.
21 Kruse (2015).
22 Gläser/Laudel (2010), s. 12.
23 Tamże, s. 28–33.
24 Tamże, s. 111.

Ponieważ do celów niniejszej analizy istotne są obie przesłanki, mamy tu do czynienia z opartymi na kluczowych pytaniach wywiadami z ekspertami. Sporządzono listę ośmiu pytań otwartych, dotyczących następujących obszarów tematycznych: współpracy polsko-niemieckiej, potrzebnego wsparcia, koncepcji konkurencji, czynników lokalizacji. Z wyjątkiem dwóch przypadków, w których nie było to możliwe z powodu odległości geograficznej, wszystkie wywiady przeprowadzono na miejscu u ekspertów. Językiem wywiadów był niemiecki, polski, a w jednym wypadku angielski. Chodziło o to, żeby udzielone odpowiedzi nie były z góry ograniczone ewentualnymi barierami językowymi. Instrukcja do wywiadu z ośmioma pytaniami znajduje się w Aneksie 1.

W jakościowej analizie treści istnieją również różne metody kodowania: metoda *a priori*, według której listę kodów sporządza się już przed właściwą analizą tekstów, *metoda indukcyjna*, według której kody sporządza się w trakcie analizy tekstów, oraz *metoda mieszana*, według której na wstępie tworzy się wprawdzie książkę kodów, ale w trakcie procesu pracy nad materiałem tekstowym sporządza się kolejne kody[25].

Do niniejszej analizy wybrano metodę mieszaną, czyli na postawie ośmiu pytań pomocniczych sporządzono kody już przed analizą spisanych tekstów. W trakcie procesu analizy generowane są jednak również nowe kody na podstawie wypowiedzi ekspertów. W wyniku interpretacji kody przypisano odpowiednio do kategorii bądź kategorii nadrzędnych (parent codes). Transkrypcję, kodowanie i ewaluację kodów przeprowadzono programem MAXQDA 2022. W celu wizualizacji wyników sporządzono grafiki.

1.4 Stan badań naukowych

Granice i ich relacje są uważane za odzwierciedlenie procesów społecznych, politycznych i gospodarczych i już od dziesięcioleci stanowią przedmiot zainteresowania różnych dyscyplin naukowych. W mniejszej skali – parami miast na granicach – nauka zajmuje się dopiero od początku tego tysiąclecia[26]. Takie miasta są również określane mianem miast bliźniaczych (twin cities) albo dwumiast. Pojęcie miasta bliźniaczego pojawiło się pierwszy raz w odniesieniu do miast Minneapolis i Saint Paul w amerykańskim stanie Minnesota. Z biegiem czasu zaczęto jednak przez nie rozumieć również miasta sąsiedzkie, a nawet partnerskie[27].

Węższą definicję dwumiast przedstawił Jan Buursink. Według niego za dwumiasta uważa się jedynie te pary miast, które uzupełniają i wspierają się

25 Kuckartz (2018), s. 63–96.
26 Jańczak (2017), s. 477.
27 Schultz (2004), s. 161.

wzajemnie na wielu płaszczyznach. Jeśli tak nie jest, to chodzi według niego jedynie o pary miast, które wtedy na przykład konkurują ze sobą[28]. Schultz krytykuje tę definicję za to, że nie dopuszcza ona możliwości, iż sąsiednie miasta mogą być do siebie wrogo nastawione albo nie utrzymywać ze sobą relacji, jak to często było na granicach w obrębie bloku wschodniego podczas zimnej wojny[29].

W jednej z analiz Schultz bada miasta bliźniacze na granicach europejskich, które bezpośrednio ze sobą sąsiadują, ale należą do różnych państw. Dochodzi do wniosku, że w wypadku dwumiast położonych po dwóch stronach granicy chodzi przeważnie o miasta podzielone. Stanowią one szczególny przypadek dwumiast i charakteryzują się przede wszystkim nierównością, ponieważ istniały już jako jednostki administracyjne, zanim zostały podzielone wskutek innego wytyczenia granicy. Autorka wskazuje na asymetrie dotyczące terenów przemysłowych i mieszkalnych, liczby ludności oraz infrastruktury, np. dworców, ulic, zaopatrzenia w energię i wodę względnie istnienia starówki i rynku[30].

Oprócz charakterystycznych asymetrii podzielone miasta mają często tę samą nazwę, jedynie tłumaczoną na drugi język, np.: polsko-niemieckie pary miast Görlitz – Zgorzelec czy Guben – Gubin. Wyjątki występują według Schultz wtedy, kiedy ma zostać szczególnie podkreślony nowy początek historii danego miasta, jak to było choćby w przypadku frankfurckiego Dammvorstadt, które po II wojnie światowej stało się częścią Polski i zostało przemianowane na Słubice[31].

Ilustracja 1: Rodzaje miast sąsiedzkich i geneza par miast

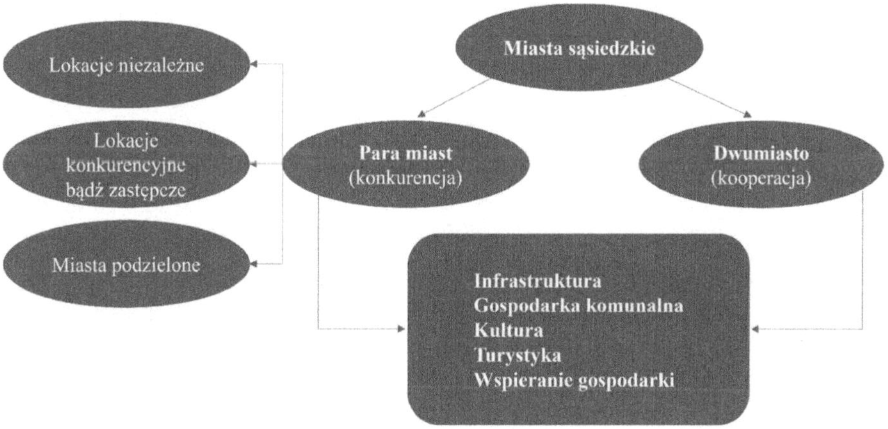

Źródło: Ilustracja własna wg Buursink i Waack w Schultz[32]

28 Buursink (1994), s. 175–180.
29 Schultz (2001), s. 11–37.
30 Schultz (2004), s. 163–164.
31 Tamże, s. 164.
32 Tamże, s. 162; Waack (1996), s. 11; Buursink (1994).

Oprócz miast podzielonych Schultz wymienia jeszcze dwa inne rodzaje genezy par miast: lokacje konkurencyjne bądź zastępcze oraz lokacje niezależne. Lokacje zastępcze również często noszą tę samą nazwę, powstały jednak po zmianie przebiegu granicy jako odpowiednik istniejącego już miasta, które należało od tego momentu do innego terytorium. Nowa lokacja miała zastąpić utracone miejsce handlu lub służyć zabezpieczeniu granicy – tak było np. w 1492 roku, kiedy wybudowano twierdzę Iwangorod w celu zabezpieczenia się przed zakonną twierdzą Narwą. Lokacje zastępcze są zatem od początku nastawione na konkurencję, a podejście to jest sprzeczne z ideą dwumiasta, ale również one wykazują długofalowo tendencję do współpracy. Niezależne samodzielne lokacje pojawiały się w okresie przednarodowym i stanowią najstarszą kategorię par miast. W odróżnieniu od innych par miast w ich przypadku istnieje od chwili założenia neutralna lub nawet życzliwa wzajemna relacja oraz w pełni ukształtowany organizm miejski. Według Schultz wszystkie rodzaje par miast (por. Ilustracja 1) mają długofalowo równe szanse przeobrażenia się w dwumiasto[33].

Schultz identyfikuje tendencję do powstawania dwumiast na ówczesnych granicach wewnętrznych UE w latach dziewięćdziesiątych XX wieku. Współpracę dzieli tu na trzy etapy. W pierwszym etapie realizowane są pojedyncze wspólne projekty – przykładem powtarzającym się w skali całej UE są wspólne projekty w gospodarce wodnej. W drugim etapie stała współpraca ulega instytucjonalizacji, na przykład za sprawą regularnych spotkań burmistrzów lub wspólnych posiedzeń parlamentów miejskich. Etap drugi zaczyna się zaś przeważnie wtedy, kiedy wymaga tego obfitość wspólnych projektów. Początek trzeciego etapu polega na tworzeniu wspólnych podmiotów o samodzielnych kompetencjach. Na pierwszy plan wysuwa się tu sama współpraca, która nie ogranicza się już tylko do aspektów gospodarczych. Jako najważniejszą motywację do intensyfikacji współpracy miast bliźniaczych Schultz wymienia wolę efektywniejszego wykorzystywania skąpych zasobów i środków finansowych[34]. Chęć lepszego wykorzystywania skąpych zasobów zderza się jednak w rzeczywistości z różnymi państwowymi systemami regulacji i poglądami politycznymi na szczeblu narodowym.

Christophe Sohn traktuje granicę samą w sobie jako zasób, który może być strategicznie pożytkowany przez lokalnych aktorów. Przedstawia dwie związane z tym koncepcje integracji transgranicznej. Pierwsza – model geoekonomiczny – opiera się na wykorzystywaniu asymetrii, np. dysproporcji płacowych lub w zakresie kosztów produkcji. Druga opiera się na zbliżeniu przez wzajemne zaufanie i zrozumienie obu miast i może być nazwana projektem terytorialnym. Współpraca jest zaś ukierunkowana przede wszystkim na promowanie wspólnej

33 Schultz (2004), s. 161–167.
34 Tamże, s. 178–180.

tożsamości terytorialnej[35]. Ten sposób postrzegania jest ciekawy, jednak także tu nasuwa się w odniesieniu do rzeczywistości danego dwumiasta pytanie, w jakim stopniu korzyści są dostrzegane również przez ludność. W chwili przystąpienia Polski do UE wśród ludności Dwumiasta Frankfurt nad Odrą – Słubice po obu stronach granicy istniały uprzedzenia i dominowała koncepcja konkurencji[36].

Monika Brzezińska bada miasta podzielone granicą i dochodzi do wniosku, że w wypadku asymetrii najczęściej jedna ze stron przejmuje rolę dominującą. Na granicy polsko-niemieckiej dominuje według niej strona niemiecka, co jest jednak akceptowane tylko przez połowę polskiej ludności. Grozi to konfliktami[37]. W odniesieniu do asymetrii istnieją w badaniach naukowych generalnie zarówno optymistyczne, jak i mniej optymistyczne wnioski, co dotyczy również miast polsko-niemieckich. Na przykład według Aleksandry Binicewicz wyzwaniami są asymetrie gospodarcze i kulturowe, a u ludzi starszych historia, zwłaszcza pamięć o II wojnie światowej[38]. Procesy integracji i związane z nimi wyzwania motywują badaczy poszukujących rozwiązań i nowych form współpracy transgranicznej. Hynek Böhm rozpatruje podejście „top-down", na przykład na szczeblu UE. Bada współpracę transgraniczną w dziedzinie edukacji i nauki, dochodząc do wniosku, że dzięki swoim środkom finansowym bardzo pomocne są euroregiony, np. za sprawą projektów INTERREG[39].

Oprócz asymetrii pewną rolę odgrywają również konflikty wynikające z procesów transformacji. Przykłady takich konfliktów przyniósł m.in. proces jednoczenia Niemiec. Wyidealizowana wizja uwieńczonego wielkim powodzeniem zjednoczenia Niemiec okazuje się nierealistyczna – należy raczej uznać jego ambiwalencję oraz nader trudne do rozwiązania sprzeczności, jak postulują to Dagmara Jajeśniak-Quast, Lars Kirchhoff, René Wilke i Susann Worschech, łącząc na przykładzie Dwumiasta Frankfurt nad Odrą – Słubice teorię konfliktów z teorią transformacji. Uwypuklone pęknięcia i nieciągłości wielorako splecionych ze sobą wzajemnie procesów transformacji wysuwają się tam na pierwszy plan analizy. Zdaniem autorów wymaga to również od polityki kroczenia nowymi drogami – w sferze komunikacji, działania i partycypacji[40].

Silniejsze ruchy transformacyjne wywołują mianowicie na różnych płaszczyznach silniejsze ruchy o przeciwnym wektorze, więc ustawicznie pojawiają się konflikty. Dlatego procesy transformacji wymagają integracji historycznych współzależności i dynamiki wahadłowej, a to w celu lepszego rozpoznawania

35 Por. Sohn (2014).
36 Wywiad ekspercki z Krzysztofem Wojciechowskim, 14.06.2022.
37 Brzezińska (2020), s. 34–37.
38 Binicewicz (2017), s. 235–239.
39 Böhm (2017), s. 159–160.
40 Jajeśniak-Quast et al. (2022), s. 92.

potencjałów konfliktów i dobrego moderowania mediacji tematów. Jako przykład mogą posłużyć tzw. „spacery protestacyjne" lub wypowiedzi zwolenników AfD na temat NRD i okresu transformacji. Z jednej strony wszystkie te współzależności dają szanse dialogu, samodzielnego rozwoju i odporności na kryzysy. Z drugiej strony elementom niepewności towarzyszy złożoność, która może prowadzić do przeciążenia. Wspomniani autorzy postulują z tego powodu dyskurs na temat procesu transformacji, który miejscami musi odbiegać od tego, który toczy się w starych krajach związkowych – przede wszystkim w odniesieniu do postępujących procesów sektorowych z uwzględnieniem ukształtowanej historycznie wrażliwości w nowych krajach związkowych. Stosownie do tego konieczne są indywidualne rozwiązania. Przeformowane sieci współpracy, metody i formaty mają się przyczyniać do zapobiegania konfliktom i do komunikacji w procesie transformacji[41].

Na współpracę regionalną Dwumiasta Frankfurt nad Odrą – Słubice konflikty wywodzące się z procesu transformacji mają według Jajeśniak-Quast i Katarzyny Stokłosy jednak tylko niewielki wpływ. Współpraca obu miast cechuje się według nich pragmatyzmem. Na przykład po II wojnie światowej podstawowe zaopatrzenie w media trzeba było zorganizować w sposób transgraniczny, a konieczność i wymuszona współpraca doprowadziły z czasem do powstania partnerstwa[42].

Ciekawy przyczynek do lepszego zrozumienia współpracy polsko-niemieckiej na szczeblu ogólnokrajowym dostarcza z kolei Peter Ulrich. Dokonuje on rozróżnienia między podstawami prawnymi, terytorialnymi strukturami zarządzania oraz innymi strategiami i aktorami, działającymi w regionie[43]. Struktury zarządzania dzieli na trzy szczeble. Na szczeblu najniższym, lokalnym, znajdują się transgraniczne partnerstwa miast. Chodzi tu o dwa miasta, położone bezpośrednio po przeciwnej stronie granicy państwowej – co po angielsku określa się mianem *town twinning*. Ten rodzaj partnerstwa miast nie powinien być utożsamiany z ogólnymi, także dwunarodowymi partnerstwami miast, które mogą być od siebie bardzo oddalone. Na pograniczu polsko-niemieckim istnieją przede wszystkim trzy poniższe projekty współpracy: Euromiasto Guben – Gubin, Europa-Miasto Görlitz – Zgorzelec oraz Dwumiasto Frankfurt nad Odrą – Słubice. Celem tych projektów jest z jednej strony sieciowanie tych miast w dziedzinie organizacyjnej i administracyjnej, z drugiej zaś również tworzenie możliwości spotkań i integracji ludności. Ulrich postuluje zarazem, żeby oprócz projektów integracyjnych, takich jak spotkania, elementem współpracy były również działania

41 Jajeśniak-Quast et al. (2022), s. 92.
42 Jajeśniak-Quast/Stokłosa (2000).
43 Ulrich (2017), s. 374–377.

praktyczne na rzecz wspierania i zaopatrzenia mieszkańców[44]. Jako bezpośrednio wyższy szczebel Ulrich wymienia kooperację euroregionalną i transgraniczną w formie euro- lub europaregionów. Euroregiony można przy tym zasadniczo podzielić na kooperacje bez osobowości prawnej oraz na ugrupowania prywatnoprawne lub publicznoprawne. Te drugie są w większości przypadków organizowane przez stowarzyszenia po jednej ze stron granicy. Na pograniczu polsko-niemieckim istnieją obecnie następujące euroregiony: Euroregion Neisse-Nisa-Nysa, Euroregion Sprewa-Nysa-Bóbr, Euroregion Pro Europa Viadrina oraz Euroregion Pomerania.[45] Najwyższy szczebel współpracy Ulrich określa mianem wielonarodowych terytorialnych obszarów programowych bądź makroregionów. Obejmują one więcej niż dwa kraje i różnią się od euroregionów tym, że w ich skład wchodzą nie tylko pogranicza, lecz całe państwa[46].

Objaśnienie i ocenę polsko-niemieckiej współpracy transgranicznej przedstawia Jańczak. Rozpatruje on tę współpracę na podstawie trzech różnych koncepcji – neofunkcjonalnej, ponadrządowej oraz konstruktywistycznej. W wypadku koncepcji neofunkcjonalnej za najistotniejszy czynnik procesów integracji uważa się powszechne zaspokajanie potrzeb[47]. Koncepcja ponadrządowa rozpatruje wpływ interesów narodowych danej polityki oraz ośrodków ogólnokrajowych na integrację[48]. Koncepcja konstruktywistyczna kładzie nacisk na rozpatrywanie norm, wartości i tożsamości, które powstają w ramach liberalizacji zasad przekraczania granicy za sprawą transgranicznych kontaktów międzyludzkich[49]. Konkludując swoją analizę, Jańczak określa współpracę zasadniczo jako udaną, ale zaznacza, że spojrzenie z różnych perspektyw ukazuje zarazem jeszcze liczne problemy. O ile z perspektywy neofunkcjonalnej współpraca gospodarcza funkcjonuje dobrze, o tyle obie kultury są według niego nadal sobie obce. Skutek jest taki, że nawet po 30 latach transgraniczne poczucie wspólnoty występuje jedynie fragmentarycznie. Zdaniem autora nadal panuje duża asymetria między dwiema stronami granicy. Miasta niemieckie optycznie wydają się wprawdzie bardziej zadbane, ale zmagają się z nadmiernym starzeniem się społeczeństwa i depopulacją. W przypadku miast polskich sprawy mają się odwrotnie[50].

Współpraca transgraniczna we Frankfurcie nad Odrą i Słubicach znalazła się również na pierwszym planie analizy Moritza Albrechta i Aleksandry Ibragimow z roku 2014. Na podstawie reprezentatywnego sondażu wśród

44 Tamże, s. 377–381.
45 Tamże, s. 382–383.
46 Tamże, s. 14–15.
47 Odesłanie do Jańczaka w Hillebrand/Schultz (red.) (2021), s. 129.
48 Tamże.
49 Tamże, s. 30.
50 Tamże s. 127, 138–139.

40 niemieckich i polskich aktorów współpracy w Dwumieście zidentyfikowano tam stare i nowe wyzwania[51]. Autorzy dokonują rozróżnienia między barierami językowymi, społeczno-kulturowymi oraz ekonomiczno-legislatywnymi. Jako barierę językową uwypuklają niewielką dwujęzyczność. Jest ona ich zdaniem jednocześnie głównym problemem kooperacji między stroną niemiecką a polską. Zwłaszcza język polski ma po stronie niemieckiej niższą rangę niż odwrotnie[52]. Do barier społeczno-kulturowych zaliczają odmienną kulturę łącznie z mentalnością. Za problematyczne uznają zwłaszcza istniejące jeszcze stereotypy. Niemieccy aktorzy krytykują ponadto dużą rolę dziedzictwa historycznego w najnowszej historii polsko-niemieckiej[53]. Za barierę ekonomiczno-legislacyjną uważają zwłaszcza odmienny poziom rozwoju gospodarczego. Tak oto słubicki urząd miasta ma mniej środków finansowych niż urząd frankfurcki. Zarazem poziom wynagrodzeń jest znacznie wyższy po stronie niemieckiej. Jeśli projekty rozbijają się o brak pieniędzy, to przyczyną jest głównie brak środków po stronie polskiej. Analiza pokazuje również, że w owym momencie nie było jeszcze długofalowej współpracy gospodarczej[54].

W odniesieniu do likwidacji istniejących barier każda ze stron ma odmienne nadzieje i wyobrażenia. O ile po stronie polskiej istnieje pragnienie stworzenia wspólnego projektu w zakresie opieki zdrowotnej, to strona niemiecka chce realizować więcej projektów we Frankfurcie nad Odrą, na przykład promujących wielojęzyczność. Obie strony pragną od siebie wzajemnie więcej otwartości i tolerancji. Ponadto obie strony mówią, że do projektów transgranicznych trzeba zapalać zwłaszcza młodych ludzi[55].

Mario Quast widzi potencjał koncepcji Dwumiasta Frankfurt nad Odrą – Słubice w kontekście wzmocnienia lokalizacji przede wszystkim w transgranicznej interakcji między nauką, badaniami a gospodarką w ramach internacjonalizacji gospodarki światowej. Podkreśla przy tym, że mniejsze ośrodki gospodarcze nie są w stanie aktywnie wpływać na globalne przemiany. Przytacza przykład sektora energetyki słonecznej, który reprezentowało we Frankfurcie nad Odrą kilka przedsiębiorstw. Ze względu na globalny rozwój sytuacji na rynkach nie zdołały się one jednak ostać, czego skutkiem był regres gospodarczy w regionie[56]. Zdaniem Quasta usieciowianie badań, nauki i regionalnej gospodarki stanowi priorytet i dlatego powinno być forsowane. Internacjonalizacja na wszystkich płaszczyznach jest zaś przy tym równie ważna co nowe koncepcje kształtowania

51 Albrecht/Ibragimow (2015), s. 35.
52 Tamże s. 38.
53 Tamże, s. 38–39.
54 Tamże, s. 39.
55 Tamże, s. 41.
56 Quast (2015b), s. 371.

regionu w taki sposób, żeby był atrakcyjny i zdolny do sprostania zadaniom przyszłości[57].

Istotny wkład w zrozumienie lokalnej działalności gospodarczej na pograniczu polsko-niemieckim wnosi Anna Steinkamp analizą skuteczności strategii internacjonalizacji miejscowych przedsiębiorstw[58]. W tym celu przeankietowała parytetowo 24 firmy z Niemiec i Polski, reprezentujące łącznie dwanaście branż. Osobami ankietowanymi byli głównie szefowie i właściciele poszczególnych przedsiębiorstw[59]. W efekcie udało się zidentyfikować cztery różne typy przedsiębiorców oraz istotną rolę znajomości języków obcych przez kierownictwo w związku z internacjonalizacją. Umiejętności językowe umożliwiają przedsiębiorstwom wykorzystanie możliwości odniesienia sukcesu i generowanie ciągłej przewagi konkurencyjnej[60].

Sprawą miejscowych aktorów politycznych jest jednak tworzenie optymalnych warunków ramowych do przyciągania przedsiębiorstw i wykorzystanie rozwojowego potencjału regionu. Nowoczesne społeczeństwa oparte na wiedzy generują swój dobrobyt wiedzą i zdolnościami intelektualnymi w taki sposób, że za pomocą nowych technologii zapewniają odpowiednią jakość życia przy zmniejszającym się jednocześnie zużyciu zasobów. Elementarną koncepcją, pozwalającą zapewnić niemieckim regionom rozwój i zdolność do sprostania wyzwaniom przyszłości jest zaś „3 x T": talenty, tolerancja i technologia[61].

Coraz popularniejsza staje się koncepcja wykorzystywania narracji jako źródła wiedzy[62]. Roland Barthes konstatuje, że narracje są wszechobecne zarówno w historii, jak i w teraźniejszości. Występują w mitach, legendach, bajkach lub dramatach. Obecnie można je znaleźć np. filmach, serialach, lokalnych wiadomościach i programach rozrywkowych[63]. Narracje są również przedmiotem analizy w badaniach nad granicami i pograniczami. Zdaniem niektórych naukowców w badaniu granic narodowych ważne jest to, czyje narracje tożsamościowe dominują, co obejmują bądź wykluczają i jak koncepcje „my" i „oni" przedstawiane są w mediach, edukacji itp.[64] Narracja przestrzenna opisuje trzy perspektywy. Miasto w optyce przestrzeni społecznej jest rozpatrywane z jednej strony jako struktura przestrzeni społecznej, która wyłania się za sprawą indywidualnych działań w życiu codziennym. Na przestrzeni miejskiej odciskają ponadto piętno narracje władz miasta oraz instytucje komercyjne, przy czym konkurują one ze sobą,

57 Tamże, s. 372.
58 Steinkamp (2020).
59 Tamże, s. 99–112.
60 Tamże, s. 208–209.
61 Kröhnert/Morgenstern/Klingholz (2007), s. 3–8.
62 Por. Opiłowska et al. (2022), s. 42.
63 Barthes/Duisit (1975), s. 237, 260–264.
64 Por. Newman/Paasi (1998), s. 194–198.

wskutek czego mogą ostatecznie przeciążyć obywatela. Po trzecie, na przedstawianie i transformację przestrzeni miejskiej oddziałują również emocje, kształtowane przez praktyki społeczne, na przykład w formie opowieści. Są one częścią „wspólnej wiedzy o mieście"[65]. Przykładem tego są obywatele we Frankfurcie nad Odrą, na których odcisnęły piętno negatywne przeżycia w przeszłości, a wskutek tego mają oni przed oczami negatywną narrację miasta. Chociaż niektóre rzeczy zmieniły się na lepsze, to negatywna narracja jest nadal obecna.

Choć nie wydaje się to oczywiste, narracja, czyli postrzeganie miasta lub regionu jest również czynnikiem lokalizacji. Czynniki lokalizacji są z kolei podstawą inwestycji. Ważną definicję do badania czynników lokalizacji w przypadku inwestycji bezpośrednich podsuwa Stefan Detscher. Objaśnia on formy i motywy inwestycji bezpośrednich, prezentuje koncepcje wyjaśniające, a ponadto wywodzi dla nich determinanty[66]. Koncepcje Detschera uzupełnia Reinhard Cluse. Zwraca on przy tym uwagę zwłaszcza na przesłanki cząstkowe w postaci czynników zachęcających i zniechęcających jako decydujący powód zagranicznych inwestycji bezpośrednich, wzmiankując przy tym eklektyczny paradygmat Dunninga jako podsumowanie najistotniejszych przesłanek cząstkowych[67]. Agnieszka Osiecka uważa tezy Dunninga za połączenie różnych teorii o znaczeniu opisowym oraz normatywnym. Krytykuje jednak brak możliwości ich zastosowania do przedsiębiorstw usługowych i faworyzuje z tego powodu międzynarodową teorię lokalizacji według Petera Tescha[68]. W związku z innymi badaniami empirycznymi rozwinęła się z tego odrębna klasyfikacja ważnych czynników lokalizacji w przypadku międzynarodowego wyboru lokalizacji[69].

Praktyczne, szczegółowe badanie Frankfurtu zawiera Prognos Zukunftsatlas, publikowany od 2004 roku co trzy lata na zlecenie dziennika gospodarczego „Handelsblatt". Prognos Zukunftsatlas (ZKA) ocenia szanse i zagrożenia na przyszłość dla wszystkich powiatów i miast na prawach powiatu w Niemczech. To jedyny ogólnoniemiecki ranking, uwidoczniający regionalne przemiany na przestrzeni prawie 20 lat. Prognos, założony na Uniwersytecie w Bazylei, jest jednym z najstarszych przedsiębiorstw badań nad gospodarką w Europie. Według własnych informacji ekspertki i eksperci Prognos prowadzą od 1959 roku badania dla najróżniejszych zleceniodawców z sektora publicznego i prywatnego – zachowując niezależność polityczną i opierając się na mocnych podstawach naukowych[70].

65 Smagacz-Poziemska (2014), s. 35–36.
66 Por. Detscher (2006).
67 Cluse (1999), s. 50–92.
68 Tesch (1980).
69 Osiecka (2006), s. 73–98.
70 Prognos AG Berlin (2023): Wer wir sind.

Tabela 1: Miejsce miasta Frankfurtu nad Odrą w rankingu ZKA, opracowanym przez Prognos AG (2004–2022)

Rok	Miejsce w rankingu ZKA	Ocena
2004	385 (z 439)	zagrożenia na przyszłość
2007	372 (z 439)	niewielkie zagrożenia na przyszłość
2010	311 (z 412)	niewielkie zagrożenia na przyszłość
2013	348 (z 402)	niewielkie zagrożenia na przyszłość
2016	313 (z 402)	niewielkie zagrożenia na przyszłość
2019	361 (z 401)	zagrożenia na przyszłość
2022	352 (z 400)	niewielkie zagrożenia na przyszłość

Źródło: Zestawienie własne według ZKA 2022, ewaluacja dla Frankfurtu nad Odrą[71].

Tabela 1 ukazuje ewolucję lokat miasta na prawach powiatu Frankfurtu nad Odrą w rankingu i ich oceny według Prognos AG. Należy przy tym pamiętać, że na przestrzeni lat liczba powiatów i miast na prawach powiatu zmalała wskutek fuzji w ramach reform terytorialnych z 439 do 400 powiatów i miast na prawach powiatu w chwili obecnej. Liczbę powiatów i miast na prawach powiatu podano więc dla orientacji w nawiasach.

Najlepszą lokatę Frankfurt nad Odrą osiągnął w roku 2010. Później, po niepowodzeniu sektora energetyki słonecznej, tworzenie wartości dodanej spadło, podobnie jak pozycja w rankingu. Conergy, First Solar i Odersun to trzy fabryki paneli słonecznych we Frankfurcie nad Odrą, które wstrzymały produkcję[72]. Prognos wyciąga z tego wniosek: Frankfurt nad Odrą pilnie potrzebuje inwestycji firm miejscowych i zewnętrznych[73].

W bieżącym Zukunftsatlas opracowanym przez Prognos Frankfurt nad Odrą pozostaje w ostatniej jednej ósmej klasyfikacji. Wśród 400 jednostek samorządu to miasto na prawach powiatu zajęło w 2022 roku 352. pozycję. To poprawa o dziewięć miejsc w stosunku do roku 2019. Lokata wynika z oceny 29 wskaźników, podzielonych na dwie kategorie: wskaźniki siły i wskaźniki dynamiki[74]. Tych ostatnich jest dziewięć, a ich waga dla oceny wynosi 0,5. Resztą są wskaźniki siły o wadze 1,0. Wszystkie wskaźniki podzielono na cztery główne kategorie: demografię, rynek pracy, konkurencję i innowacyjność oraz dobrobyt i sytuację społeczną. Demografia zawiera po dwa wskaźniki siły i dynamiki: wskaźnik

71 Freitag/Schenten/Mayimona (2023).
72 Quast (2015), s. 115.
73 Kannenberg, Heinz (2023): Wirtschaft in Frankfurt (Oder). Gute Standortbedingungen – doch Investitionen fehlen, *moz.de*, 03.05.2023.
74 Freitag/Schenten/Mayimona (2023).

płodności, młodzi dorośli, rozwój demograficzny oraz saldo migracji młodych dorosłych. Na rynku pracy mamy do czynienia z sześcioma wskaźnikami siły i dwoma dynamiki: gęstością miejsc pracy, stopą bezrobocia, odsetkiem osób z wyższym wykształceniem, cyfrowymi czynnikami stymulującymi, odsetkiem osób przedwcześnie kończących naukę w szkołach, nieobsadzonymi miejscami praktycznej nauki zawodu oraz zmianą stopy bezrobocia i odsetka osób z wyższym wykształceniem. W obszarze konkurencji i innowacji jest to osiem wskaźników siły i cztery wskaźniki dynamiki: PKB na głowę pracownika, natężenie nowo zakładanych firm, personel w sferze badań naukowych i rozwoju (B+R) w gospodarce, wskaźnik inwestycji w przemyśle, natężenie patentów, liczba zatrudnionych w niemieckich branżach przyszłości, kompetencja biznesowa, wskaźnik infrastruktury, dostępność ogólnokrajowych autostrad, skomunikowanie koleją ICE/IC/EC, lotnisko oraz zmiana PKB, zmiana natężenia nowo zakładanych firm, zmiana liczby personelu B+R i zmiana całkowitego zatrudnienia. W przypadku dobrobytu i sytuacji społecznej istnieją cztery wskaźniki siły i jeden wskaźnik dynamiki: liczba osób żyjących we wspólnotach potrzebujących (Bedarfsgemeinschaften), siła nabywcza, wskaźnik przestępczości, zadłużenie samorządów i zmiana liczby osób żyjących we wspólnotach potrzebujących[75].

Ze stanu badań jasno wynika, że koncepcja dwumiast oraz polsko-niemieckie pogranicze były już ważnym tematem badań. Istnieją też analizy poświęcone konkretnie Dwumiastu Frankfurt nad Odrą – Słubice. Dotyczą one jednak głównie obszaru nauk społecznych i kulturoznawstwa. Analiza gospodarczego planu działania dwumiasta i wspólne polsko-niemieckie porównanie dwóch dwumiast w ramach modelu Smart City to natomiast rzecz nowa. Niniejsza analiza próbuje wnieść wkład w regionalny rozwój gospodarczy, zwracając uwagę na atuty i słabości. Ma ona ponadto zmotywować badaczy do intensywniejszego zajęcia się tematami gospodarczymi na pograniczu polsko-niemieckim.

75 Freitag/Schenten/Mayimona (2023), s. 4–5.

2. Czynniki lokalizacji

Niniejszy rozdział przedstawia i definiuje twarde i miękkie czynniki lokalizacji. Wiele tych czynników odgrywa ważną rolę w modelu Smart City i jest potrzebnych do weryfikacji hipotezy 1. Najpierw rozpatrzone zostaną czynniki lokalizacji dotyczące produkcji, a następnie zbytu. Na zakończenie przedstawione zostaną różne wielofunkcyjne czynniki lokalizacji. W odniesieniu do niektórych czynników oprócz aspektów teoretycznych zostanie bliżej przedstawiona również obecna sytuacja ogólna. Rozpatrzenie istotnych czynników w odniesieniu do Dwumiasta oraz Euromiasta w ramach modelu Smart City nastąpi w późniejszych rozdziałach.

Pojęcie czynnika lokalizacji obejmuje ogół wszystkich czynników jakiejś miejscowości, które pozytywnie lub negatywnie oddziałują na prowadzenie i rozwój przedsiębiorstw. Aby znaleźć właściwą lokalizację, przedsiębiorstwo musi wiedzieć, jakie czynniki lokalizacji są szczególnie ważne dla danej branży[76]. Czynniki lokalizacji wynikają zatem z właściwych dla poszczególnych przedsiębiorstw wymagań wobec danej lokalizacji, które mają znaczenie dla zamierzonej działalności[77].

Alfred Weber zdefiniował w roku 1909 nowe podstawy, wprowadził pojęcie czynników lokalizacji i rozpatrywał te parametry jako ekonomicznie istotne[78]. Określił dwie rodziny czynników, definiując je jako czynniki szczególne i ogólne. Podzielił je następnie na czynniki aglomerujące i deglomerujące oraz czynniki regionalne, ustalające dystrybucję przestrzenną[79]. Czynniki ogólne, np. koszty wynagrodzeń, mają znaczenie dla wszystkich przedsiębiorstw, natomiast czynniki szczególne, np. geograficzne, są istotne tylko dla określonych przedsiębiorstw. Aglomeracja oznacza tworzenie skupisk, np. wielu przedsiębiorstw z tej samej branży, natomiast deglomeracja decentralizację przedsiębiorstw. Porty i węzły transportowe to m.in. przykłady czynników regionalnych, które powodują przyciąganie zakładów[80].

Kolejny szczegółowy podział wprowadzony przez Webera to rozróżnienie między czynnikami naturalno-technicznymi (położenie na wybrzeżu, klimat) a społeczno-kulturowymi. Wszystkie czynniki mogą być według Webera rozpatrywane także wymieszane ze sobą, co znacznie podnosi złożoność. Opracowane wówczas podejście jest aktualne również w czasach współczesnych[81].

Michael Porter opisał i zidentyfikował w 1990 roku w postaci swojego modelu diamentów „główne determinanty (sektory pokrewne i wspierające, czynniki

76 Haas et al. (2018): Definition: Standortfaktoren.
77 Bestmann (red.) (2001), s. 43.
78 Por. Lahner (2021), s. 547–548.
79 Bubach-Bernhardt (2021), s. 229.
80 Lahner (2021), s. 547.
81 Bubach-Bernhardt (2021), s. 233; Lahner (2021), s. 547.

twarde, czynniki miękkie, rywalizację i warunki popytu), które decydują o konkurencyjności danego kraju lub regionu"[82]. Według teorii Portera wydajność przedsiębiorstw zależy od jakości otoczenia firm. Czynnikom twardym, np. podaży wykwalifikowanej siły roboczej, infrastrukturze transportowej, odległości od uniwersytetów itp. towarzyszą czynniki miękkie. Do tych ostatnich Porter zalicza choćby wsparcie przez rząd regionalny, agencje rozwojowe bądź wizerunek regionu[83].

Porter zajął się w swoim modelu diamentów także czynnikami produkcji, dzieląc je na dwie kategorie: czynniki bazowe i zaawansowane. Czynniki bazowe to zasoby naturalne, ziemia i pracownicy – istnieją one już bez dużych inwestycji. Duże, poczynione inwestycje są natomiast traktowane jako czynniki zaawansowane. Należą do nich kadry wykwalifikowanych pracowników, badania naukowe i nowoczesna infrastruktura. W przeciwieństwie do klasycznej teorii handlu zagranicznego Porter nie uważa czynników produkcji za bezpośrednie determinanty, lecz raczej za dźwignie, których trzeba używać w efektywny i opłacalny sposób[84].

W związku z globalizacją koszty transportu w ostatnich dekadach ustawicznie spadały, wskutek czego zmienia się również ich ranga przy podejmowaniu decyzji inwestycyjnych[85]. Jednak z powodu obecnej sytuacji w Europie, po pandemii COVID-19 i wybuchu wojny w Ukrainie, koszty energii, a tym samym również transportu znowu wzrastają. Federalna Agencja ds. Sieci mówi o napiętej sytuacji, która może się w każdej chwili pogorszyć[86]. Znaczenie czynników lokalizacji może się więc na pewno zmieniać z biegiem czasu. Niemniej niniejsza analiza odwołuje się zarówno do Webera jako współtwórcy teorii lokalizacji, jak i Portera jako jednego z jej najbardziej znanych klasyków, gdyż ich hipotezy w znacznej mierze znajdują potwierdzenie do dziś.

Eikelpasch, Lejpras i Stephan po zbadaniu 2100 wschodnioniemieckich firm doszli do wniosku, że kooperacja różnych organizacji prowadzi do pozytywnego efektu w zakresie innowacji, co jest również potwierdzeniem założenia Portera[87]. Jednak zwiększenie konkurencji, wbrew prognozom Portera w modelu diamentów, powoduje zmniejszenie efektywności zaangażowanych przedsiębiorstw. Reagują one polityką cenową lub redukcją kosztów, zamiast stawiać na innowacyjność bądź poprawę jakości. Poprawa czynników twardych przez politykę regionalną stanowi potwierdzenie założenia Portera, że wzmacniają one efektywność i innowacyjność[88].

82 Eickelpasch/Lejpras/Stephan (2007, s. 71; Lahner (2021), s. 553.
83 Eickelpasch/Lejpras/Stephan (2007), s. 4.
84 Lahner (2021), s. 553.
85 Busse (2001).
86 Bundesnetzagentur: Aktuelle Lage der Gasversorgung in Deutschland. Lagebericht (stan z 07.10.2022).
87 Eickelpasch/Lejpras/Stephan (2007), s. 1–2.
88 Tamże, s. 2–11.

W wypadku prezentowanego tu porównania Dwumiasta Frankfurt nad Odrą - Słubice z Euromiastem Guben - Gubin należy pamiętać o odmiennych systemach planowania w obu państwach. W odniesieniu do Rzeczpospolitej Polskiej i Republiki Federalnej Niemiec istotną cechą jest przede wszystkim różnica między ustrojem unitarnym a federalnym, prowadząca do rozbieżności w rozumieniu planowania. Mamy w związku z tym do czynienia z odmiennymi konotacjami i pojęciami[89].

2.1 Twarde czynniki lokalizacji

Twarde czynniki lokalizacji dzieli się na trzy kategorie. Do czynników lokalizacji dotyczących produkcji należą m.in. dobrze wykształceni pracownicy wykwalifikowani, dostępność działek pod działalność gospodarczą i zezwoleń oraz wysokość podatków. Do czynników dotyczących zbytu należą siła nabywcza ludności, już działające przedsiębiorstwa oraz związane z tym kontakty branżowe. Przykłady wielofunkcyjnych czynników lokalizacji to skomunikowanie z międzynarodowymi korytarzami transportowymi i metropoliami, bliskość placówek badawczych oraz promocja inwestycji[90]. Tabela 2 pokazuje czynniki lokalizacji dotyczące produkcji.

Tabela 2: Twarde czynniki lokalizacji: czynniki lokalizacji dotyczące produkcji

Czynniki lokalizacji dotyczące produkcji:	**Opis**
Promocja inwestycji / programy wsparcia	– działania służące promocji gospodarki – dostępność, wysokość i związane z tym obciążenia administracyjne
Ogólne państwowe warunki ramowe	– biurokracja – działania służące promocji gospodarki
Czynniki produkcji w węższym rozumieniu	– koszty pracy (poziom wynagrodzeń, koszty osobowe na godzinę), kwalifikacje pracowników – surowce – działki/biura (dostępność, koszty najmu i zakupu, koszty uzbrojenia), możliwość zabudowy pod działalność gospodarczą (przepisy budowlane i eksploatacyjne) – energia

89 Ebert/Tölle/Wdowicka (2012), s. 3.
90 Osiecka (2006), s. 83–96.

Infrastruktura	– skomunikowanie transportowe – środki komunikacji – zaopatrzenie w energię/wodę – środowisko/instytucje badawcze
Czynniki produkcji w szerszym rozumieniu	– oferta kulturalna – możliwości zakupów – jakość środowiska – placówki opieki nad dziećmi – szkoły/dokształcanie – skomunikowanie transportowe/transport publiczny – przestępczość – istniejące sieci współpracy – opieka – regionalna siła nabywcza

Źródło: Opracowanie i zestawienie własne według Berlemann i Tilgner (2006, s. 17–23)[91]

2.1.1 Czynniki lokalizacji dotyczące produkcji

Zależnie od branży i przedsiębiorstwa czynnikom lokalizacji dotyczącym produkcji przypisuje się różną wagę. Z przypisanej wagi wynika sześć jasnych orientacji lokalizacyjnych[92]: orientacja na materiały, orientacja na pracę, orientacja na opodatkowanie, orientacja na siłę, orientacja na zbyt i orientacja na transport. Szczegółowo w celu dokładniejszej oceny lokalizacji można jeszcze wskazać również na tzw. wskaźniki referencyjne lokalizacji (np. roczne zapotrzebowanie przedsiębiorstwa na wodę)[93].

Lahner opisuje dwa komponenty w zakresie wspierania gospodarki. Te pola działania to globalizacja i demografia[94]. Pandemia koronawirusa sprzyjała i tak postępującej cyfryzacji, dokładając w ten sposób kolejny komponent[95].

2.1.1.1 *Dostępność, koszty i jakość siły roboczej*

Rynek pracy i zapotrzebowanie na siłę roboczą będą zmieniać się w przyszłości głównie za sprawą przemian w demografii i cyfryzacji. Oba te czynniki wpływają na przeobrażenia, dalsze istnienie i redukcję miejsc pracy i całych branż oraz na powstawanie nowych gałęzi gospodarki.

91 Berlemann/Tilgner (2006), s. 17–23.
92 Por. Wöhe/Döring/Brösel (2016), s. 269–288.
93 Bestmann (red.) (2001), s. 45.
94 Lahner/Neubert (2016), s. 18–31.
95 Stember et al. (red.) (2021), s. 521–535; Terstriep/Rabadjieva (2021), s. 2–13.

Oprócz tego kolejnym czynnikiem zasługującym na wyeksponowanie jest globalizacja[96]. Uwypukla się przede wszystkim znaczenie doniosłych szoków eksportowych i importowych. W Niemczech najsilniejszymi szokami po 1990 roku były z jednej strony upadek żelaznej kurtyny i związana z nim transformacja byłych krajów socjalistycznych w Europie Wschodniej, z drugiej zaś strony wzrost znaczenia Chin i ich integracja z gospodarką światową. W obu wypadkach przemiany odbywały się w szybkim tempie – w porównaniu z innymi partnerami handlowymi Niemiec w tym samym okresie[97]. Ze względu na niższe jednostkowe koszty pracy dotyczące określonych towarów we wspomnianych regionach, czyli Europie Wschodniej i Chinach, Niemcy zmniejszyły eksport i zwiększyły import tych towarów (np. stali surowej). Ta presja importowa jako nowy element sytuacji oznacza z powodu wzrostu gospodarczego w Europie Wschodniej i Chinach z kolei szanse eksportowe dla Niemiec (np. w przemyśle samochodowym lub farmaceutycznym)[98].

Ze względu na postępującą cyfryzację należy się spodziewać wzrostu w sektorze IT. Spada natomiast liczba miejsc pracy w przetwórstwie przemysłowym. W związku z przemianami demograficznymi zaostrza się niedobór wykwalifikowanej siły roboczej z powodu spadającej liczby dostępnych pracowników w wieku produkcyjnym. Szczególnie mocno daje się to we znaki sektorowi ochrony zdrowia i opieki, ponieważ z jednej strony zapotrzebowanie na personel będzie tu silnie wzrastać, a podaż personelu jednocześnie spadać. Również w zawodach rzemieślniczych i technicznych występują już coraz częściej wąskie gardła[99]. Biorąc pod uwagę obecny rozwój sytuacji, nie dotyczy to wszystkich branż o charakterze rzemieślniczym w tym samym stopniu. W całych Niemczech w latach 2013–2019 cztery z siedmiu branż (branża motoryzacyjna, specjalistyczne roboty budowlane, sektor budownictwa ogólnego i ochrona zdrowia) zanotowały wzrost, trzy natomiast (branża spożywcza, usługi do użytku prywatnego i usługi do użytku komercyjnego) borykają się z brakiem pracowników[100].

W obliczu stale zmieniającego się otoczenia IT obecne pokolenie musi nabywać kompetencję komunikacyjną w posługiwaniu się nowymi mediami oraz techniki zdalnego nauczania, aby wytrzymać tempo przemian. Istotne będzie to, jak pracownicy będą umieli przetwarzać i kreatywnie wykorzystywać te nowo zdobywane informacje. W obliczu wydłużenia się okresu zatrudnienia w następstwie przemian demograficznych uczenie się przez całe życie staje się ważnym atrybutem pracownika[101].

96 Jürgensmeier/Schulz-Montag (2021), s. 441.
97 Dauth/Findeisen/Suedekum (2021), s. 2–3.
98 Südekum/Dauth/Findeisen (2017), s. 6.
99 Jürgensmeier/Schulz-Montag (2021), s. 441.
100 Faißt/Hamann/Jahn (2020), s. 14–16.
101 Bocheńska-Włostowska/Bocheńska-Brandt (2014), s. 133.

Instytucjonalne warunki ramowe mają według Arntza wpływ na gotowość jednostek do mobilności. O ile wykwalifikowani pracownicy w regionach o wysokich dochodach emigrują, to pracownicy niewykwalifikowani podejmują z powodu niepewnej sytuacji pod względem zatrudnienia decyzję przeciwko migracji i pozostają przeważnie w regionach o stosunkowo stabilnych możliwościach zatrudnienia[102].

Oprócz czynników oddziałujących w skali regionalnej samorządy mają do czynienia również z czynnikami zewnętrznymi – należą do nich m.in. przemiany w przemyśle samochodowym, wymogi w zakresie ochrony środowiska i zrównoważonego rozwoju oraz integracja imigrantów o najróżniejszym pochodzeniu społeczno-kulturowym i warunkach do edukacji[103]. W konsekwencji długofalowe strategiczne orientacje regionów stoją zawsze również pod znakiem zmieniających się wpływów zewnętrznych.

2.1.1.2 *Dostępność i koszty gruntów i budynków*

Podaż gruntów pod działalność gospodarczą powinna być objęta koncepcją wybiegającą w przyszłość. Transformacja gospodarki i społeczeństwa prowadzi do zmiany sposobu myślenia w odniesieniu do standardowych lokalizacji działalności gospodarczej i przemysłu. Trendy w tej mierze, a także zmieniające się wymogi wobec lokalizacji należy stale analizować, aby móc zapewnić wystarczającą, bezpośrednio dostępną podaż, odpowiadającą popytowi. Spojrzenie należy tu zdecydowanie kierować na małe i średnie przedsiębiorstwa (MŚP) oraz start-upy, którym potrzebne są niedrogie i znacznie mniejsze pomieszczenia i tereny[104].

Dostępność gruntów i bezpieczeństwo planowania to dla przedsiębiorstw czynniki decydujące, dlatego udostępnianie odpowiadających potrzebom, uzbrojonych gruntów pod działalność gospodarczą jest ogromnie ważne. Na szczeblu komunalnym należy zapewnić – przy wsparciu urbanistycznym i pomocy ze strony państwa niemieckiego i krajów związkowych – trwałe zabezpieczanie, aktywację i rewitalizację gruntów, aby umożliwić szybkie powstawanie nowych firm. Ramowe warunki prawne uzupełniają tworzenie rezerw i zabezpieczanie gruntów, ponieważ dzięki odpowiednim warunkom bądź restrykcjom użytkowania mogą ograniczyć spekulacje. W wypadku pożądanych lokalizacji może to mieć stabilizujący efekt na ceny[105].

Ze strony samorządów dochodzą do tego koszty związane z gruntami pod działalność gospodarczą: za uzbrojenie, wznoszenie budynków, przestrzeganie

102 Arntz (2011), s. 140.
103 Stember et al. (red.) (2021), s. 442.
104 Tamże, s. 672.
105 Tamże, s. 672–673.

zasad ochrony klimatu i środowiska, sprzedaży i zarządzania[106]. W wypadku uzbrojenia i wznoszenia budynków można zaoszczędzić koszty dzięki większej gęstości zabudowy i wznoszeniu budynków wielokondygnacyjnych. Ochrona klimatu oznacza w pierwszej kolejności wyższe koszty, jednak lepszy wizerunek – którym firmy mogą się reklamować – daje przewagę konkurencyjną na rynku. Ta zaś oznacza z kolei większe zyski. Istnieją ponadto potencjały oszczędności dzięki współpracy między samorządami. Jeden dział marketingu może na przykład sprzedawać wszystkie nieruchomości samorządów, dzięki czemu powstają potencjały oszczędności w zakresie kosztów kampanii i kosztów osobowych[107]. Przedsiębiorstwa podejmujące działalność ponoszą oczywiście koszty zakupu lub najmu oraz koszty zagospodarowania[108].

2.1.1.3 *Dostępność środków produkcji*

Według Adama Smitha czynniki produkcji można podzielić na pracę, ziemię i kapitał[109]. Ziemia oznacza wszystkie pozyskiwane z niej surowce oraz niezbędne do produkcji materiały pomocnicze i eksploatacyjne. Niniejsza analiza jedynie w stosunkowo małym stopniu zajmuje się kosztami środków produkcji, ponieważ koszty niezbędnych surowców, materiałów eksploatacyjnych i pomocniczych bywają różne w zależności od branży.

2.1.2 Czynniki lokalizacji dotyczące zbytu

W epoce cyfrowej przestrzeń nie daje już tak jak kiedyś efektu oddzielającego[110]. W dawniejszych czasach podjęte decyzje lokalizacyjne oznaczały prawie zawsze trwałe związanie się z jakąś lokalizacją, ponieważ tzw. koszty utopione były bardzo wysokie[111]. Jeśli w przypadku dezinwestycji nie odzyska się w całości kosztów inwestycji, powstają zawsze koszty utopione[112]. Obecnie istnieją natomiast tzw. *footloose industries* czy też „firmy w plecaku", które skorzystały z rozwoju technologii produkcyjnej (*lean production, downsizing*), spadku kosztów transportu i poprawy możliwości komunikacyjnych i ze względu na spodziewane niższe koszty zatopione mogą sobie pozwolić na przeprowadzkę[113]. Najistotniejsze czynniki lokalizacji dotyczące zbytu podano w Tabeli 3.

106 Tamże, s. 654–690.
107 Pongratz/Jacob/Essig (2021), s. 683–690.
108 Stember et al. (red.) (2021), s. 628–647.
109 Smith (1789); Smith/Cannan (1904).
110 Pongratz/Vogelgesang (2016), s. 36.
111 Stember et al. (red.) (2021), s. 628.
112 Barham/Chavas (2018), s. 391–400.
113 Stember et al. (red.) (2021), s. 627–628.

Tabela 3: Twarde czynniki lokalizacji: czynniki lokalizacji dotyczące zbytu

Czynniki lokalizacji dotyczące zbytu	**Opis**
Koszty transportu w stosunku do alternatywnej lokalizacji rynku zbytu	– istnienie i wydajność różnych dróg transportu (obecność dostawców/logistyki i poddostawców) – wielkość i waga towarów oraz ich ilość do przetransportowania
Wielkość rynku zbytu w porównaniu z alternatywną lokalizacją rynku zbytu	– Im większy rynek zbytu (klienci B2B, siła nabywcza handlu detalicznego, dochody prywatnych gospodarstw domowych), tym atrakcyjniejszy dla inwestorów.
Sytuacja konkurencji na rynku zbytu	– Niższe natężenie zapewnia wyższe zyski. – Wyższe natężenie może skłonić konkurentów do wejścia na rynek w celu zademonstrowania swojej obecności.
Uniknięcie ryzyka walutowego	– Sensowne jest zbudowanie zakładu produkcyjnego w kraju docelowym (eksport), aby zlikwidować ryzyko walutowe związane z dużymi wahaniami kursu. – Im większe wahania kursu danej waluty, tym przedsiębiorstwo będzie bardziej skłonne do podjęcia decyzji o posiadaniu zakładu produkcyjnego w kraju docelowym.
Unikanie taryfowych bądź pozataryfowych przeszkód w handlu	– przeszkody taryfowe: cła, opłaty wyrównawcze, subwencje eksportowe lub kontyngenty (np. w postaci różnych ograniczeń importu) – przeszkody pozataryfowe: wprowadzanie wiążących norm i standardów, obowiązki znakowania, psychologiczne wpływanie na konsumentów, by kupowali produkty krajowe, dyskryminacja w odprawie celnej, grożenie działaniami z zakresu polityki handlowej (np. cłami), wymogi dotyczące kwalifikacji oferentów usług i uciążliwe procedury administracyjne – Im wydatniejsze są oba te typy przeszkód handlowych, tym atrakcyjniejsze jest posiadanie zakładu produkcyjnego w kraju docelowym.

Źródło: Opracowanie i zestawienie własne wg Berlemann i Tilgner (2006)[114]

114 Berlemann/Tilgner (2006), s. 17–21.

2.1.3 Wielofunkcyjne czynniki lokalizacji

Wielofunkcyjne czynniki lokalizacji należy uwzględnić przy każdej decyzji lokalizacyjnej, podczas gdy czynniki lokalizacji dotyczące produkcji i zbytu stają się istotne tylko dla danego przedsiębiorstwa lub jego modelu biznesowego.

Tabela 4: Twarde czynniki lokalizacji: wielofunkcyjne czynniki lokalizacji

Wielofunkcyjne czynniki lokalizacji	**Opis**
Potencjał siły roboczej	– kwalifikacje pracowników
Promocja inwestycji/ programy wsparcia	– działania służące promocji gospodarki – dostępność, wysokość i związane z tym obciążenia administracyjne – głównie w celu wyrównywania szans regionów słabych strukturalnie w stosunku do regionów silnych strukturalnie
Bezpieczeństwo prawne	– jasność, pewność i trwałość państwowych decyzji, szybkie wyjaśnianie kwestii bądź stosunków prawnych
Ustrój gospodarczy i własnościowy	– prawa własności i prawa majątkowe (prawa do rozstrzygania, prawa użytkowania, prawo zawłaszczenia, prawo do modyfikacji, prawo transferu) – swoboda zawierania umów – zasada odpowiedzialności cywilnej
Biurokracja i reguły wchodzenia na rynek	– formalności przy uiszczaniu opłat lub podatków – większa czasochłonność oznacza wyższe koszty
Korupcja	– prowadzi długofalowo do większego obciążenia podatkowego obywateli i przedsiębiorstw – zasadniczo nie ma rzeczywistego uprzywilejowania indywidualnego przedsiębiorstwa, ponieważ inni uczestnicy rynku również mogą wykorzystywać system korupcji – dochodzą do tego koszty pośrednie w razie ujawnienia działań i nałożenia kary przez system prawny
Akceptacja potrzebnych technologii	– zezwolenie i akceptacja tych technologii w lokalizacji (np. technologii genetycznej)

Przepisy środowiskowe	– koszty dodatkowe – zachęty do proekologicznego kształtowania produktów i rozwoju nowoczesnej techniki ochrony środowiska – rybołówstwo, leśnictwo i rolnictwo oraz sektor turystyki postrzegają je pozytywnie
Regulacja rynku pracy	– wysoka regulacja pozbawia lokalizację atrakcyjności – uelastycznienie rynku pracy zwiększa atrakcyjność
Obciążenie podatkowe	– wysokość kosztów
Dostępne środki wsparcia	– pułapy intensywności wsparcia do 50% łącznej kwoty – głównie w celu wyrównywania szans regionów słabych strukturalnie w stosunku do regionów silnych strukturalnie
Dostęp do kredytów i rynku kapitałowego	– pozytywne oddziaływanie, jeśli nie działają standardowe metody (wykorzystanie stezauryzowanych zysków, sięganie po dodatkowy kapitał przez udziałowców)
Religia	– respektowanie komponentów zachowania (m.in. uczciwości) – pluralizm religii sprzyja konkurencji religii – zderegulowane rynki religii wzmacniają realny wzrost
Wizerunek i tradycja regionu	– wizerunek ma znaczenie krótko-, a nawet średnioterminowe, jeśli region zmienia się na lepsze/gorsze – długofalowo wizerunek jest sumą czynników lokalizacji

Źródło: Opracowanie i zestawienie własne według Berlemann i Tilgner (2006)[115]

2.2 Miękkie czynniki lokalizacji

Tabela 5 przedstawia łącznie miękkie czynniki lokalizacji, które dzieli się na czynniki odnoszące się do przedsiębiorstw i odnoszące się do osób.

115 Berlemann/Tilgner (2006), s. 16–20.

Tabela 5: Miękkie czynniki lokalizacji

Czynniki odnoszące się do przedsiębiorstw	**Wyszczególnienie**
Klimat gospodarczy w danym regionie lub mieście	– czas rozpatrywania wniosków, komunikacja i cyfryzacja administracji (Smart City) – orientacja polityki gospodarczej
Wizerunek regionu lub miasta	– patrz wyżej Tabela 4: Wizerunek i tradycja regionu
Kontakty branżowe w lokalizacji	– potencjał innowacji – możliwości tworzenia sieci i utrzymywania kontaktów między przedsiębiorstwami wzajemnie i z placówkami badawczymi (transfer technologii i zapewnienie sobie specjalistów)
Czynniki odnoszące się do osób	**Wyszczególnienie**
Mieszkania	– dostępność i koszty – jakość mieszkań – otwartość wobec przybyszów (kultura gościnności)
Infrastruktura publiczna	– placówki edukacyjne (przedszkola, szkoły, uniwersytety itp.) – opieka medyczna (liczba praktykujących lekarzy, lekarze-specjaliści, szpital, domy spokojnej starości i domy opieki itp.) – czas rozpatrywania wniosków, komunikacja i cyfryzacja administracji (Smart City)
Cechy demograficzne	– ogólny poziom wykształcenia – struktura wiekowa – dochody
Oferta kulturalna i rekreacyjna	– kultura (muzea, teatry, opery, filharmonia itp.) – czas wolny (gastronomia, kino, baseny, imprezy itp.) – intensywna działalność stowarzyszeń – wspólne tożsamości i wartości z przybyszami (święta, tradycje itp.)
Jakość środowiska	– ogólnokrajowe i regionalne przepisy dotyczące ochrony środowiska (ustawy, normy, rezerwaty przyrody)

Źródło: Opracowanie i zestawienie własne według Grabow (1995)[116]

116 Lahner (2021), s. 550–552.

3. Smart City

W tym rozdziale zostanie najpierw bliżej objaśniona i przyporządkowana koncepcja Smart City. Następnie w ramach modelu Smart City zostaną zdefiniowane odpowiednie czynniki i wskaźniki, umożliwiające przeprowadzenie oceny Dwumiasta Frankfurt nad Odrą – Słubice oraz Euromiasta Guben – Gubin.

Wskutek procesów integracji gospodarczej i globalizacji zmieniła się rola miast i metropolii. W kontekście zmieniających się błyskawicznie warunków gospodarczych i technologicznych miasta stoją w obliczu nasilającej się konkurencji o inwestorów, turystów i wykwalifikowanych pracowników. Konkurencyjność i atrakcyjność miast nabierają tym samym coraz większej wagi[117].

Działalność gospodarcza przenosi się do obszarów, które w odniesieniu do produkcji, innowacyjności i jakości życia mogą się wykazać najatrakcyjniejszymi czynnikami lokalizacji. Jednocześnie powstają złożone problemy społeczne, ekologiczne i gospodarcze, które coraz bardziej negatywnie przekładają się na jakość życia w miastach, co rodzi potrzebę nowych koncepcji i rozwiązań w urbanistyce i polityce komunalnej. W tych okolicznościach wiele miast i samorządów wykorzystuje już nowe technologie, aby sprostać tym wyzwaniom. Nowinki technologiczne służą zaś poprawie nie tylko twardych, lecz również miękkich czynników lokalizacji. Ich wprowadzanie ma więc w wielu dziedzinach decydujące znaczenie. Chodzi to o zwiększanie efektywności energetycznej, zmniejszanie emisji lub nowe rodzaje komunikacji. Przemiany te stanowią punkt wyjścia do zyskującej od końca lat dziewięćdziesiątych XX wieku na popularności dyskusji na temat Smart City[118].

Chociaż ta koncepcja jest znana już od lat 90., to w literaturze do dziś nie ma jasnej i powszechnie obowiązującej definicji Smart City – istnieje wiele definicji obok siebie[119]. Albino, Berardi i Dangelico zbadali różne definicje Smart City i również dochodzą do wniosku, że trudno jest sformułować definicję powszechnie obowiązującą. Wiąże się to z indywidualnością i złożonością różnych miast, które wyznaczają sobie określone priorytety i wizje, aby energicznie rozwijać określone aspekty Smart City[120]. Każde miasto ma własną dynamikę, historię i indywidualne zasoby, z czego wynikają szczególne potrzeby i wyznaczane indywidualnie priorytety[121].

117 Begg (1999).
118 Giffinger/Kramar (2021), s. 35.
119 Baran et al. (2022), s. 3.
120 Albino/Berardi/Dangelico (2015), s. 18.
121 Manville et al. (2014).

Koncepcja Smart City jest tak wielostronna i złożona, że zajmują się nią różne dyscypliny naukowe[122]. Literatura wykazuje również elementy powielające się z pokrewnymi koncepcjami miast, w zależności od perspektywy naukowej[123]. Przykładami tego są *digital city* (miasto cyfrowe), gdzie główny nacisk kładzie się na rozwój infrastruktury cyfrowej w mieście[124], *knowledge city* (miasto wiedzy) – z naciskiem na tworzenie innowacyjnego otoczenia dla nauki i badań[125] – lub *green city* (zielone miasto), w którym urbanistyka pragnie być w harmonii z przyrodą, a ważnym elementem jest zielona infrastruktura[126].

Niezależnie od dyscypliny naukowej istnieją dwa aspekty ustawicznie przewijające się w definicjach. Jednym jest uwzględnianie potrzeb i preferencji obywateli, gdyż to oni mają czerpać korzyści ze Smart City; ich partycypacja jest więc decydującym elementem procesu prowadzącego do Smart City[127]. Drugi aspekt stanowi *information and communications technology* (ICT) – innowacyjna technologia informacyjno-komunikacyjna (TIK) – która jest istotnym składnikiem koncepcji Smart City i stanowi ważny instrument poprawy jakości życia we wszystkich obszarach funkcjonowania miasta. Samo tylko wprowadzanie nowych technologii nie czyni jednak automatycznie miasta Smart City, lecz ich inteligentne stosowanie, czyli odpowiednia analiza i ewaluacja danych oraz wdrażanie i łączenie ze sobą różnych płaszczyzn[128].

Analiza Parlamentu Europejskiego tak samo włącza oba te aspekty do swojej definicji. Według niej Smart City to miasto, które stara się zajmować kwestiami publicznymi za pomocą rozwiązań opartych na technologii informacyjnej i komunikacyjnej na bazie partnerskiej współpracy różnych interesariuszy komunalnych[129].

Dwumiasto Frankfurt nad Odrą – Słubice przywołuje w Planie Działania pojęcie Smart City zdefiniowane przez Instytut Planowania Przestrzennego Uniwersytetu Technicznego w Wiedniu. Według niego przez Smart City rozumie się miasto, które w zakresie rozwoju gospodarczego, mobilności urbanistycznej, struktur administracyjnych, troski o środowisko i jakości życia ludności cechuje się szczególną innowacyjnością i nowoczesnością i w którym przez stosowanie rozwiązań cyfrowych zwiększa się z korzyścią dla ludności i miejscowych przedsiębiorstw efektywność tradycyjnych sieci i usług. Chodzi przy tym o lepsze wykorzystanie zasobów i zmniejszenie emisji, ale również o bardziej inteligentne miejskie sieci

122 Pichlak (2018), s. 194; Masik/Sagan/Scott (2021), s. 3.
123 Winkowska/Szpilko/Pejić (2019), s. 71–73.
124 Yovanof/Hazapis (2009).
125 Cueva-Ortiz/Cruz-Cárdenas (2021).
126 Breuste (2023).
127 Winkowska/Szpilko/Pejić (2019), s. 77–79.
128 Gotlibowska (2018), s. 77–79.
129 Manville et al. (2014), s. 23–25.

transportowe, poprawę działania wodociągów i zakładów utylizacji odpadów oraz efektywniejsze możliwości oświetlania i ogrzewania budynków. Ponadto pojęcie Smart City obejmuje również interaktywne i szybko reagujące władze miasta, bezpieczne przestrzenie publiczne oraz potrzeby starzejącej się ludności[130].

3.1 Model Smart City

Jeden z pierwszych i obecnie najbardziej znanych modeli Smart City, który stanowi podstawę innych koncepcji Smart City, przedstawiają Rudolf Giffinger et al.[131] Na niego powołuje się również Dwumiasto Frankfurt nad Odrą – Słubice w swoim Planie Działania[132], zatem w ramach niniejszej analizy ten właśnie model Giffingera[133] służy jako podstawa bliższych dociekań. Ma to zagwarantować, że ocena Dwumiasta jako Smart City nastąpi na podstawie tych samych kryteriów, które mieli na uwadze autorzy Planu Działania[134].

Ilustracja 2: Model Smart City

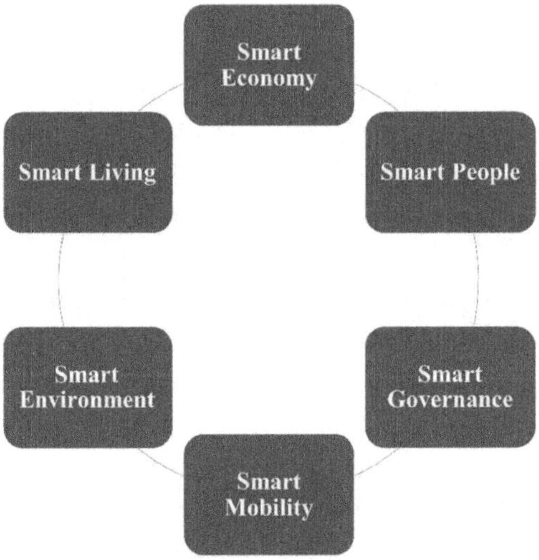

Źródło: Opracowanie własne według Giffinger et al.[135]

130 Europäische Kommission: Smart cities.
131 Gotlibowska (2018), s. 69.
132 Stadtverwaltung Frankfurt (Oder) (2019).
133 Giffinger, Rudolf et al. (2007): european smart cities.
134 Przeglądowe ujęcie innych koncepcji Smart City zawiera m.in. Gotlibowska (2018), Baran/Kłos/Chodorek et al. (2022) oraz zlecona przez Parlament Europejski analiza Manville et al. (2014).
135 Giffinger et al. (2007): Smart Cities.

Model Smart City według Giffinger et al. opracowano w celu umożliwienia porównywania ze sobą średniej wielkości miast europejskich, liczących od 100 000 do 500 000 mieszkańców. Na podstawie tego modelu sporządzono ranking 70 miast europejskich. Oprócz spełnienia kryterium liczby ludności wszystkie uczestniczące miasta miały posiadać co najmniej jeden uniwersytet i być położone w obszarze komunikacyjnym liczącym poniżej 1,5 mln mieszkańców. W modelu zdefiniowano sześć wyróżników, w których dane miasto musi osiągnąć dobre wartości, aby można je było określić mianem Smart City. Podstawę stanowi inteligentne wykorzystywanie zasobów oraz działanie niezależnych i świadomych odpowiedzialności obywateli[136]. Ilustracja 2 ukazuje sześć wyróżników modelu oraz związki między nimi, a Tabela 6 zawiera ich dokładną listę.

Tabela 6: Wyróżniki i czynniki modelu Smart City

Smart Economy Konkurencyjność (Competitiveness)	**Smart People** Sprawy socjalne i kapitał ludzki (Social and Human Capital)
• Duch innowacji (Innovative spirit) • Przedsiębiorczość (Entrepreneurship) • Wizerunek gospodarczy i marki (Economic image & trademarks) • Produktywność (Productivity) • Elastyczność rynku pracy (Flexibility of labour market) • Powiązania międzynarodowe (International embeddedness)	• Poziom kwalifikacji (Level of qualification) • Skłonność do uczenia się przez całe życie (Affinity to lifelong learning) • Pluralizm społeczny i etniczny (Social and ethnic plurality) • Elastyczność (Flexibility) • Kreatywność (Creativity) • Otwartość na świat / tolerancja (Cosmopolitanism/Open-mindedness) • Udział w życiu publicznym (Participation in public life)
Smart Governance Partycypacja (Participation)	**Smart Mobility** Transport i technologie informacyjno-komunikacyjne (Transport and ICT)
• Współdecydowanie (Participation in decision-making) • Służby publiczne i społeczne (Public and social services) • Przejrzyste zarządzanie (Transparent governance)	• Lokalne skomunikowanie transportowe (Local accessibility) • Skomunikowanie (między)narodowe ((Inter)national accessibility) • Dostępność infrastruktury TIK (Availability of ICT-infrastructure)

136 Tamże, s. 11.

	• Zrównoważone, innowacyjne i bezpieczne systemy transportu (Sustainable, innovative and safe transport systems)
Smart Environment Zasoby naturalne (Natural resources)	**Smart Living** Jakość życia (Quality of life)
• Atrakcyjność warunków przyrodniczych (Attractivity of natural conditions) • Zanieczyszczenie środowiska (Pollution) • Ochrona środowiska (Environmental protection) • Zrównoważone zarządzanie zasobami (Sustainable resource management)	• Placówki kulturalne (Cultural facilities) • Placówki ochrony zdrowia (Health conditions) • Bezpieczeństwo osobiste (Individual safety) • Warunki mieszkaniowe (Housing quality) • Placówki edukacyjne (Education facilities) • Atrakcyjność turystyczna (Touristic attractivity) • Spójność społeczna (Social cohesion)

Źródło: Zestawienie własne według Giffinger et al. (2007)[137]

Model ma strukturę hierarchiczną, tzn. sześć wyróżników jest opisywanych za pośrednictwem wielu czynników, które ze swej strony są ujęte w różne wskaźniki. W Tabeli 6 ujęto tych sześć obszarów i ich czynniki.

Giffinger i Kramar zdefiniowali w 2021 roku koncepcję „European Smart City" (ESC). Najsilniej zagregowany szczebel oceny to ogólna pozycja danego miasta w formie miejsca zajmowanego w systemie wybranych miast. W ramach tego benchmarku miasto rozpatruje się przede wszystkim w porównaniu z innymi miastami, czyli przeprowadza się ranking. Za sprawą licznych wskaźników, które odgrywają pewną rolę w ocenie, ten benchmark wykracza daleko poza zwykły ranking. W tych okolicznościach i w nawiązaniu do aktualnej idei rozwoju Smart City można każde miasto odnieść na empirycznej podstawie przejrzystych i obszernych profili opartych na danych do podobnych miast takiego samego typu lub podobnej wielkości i porównać je z nimi. Poszczególne profile dostarczają bardziej szczegółowych informacji i pokazują za pomocą prostych diagramów osiągnięcia danego miasta w różnych kluczowych dziedzinach lub obszarach inteligentnego rozwoju w porównaniu ze średnią całej próby. Umożliwia to przejrzyste przedstawienie względnych mocnych i słabych stron w porównaniu z innymi porównywalnymi

137 Giffinger et al. (2007): Smart Cities, s. 22–23.

miastami. Dzięki temu koncepcja ESC stanowi kompleksową metodę profilowania i benchmarkingu europejskich miast średniej wielkości. Etykietę „Smart City" otrzymuje według tej koncepcji miasto, które dobrze wypada na sześciu kluczowych polach, które opiera się na „inteligentnej" kombinacji zasobów i działań decydujących samodzielnie, niezależnych i świadomych obywateli[138].

Koncepcja Giffingera i Kramara jest wdrażana w ramach modelu, którego można używać jako narzędzia oceny do przejrzystego porównywania miast pod kątem szeregu „inteligentnych" cech – w celu tworzenia indywidualnych profilów miast do potwierdzonego empirycznie benchmarkingu. Wskaźniki opierają się na dostępnych i wiarygodnych danych statystycznych i nie ograniczają się tylko do lokalnych instytucji bądź zasobów, lecz obejmują również warunki społeczne, instytucjonalne, kulturalne i ekologiczne w powiązaniu z takimi sferami jak świadomość i partycypacja stanowiących o sobie obywateli[139].

Model ten zastosowano poniżej do oceny Dwumiasta Frankfurt nad Odrą – Słubice i Euromiasta Guben – Gubin. Należy przy tym pamiętać, że wymogów modelu w zakresie liczby mieszkańców nie spełnia ani Dwumiasto, ani Euromiasto, a wymóg istnienia miejscowego uniwersytetu jest spełniony jedynie w Dwumieście. Przesłanka ta zostanie jednak w dalszej części wywodu zaniedbana, ponieważ Dwumiasto w swoim Planie Działania odnosi się do tego modelu, a więc z dużym prawdopodobieństwem zdawało sobie sprawę z tych okoliczności. W porównaniu zrezygnowano również w znacznej mierze z analizy wskaźników ogólnokrajowych, ponieważ oba miasta znajdują się w tych samych krajach i krajach związkowych, więc te wartości nie różniłyby się od siebie. Ponieważ w ramach niniejszej pracy ma zostać ustalone, czy Dwumiasto Frankfurt nad Odrą – Słubice jest centrum gospodarczym pogranicza Brandenburgii i województwa lubuskiego, w modelu Smart City zrezygnowano z rozpatrywania niektórych wyróżników mniej istotnych dla gospodarki. Oznacza to, że poniżej położono nacisk na wyróżniki Smart Economy i Smart Mobility. Kompleksowa analiza Dwumiasta na podstawie modelu Smart City nie zmieściłaby się w ramach niniejszej analizy. W poniższych podrozdziałach przedstawione zostaną poszczególne podkategorie tego modelu. Przy tej okazji zostanie zdefiniowane, które czynniki bądź wskaźniki zostaną zastosowane do analizy Dwumiasta i późniejszego porównania z Euromiastem, a które nie będą już uwzględniane.

3.2 Smart Economy

Pojęcie Smart Economy ma różne definicje. Mateusz Ryba rozumie przez Smart Economy stosowanie innowacyjnych i elastycznych rozwiązań służących wzrostowi

138 Giffinger, Rudolf et al. (2007): european smart cities, s. 3.
139 Giffinger/Haindlmaier (2010).

produktywności lokalnej gospodarki. Wskaźnikami są produktywność, innowacyjność i przedsiębiorczość, mierzone np. liczbą nowo zakładanych firm lub wydatkami na badania naukowe i rozwój (B+R). Kolejne wskaźniki to elastyczność rynku pracy, zdolność do transformacji czy stopień internacjonalizacji gospodarki, mierzony np. liczbą imprez międzynarodowych lub znaczeniem eksportu[140]. Wzrost produktywności dzięki TIK i bardziej progresywna produkcja oraz innowacyjność oparta na TIK, nowe produkty, usługi i modele biznesowe są wymienione również w analizie zleconej przez Parlament Europejski. Wskazuje się tam także na lokalne i globalne usieciowienie oraz włączenie do międzynarodowego fizycznego i cyfrowego przepływu towarów, usług i wiedzy[141]. Według Justyny Winkowskiej Smart Economy obejmuje wzrost produktywności dzięki TIK, przedsiębiorczość, zdolność adaptacji gospodarki do zmian, elastyczność na rynku pracy i współpracę międzynarodową[142]. Pisząc o transformacji i rozwoju Smart Economy, Mike Barlow zwraca dodatkowo uwagę na szczególne znaczenie ukierunkowania na zrównoważony rozwój[143].

Z porównania powyższych definicji wynika, że są one merytorycznie podobne. Dotyczy to również pojęć zawartych w poniższych podrozdziałach i ma przyczynę w tym, że definicje te często odnoszą się do modelu Giffingera et al. Służy on do rozpatrywania Dwu- oraz Euromiasta. Z tego powodu w dalszej części zostaną przedstawione różne definicje poszczególnych kategorii nadrzędnych, jednak wybór czynników i wskaźników, które trzeba uwzględnić w celu ich zmierzenia, opiera się zawsze na modelu Giffingera et al.

Podsumowanie czynników i związanych z nimi wskaźników Smart Economy, które zastosowano w ramach analizy do rozpatrywania Dwumiasta i Euromiasta, zawiera Tabela 7.

W odniesieniu do czynnika innowacyjności zrezygnowano z rozpatrywania obecnego w oryginalnym modelu wskaźnika „ogólnokrajowe wydatki na B+R w % PKB", ponieważ wypadłyby tu one identycznie. Zamiast tego rozpatrywane są wewnętrzne nakłady na B+R i zatrudniony personel B+R (pełne etaty). Z powodu niepełnych danych nie uwzględniono również wskaźnika zatrudnienia w sektorach opartych na wiedzy.

Czynnik „wizerunek gospodarczy / siła marki" usunięto z powodu niepełnych danych dotyczących wskaźnika „znaczenie jako centrum decyzyjnego". Wypowiedzi na temat wizerunku gospodarczego znajdują się jednak w wywiadach z ekspertami, opisanymi w rozdziale 6.

Nie rozpatruje się również czynnika „międzynarodowe usieciowienie". Istotne dla niego wskaźniki „przedsiębiorstwa z główną siedzibą w mieście, notowane

140 Ryba (2017), s. 84.
141 Manville et al. (2014), s. 28.
142 Winkowska/Szpilko/Pejić (2019), s. 71–72.
143 Barlow/Levy-Bencheton (2018), s. 210.

na ogólnokrajowym rynku akcji", „transport lotniczy pasażerów" oraz „transport lotniczy towarów" nie mają znaczenia ani dla Dwumiasta, ani Euromiasta, bo po pierwsze, żadne z tych miast nie posiada lotniska. Po drugie, żadne z nich nie jest główną siedzibą przedsiębiorstwa notowanego na ogólnokrajowym rynku akcji.

W wypadku czynnika „elastyczność rynku pracy" nie uwzględniono wskaźnika „odsetek zatrudnionych w niepełnym wymiarze czasu pracy".

W celu umożliwienia szerszej oceny sytuacji gospodarczej zarówno Dwumiasta, jak i Euromiasta do oceny Smart Economy włączono ponadto czynniki „dostępność i koszty gruntów i budynków" oraz „promocja inwestycji".

Do analizy Dwumiasta i porównania z Euromiastem w sferze Smart Economy można w sumie sporządzić listę następujących czynników i wskaźników:

Tabela 7: Smart Economy: czynniki i wskaźniki

Czynnik	**Wskaźnik**
Innowacyjność (Innovative Spirit)	• Wewnętrzne nakłady na B+R i zatrudniony personel B+R (pełne etaty) • Wnioski patentowe na głowę mieszkańca
Przedsiębiorczość (Entrepreneurship)	• Liczba osób prowadzących samodzielną działalność gospodarczą • Liczba nowo założonych przedsiębiorstw
Produktywność (Productivity)	• PKB na osobę pracującą
Elastyczność rynku pracy (Flexibility of labour market)	• Stopa bezrobocia
Dostępność i koszty gruntów i budynków	• Analiza jakościowa
Promocja inwestycji	• Analiza jakościowa

Źródło: Opracowanie własne według Giffinger et al.[144]

3.3 Smart Mobility

Przez Smart Mobility rozumie się oparte na TIK, zintegrowane i zrównoważone systemy transportu, które obejmują zarówno transport i logistykę towarów, jak i transport pasażerski. Ważnym aspektem jest tu zrównoważony charakter, dlatego należy preferować opcje czyste i niezmotoryzowane. Systemy oparte na TIK umożliwiają społeczeństwu dostęp do danych w czasie rzeczywistym, co tworzy

144 Giffinger et al. (2007): Smart Cities, s. 22.

nowe możliwości optymalizacji, np. w celu efektywniejszego wpływania na dojazdy do pracy lub zmniejszania kosztów transportu, co w rezultacie redukuje emisje CO_2. Nowe TIK przyczyniają się również to poprawy bezpieczeństwa transportu[145].

Z powodu braku danych nie uwzględniono czynnika „lokalna dostępność" ze wskaźnikami „zadowolenie z dostępu do środków transportu publicznego", „sieć transportu publicznego na mieszkańca" oraz „zadowolenie z jakości środków transportu publicznego".

W odniesieniu do czynnika „dostępność infrastruktury TIK" nie uwzględniono wskaźników „komputery w gospodarstwach domowych" i „dostęp do szerokopasmowego Internetu w gospodarstwach domowych". Zamiast tego rozpatrywany jest wskaźnik „dostępność stałych łączy dla przedsiębiorstw w % według prędkości". Wskaźnik ten mówi więcej o gospodarczych aspektach dostępu do Internetu.

W odniesieniu do czynnika „zrównoważone, innowacyjne i bezpieczne systemy transportu" z powodu braku danych nie uwzględniono wskaźników „stosowanie oszczędnych samochodów" i „korzystanie z samochodów elektrycznych". Zamiast tego rozpatruje się „udział zielonej mobilności (niezmotoryzowany transport indywidualny)".

Do analizy Dwumiasta i porównania z Euromiastem w sferze Smart Mobility można w sumie sporządzić listę następujących czynników i wskaźników:

Tabela 8: Smart Mobility: czynniki i wskaźniki

Czynnik	**Wskaźnik**
Skomunikowanie (między)narodowe ((Inter)national accessibility)	• Międzynarodowe skomunikowanie transportowe • Krajowe skomunikowanie transportowe
Dostępność infrastruktury TIK (Availability of ICT infrastructure)	• Dostępność stałych łączy dla przedsiębiorstw w % według prędkości
Zrównoważone, innowacyjne i bezpieczne systemy transportu (Sustainable, innovative, and safe transport systems)	• Korzystanie z samochodów elektrycznych • Bezpieczeństwo transportu

Źródło: Opracowanie własne według Giffinger et al. (2007)[146]

145 Ryba (2017), s. 84; Giffinger et al. (2007): Smart Cities, s. 11–12.
146 Tamże, s. 23.

4. Dwumiasto Frankfurt nad Odrą – Słubice

Po teoretycznym naświetleniu pytania badawczego niniejszej analizy w poniższym rozdziale skupiono się na Dwumieście Frankfurt nad Odrą – Słubice. Opis odbywa się według czynników i wskaźników zdefiniowanych w rozdziale 3, zawsze pod kątem sformułowanych powyżej hipotez 1 i 2. Analiza danych statystycznych odbywa się zgodnie z kolejnością wyróżników modelu Smart City z rozdziału 3.

4.1 Ogólna sytuacja Dwumiasta i jego lokata w Zukunftsatlas firmy Prognos

Frankfurt nad Odrą jest miastem na prawach powiatu na wschodzie Brandenburgii i liczy około 58 200 mieszkańców[147]. Słubice są miastem na zachodzie województwa lubuskiego, liczącym około 16 300 mieszkańców i należącym do Powiatu Słubickiego. Struktury terytorialne w Polsce są podobne do tych w Niemczech, więc polski powiat jest porównywalny z niemieckim. Struktura zarządzania w Polsce ma jednak charakter centralistyczny, więc kompetencje decyzyjne są tam ulokowane na szczeblu ogólnokrajowym. Według ekspertów, z którymi przeprowadzono wywiady, prowadzi to również do problemów we współpracy obu miast.

Liczba mieszkańców miasta Frankfurtu nad Odrą pozostawała w minionych dziesięciu latach stosunkowo stała, w latach 2012–2022 spadła tylko o około 0,5%. W tym samym okresie natomiast liczba mieszkańców kraju związkowego Brandenburgia wzrosła o 5,1%[148]. Stagnacja, która zaznacza się we Frankfurcie nad Odrą, jest w kontekście tego miasta niewątpliwie zjawiskiem pozytywnym, ponieważ po zmianie ustroju przeżywało ono silny regres demograficzny (w 1990 roku miało jeszcze 86 131 mieszkańców, do 2012 roku nastąpił spadek o 32,4%). Niemniej nie jest to dobry znak, jeśli w czasach odpływu ludności ze wsi do miast w całych Niemczech liczba ludności we Frankfurcie nad Odrą spada, natomiast w całej Brandenburgii wzrasta.

Również liczba mieszkańców Słubic w minionych dziesięciu latach spadła. W latach 2012–2022 zmniejszyła się o 3,3%. Jednak także liczba mieszkańców

147 Statistisches Bundesamt Deutschland Destatis (2023a): GENESIS Datenbank. Tabela: 12411-0011.
148 Tamże.

województwa lubuskiego zmniejszyła się w tym czasie o 4,2%. W przeciwieństwie do Frankfurtu nad Odrą liczba mieszkańców utrzymywała się na przestrzeni dłuższego okresu na względnie stałym poziomie. Ilustracja 3 przedstawia liczbę mieszkańców obu miast.

Ilustracja 3: Liczba mieszkańców miast Frankfurt nad Odrą i Słubice (2012–2022)

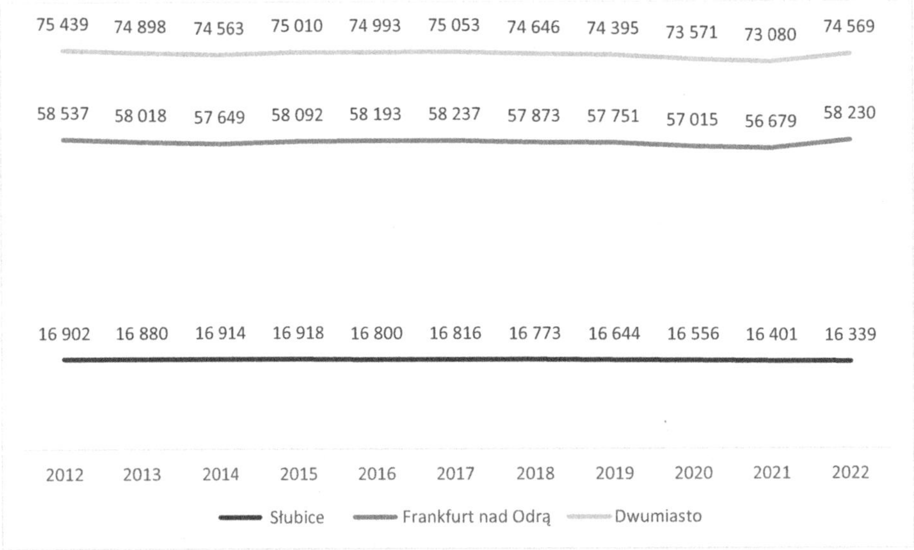

Źródło: Opracowanie własne na podstawie danych Destatis[149] i GUS[150]

Średnioroczne saldo urodzeń i zgonów we Frankfurcie nad Odrą wynosiło minus 402 (spadek liczby ludności o 0,7%), a bilans migracji minus 315 (spadek liczby ludności o 0,55%)[151]. Pewien ubytek nastąpił w grupie wiekowej od 30 do 44 lat – o 133 osoby. W grupie wiekowej od 45 do 64 lat ubytek był największy – o 299 osób. Zmniejsza to liczbę mieszkańców miasta w wieku produkcyjnym[152]. W województwie lubuskim saldo urodzeń i zgonów w pierwszym półroczu 2021 roku wyniosło minus 3493 (około minus 0,4%)[153].

Budżet Frankfurtu nad Odrą wykazuje deficyt, czego skutkiem jest zobowiązanie do przyjęcia koncepcji zabezpieczenia budżetu (HSK). Miasto ma z tego

149 Statistische Ämter des Bundes und der Länder (2023b): Gemeindeverzeichnis-Informationssystem GV-ISys.

150 Główny Urząd Statystyczny GUS (2023): Baza Demografia.

151 Bundesagentur für Arbeit (2022): Der Arbeitsmarkt im Kontext des demografischen Wandels, s. 1.

152 Kannenberg, Heinz (2022): Industrie und Einkommen. Große Betriebe fehlen – wie kommt Frankfurt (Oder) weg vom Tabellenende?, *moz.de*, 15.07.2022.

153 Urząd Statystyczny w Zielonej Górze (2022): Biuletyn statystyczny województwa lubuskiego – 2 kwartał 2022, Zielona Góra.

powodu tylko bardzo ograniczone pole manewru w dziedzinie finansów. W myśl §§ 63 i nast. Konstytucji Samorządowej Kraju Związkowego Brandenburgia (BbgKVerf) gminy w Brandenburgii są zasadniczo zobowiązane do takiego tworzenia swoich budżetów, aby były one nadwyżkowe lub co najmniej zrównoważone. Jeśli nie jest to możliwe, to zgodnie z § 63 ust. 5 BbgKVerf trzeba opracować HSK, którą musi zaaprobować Wydział Nadzoru nad Samorządami w Ministerstwie Spraw Wewnętrznych i Samorządowych Kraju Związkowego Brandenburgia[154]. W HSK na rok budżetowy 2021 liczono się jeszcze ze zrównoważeniem budżetu w roku 2031, natomiast w aktualnym HSK na lata 2023/2024 oczekuje się tego dopiero w roku 2033[155]. Oznacza to, że Frankfurt nad Odrą najwcześniej od 2033 roku będzie dysponował pewną samodzielnością, pozwalającą na dokonywanie koniecznych inwestycji. W porównaniu z tym przychody w Słubicach zwiększyły się na przestrzeni ostatnich dziesięciu lat z ok. 5,7 mln PLN (2013) do 11,8 mln PLN (2022), co stanowi wzrost o 123,8%.

Jeśli przyjrzeć się dochodom prywatnych gospodarstw domowych we Frankfurcie nad Odrą, to z dochodem rozporządzalnym na głowę wynoszącym 19 118 € znajduje się on na 395. miejscu wśród 401 niemieckich powiatów i miast na prawach powiatu. W Brandenburgii Frankfurt nad Odrą jest z tym wynikiem czerwoną latarnią. Taki jest rezultat analizy Instytutu Nauk Ekonomicznych i Społecznych Fundacji im. Hansa Böcklera. Dochód rozporządzalny oblicza się jako sumę dochodów z majątku i pracy zarobkowej (dochodu pierwotnego) pomniejszoną o składki na ubezpieczenia społeczne, podatek dochodowy, podatek majątkowy i inne opłaty bezpośrednie. Dodaje się świadczenia socjalne i inne transfery publiczne. Z powodu dochodów niższych od średniej krajowej dla całych Niemiec, wynoszącej 23 706 €, oraz ze względu na pozycję w rankingu siłę nabywczą należy zatem ocenić jako bardzo słabą. Również system opieki socjalnej musi generalnie wnosić więcej dopłat[156].

Na zlecenie Hanse Club Wirtschaft w marcu 2023 roku Prognos dokonał w specjalnej analizie dotyczącej Frankfurtu nad Odrą ewaluacji Zukunftsatlas 2022, wspomnianego już w części poświęconej stanowi badań. W tej ewaluacji szczególny nacisk położono na następujące rezultaty.

Po pierwsze: *potencjał gospodarczy i dobrobyt*. Frankfurt nad Odrą należy w skali całych Niemiec do regionów o najmniejszym potencjale gospodarczym. W odniesieniu do wzrostu PKB w ZKA 2022 stwierdzono zmianę trendu. O ile w ZKA 2019 Frankfurt nad Odrą znajdował się jeszcze na przedostatnim miejscu, to dzięki wzrostowi o 10,3% (2015–2020) udało mu się wskoczyć do środkowej

154 Stadtverwaltung Frankfurt (Oder) (2023h): Haushaltssatzung Doppelhaushalt 2023/2024, s. 12.
155 Tamże, s. 30.
156 Seils/Pusch (2022).

części stawki (miejsce 226)[157]. Siła nabywcza pozostaje jednak w porównaniu regionalnym trwale niska (miejsce 363). Odsetek mieszkańców żyjących we wspólnotach potrzebujących wynosi 10,3% i jest nadal wysoki (Brandenburgia 5,7%)[158]. Źródłem ewentualnego wzrostu dochodów mogą być raczej osoby dojeżdżające tu do pracy, których nie uwzględnia się w obliczaniu siły nabywczej we Frankfurcie nad Odrą.

Po drugie: *innowacyjność*. Frankfurt nad Odrą plasuje się na przedostatnim miejscu (399) w dziedzinie konkurencji i innowacji[159]. Według analizy Uniwersytet Europejski Viadrina i IHP nie oddziałują na region. Gospodarka miasta Frankfurtu nad Odrą dysponuje ponadto niewielką i zmniejszającą się obsadą kadrową w dziedzinie B+R. Jej udział wynosił w roku 2019 roku 0,15% ogółu zatrudnionych w gospodarce (miejsce 368). W Brandenburgii to 0,55%, a w Niemczech 1,42%. Miasto posiada niewiele cyfrowych czynników stymulujących i prawie nie ma tam czołowych przedsiębiorstw (miejsce 396)[160].

Po trzecie: *zakładanie przedsiębiorstw*. Miasto Frankfurt nad Odrą jest ważną lokalizacją zakładania nowych firm w Brandenburgii (natężenie nowo zakładanych firm), wykazującą silny wzrost na przestrzeni lat. Natężenie nowo zakładanych firm w latach 2018–2021 wynosiło 86,9 (pozycja 211) przy wskaźniku dla całych Niemiec = 100; w Brandenburgii było to 79,5. Odsetek zatrudnionych w B+R spadł w latach 2015–2019 jednak o 0,16% (miejsce 353). ZKA 2022 nie podaje, jaka jest struktura nowo zakładanych firm i w jakich dziedzinach ta aktywność jest najsilniejsza. W sumie w odniesieniu do natężenia nowo zakładanych firm dystans miasta do średniej krajowej powiększył się. Natężenie to jest we Frankfurcie nad Odrą niższe od średniej krajowej o około 13%, co daje mu miejsce w środku stawki.

Po czwarte: *warunki lokalizacyjne i inwestycje*. Warunki lokalizacyjne są ponadprzeciętnie dobre (miejsce 73). Wskaźnik inwestycji w przemyśle jednak mocno spadł (z miejsca 12 w roku 2016 – 19,2% na miejsce 392 – 3,4%). Inwestycje zagraniczne są na poziomie skrajnie poniżej średniej (miejsce 396).

Po piąte: *branże przyszłości*. Według analizy we Frankfurcie nad Odrą bardzo niewielu ludzi pracuje w branżach przyszłości. Odsetek zatrudnionych w branżach przyszłości w 2021 roku wynosił we Frankfurcie nad Odrą 30,9% (pozycja 399). Dla porównania: Niemcy 47,1%, Brandenburgia 40,3%.

Po szóste: *rynek pracy*. Gęstość miejsc pracy plasuje się niezmiennie w czołówce średniej części stawki (miejsce 62) i znacznie przewyższa średnią dla całych

157 Freitag/Schenten/Mayimona (2023), s. 23.
158 Tamże, s. 30–31.
159 Tamże, s. 39.
160 Tamże, s. 26–28.

Niemiec. Bezrobocie we Frankfurcie nad Odrą ustawicznie spada (miejsce 355), jednak nadal jest wyższe od średniej ogólnokrajowej i landowej.

Po siódme: *wskaźnik przestępczości*. Po pewnym spadku ponownie wzrósł on wyraźnie i przewyższa poziom z ZKA 2016. We Frankfurcie nad Odrą wskaźnik przestępczości (11 051 przestępstw na 100 000 mieszkańców, pozycja 393) jest prawie dwukrotnie wyższy od średniej dla Niemiec (6070) i Brandenburgii (6281). Jest jednym z najwyższych w całym kraju. W ZKA 2022 nie przedstawiono możliwego efektu statystycznego wskutek doliczenia rejestrowanej przestępczości przygranicznej.

Po ósme: *badania porównawcze*. Powiaty Märkisch-Oderland (miejsce 329) i Uckermark (367) uplasowały się w ZKA 2022 jako regiony przygraniczne również na końcu stawki. Dotyczy to także miast na prawach powiatu Brandenburg (369) i Cottbus (337).

Z ustalonych przez Prognos w 2022 toku danych dotyczących rozwoju wypływa wniosek: miasto Frankfurt nad Odrą koniecznie potrzebuje inwestycji – realizowanych przez miejscowe i zamiejscowe przedsiębiorstwa.

Rywalizując z innymi wschodnioniemieckimi miastami, Frankfurt nad Odrą ubiegał się o zostanie siedzibą Centrum Przyszłości Niemieckiej Jedności i Europejskiej Transformacji. W celu dokonania oceny jury jeździło do poszczególnych miast, aby następnie sformułować rekomendację. Ostatecznie rząd federalny wybrał w lutym 2023 roku jako lokalizację miasto Halle. Frankfurt nad Odrą zajął drugie miejsce[161]. Centrum Przyszłości we Frankfurcie nad Odrą miało obejmować centrum kultury i spotkań, a także instytut badawczy, a dzięki temu być w pewnym stopniu motorem transformacji. Po zmianie ustroju miasto zebrało już nieco własnych doświadczeń z transformacją, którym towarzyszył przede wszystkim znaczny spadek liczby ludności. Jednocześnie stało się symbolem postępującego polsko-niemieckiego pojednania i zrastania się Europy, czego przejawem było spotkanie między ówczesnym kanclerzem Niemiec Helmutem Kohlem a szefem polskiego rządu Tadeuszem Mazowieckim w listopadzie 1990 roku[162]. Te przemiany oddziałują do dziś i także bez Centrum Przyszłości sprzyjają kolejnym impulsom w procesie transformacji.

Pozytywna decyzja nadałaby jednak Dumiastu wyraźnie bardziej międzynarodowy charakter. Do istniejących instytucji, które symbolizują jego międzynarodowy charakter, należą Klinikum Frankfurt (Oder), Uniwersytet Europejski Viadrina (EUV), IHP i in. Zatrudniająca około 1700 osób Klinikum

161 MDR Sachsen-Anhalt (2023): Deutsche Einheit. Der große Überblick: Das Zukunftszentrum in Halle, *mdr.de*, 28.02.2023.

162 „Wie Frankfurt (Oder) zum Straßburg des Ostens werden kann – ein Kommentar", *moz.de*, 25.09.2022.

Frankfurt (Oder), która należy do Rhön-Klinikum AG, jest największym pracodawcą w mieście[163]. Za nią plasuje się EUV z 623 pracownikami i 4797 studentami ze 107 krajów (stan: semestr zimowy 2022/23). Odsetek studentów zagranicznych wynosi 33%[164]. W IHP pracuje obecnie ponad 350 osób z ponad 30 krajów[165]. Brandenburska Orkiestra Państwowa, licząca 86 muzyków obojga płci z dziesięciu krajów, również wnosi swój wkład w międzynarodowy charakter miasta[166].

4.2 Smart City Frankfurt nad Odrą – Słubice

Opracowanie koncepcji Smart City dla Frankfurtu nad Odrą – Słubic nie jest wolne od komplikacji i przeciąga się. 23 listopada 2020 roku zastępca nadburmistrza ds. gospodarki i cyfryzacji Claus Junghanns (CDU) ogłosił w Komisji Gospodarczej, że Frankfurt nad Odrą w 2021 roku nie złoży wniosku o finansowanie dotyczącego uruchomionego przez Federację modelowego projektu Smart City. Wyjaśnił, że ze względu na napiętą sytuację budżetową i niedobory podatkowe spowodowane przez pandemię nie znajdą się konieczne środki własne w wysokości 250 000 €. Inne projekty utraciłyby wtedy finansowanie, a poza tym do realizacji projektu potrzebny byłby personel. Partnerem w finansowaniu udziału własnego miały być frankfurckie Stadtwerke. Teraz część ich zysków przeznacza się na konsolidację budżetu. Według Junghannsa w mieście nieco poprawiła się jednak sytuacja pod względem rozwoju Internetu szerokopasmowego i dostępności bezpłatnego Wi-Fi. Według „Märkische Oderzeitung" pewne dzielnice są wciąż niedostatecznie zaopatrzone[167].

18 czerwca 2021 roku przedstawiciele EUV, European New School of Digital Studies (ENS), Frankfurter Dienstleistungsholding i obywatele spotkali się na dyskusji o przeobrażeniu Dwumiasta w Smart City[168]. Podczas spotkania szefów grup roboczych na Zoomie Junghanns uwypuklił niektóre aspekty, na które należy zwrócić uwagę przy opracowywaniu koncepcji. Powiedział, że należy znajdować inteligentne rozwiązania – cyfryzacja znajduje się wprawdzie na pierwszym planie, ale nie jest remedium na wszystko. Należy próbować rozwijać pomysły w miarę możliwości ponad granicami. Do realizacji należy wykorzystywać głównie istniejące technologie, aby szybko tworzyć sprawne systemy. Należy

163 Stepputtis, Philipp (2022): Klinikum Frankfurt (Oder). Patrick Hilbrenner geht – Krankenhaus Markendorf bekommt neuen Geschäftsführer, *moz.de*, 02.12.2022.
164 Europa-Universität Viadrina (2023): Zahlen und Fakten.
165 Leibniz-Institut für innovative Mikroelektronik (2023): Über Uns.
166 Nikolaisaal Potsdam gGmbH (2023): Brandenburgisches Staatsorchester Frankfurt (Oder).
167 Kannenberg, Heinz (2020): Abschied von Smart City, *Frankfurter Stadtbote*, 26.11.2020.
168 Stadtverwaltung Frankfurt (Oder) (2021b): Frankfurt (Oder) / Słubice: Smarte Doppelstadt.

intensywniej rozbudowywać sieć dróg rowerowych, gdyż wielu obywateli nadal preferuje samochód. Dąży się również do transformacji na rynku mieszkaniowym. Pragnienia i potrzeby najemców są jednak generalnie raczej indywidualne, więc te zmiany należy integrować na płaszczyźnie wspólnotowej. Cyfryzacja zrobiła postępy podczas pandemii, przede wszystkimi w dziedzinie edukacji. Wszystkie podane aspekty odgrywają pewną rolę w podnoszeniu atrakcyjności Dwumiasta jako lokalizacji inwestycji[169].

Opracowywany dokument grupy roboczej miał zostać przedstawiony radnym w ostatnim kwartale 2022 roku, co jednak przełożono na rok 2023. Na zapytanie radnego Jana Augustyniaka (Lewica) z 04.10.2023 odpowiedziano, że opracowywany dokument „Smart City ohne Grenzen – Die vernetzte Doppelstadt Frankfurt (Oder) – Słubice" ma zostać zaprezentowany radnym w listopadzie 2023 roku[170]. Potem ma nastąpić analiza, które z zawartych tam projektów już są realizowane bądź znajdują się w fazie planowania, a na które mogłaby przyjść pora w przyszłości. ENS na razie nie będzie dalej wspierał tego procesu, ponieważ skończyło się finansowanie. W toku opracowywania dokumentu ze środowiska pracowników ENS wyszła informacja, że w urzędzie miasta nie było operatywnej osoby kontaktowej, co utrudniało komunikację. Ówczesny dyrektor ENS Jürgen Neyer ocenił jednak, że współpraca uczestników była bardzo udana i konstruktywna. Proces tworzenia koncepcji odnosi się według Junghannsa wyłącznie do Dwumiasta. Nie włączono do niego przyległych gmin, co rozważano jeszcze w roku 2020[171].

4.2.1 Smart Economy

W tej części przyjrzymy się bliżej Smart Economy Dwumiasta. Ponieważ w ramach niniejszej analizy mają zostać ocenione przede wszystkim aspekty gospodarcze Dwumiasta, stosownie do tego skupiono się przede wszystkim na obszarze Smart Economy. Poniżej rozpatrzone zostaną zdefiniowane w rozdziale 3.2 czynniki innowacyjność, przedsiębiorczość, produktywność, elastyczność rynku pracy, dostępność i koszty gruntów i budynków, promocja inwestycji wraz z ich odnośnymi wskaźnikami.

169 Stadtverwaltung Frankfurt (Oder) (2021c): Frankfurt (Oder) / Słubice: Smarte Doppelstadt. Öffentliches Online-Forum. Digitaltag 2021.

170 Stadt Frankfurt (Oder) – Der Oberbürgermeister (2023): Anfrage Vorlage-Nr.: 23/AFR/1553. Prozesspapier „Smart City ohne Grenzen", Frankfurt (Oder). Augustyniak, Jan: zapytanie z 04.10.2023.

171 „Digitalisierung Projekt ‚Smart City'. Frankfurt (Oder) lässt bei zweitem Anlauf märkische Kommunen außen vor", *moz.de*, 03.11.2022.

4.2.1.1 *Innowacyjność*

Ważnym czynnikiem dla inteligentnej gospodarki jest wysoka innowacyjność. Obraz Dwumiasta jest w tej mierze niezbyt pozytywny. W latach 2009–2019 wewnętrzne nakłady gospodarki na B+R w tys. euro we Frankfurcie nad Odrą ogromnie spadły – z 13 323 do 3687. Jednocześnie w Brandenburgii nakłady te wzrosły z 186 024 do 485 763, czyli ponad dwukrotnie. To pokazuje, że w okresie powszechnie rosnących nakładów na B+R w gospodarce we Frankfurcie nad Odrą zmniejszyły się one o ponad połowę. Również drugi wskaźnik – personel B+R w gospodarce – rozwinął się we Frankfurcie nad Odrą negatywnie. W latach 2009–2019 w przeliczeniu na pełne etaty liczba ta skurczyła się z 144 do 42, podczas gdy w Brandenburgii wzrosła w tym samym okresie z 2106 do 4685. Można tu zaobserwować tę samą tendencję, co w wypadku nakładów na B+R. Ewolucję nakładów i liczebności personelu przedstawiają Tabela 9 i Tabela 10. W analizie przedstawiono tylko okres do 2019 roku, ponieważ bardziej aktualne dane na szczeblu powiatów udostępniane są tylko w zamian za dość wysokie opłaty.

Tabela 9: Wewnętrzne nakłady gospodarki na B+R oraz ich udział w PKB w Brandenburgii, Frankfurcie nad Odrą i Lubuskiem (2009–2019)

Rok	**Wewnętrzne nakłady gospodarki na B+R (w tys. euro) lub (w tys. PLN) oraz ich udział w PKB w %**		
	Brandenburgia	**Frankfurt nad Odrą**	**Lubuskie**[172]
2009	186 024 (0,35%)	13 323 (0,66%)	9429 (0,03%)
2011	307 750 (0,54%)	12 622 (0,59%)	- (-)
2013	269 774 (0,45%)	16 141 (0,85%)	31 200 (0,09%)
2015	397 479 (0,61%)	9689 (0,48%)	56 659 (0,14%)
2017	405 004 (0,57%)	8 712 (0,41%)	124 602 (0,29%)
2019	485 763 (0,64%)	3 687 (0,16%)	153 500 (0,31%)

Źródło: Obliczenia i zestawienie własne według Stifterverband für die Deutsche Wissenschaft e. V., RDB oraz BDL (GUS)[173]

172 Dane dotyczące 2013 i 2019 roku pochodzą z rocznika statystycznego województwa lubuskiego z 2015 roku (s. 258) i 2021 roku (s. 104): Urząd Statystyczny w Zielonej Górze (2021): Rocznik Statystyczny Województwa Lubuskiego, URL: https://zielonagora.stat.gov.pl/, dostęp 11.01.2024.

173 Stifterverband für die Deutsche Wissenschaft e. V. (2023): AW: Statistische Daten bezüglich FuE für wissenschaftliche Arbeit. Agg_Kreisdaten_2009bis2019.xlsx. Finger, Lena. E-mail z 17.10.2023; Statistische Ämter des Bundes und der Länder (2024): Ergebnis 82111-01-05-4. Bruttoinlandsprodukt/Bruttowertschöpfung nach Wirtschaftsbereichen – Jahressumme – regionale Tiefe: Kreise und krfr. Städte.; Główny Urząd Statystyczny GUS: Nauka i technika.

Tabela 10: Personel B+R gospodarki oraz jego udział w łącznej liczbie osób pracujących w Brandenburgii, Frankfurcie nad Odrą i Lubuskiem (2009–2019)

Rok	Personel B+R gospodarki[174] oraz jako udział w łącznej liczbie osób pracujących[175]		
	Brandenburgia	**Frankfurt nad Odrą**	**Lubuskie**
2009	2106 (0,28%)	144 (0,51%)	94 (0,03%)
2011	3229 (0,42%)	130 (0,44%)	164 (0,05%)
2013	3091 (0,39%)	190 (0,70%)	211 (0,07%)
2015	3667 (0,45%)	85 (0,31%)	324 (0,10%)
2017	4379 (0,52%)	72 (0,26%)	- (-)
2019	4685 (0,55%)	42 (0,15%)	960 (0,27%)

Źródło: Obliczenia i zestawienie własne według Stifterverband für die Deutsche Wissenschaft e. V., BA, BDL (GUS) oraz Rocznika Statystycznego Województwa Lubuskiego[176]

Również inny wskaźnik – wnioski patentowe na głowę mieszkańca – rozwijał się w minionych latach w sumie lekko negatywnie. Zwłaszcza od początku pandemii koronawirusa nastąpiło silne załamanie. Można przede wszystkim zaobserwować, że liczba zgłoszonych patentów we Frankfurcie nad Odrą w sumie się zmniejszyła, podczas gdy w Słubicach nie było pod tym względem generalnie stałej tendencji. Spadek wydatków na B+R i malejąca liczba pracowników B+R wywarły na to z pewnością pewien wpływ. Wątpliwe, czy w przyszłości Dwumiasto zanotuje znów więcej wniosków patentowych. W obliczu malejących wydatków na badania naukowe i rozwój wydaje się to mało prawdopodobne. Ewolucję liczby wniosków patentowych w minionych dziesięciu latach przedstawia Tabela 11.

Społeczeństwo informacyjne (K10). Działalność Badawcza i Rozwojowa (G184). Nakłady wewnętrzne na działalność B+R (P2401).

174 W przypadku personelu B+E w Brandenburgii i Frankfurcie nad Odrą przedstawiono dane w przeliczeniu na pełne etaty, a w przypadku statystyk dotyczących Polski liczbę zatrudnionych osób.

175 Chodzi o pracowników podlegających obowiązkowemu ubezpieczeniu społecznemu w miejscu pracy.

176 Stifterverband für die Deutsche Wissenschaft e. V. (2023); Bundesagentur für Arbeit (2023b): Statistiken. Statistiken nach Regionen; Główny Urząd Statystyczny GUS: Nauka i Technika. Społeczeństwo Informacyjne (K10). Działalność Badawcza i Rozwojowa (G184). Personel wewnętrzny B+R – wskaźniki (P3740); Urząd Statystyczny w Zielonej Górze (2021): Rocznik Statystyczny Województwa Lubuskiego.

Tabela 11: Wnioski patentowe w liczbach absolutnych oraz na 10 000 mieszkańców Dwumiasta (2013–2023)

Rok	**Frankfurt nad Odrą**	**Słubice**	**Dwumiasto (suma)**	**Dwumiasto mieszkańcy**	**Patent/ 10 000 mieszkańców**
2013	29	5	34	74 898	4,54
2014	32	3	35	74 563	4,69
2015	21	6	27	75 010	3,60
2016	31	1	32	74 993	4,27
2017	28	3	31	75 053	4,13
2018	26	0	26	74 646	3,48
2019	22	1	23	74 395	3,09
2020	20	0	20	73 571	2,72
2021	14	2	16	73 080	2,19
2022	17	7	24	74 569	3,22
01.10.2023	14	10	24	-	-

Źródło: Obliczenia własne według Deutsches Patent- und Markenamt (DPMA) Register oraz Urzędu Patentowego Rzeczpospolitej Polskiej (UPRP)[177]

W sumie zatem innowacyjność Dwumiasta należy ocenić jako stosunkowo słabą. Jednocześnie w bliższej przyszłości nie należy spodziewać się jej wzrostu. W tej mierze istnieje duże zapotrzebowanie, na przykład po dalszych inwestycjach w Uniwersytet Europejski, ale również w całe środowisko badawcze Dwumiasta.

4.2.1.2 *Przedsiębiorczość*

Przedsiębiorczość odgrywa ważną rolę dla inteligentnej gospodarki. Aby ją ocenić, poniżej rozpatrzona zostanie liczba osób prowadzących działalność na własny rachunek oraz liczba nowo zakładanych przedsiębiorstw.

Ponieważ dla miasta Guben nie ma danych o liczbie przedsiębiorców indywidualnych, w odniesieniu do niemieckiej strony Dwumiasta wybrano dla lepszej porównywalności liczbę podmiotów prawnych jako wskaźnik liczby osób prowadzących działalność na własny rachunek; po stronie polskiej jednak liczbę przedsiębiorców indywidualnych. W przypadku podmiotów prawnych należy uwzględnić fakt, że stają się one istotne dla ewaluacji, jeśli w roku sprawozdawczym osiągnęły obroty przekraczające 17 500 euro, albo jeśli mają

177 Deutsches Patent- und Markenamt (2023): DPMAregister; Urząd Patentowy Rzeczpospolitej Polskiej (2023): Wyszukiwarki. E-Wyszukiwarka.

zarejestrowanych pracowników. Oddział jest uwzględniany w ewaluacji wtedy, gdy posiada pracowników lub gdy jest jedynym oddziałem podmiotu prawnego, który w roku sprawozdawczym osiągnie obroty przekraczające 17 500 euro[178].

W sumie liczba osób prowadzących działalność na własny rachunek w Dwumieście pozostawała w minionych dziesięciu latach stała. O ile po stronie niemieckiej można stwierdzić spadek liczby podmiotów prawnych – łącznie o 199 podmiotów w latach 2013–2021 – o tyle w tym samym okresie liczba przedsiębiorców indywidualnych w Słubicach wzrosła o 162. Jeśli przyjrzeć się liczbie przedsiębiorstw na 100 mieszkańców, to również tu były tylko niewielkie wahania. Zwraca uwagę to, że podczas pandemii Covid-19 liczba przedsiębiorstw we Frankfurcie nad Odrą spadła, natomiast liczba przedsiębiorców indywidualnych w Słubicach wzrosła. Jednocześnie od 2021 roku liczba osób prowadzących działalność na własny rachunek w Słubicach jest po raz pierwszy wyższa od liczby podmiotów prawnych we Frankfurcie nad Odrą. Można wysnuć z tego wniosek, że równowaga gospodarcza zmienia się z korzyścią dla Słubic. Ewolucję tego wskaźnika ukazuje Tabela 12.

Tabela 12: Liczba podmiotów prawnych we Frankfurcie nad Odrą i przedsiębiorstw indywidualnych w Słubicach (2013–2022)

Rok	**Frankfurt nad Odrą**	**Słubice**	**Dwumiasto**	**Dwumiasto Przedsiębiorstwa na 100 mieszkańców**
2013	2127	1832	3959	5,3
2014	2147	1808	3955	5,3
2015	2092	1789	3881	5,2
2016	2062	1769	3831	5,1
2017	2054	1768	3822	5,1
2018	2033	1818	3851	5,2
2019	2027	1877	3904	5,2
2020	1953	1936	3889	5,3
2021	1928	1994	3922	5,4
2022	-	2014	2014	2,7

Źródło: Zestawienie własne według Amt für Statistik Berlin-Brandenburg i BDL (GUS)[179]

178 Amt für Statistik Berlin-Brandenburg (2020): StatIS-BBB Das Statistische Informationssystem Berlin-Brandenburg. Tabelle: Unternehmensregister – Rechtliche Einheiten.
179 Tamże; Główny Urząd Statystyczny (2023a): Bank Danych Lokalnych.

Spojrzenie na liczbę nowo zakładanych przedsiębiorstw unaocznia podobny rozwój sytuacji. O ile liczba przypadków rejestracji działalności gospodarczej na 1000 mieszkańców wahała się w latach 2013–2021 na podobnym poziomie, to ogólnie rzecz biorąc należy stwierdzić, że w minionych latach liczba ta malała we Frankfurcie nad Odrą, a wzrastała w Słubicach. Obrazuje to Tabela 13.

Tabela 13: Rejestrowanie działalności gospodarczej (zakładanie nowych firm) w Dwumieście (2013–2022)

Rok	Frankfurt nad Odrą	Słubice	Dwumiasto	Nowo rejestrowana działalność gospodarcza na 1000 mieszkańców
2013	498	188	686	9,2
2014	382	207	589	7,9
2015	322	198	520	6,9
2016	283	194	477	6,4
2017	302	193	495	6,6
2018	324	234	558	7,5
2019	262	225	487	6,5
2020	285	228	513	7,0
2021	256	213	469	6,4
2022	-	214	214	2,9

Źródło: Ujęcie własne według StatIS-BBB i BDL (GUS)[180]

O ile zasadniczo pozytywnym zjawiskiem jest to, że mimo kryzysów gospodarczych w minionych latach nie nastąpił regres przedsiębiorczości, to w sumie rozwój sytuacji we Frankfurcie nad Odrą budzi obawy. Należy tu tworzyć dodatkowe zachęty do zakładania nowych przedsiębiorstw. Ogólnie można jednak powiedzieć, że czynnik przedsiębiorczości w Dwumieście jest odpowiednio rozwinięty.

4.2.1.3 *Produktywność*

Kolejnym ważnym czynnikiem w obszarze Smart Economy jest produktywność. Ustala się ją, obliczając PKB na osobę pracującą. Rzut oka na rozwój sytuacji w latach 2013–2021 pokazuje, że PKB na osobę pracującą we Frankfurcie nad Odrą wzrósł w tym okresie z 49 696 € do 61 541 €. Frankfurt nad Odrą lokował się pod

180 Amt für Statistik Berlin-Brandenburg (2023b): StatIS-BBB Das Statistische Informationssystem Berlin-Brandenburg; Główny Urząd Statystyczny (2023a): Bank Danych Lokalnych.

tym względem przez cały czas poniżej średniej dla Brandenburgii, a również w porównaniu z całymi Niemcami Frankfurt nad Odrą wyraźnie odstaje. Obrazuje to Tabela 14.

Tabela 14: PKB na osobę pracującą w EUR, Frankfurt nad Odrą w ujęciu porównawczym (2013–2021)

Rok	Niemcy	Brandenburgia	Frankfurt nad Odrą
2013	66 384	55 913	49 696
2014	68 524	58 824	50 775
2015	70 177	60 190	53 745
2016	71 797	61 381	54 042
2017	73 832	63 401	55 542
2018	75 011	64 635	56 568
2019	76 711	67 243	58 499
2020	75 819	67 442	59 922
2021	80 074	71 125	61 541

Źródło: Zestawienie własne według Regionaldatenbank Deutschland (RDB)[181]

Wypływa z tego wniosek, że – w porównaniu z Brandenburgią – produktywność we Frankfurcie jest znacznie niższa, co może przemawiać przeciwko temu, że Dwumiasto jest centrum gospodarczym. Porównanie z całymi Niemcami pokazuje ponadto, że także w kontekście ogólnoniemieckim Frankfurt nad Odrą nie stanowi ogólnokrajowego centrum gospodarczego. W sumie czynnik produktywności jest więc słabo rozwinięty.

4.2.1.4 *Elastyczność rynku pracy*

Ważną rolę dla Smart Economy danego miasta odgrywa również elastyczność rynku pracy.

Wskutek przemian demograficznych we wschodnich Niemczech oczekuje się ubytku siły roboczej o 15%. Natomiast takie kraje związkowe jak Hesja ze względu na lepszą strukturę wiekową i napływ pracowników mają szansę czerpać korzyści ze wzrostu jej podaży[182]. W Brandenburgii niedobory wykwalifikowanej

181 Statistische Ämter des Bundes und der Länder (2023d): Regionaldatenbank Deutschland. Tabelle: 82111-01-05-4. Bruttoinlandsprodukt/-wertschöpfung nach Wirtschaftsbereichen – Jahressumme – regionale Tiefe: Kreise und krfr. Städte.

182 Jürgensmeier/Schulz-Montag (2021), s. 441.

siły roboczej znacznie się zaostrzyły. W roku 2017 dotyczyło to ok. 28% miejsc pracy, w roku 2020 już ponad 40%. Również liczba dotkniętych tym zjawiskiem grup zawodowych wzrosła w tym okresie z 49 do 70[183].

Tabela 15: Niedobory wykwalifikowanej siły roboczej w Brandenburgii

Poziom wymogów	**2017**		**2020**	
	Liczba grup zawodowych borykających się z niedoborem pracowników	**Odsetek zarejestrowanych miejsc pracy zagrożonych niedoborem pracowników**	**Liczba grup zawodowych borykających się z niedoborem pracowników**	**Odsetek zarejestrowanych miejsc pracy zagrożonych niedoborem pracowników**
Ogółem	49	28,2%	70	40,5%
Wykwalifikowani pracownicy	18	23,1%	31	36,6%
Specjaliści	16	43,7%	22	54,1%
Eksperci	15	57,2%	17	56,1%

Źródło: Ujęcie własne według statystyki Bundesagentur für Arbeit Brandenburg[184]

Prognozuje się, że ogólna liczba ludności wzrośnie wprawdzie do 2030 roku o 1,4%, ale liczba ludności w wieku produkcyjnym od 15 do 64 lat zmniejszy się wskutek przemian demograficznych do 2030 roku o 8,3%[185].

W Polsce niezadowalająca państwowa opieka zdrowotna, niskie emerytury oraz brak korzyści socjalnych i finansowych powodują pozostawanie emerytów na rynku pracy. Emerytów tych nie uwzględnia się już jednak w polskim wskaźniku zatrudnienia, lecz tylko w statystyce emerytalnej, chociaż nadal przyczyniają się do tworzenia wartości dodanej w Polsce[186]. W drugim kwartale 2022 roku wskaźnik zatrudnienia wynosił 77,4% w Niemczech i 71,5% w Polsce. Wskaźnik zatrudnienia oznacza udział procentowy osób zatrudnionych w całej ludności w wieku produkcyjnym[187]. Polska narodowo-konserwatywna partia Prawo i Sprawiedliwość (PiS) obniżyła w 2017 roku wiek emerytalny do 60 lat dla kobiet i 65 lat dla mężczyzn. Skutek jest taki, że emerytury będą spadać, gdyż każdy dodatkowy

183 Ministerium für Wirtschaft, Arbeit und Energie des Landes Brandenburg (2022): Fach- und Arbeitskräftestrategie des Landes Brandenburg, s. 5–6.
184 Tamże.
185 Tamże, s. 6.
186 Bocheńska-Włostowska/Bocheńska-Brandt (2014).
187 OECD Data (2022): Employment rate.

rok zatrudnienia podlegającego obowiązkowemu ubezpieczeniu społecznemu zwiększa wypłacaną emeryturę o ok. 8%. Mniej więcej połowa polskich obywateli pobiera emeryturę wynoszącą średnio poniżej 480 € miesięcznie[188]. Sytuacja demograficzna w Polsce i Niemczech jest poza tym podobna. Odpływ pracowników, niedobór wykwalifikowanych pracowników na rynku pracy i starzenie się ludności to trendy rejestrowane również w Polsce[189]. Mimo tych zjawisk Polska dzięki stabilizacji gospodarczej i dostępności wykwalifikowanych pracowników (znajomość języków obcych i wyższe wykształcenie) przy niskich jednocześnie wynagrodzeniach zwiększyła swoją atrakcyjność jako miejsce lokowania inwestycji[190].

We wschodnich Niemczech występuje pozytywna tendencja w odniesieniu do osób dojeżdżających do pracy przez granicę. Ich odsetek wśród ogółu zatrudnionych wzrósł z niespełna 0,1% w roku 2010 (2085 zatrudnionych) do 0,9% (52 951 zatrudnionych) w roku 2019, przewyższając w ten sposób nawet ten odsetek w zachodnich Niemczech o 0,4 punktu procentowego. Niemcy graniczą na zachodzie z krajami bogatymi – Francją, państwami Beneluksu i Szwajcarią. Na wschodzie są to natomiast kraje uboższe, gdzie wynagrodzenia są wyraźnie niższe. Sprzyja to dojazdom do pracy przez granicę do wschodnich Niemiec, podczas gdy różnice wynagrodzeń na Zachodzie nie są tak duże. Jeśli przyjrzeć się samej Brandenburgii, to ta tendencja jest jeszcze silniejsza. W 2010 roku tylko 438 zatrudnionych było pracownikami transgranicznymi. W roku 2019 to już 14 749 zatrudnionych. Wzrost tego odsetka w zatrudnieniu wyniósł w sumie 1,6 punktu procentowego – z 0,1% w roku 2010 do 1,7% w roku 2019. W Brandenburgii 93% pracowników transgranicznych dojeżdża z Polski[191].

Stopa bezrobocia we Frankfurcie nad Odrą wynosi obecnie 8,1% (stan z 09/2023)[192]. W systemie praktycznej nauki zawodu w 2022 roku około 76,7% (1639 z 2138) osób znalazło miejsce nauki zawodu, jednak 804 miejsca nauki zawodu pozostały nieobsadzone[193]. Izba Rzemieślnicza Brandenburgii Wschodniej informowała, że wiosną 2022 roku wykorzystanie możliwości produkcyjnych rzemiosła wzrosło w porównaniu z rokiem poprzednim o 12% – w sumie do 71%[194]. Według Słubicko-Frankfurckiego Centrum Kooperacji dobrze rozwijała się przede wszystkim branża logistyki i technologii, poszukuje się jednak większej

188 B. J. (2017): Polen: Rentenalter für Frauen auf 60 gesenkt.
189 Bocheńska-Włostowska/Bocheńska-Brandt, s. 128.
190 Rödl & Partner GmbH Wirtschaftsprüfungs- und Steuerberatungsgesellschaft (2020): Entrepreneur, s. 27.
191 Buch et al. (2020), s. 3–8.
192 Bundesagentur für Arbeit (2023a): Statistik. Frankfurt (Oder), Stadt.
193 Tamże, s. 1.
194 Handwerkskammer Frankfurt (Oder) (2022): Konjunkturbericht. 1. Halbjahr 2022, s. 4; Urząd Statystyczny w Zielonej Górze (2022): Biuletyn statystyczny.

liczby miejsc pracy dla wysoko wykwalifikowanych pracowników[195]. „Märkische Oderzeitung" poprosiła o wypowiedź na ten temat ekspertów z regionu. Według nich głównym problemem jest niewielka liczba przemysłowych miejsc pracy we Frankfurcie nad Odrą. Z tego powodu spada atrakcyjność miejsc pracy, co potwierdza również Jobcenter we Frankfurcie nad Odrą. Wskaźnik tworzenia wartości dodanej na jedno miejsce pracy w przetwórstwie przemysłowym jest w tym mieście na prawach powiatu znacznie niższy od średniej krajowej[196].

W mieście Słubice sytuacja wygląda inaczej. Pandemia spowodowała wprawdzie lekki wzrost bezrobocia z 0,9% (2019) do 1,7% (2020), ale w 2022 roku wynosi ono znów 0,9%[197]. Przy tak niskiej stopie bezrobocia można mówić o pełnym zatrudnieniu. Należy jednak pamiętać, że porównanie polskiej i niemieckiej stopy bezrobocia jest możliwe tylko warunkowo, ponieważ ze względu na niski poziom ochrony socjalnej wiele osób poszukujących pracy w Polsce w ogóle nie rejestruje się w charakterze bezrobotnych, więc nie jest ujętych w statystyce. Niemniej na rynku pracy w Słubicach pracownicy mają dobre perspektywy. W porównaniu z rokiem poprzednim w 2021 roku w słubickim urzędzie pracy było o 40% więcej ogłoszeń o wolnych miejscach pracy. W Polsce rosną również wynagrodzenia minimalne i transfery socjalne, zwiększając siłę nabywczą. Zdolność polskich przedsiębiorców do innowacji i adaptacji doprowadziła mimo pandemii do dobrych wyników dla gospodarki. Unijny rynek wewnętrzny i sąsiedzi Polski również przyczyniają się do stabilnego popytu[198].

Według Słubicko-Frankfurckiego Centrum Kooperacji Frankfurt nad Odrą „nadzwyczaj dobrze" przezwyciężył skutki pandemii, a bezrobocie udało się szybko ponownie obniżyć[199]. Tę opinię należy ocenić krytycznie, gdyż stopa bezrobocia wynosiła we wrześniu 2020 roku 8,5%, w roku następnym 7,5%, potem 7,6% (2022) a obecnie wynosi 8,1%. Nie można się tu dopatrzyć „nadzwyczaj" dobrej tendencji. Do danych dotyczących rynku pracy w rankingu Prognos należy również odsetek cyfrowych czynników stymulujących. Wynosi on w Niemczech 8,4%, a we Frankfurcie nad Odrą tylko 4,9% (pozycja 292). Inaczej rzecz się ma z gęstością miejsc pracy[200]. Według leksykonu gospodarczego Gablera opisuje ona „liczbę osób pracujących w stosunku do powierzchni badanego obszaru"[201]. Średnia gęstość miejsc pracy wynosi w Niemczech 54, a w Brandenburgii około

195 Wywiad ekspercki z Sörenem Bollmannem, 08.06.2022.
196 Kannenberg, Heinz (2022): Industrie und Einkommen. Große Betriebe fehlen – wie kommt Frankfurt (Oder) weg vom Tabellenende?, *moz.de*, 15.07.2022.
197 Główny Urząd Statystyczny (2023a): Bank Danych Lokalnych.
198 Dercz, Magdalena/Pallokat, Jan (2021): Polen erlebt Wirtschaftsboom – trotz Corona, Frankfurt (Oder), *rbb24*.
199 Wywiad ekspercki z Sörenem Bollmannem, 08.06.2022.
200 Freitag/Schenten/Mayimona (2023), s. 18.
201 Schmid, Josef/Schmid, Susanne (2018): Arbeitsplatzdichte.

44. We Frankfurcie nad Odrą wartość ta wygląda znacznie lepiej i wynosi 66 (pozycja 62)[202].

W odniesieniu do stopy bezrobocia jako wskaźnika elastyczności należy stwierdzić, że od 2013 roku silnie spadała ona zarówno we Frankfurcie nad Odrą, jak i w Słubicach. O ile w Słubicach osiągnięto niemal pełne zatrudnienie, o tyle stopa bezrobocia we Frankfurcie nad Odrą spadła z 14,3 procent w 2013 roku do 8,1 procent w roku 2023. Stopa bezrobocia w Słubicach jest zatem jeszcze niższa od ogólnopolskiej oraz od stopy bezrobocia w województwie lubuskim. We Frankfurcie nad Odrą przewyższa ona jednak średnią stopę bezrobocia w Brandenburgii i całych Niemczech. Obrazuje to Tabela 16.

Tabela 16: Stopa bezrobocia w Dwumieście w ujęciu porównawczym (2013–2023)

Rok	Niemcy	Brandenburgia	Frankfurt nad Odrą	Słubice[203]	Lubuskie	Polska
2013	6,9	9,9	14,3	6,6	9,1	8,8
2014	6,7	9,4	13,1	3,5	7,2	7,5
2015	6,4	8,7	11,2	2,8	6,1	6,5
2016	6,1	8	10	1,7	5,1	5,6
2017	5,7	7	8,9	1,4	3,9	4,6
2018	5,2	6,3	8,5	1,1	3,6	4,2
2019	5	5,8	7,9	0,9	3	3,8
2020	5,9	6,2	8,4	1,7	4	4,6
2021	5,7	5,9	7,8	0,9	3,1	4
2022	5,3	5,6	7,5	0,9	2,7	3,7
2023[204]	5,7	5,8	8,1	-	-	-

Źródło: Zestawienie własne według Federalnej Agencji Pracy (BA) i BDL (GUS)[205]

O ile spadającą stopę bezrobocia należy zasadniczo oceniać pozytywnie, to jednocześnie pełne zatrudnienie może również prowadzić do niekorzystnych skutków gospodarczych, ponieważ może spowodować brak elastyczności na

202 Freitag/Schenten/Mayimona (2023), s. 18.
203 W odniesieniu do lat 2013–2019 dostępne były tylko dane dla „Słubice (3) – Gmina miejsko-wiejska", więc te przedstawiono. Za okres 2019–2022 dostępne są dane dla „Słubice – miasto (4)", więc te przedstawiono.
204 Bundesagentur für Arbeit, Regionaldirektion Berlin-Brandenburg (2023).
205 Bundesagentur für Arbeit (2023b); Główny Urząd Statystyczny (2023a): Bank Danych Lokalnych.

rynku pracy. Gdyby nowe przedsiębiorstwa chciały się ulokować w Dwumieście, to obecnie przede wszystkim po stronie polskiej brakowałoby dostępnych pracowników. O ile zatem we Frankfurcie nad Odrą dana jest obecnie elastyczność rynku pracy, to inaczej jest w Słubicach.

4.2.1.5 *Dostępność i koszty gruntów i budynków*

Baza źródeł dotyczących aktualnej dostępności gruntów pod działalność gospodarczą w Polsce i Niemczech jest niewystarczająca. W odniesieniu do dostępności gruntów wschodnie Niemcy mają dobrą pozycję w stosunku do reszty Niemiec. Wyższy popyt na grunty w starych krajach związkowych sprawia, że ich podaż jest ograniczona, a ceny wyższe. Po stronie polskiej polsko-niemieckiego pogranicza – w powiatach – brakuje danych niezbędnych do porównywalnych analiz. Można jednak wyciągnąć wniosek, że co do warunków lokalizacyjnych w powiatach występują duże różnice między regionami, ponieważ dochody i gęstość gospodarki bywają bardzo odmienne[206]. Polska może jednak kusić wysokiej jakości działkami pod inwestycje, a ponadto uproszczono procedurę nabywania nowych nieruchomości[207]. Z całej powierzchni gruntów w Brandenburgii w 2020 roku oddano do dyspozycji około 1,5% na użytkowanie przez biznes i przemysł. W rzeczywistości wykorzystywano mniej więcej 1%[208]. Największą część terenów użytkowanych gospodarczo w Brandenburgii – około 48,5% – zajmowało rolnictwo[209].

W ocenie miasta Frankfurtu nad Odrą dałoby się uzbroić co najmniej 155 hektarów nowych terenów pod działalność gospodarczą. 110 hektarów wykazuje plan zabudowy w Westnuhnen. Pozostałych 45 hektarów objętych planem zagospodarowania przestrzennego znajduje się w strefie przemysłowej przy autostradzie A 12. Potrzebny byłby udział własny w wysokości kilku milionów euro – w zależności od wysokości przyznanej pomocy i stopnia rozbudowy. Sytuacja budżetowa miasta Frankfurtu nad Odrą nie przewiduje obecnie funduszy na uzbrojenie, więc nadburmistrz René Wilke szuka alternatywnych możliwości wsparcia. Nieruchomość Business and Innovation Centre (BIC) w dzielnicy Markendorf znajduje się na przykład w likwidacji, co ma zapewnić część koniecznego udziału własnego[210]. Według Wilkego z powodu braku szybkiego uzbrojenia i szybkiego procesu decyzyjnego nie doszło ponadto do inwestycji zagranicznych.

206 Lammers et al. (2006), s. 14–15.
207 Rödl & Partner GmbH Wirtschaftsprüfungs- und Steuerberatungsgesellschaft (2020): Entrepreneur, s. 27.
208 Amt für Statistik Berlin-Brandenburg (2022): Statistischer Bericht A V 3 – j / 20. Flächenerhebung nach Art der tatsächlichen Nutzung, Potsdam, s. 30–70.
209 Tamże, s. 92–111.
210 Gutke, Thomas (2022): Immobilien in Frankfurt (Oder). Neuer Eigentümer – Stadt trennt sich von BIC-Gründerzentrum, *moz.de*, 21.05.2022.

W takiej sytuacji zabiega on w Banku Inwestycyjnym Brandenburgii (ILB) i w Wirtschaftsförderung Land Brandenburg GmbH (WFBB) o nowe możliwości wsparcia. W grę wchodzi umożliwienie kredytów specjalnych, pożyczek lub modeli finansowania tymczasowego, które byłyby przyznawane wyłącznie na inwestycje gospodarcze, a w razie udanego przyciągnięcia inwestorów spłacane następnie ze sprzedaży gruntów. ILB, WFBB i miasto zgromadziły dane, aby skalkulować taki model finansowania dla Frankfurtu nad Odrą. Ten model można by zdaniem Wilkego postrzegać jako wzór dla innych słabych strukturalnie regionów w Brandenburgii[211].

Frankfurt nad Odrą posiada siedem komunalnych stref przemysłowych i biznesowych, położonych w pobliżu autostrady A 12 lub drogi federalnej B 87[212]. Park Technologiczny Ostbrandenburg jest położony bezpośrednio przy B 87, a żeby dojechać do A 12, trzeba pokonać tylko 2,5 km. Areał o powierzchni około 251 219 m^2 jest w pełni uzbrojony i przygotowany przede wszystkim na przyjęcie nowo powstających instytutów i firm o charakterze technologicznym. BIC oferuje ponadto nowocześnie wyposażone biura dla nowo zakładanych przedsiębiorstw[213].

Strefa biznesowa Markendorf jest położona przy B 87 i B 112n. Wjazd na A 12 jest oddalony o 1,5 km. W pełni uzbrojone działki przygotowano dla firm usługowych i zakładów produkcyjnych. Łączna powierzchnia wynosi 819 239 m^2[214].

Centrum Technologii i Biznesu (TeGeCe) jest połączone z drogą B 87 i obejmuje obecnie 628 976 m^2. Wjazd na autostradę jest odległy o 3,5 km. Do przygotowanej oferty należą pomieszczenia przeznaczone na produkcję, warsztaty i biura. Są również grunty do zabudowy. Dodatkowym atutem TeGeCe jest własne ujęcie wody czystej i najczystszej oraz własna stacja transformatorowa 110 kV[215].

Strefa przemysłowa A12 jest położona przy drodze federalnej B 112 i – jak wskazuje nazwa – jest oddalona od wjazdu na autostradę A12 tylko o 0,1 km. Obejmuje 643 357 m^2, które z udziałem inwestora można bardzo szybko uzbroić stosownie do jego szczególnych potrzeb[216].

Centrum Transportu Towarów (GVZ) Frankfurt (Oder) – Nordost ma powierzchnię 279 520 m^2 i jest częścią całego GVZ Frankfurt nad Odrą, które ma trzy

211 Kannenberg, Heinz (2022a): OB René Wilke und die Erschließung von Gewerbeflächen – das ist der Plan. Immobilien in Frankfurt (Oder), *moz.de*, 18.04.2022.
212 Stadtverwaltung Frankfurt (Oder) (2022): Gewerbeflächen.
213 Stadtverwaltung Frankfurt (Oder) (2023k): Technologiepark Ostbrandenburg. Top-Innovationsstandort!
214 Stadtverwaltung Frankfurt (Oder) (2023f): Gewerbeflächenkataster. Gewerbegebiet Markendorf.
215 Stadtverwaltung Frankfurt (Oder) (2023g): Gewerbeflächenkataster. Technologie- und Gewerbecenter.
216 Stadtverwaltung Frankfurt (Oder) (2023e): Gewerbeflächenkataster. Industriegebiet an der A12.

lokalizacje. GVZ Północny Wschód znajduje się bezpośrednio na północ od A12 i doskonale nadaje się do logistyki transportowej, uszlachetniania produktów, gospodarki magazynowej, handlu hurtowego i dystrybucji, rzemiosła, recyklingu i usług pokrewnych[217].

GVZ Frankfurt (Oder) – Süd jest położone bezpośrednio na południe od A 12 i obejmuje 675 439 m². Jest przeznaczone do wykorzystania komercyjnego i przemysłowego. W tym celu zakupiono grunty komunalne[218].

Trzecią lokalizacją GVZ jest EastGate Logistikcenter, który jest częścią terminalu kontenerowego Logpark 1 i posiada jako cechę szczególną terminal intermodalny, pozwalający na zmianę formy transportu towarów na szynową[219]. Jest to pierwszy punkt przeładunku towarów na szyny za granicą polsko-niemiecką i można tam przygotowywać transporty w kierunkach wschód – zachód lub wschód – południe[220]. Znajduje się przy Georg-Richter-Straße na północy miasta Frankfurtu nad Odrą[221]. Obszar terminalu kontenerowego rozciąga się na powierzchni 171 181 m² i jest predestynowany do usług logistycznych[222].

Grunty pod działalność gospodarczą we Frankfurcie nad Odrą są w pełni uzbrojone, a ceny zaczynają się od 15 € za metr kwadratowy. Pomieszczenia biurowe i handlowe miasto oferuje również w centrum, np. w Oderturm[223]. Według byłego nadburmistrza Martina Wilkego uzgodnienia z przyległymi powiatami w sprawie dostępności gruntów i infrastruktury wymagają jednak usprawnienia[224]. Doradca przedsiębiorstw Markus Tolle stwierdza, że we Frankfurcie nad Odrą są wprawdzie uzbrojone i dostępne grunty, ale nie pod duże inwestycje. Nie należy więc na razie oczekiwać takich inwestycji jak Tesli w Grünheide czy Intela w Magdeburgu[225].

W sumie dostępności i kosztów gruntów i budynków nie można ocenić ani jako szczególnie pozytywną, ani jako szczególnie negatywną. Z jednej strony dostępne do użytkowania są liczne wolne tereny i parki biznesowe. Jednak zarazem z powodu sytuacji budżetowej i powolnych procedur administracyjnych uzbrojenie wolnych gruntów pozostaje trudne. Brakuje tu elastyczności, której często

217 Stadtverwaltung Frankfurt (Oder) (2023c): Gewerbeflächenkataster. GVZ Frankfurt (Oder) – Nordost.
218 Stadtverwaltung Frankfurt (Oder) (2023d): Gewerbeflächenkataster. GVZ Frankfurt (Oder) Süd.
219 Stadtverwaltung Frankfurt (Oder) (2022): Gewerbeflächen.
220 Stadtverwaltung Frankfurt (Oder) (2023j): logpark I container terminal. Top-Standort für Ihre Investition!
221 Stadtverwaltung Frankfurt (Oder) (2023b): EastGate Logistikcenter (KV-Terminal).
222 Tamże.
223 Investor Center Ostbrandenburg GmbH (2022): Gewerbeflächen & -immobilien.
224 Kannenberg, Heinz (2022): Industrie und Einkommen. Große Betriebe fehlen – wie kommt Frankfurt (Oder) weg vom Tabellenende?, *moz.de*, 15.07.2022.
225 Kannenberg, Heinz (2022c): Industrie und Ansiedlungen. Was Guben und Gubin besser machen als Frankfurt (Oder) und Słubice, *moz.de*, 22.07.2022.

domagają się zainteresowane przedsiębiorstwa. Atrakcyjne jest to, że niektóre grunty są bardzo dobrze skomunikowane transportowo z autostradą. Czyni to je zasadniczo atrakcyjnymi dla transportu towarowego, ale również dla osób dojeżdżających. Wielkim mankamentem pozostaje jednak niedostępność uzbrojonych terenów pod duże inwestycje. Takie tereny otworzyłyby jednak regionowi nowe potencjały, ponieważ z jednej strony skomunikowanie, z drugiej zaś dostęp do pracowników z obu stron Odry są nader atrakcyjne dla potencjalnych inwestorów.

4.2.1.6 *Promocja inwestycji*

Po obu stronach granicy polsko-niemieckiej użytecznym narzędziem współfinansowania projektów gospodarczych i społeczno-kulturalnych są unijne programy wsparcia. Powołany w roku 1957 Europejski Fundusz Społeczny (EFS) zdążył zostać zreformowany ze względu na przemiany historyczne i służy jako instrument polityki zatrudnienia. Oprócz EFS istnieją jeszcze cztery inne europejskie struktury wsparcia, do których należą Europejski Fundusz Rozwoju Regionalnego (EFRR), Europejski Fundusz Orientacji i Gwarancji Rolnej (EFOiGR), instrumenty finansowe Europejskiej Wspólnoty Węgla i Stali (EWWiS) i Europejski Bank Inwestycyjny (EBI)[226]. Jako szczególna forma współpracy na szczeblu europejskim istnieją ponadto Europejskie Ugrupowania Współpracy Terytorialnej (EUWT). W przeciwieństwie do stowarzyszeń lub związków celowych, które opierają się na odnośnym prawie krajowym, EUWT mają własną osobowość prawną na szczeblu wspólnotowym. Ta szczególna cecha ułatwia współpracę transgraniczną. W skład EUWT wchodzą instytucje prawa publicznego, regionalne i lokalne jednostki samorządu terytorialnego i/albo państwa członkowskie[227].

INTERREG to inicjatywa wspólnotowa EFRR, która od 1990 roku tworzy transgraniczne strukturalne ramy współpracy. Celem programu jest silniejsza integracja wewnątrzwspólnotowych regionów przygranicznych z przestrzenią europejską. Wiele regionów przygranicznych nadal cechuje się wyraźnymi nierównościami i słabościami strukturalnymi. Także dlatego INTERREG stał się tymczasem jednym z celów cząstkowych europejskiej polityki spójności, służących dalszemu rozwojowi współpracy transgranicznej[228].

Można zidentyfikować pięć form współpracy transgranicznej, rozgrywających się na różnych płaszczyznach: europejskiej, międzypaństwowej, jednej lub kilku części państwa, regionalnej oraz samorządowej. Na płaszczyźnie europejskiej na wzmiankę zasługują m.in. Stowarzyszenie Europejskich Regionów Granicznych (AEBR), które działa jako stowarzyszenie zarejestrowane, bądź

226 Wiesner (red.) (2018), s. 39–40.
227 Pallagst (2018), s. 354–355.
228 Tamże, s. 358.

Grupa Inicjatywna Metropolitalnych Regionów Granicznych (IMeG), która ma wzmacniać szanse rozwojowe regionów granicznych. AEBR służy od 1971 roku jako platforma wymiany wspólnych doświadczeń w regionach granicznych. Poziom jednej lub kilku części państwa opisuje współpracę transgraniczną jednego lub kilku krajów związkowych z krajem sąsiednim. Ze względu na to, że Niemcy są państwem federalnym, kraje związkowe odgrywają decydującą rolę we współpracy transgranicznej[229]. We współpracy polsko-niemieckiej na przykład kraj związkowy Brandenburgia podpisuje porozumienia o współpracy z rządem centralnym w Polsce.

Na szczeblu ogólnokrajowym istnieje w Niemczech program Federacji i landów „Miasto Społeczne", finansowany przez Federację. Ten istniejący od 1999 roku program nie jest programem społecznym, jak można by sądzić z nazwy, lecz urbanistycznym. Główna uwaga skupia się na dowartościowaniu i stabilizacji defaworyzowanych dzielnic miejscowości i miast. Głównymi filarami programowania są komunalna polityka społeczna i urbanistyka[230].

Według oceny spółki audytorskiej Rödl & Partner GmbH Polska w 2020 roku znajdowała się w międzynarodowym porównaniu najatrakcyjniejszych lokalizacji inwestycji na miejscu piątym, za Indiami, Wielką Brytanią, Niemcami i Chinami. Przyczyną były różne ulgi inwestycyjne, które utwierdzają międzynarodowych sponsorów w chęci podjęcia działalności w Polsce. Również polskie ustawodawstwo uznano za przyjazne dla przedsiębiorstw. Polska posiada ponadto strefy inwestycyjne (Polska Strefa Inwestycyjna), w których inwestorzy są zwolnieni z podatku dochodowego od osób prawnych, a w przypadku nowych inwestycji również z podatku od nieruchomości. Dodatkowo istnieją ulgi w obszarze B+R[231].

W Brandenburgii wspomniane już WFBB we współpracy z ILB wspiera potencjalnych inwestorów, oferując możliwości doradztwa i dofinansowania. Ofertą usługową WFBB jest cyfrowy nawigator wsparcia, dostępny od marca 2023 roku w języku niemieckim i angielskim. W ten sposób użytkownicy mogą w nieskomplikowany sposób zasięgnąć informacji o wszystkich instrumentach wsparcia kraju związkowego Brandenburgia[232].

Na szczeblu samorządowym działa Wydział Promocji Gospodarki miasta Frankfurtu nad Odrą. Zarządzanie tą instytucją ocenia się jako problematyczne, ponieważ po odejściu Mario Quasta w 2020 roku kierownictwo przez długi czas

229 Pallagst (2018), s. 355.
230 Wiesner (red.) (2018), s. 47–49.
231 Rödl & Partner GmbH Wirtschaftsprüfungs- und Steuerberatungsgesellschaft (2020): Entrepreneur, s. 27.
232 Ministerium für Wirtschaft, Arbeit und Energie des Landes Brandenburg (2023): Brandenburgs Wirtschaftsministerium launcht „neuen" Fördernavigator.

nie było obsadzone w sposób ciągły. Ze specjalistycznej wiedzy ekonomicznej Quasta czerpie teraz korzyści Schlaubetal, gdzie pracuje on obecnie jako dyrektor urzędu. Quast pracował przez kilka lat również jako referent do spraw stosunków międzynarodowych w urzędzie miasta i angażował się na rzecz poprawy dostępności szerokopasmowego Internetu we Frankfurcie nad Odrą. Zna język polski i pracował wcześniej w polsko-niemieckim biurze współpracy Sparkasse Frankfurt (Oder). W osobie Quasta urząd miasta utracił doświadczonego referenta do spraw gospodarki[233]. Od listopada 2021 roku Wydziałem Promocji Gospodarki kierowała dyplomowana ekonomistka bankowa Claudia Stübler[234]. Po roku złożyła wymówienie, a jej miejsce zajął w czerwcu 2023 roku berliński adwokat Sebastian Jungnickel, zajmujący się publicznym prawem gospodarczym. Złożył on wymówienie po zaledwie siedmiu tygodniach, więc stanowisko znów jest nieobsadzone[235].

Wołanie o przedsiębiorcę z miasta Frankfurtu nad Odrą jako promotora gospodarki jest coraz głośniejsze. Prezes Hanseclub Wirtschaft Frankfurt (Oder) – Eisenhüttenstadt Ursula Jung-Friedrich widzi pilną potrzebę rekonfiguracji miejskiej promocji gospodarki i jej struktur. W odniesieniu do wciąż nieobsadzonego stanowiska kierownika wydziału promocji gospodarki we frankfurckim urzędzie miasta postuluje: „Urząd musi wreszcie wybrać właściwą osobę – zakorzenioną, pragmatyczną i skupioną na gospodarce. Najlepiej przedstawiciela frankfurckiej gospodarki"[236].

Ciekawe jest również spojrzenie na dynamikę inwestycji w regionie, która w 2021 roku w Brandenburgii pozostała stabilna w porównaniu z Berlinem. Liczba przedsiębiorstw, które chciały inwestować w Brandenburgii w zwiększenie zdolności produkcyjnych, nawet wzrosła o jeden punkt procentowy w porównaniu z rokiem poprzednim, czyli 2020[237]. Inwestycje w rzemiośle we wschodniej Brandenburgii natomiast nadal spadały. Tylko jedenaście procent przedsiębiorstw zwiększyło swoje inwestycje, natomiast 33% je ograniczyło[238]. Spojrzenie na stronę polską pokazuje, że instytucji takiej jak Niemiecka Izba Rzemieślnicza z jej strukturami i zakresami zadań w Polsce w tej formie nie ma. Dlatego zasób danych jest ograniczony. Ograniczony jest on także w odniesieniu do specjalnej strefy ekonomicznej KSSSE w Słubicach.

---

233 Groneberg, Frank (2020): Kommunalpolitik. Mario Quast aus Frankfurt (Oder) wird neuer Amtsdirektor im Schlaubetal, *moz.de*, 19.05.2020.

234 Stadtverwaltung Frankfurt (Oder) (2021d): Wirtschaftsförderung der Stadt unter neuer Leitung.

235 Stadtverwaltung Frankfurt (Oder) (2023i): Leiter verlässt Wirtschaftsförderung.

236 Ruf nach Unternehmer aus der Stadt als Wirtschaftsförderer, *Märkische Oderzeitung*, 29.08.2023, bez autora.

237 Klaus, Simon (2021): Investitionspläne.

238 Handwerkskammer Frankfurt (Oder) (2022), s. 12.

We Frankfurcie nad Odrą dwanaście procent przedsiębiorstw rzemieślniczych poczyniło lub rozszerzyło inwestycje, podczas gdy 29% je zredukowało. Tylko pięć procent ankietowanych przedsiębiorstw przewidywało wzrost inwestycji w 2023 roku, a jedenaście procent ich spadek[239]. Pozytywne przykłady działalności inwestycyjnej w lokalizacji Frankfurt nad Odrą to m.in. B&O-Holzbau GmbH, która zainwestowała 25 mln € w nowe miejsce działalności w lokalizacji Markendorf, lub przedsiębiorstwo Alcaro[240]. Przy autostradzie A 12 powstaje park logistyczny, budowany i oferowany komercyjnie do użytku przez Alcaro jako organizatora projektu. Wiosną 2022 roku Halę 1 wynajęto grupie przedsiębiorstw EV Cargo. Magazynuje się tam przejściowo, przepakowuje i dostarcza baterie litowo-jonowe dla producenta samochodów Tesla w Grünheide. Alcaro chce obecnie zainwestować ok. 75 mln € w drugi etap budowy i wybudować drugą halę, o długości 550 m. Pod koniec 2025 roku hala ta może być gotowa do użytku[241].

Czynnikiem utrudniającym są zmiany w programach unijnych. Za sprawą nowo przyjętego programu od 2015 roku wsparcie INTERREG dla gospodarki zostało silnie okrojone, wskutek czego przestały się odbywać realizowane wcześniej projekty oparte na polsko-niemieckich kontaktach gospodarczych – mówi Aleksander Knapczyk, referent do spraw stosunków gospodarczych z zagranicą w Izbie Przemysłowo-Handlowej w Cottbus. Jego zdaniem ogólnie rzecz biorąc pomocne byłoby odbiurokratyzowanie wsparcia i ułatwienie finansowania, np. w taki sposób, że nie trzeba byłoby dokonywać płatności z góry. Przede wszystkim po stronie polskiej samorządy mają bowiem ograniczone możliwości prefinansowania, podczas gdy po stronie niemieckiej jest ono przeważnie wykonalne[242].

Zaległe inwestycje dotyczące projektów publicznych we Frankfurcie nad Odrą mają według informacji urzędu miasta wartość około 110 mln €. Do dyspozycji na inwestycje w infrastrukturę publiczną jest tylko około 2–3 mln € rocznie. Przykładem jest kryta pływalnia, której niezbędny remont ma kosztować 5 mln €. Według nadburmistrza René Wilkego można by wyłożyć 500 000 € tytułem udziału własnego, gdyby istniało odpowiednie wsparcie. Obecnie tak nie jest, więc nawet drobniejsze naprawy uniemożliwiają ciągłe użytkowanie. Na razie istnieje tyko program wsparcia służący poprawie energetycznej efektywności pływalni, który jednak nie wystarczyłby na pokrycie całkowitych kosztów

239 Handwerkskammer Frankfurt (Oder) (2022), s. 22.
240 25 Millionen Euro-Investition in den Standort Frankfurt (Oder), *oder-spree-fernsehen.de*, 08.11.2021, bez autora.
241 Gutke, Thomas (2023b): Wirtschaft in Frankfurt (Oder). Logistikpark wächst – Bauantrag für Mega-Halle an der A12, *moz.de*, 11.10.2023.
242 Wywiad ekspercki z Aleksandrem Knapczykiem, 18.10.2022.

remontu[243]. Słubice posiadają tylko odkrytą pływalnię, która jednak również musi zostać wyremontowana. Według radnego Daniela Szurki wzrost kosztów robót budowlanych powoduje opóźnianie się rozpoczęcia remontu. Na razie nie dyskutowano o wspólnym obiekcie dla Słubic i Frankfurtu nad Odrą[244].

Według Słubicko-Frankfurckiego Centrum Kooperacji inwestycje we Frankfurcie nad Odrą są ograniczone, ponieważ miasto jest samorządem zobowiązanym do zabezpieczenia budżetu. Wszystkie inwestycje wymagają zgody landu. Ze względu na te ograniczenia inwestycje trzeba zawsze dokładnie przemyśleć – pomiędzy zabezpieczeniem stanu posiadania, na przykład w postaci remontu budynków szkolnych, a inwestycjami z myślą o przyszłości[245].

Według byłego nadburmistrza Martina Wilkego dzięki przemysłowi półprzewodników we Frankfurcie nad Odrą znów są szanse na rozwój gospodarczy. Jego zdaniem miasto ma również potencjał, by te szanse wykorzystać. Do roku 2030 światowa produkcja półprzewodników ulegnie podwojeniu. Komisja Europejska zapowiedziała wzrost udziału w produkcji na rynku światowym z 10 do 20%. W Europie oznacza to czterokrotny wzrost zdolności produkcyjnych. IHP w Parku Technologicznym Ostbrandenburg jest ważnym czynnikiem lokalizacji. Uprawia on najwyższej jakości badania naukowe dla międzynarodowego przemysłu półprzewodników, od krzemu po kompletne systemy terahercowe. Rozwój przemysłu półprzewodników stymulują programy wsparcia oferowane przez UE i państwo niemieckie. Istnieją również możliwości inwestycji na całej długości łańcucha tworzenia wartości w branżach pokrewnych, np. w produkcji fotowoltaiki. Państwo niemieckie i UE przygotowują specjalne programy wsparcia[246].

Według Dagmary Jajeśniak-Quast, dyrektorki Viadrina Center of Polish and Ukrainian Studies (VCPU) na Uniwersytecie Europejskim Viadrina, projekty infrastrukturalne w Polsce czerpią korzyści z unijnej pomocy finansowej. Jeden z powodów jest taki, że Polska wciąż jest w korzystnej sytuacji, polegającej na łatwiejszym dostępie do unijnych środków wsparcia. Przyczynia się to w jej opinii do wzrostu zatrudnienia i wzrostu gospodarczego w Polsce. Może to wywołać efekty synergii także we współpracy transgranicznej w Dwumieście Frankfurt nad Odrą – Słubice[247].

---

243 Mahlke, Lisa (2022): Schwimmer demonstrieren für ihr Hallenbad – doch was kann die Stadt tun? Protest in Frankfurt (Oder), *moz.de*, 08.10.2022.

244 Westermann, Jacqueline (2022): Warum das Freibad in Słubice auch in diesem Sommer geschlossen bleibt. Baden bei Frankfurt (Oder), *moz.de*, 25.06.2022.

245 Wywiad ekspercki z Sörenem Bollmannem, 08.06.2022.

246 Kannenberg, Heinz (2022d): Industrie und Ansiedlungen. In welchen Branchen der frühere OB Martin Wilke gute Chancen für Frankfurt (Oder) sieht, *moz.de*, 26.07.2022.

247 Dercz, Magdalena, Pallokat, Jan (2021): Polen erlebt Wirtschaftsboom – trotz Corona, *rbb24*.

Promocja inwestycji w Dwumieście stoi w sumie przed wieloma wyzwaniami. Z jednej strony w wydziale promocji gospodarki frankfurckiego urzędu miasta panuje atmosfera dużej niepewności ze względu na liczne zmiany personalne na najwyższym szczeblu. Z drugiej strony Frankfurt nad Odrą boryka się nadal z deficytem budżetowym. Utrudnia to nie tylko sformułowanie długofalowej strategii inwestycyjnej dla miasta, a tym samym również dla Dwumiasta, lecz również wyposażenie jej w odpowiednie środki finansowe i zapewnienie w ten sposób inwestycji istotnych dla przyszłości. W średniej i dłuższej perspektywie trzeba więc ustabilizować sytuację kadrową i oddłużyć budżet, aby znów stała się możliwa skuteczna promocja inwestycji. Do tego czasu trzeba sięgać po inne środki wsparcia i pozyskiwać kapitał prywatny. Wykorzystując środki wsparcia, można by wykorzystać potencjał transgraniczny – przez składanie wniosków o wspólne projekty po stronie polskiej, ponieważ ma ona obecnie jeszcze ułatwiony dostęp do unijnych środków wsparcia. Problemem pozostaje jednak to, że wsparcie INTERREG zostało mocno okrojone. Podsumowując, trzeba się najpierw uporać z pewnymi wyzwaniami, zanim promocja inwestycji w Dwumieście sprosta wymogom Smart City.

4.2.2 Smart Mobility

Poniżej przyjrzymy się bliżej Smart Mobility Dwumiasta. Omówione zostaną zdefiniowane w rozdziale 3.3 czynniki: skomunikowanie (między)narodowe, dostępność infrastruktury TIK oraz zrównoważone, innowacyjne i bezpieczne systemy transportu.

4.2.2.1 *Skomunikowanie (między)narodowe*

W odniesieniu do publicznego transportu pasażerskiego oraz podmiejskiego transportu kolejowego istnieje dla polsko-niemieckiego pogranicza koncepcja przyszłości o nazwie „Wizja 2030". Częścią tej koncepcji Polsko-Niemieckiej Komisji Gospodarki Przestrzennej jest wzmacnianie i rozszerzanie „połączeń transportowych"[248].

Transeuropejskie Sieci Transportowe (TEN-V) mają tworzyć sprawne i dobrze powiązane ze sobą infrastruktury, przyczyniające się do wzrostu gospodarczego, zatrudnienia, dobrobytu i konkurencyjności w UE. Dyrekcja Generalna ds. Mobilności i Transportu Komisji Europejskiej (GD MOVE) czuwa nad wdrażaniem polityki TEN-V[249]. W rozważanym przez nas przypadku istotny jest przede

248 Ulrich (2022), s. 14.
249 Bundesministerium für Digitales und Verkehr (2021): Transeuropäische Verkehrsnetze (TEN-V).

wszystkim korytarz Północ – Morze Bałtyckie, który wiedzie z Helsinek przez kraje bałtyckie, Polskę i Niemcy aż do Holandii i Belgii[250]. W języku angielskim funkcjonuje nazwa Trans-European Network Transport (TEN-T). Do 2050 roku w celu dalszego wzmocnienia jednolitego rynku wewnętrznego ma zostać w pełni rozbudowanych dziewięć zdefiniowanych głównych korytarzy. Tworzenie sieci rozpoczęło się już w 1990 roku na mocy uchwały Parlamentu Europejskiego, mówiącej o lotnictwie, drogach wodnych, sieci kolejowej i infrastrukturze drogowej. Wysokość wsparcia UE dla połączeń transgranicznych wynosi maksymalnie po 40% w przypadku dróg kolejowych i federalnych dróg wodnych. Drogi mogą liczyć maksymalnie tylko na dziesięć procent dofinansowania[251].

Połączenie kolejowe Dwumiasta przez dworzec we Frankfurcie nad Odrą z regionem metropolitalnym Berlina odbywa się od 11.12.2022 w rytmie 20-minutowym. ODEG wygrał uprzednio z Deutsche Bahn przetarg na obsługę trasy RE 1 z Cottbus lub Frankfurtu nad Odrą do Magdeburga[252]. Połączenie po stronie polskiej koleją regionalną do Zielonej Góry jest jednak według rozkładu jazdy VBB możliwe tylko trzy razy dziennie i kosztuje według POLREGIO 16,90 PLN za całą trasę. POLREGIO oferuje również bilety miesięczne, których cena zależy od odległości w kilometrach[253].

Połączenie pociągiem z lotniskiem w Poznaniu (POZ) zabiera według aktualnego rozkładu jazdy około 2,5 h z przesiadką na autobus lub taksówkę na dworcu Poznań Główny. Samochodem to 170 km, na przejechanie których potrzeba według Google Maps średnio 1 h 50 min. Według Deutsche Bahn czas jazdy koleją z Frankfurtu nad Odrą na lotnisko Berlin-Brandenburg (BER) to w przypadku najszybszego połączenia tylko 1 h 12 min. Samochodem to ok. 84 km, na których przejechanie potrzeba według Google Maps średnio 1 h 5 min.

Jeśli traktować Odrę jako drogę wodną, to z powodu niskich stanów wód, zatorów lodowych oraz lodu pakowego nie zawsze jest ona żeglowna. Niemiecki i polski urząd żeglugi używają jednak lodołamaczy, aby zimą tor wodny był przejezdny i nie dochodziło do zatorów lodowych[254].

Podsumowując, krajowe i międzynarodowe skomunikowanie transportowe Dwumiasta należy ocenić jako bardzo dobre. Szybkie połączenie z autostradami i stosunkowo szybki dostęp do lotnisk międzynarodowych rodzą liczne szanse. Zwłaszcza dla przedsiębiorstw w branży logistyki Dwumiasto jest dzięki temu atrakcyjną lokalizacją. Jednocześnie dobre skomunikowanie czyni miasto

250 Bundesministerium für Digitales und Verkehr (2022): Korridormanagement.
251 Bundesministerium für Klimaschutz, Umwelt, Energie, Mobilität, Innovation und Technologie (2020): Europäisches Verkehrsnetz TEN-T.
252 VBB Verkehrsverbund Berlin-Brandenburg GmbH (2022c): RE1.
253 POLREGIO (2022): Bilety miesięczne.
254 Trudslev, Alexandra (2015): Schifffahrt auf der Oder, *planet-wissen.de*, 22.12.2015.

również atrakcyjnym dla osób dojeżdżających do pracy – zarówno do Dwumiasta, jak i w przeciwnym kierunku.

4.2.2.2 *Dostępność infrastruktury TIK*

Komisja Europejska uchwaliła w 2010 roku Europejską agendę cyfrową. Wszyscy obywatele UE mieli uzyskać do 2013 roku dostęp do Internetu, a do 2020 roku mieć dostęp do połączeń o przepustowości co najmniej 30 Mb/s. W 2016 roku cele te rozszerzono w horyzoncie czasowym do 2025 roku. Sieć 5G ma być w pełni rozbudowana w miastach i wzdłuż ważnych połączeń transportowych. Przepustowość połączeń dla prywatnych gospodarstw domowych ma wynosić co najmniej 100 Mb/s, a należy się starać o 1 Gb/s. Wszystkim szkołom, węzłom transportowym i najważniejszym oferentom usług publicznych oraz przedsiębiorstwom o wysokim stopniu cyfryzacji trzeba umieć zapewnić połączenia o przepustowości 1 Gb/s[255].

Brandenburgia ma zaległości w dziedzinie cyfryzacji. Większość brandenburskich przedsiębiorstw używa wprawdzie cyfrowych aplikacji, ale złożoność procesów operacyjnych się zwiększa – a wraz z nią również w znacznym stopniu zapotrzebowanie na technikę cyfrową. Małe firmy i miniprzedsiębiorstwa zdają się wykorzystywać infrastrukturę cyfrową w sposób nieoptymalny[256].

Z aktualnego Breitbandatlas można wyczytać następujące dane dotyczące Brandenburgii: 92% szkół spełnia wymóg przepustowości 30 Mb/s, jednak tylko 18% zapewni postulowane 1 Gb/s do 2025 roku. Spośród przedsiębiorstw komercyjnych już 96% zapewnia pierwszy wymieniony poziom przepustowości, a 29% drugi. W wypadku gospodarstw prywatnych odsetki te wynoszą 93% i 29%. Sieć 5G obejmuje na razie tylko 30,25% powierzchni landu[257].

Według Breitbandatlas miasto na prawach powiatu Frankfurt nad Odrą pokrywa obecnie 28% swojej powierzchni siecią 5G. 90% szkół dysponuje przepustowością 30 Mb/s, a 15% już 1 Gb/s. W przypadku przedsiębiorstw komercyjnych wskaźniki te wynoszą 98% i 22%, a gospodarstw prywatnych 97% i 19%[258].

Według Breitbandatlas Federalnego Ministerstwa Cyfryzacji i Transportu (BMDV) dostępność stałych łączy dla przedsiębiorstw we Frankfurcie nad Odrą we wszystkich zakresach prędkości przewyższa średnią zarówno brandenburską, jak i ogólnoniemiecką. Zwłaszcza w wysokich zakresach prędkości: ≥ 400 Mbit/s i ≥ 1000 Mbit/s dane dla Frankfurtu nad Odrą są wyraźnie lepsze od

255 Sarachuk/Missler-Behr (2020), s. 1105.
256 Kampe, Carsten/Walter, Anja/Porep, Daniel (2018): Arbeit 4.0 in Brandenburg, s. 4.
257 Bundesnetzagentur (2022): Breitbandatlas.
258 Tamże.

porównywalnych. Płynie z tego wniosek, że przedsiębiorstwa we Frankfurcie nad Odrą mają dobry dostęp do szybkiego Internetu. Obrazuje to Tabela 17.

Tabela 17: Dostępność stałych łączy dla przedsiębiorstw (wszystkie technologie)

Jednostka administracyjna	**Dostępność stałych łączy dla przedsiębiorstw w % według prędkości (wszystkie technologie)**						
	≥ 16 Mbit/s	**≥ 30 Mbit/s**	**≥ 50 Mbit/s**	**≥ 100 Mbit/s**	**≥ 200 Mbit/s**	**≥ 400 Mbit/s**	**≥ 1000 Mbit/s**
Niemcy	98,93	95	94,73	90,72	80,37	70,22	67,43
Brandenburgia	98,17	93,76	93,76	88,26	68,75	49,19	46,75
Frankfurt nad Odrą	99	97,65	97,65	95,81	89,2	84,91	84,91
Guben	98,73	94,77	94,77	90,4	50,85	0	0

Źródło: Zestawienie własne według Breitbandatlas BMDV[259]

W Polsce sytuacja wygląda w następujący sposób. Polski rząd zainicjował program Cyfrowa Polska (2014–2020) o wartości 2 mld PLN i otrzymał na to dodatkowo 8 mld PLN z UE. Ten program miał promować cyfryzację, a w ten sposób podnosić jakość życia. Na pierwszym planie znajdował się przy tym rozwój Internetu wysokich prędkości, tworzenie usług elektronicznych i nabywanie kompetencji cyfrowych przez polskich obywateli. Częścią planu było usuwanie regionalnych przeszkód prawnych w celu stworzenia jednorodnego rynku dla uniwersalnej oferty szerokopasmowej[260]. Według Eurostatu Polska osiągnęła w 2021 roku pokrycie 77% przepustowością ponad 30 Mb/s i pokrycie 55,2% przy prędkościach ponad 1 Gb/s[261]. Ponad 96% przedsiębiorstw w województwie lubuskim miało w 2019 roku dostęp do szybkiego Internetu[262].

Rozwój sieci 5G posuwa się jednak w Polsce wolniej. Aukcja niezbędnych pasm częstotliwości dla operatorów miała się odbyć w 2020 roku, jednak termin ten odwołano z powodu pandemii. Nowego terminu jeszcze nie podano. Od 2018 roku w branży 5G działa kilka podsieci, które jednak ze względu na obecnie używane częstotliwości nie mogą wykorzystać całego swojego potencjału. Również ustawa o Krajowym Systemie Cyberbezpieczeństwa, która nie weszła jeszcze

259 Bundesministerium für Digitales und Verkehr (2023): Breitbandatlas. Stan z końca 2022 roku.
260 Nowak (2020), s. 318–319.
261 Eurostat (2022): Eurostat Data Browser. Breitband-Internetabdeckung nach Geschwindigkeit.
262 Nowak (2020), s. 332.

w życie, odgrywa przy tym pewną rolę, ponieważ w przeszłości dochodziło do ataków hakerskich na urzędników rządowych. Ustawa ma wejść w życie przed przyznaniem pasm częstotliwości, aby w przyszłości zminimalizować zagrożenia bezpieczeństwa[263].

W sumie dostęp do Internetu dla przedsiębiorstw zarówno po stronie niemieckiej, jak i polskiej, należy ocenić jako szybki. O ile w odniesieniu do rozwoju sieci 5G są jeszcze niewykorzystane potencjały, to już działające tu przedsiębiorstwa, a także takie, które planują nowe inwestycje, mogą zakładać, że do dyspozycji jest odpowiednia infrastruktura TIK. Na pytanie o dostępność infrastruktury TIK dla przedsiębiorstw jako wskaźnik czynnika Smart Mobility należy zatem odpowiedzieć twierdząco.

4.2.2.3 *Zrównoważone, innowacyjne i bezpieczne systemy transportu*

Ważną rolę dla Smart Mobility odgrywają również systemy transportu. We Frankfurcie nad Odrą istnieją nowoczesne koncepcje mobilności. Stadtverkehrsgesellschaft mbH Frankfurt (Oder) (SVF) wraz z amerykańskim przedsiębiorstwem Bird w sierpniu 2021 roku udostępniła do użytkowania łącznie 150 elektrycznych hulajnóg w 15 lokalizacjach. Według Benedicta Prusy, kierownika działu rozwoju miasta, budownictwa i środowiska w urzędzie miasta, nowy „innowacyjny system zachęt" ma zapewnić prawidłowe użytkowanie i poprawne parkowanie elektrycznych hulajnóg, aby to rozwiązanie w zakresie mikromobilności przyniosło w sumie więcej korzyści. Nasuwa się jednak pytanie, czy namalowane miejsca parkingowe i bon na 0,50 € za poprawne odstawienie we wspomnianych strefach parkowania można określić mianem „innowacyjnych"[264].

Amerykańskie przedsiębiorstwo Bird opuściło z powodu zbyt dużej konkurencji wiele niemieckich miast, więc z dniem 31.12.2022 elektryczne hulajnogi i rowery elektryczne zniknęły z ulic również we Frankfurcie nad Odrą[265]. Od czerwca 2023 roku zaczęła się współpraca SVF z przedsiębiorstwem Go Mobility z Cottbus, więc obecnie do dyspozycji jest znów 30 rowerów elektrycznych; później dojdzie do nich 150 elektrycznych hulajnóg w 25 lokalizacjach. Dodatkowo przedsiębiorstwo oferuje we Frankfurcie nad Odrą elektryczne motorowery. Rowery elektryczne mają zasięg 110 km, w wypadku elektrycznych hulajnóg jest to 55 km. Te elektryczne pojazdy można wypożyczać za pośrednictwem aplikacji GO FFO. Podstawowa opłata za wypożyczenie wynosi jedno euro, każda minuta

---

263 Fuß, Christopher (2021): 5G-Ausbau in Polen stockt.
264 Stadtverwaltung Frankfurt (Oder) (2021a): Bird startet in Frankfurt (Oder).
265 Reinschmidt, Janine (2022): E-Roller und E-Räder. Anbieter Bird verlässt Frankfurt (Oder) zum Jahresende, *moz.de*, 22.10.2022.

użytkowania kosztuje 24 centy[266]. SVF kooperowała również ze Stadtwerke Frankfurt (Oder) GmbH. Wspólnie oferują w mieście od lata 2021 roku elektryczne rowery cargo. Prezes SVF, Christian Kuke, widzi we flocie elektrycznych rowerów cargo jako uzupełnieniu publicznego transportu pasażerskiego krok w kierunku coraz inteligentniejszej mobilności[267]. Według Torstena Röglina, prezesa Stadtwerke, oba przedsiębiorstwa aktywnie kształtują w ten sposób transformację energetyczną i mobilnościową we Frankfurcie nad Odrą[268].

Koncepcje w zakresie mikromobilności należy zasadniczo ocenić pozytywnie. Z uwagi na to, że oba miasta postrzegają się jako Dwumiasto Frankfurt nad Odrą – Słubice, rozwiązania dotyczące mobilności należy jednak również oceniać krytycznie. W ratuszu mówi się wprawdzie o tym, żeby myśleć o mobilności w perspektywie 360°[269]. Prezentowane koncepcje nie są jednak transgraniczne, więc nie ma możliwości wykorzystania ich w Słubicach.

Od grudnia 2012 roku działa transgraniczny transport autobusowy. SVF jest operatorem linii autobusowej 983, której trasa przebiega obecnie z dworca kolejowego Frankfurt (Oder) do Dworca Autobusowego w Słubicach[270]. Linię autobusową 983 powołano do życia w dużej mierze dzięki zaangażowaniu społeczności studenckiej EUV. Jeszcze rok temu studenci finansowali linię 983 z części swojej opłaty semestralnej[271]. Dzięki budowie połączenia tramwajowego przez granicę można by pójść jeszcze krok dalej. Linia tramwajowa może „w razie wsparcia finansowego działać z pozytywnym wynikiem gospodarczym" – głosi jedna z analiz[272]. Przed powstaniem linii autobusowej istniały już plany transgranicznej linii tramwajowej, jednak nie zrealizowano ich z powodu braku akceptacji przez obywateli.

Omawianym obecnie tematem jest rozszerzenie sieci tramwajowej do nowej strefy biznesowej przy A 12. Chodzi tu o kompleks logistyczny Log Plaza przedsiębiorstwa Alcaro Invest GmbH. Połączenie miałoby zalety nie tylko ekologiczne i dotyczące techniki transportu. W porównaniu z połączeniem autobusowym linia tramwajowa byłaby znacznie efektywniejsza. Według pierwszej prognozy rozszerzenie kosztowałoby 30 mln €. Oprócz programu federalnego związanego z ustawą o finansowaniu transportu w gminach (GVFG) można by skorzystać ze

266 Stadtverkehrsgesellschaft mbH Frankfurt (Oder) (2023): Neuer Sharing-Anbieter für Frankfurt (Oder). Wegener, Ken. Presseinformation, 09.06.2023
267 Stadtverwaltung Frankfurt (Oder) (2021a): Bird startet in Frankfurt (Oder).
268 Stadtwerke Frankfurt (Oder) GmbH (2021): Kostenfreie E-Lastenräder für Frankfurt (Oder).
269 Wywiad ekspercki z Clausem Junghannsem, 13.06.2022.
270 Landesregierung Brandenburg (2013): Ein Jahr Buslinie 983. Woidke würdigt Grenzbus als „deutsch-polnisches Erfolgsprojekt".
271 „Nach Fahrplanwechsel. Grenzübergreifender Bus 983 fährt weiter", *moz.de*, 05.11.2019.
272 Rebentisch/Schroeter (2014).

wsparcia ze strony kraju związkowego Brandenburgia, dzięki czemu – jak sądzi prezes SVF Christian Kuke – można by pokryć 75–90% niezbędnych kosztów. Nie ma jednak na razie dokładnej kalkulacji kosztów i korzyści. Przy odpowiednim przebiegu trasy mogłaby ona objąć również inne tereny biznesowe w okolicy[273].

W ogólnokrajowy Dzień Cyfrowy w 2021 roku wysunięto pomysł kolejki linowej jako element projektowania Smart City. Mogłaby ona prowadzić nad Odrą na północ i południe od Mostu Miejskiego, tworząc w ten sposób pierścień. Oprócz pasażerów kolejką linową można by również transportować ładunki. Oprócz aspektu biznesowego i związanego z transportem publicznym skorzystałaby na tym również turystyka. Ustawicznie artykułowane są również drobne pomysły na zwiększenie zakresu usług i zrównoważenia, jak stosowanie sensoryki, czy to do oświetlania ulic, czy do zarządzania kontenerami w związku z utylizacją odpadów[274].

W odniesieniu do wskaźnika „wykorzystanie samochodów elektrycznych" zwraca uwagę to, że odsetek samochodów osobowych o napędzie elektrycznym jest we Frankfurcie niższy zarówno od średniej ogólnokrajowej, jak i landowej. Zarazem jednak również we Frankfurcie nad Odrą można zaobserwować tendencję wzrostową. Uwidocznia to Tabela 18.

Tabela 18: Odsetek samochodów osobowych o napędzie elektrycznym (BEV i hybryd typu plug-in) we Frankfurcie nad Odrą w ujęciu porównawczym

Rok	**Niemcy**	**Brandenburgia**	**Frankfurt nad Odrą**
01.10.2022	3,26	2,14	1,6
01.01.2023	3,85	2,53	1,9
01.04.2023	4,00	2,64	1,9
01.07.2023	4,20	2,75	2,0

Źródło: Zestawienie własne według Kraftfahrt-Bundesamt (KBA)[275]

W odniesieniu do wskaźnika bezpieczeństwo transportu w minionych latach w Dwumieście nie zaznaczyły się żadne szczególne trendy. Pokazuje to Tabela 19.

273 Gutke, Thomas (2022): Nahverkehr und Immobilien. Fährt die Straßenbahn in Frankfurt (Oder) bald bis zum neuen Gewerbegebiet an der A12?, *moz.de*, 02.04.2022.
274 Stadtverwaltung Frankfurt (Oder) (2021c): Frankfurt (Oder) – Słubice: Smarte Doppelstadt.
275 Kraftfahrt-Bundesamt (2023a): Vierteljährlicher Bestand. Zahlen, Daten, Fakten; Kraftfahrt-Bundesamt (2023b): Bestand an Personenkraftwagen mit Elektro-Antrieb.

Tabela 19: Wypadki drogowe z udziałem ludzi (WDUL) w Dwumieście (2013–2022)

Rok	Frankfurt nad Odrą	Słubice	Dwumiasto	WDUL na 1000 mieszkańców
2013	164	12	176	2,3
2014	124	11	135	1,8
2015	146	10	156	2,1
2016	153	18	171	2,3
2017	138	22	160	2,1
2018	139	9	148	2,0
2019	127	20	147	2,0
2020	118	14	132	1,8
2021	133	17	150	2,1
2022	165	3	168	2,3

Źródło: Opracowanie własne na podstawie zapytania prasowego do policji[276]

Reasumując, w Dwumieście jest nieco dobrze rokujących na przyszłość pomysłów na projekty, które mogą wywrzeć pozytywny wpływ na Smart Mobility. Nie brakuje jednak wyzwań. Zwłaszcza niski odsetek elektrycznych samochodów osobowych pokazuje, że z jednej strony trzeba zwiększyć świadomość w zakresie Smart Mobility, z drugiej zaś stworzyć w Dwumieście również odpowiednią infrastrukturę służącą np. elektromobilności, aby nadal ją promować.

4.3 Podsumowanie

Analiza Dwumiasta na podstawie wyróżników Smart City w postaci Smart Economy i Smart Mobility wykazuje szanse i wyzwania.

Do dużych wyzwań należą słaba innowacyjność oraz słabnąca przedsiębiorczość po stronie niemieckiej. Rynkowi pracy Dwumiasta brakuje również elastyczności. Jednak zwłaszcza promocja inwestycji stoi w obliczu wielkich wyzwań. Deficyt budżetowy w połączeniu z niejasną sytuacją kadrową w dziale promocji gospodarki frankfurckiego urzędu miasta stawia Dwumiasto także w przyszłości przed problemami z przyciąganiem nowych przedsiębiorstw. Jednocześnie

276 Polizeipräsidium Land Brandenburg, Polizeidirektion Ost, Pressestelle (2023): 230925_Anfrage_Auftrag_Statistische Daten für wissenschaftliche Arbeit. Frohberg, Thomas; Kamenz, Roland. E-mail z 04.10.2023.

produktywność przynajmniej po stronie niemieckiej jest nader słabo rozwinięta – lokuje się wyraźnie poniżej średniej dla całych Niemiec i Brandenburgii.

Szanse dla Dwumiasta istnieją natomiast w sferze logistyki, ponieważ krajowe i międzynarodowe skomunikowanie transportowe Dwumiasta jest bardzo dobre. Dwumiasto ma również bardzo dobry dostęp do infrastruktury TIK.

Zarówno wyzwanie, jak i szansę stanowią natomiast dostępność i koszty gruntów i budynków. O ile jest tu wystarczająca ilość gruntów przede wszystkim dla mniejszego biznesu, o tyle brakuje możliwości dla dużych inwestycji. Miejski deficyt budżetowy utrudnia uzbrajanie kolejnych terenów. Pojawiły się pierwsze dobre koncepcje dotyczące zrównoważonych, innowacyjnych i bezpiecznych systemów transportu. Występuje jednak jeszcze potrzeba działań pozwalających wykorzystać istniejące szanse i uporać się z wyzwaniami.

Dwumiasto jest zatem nader atrakcyjną, europejską lokalizacją inwestycji z dobrą infrastrukturą i skomunikowaniem z międzynarodowymi korytarzami transportowymi i metropoliami, posiadającą też dobrze wykształconych wykwalifikowanych pracowników oraz stosunkowo dogodne warunki lokalizacji. Hipotezę 1 można zatem potwierdzić.

Za sprawą licznych transgranicznych inicjatyw i projektów Dwumiasto jest również Twin City. Ponieważ jednak nie spełnia jednocześnie warunku posiadania wszystkich czynników związanych z analizowanymi wyróżnikami Smart City, takimi jak choćby innowacyjność czy elastyczność rynku pracy, nie można go określić mianem Smart City. Regres przedsiębiorczości oraz liczne wyzwania w zakresie promocji gospodarki przemawiają ponadto przeciwko uznaniu Dwumiasta za Founder City. Hipoteza 2 nie może więc zostać potwierdzona. Dwumiasto jest Twin City, ale nie jest Smart Founder City.

5. Euromiasto Guben – Gubin

W niniejszym rozdziale nastąpi analiza Euromiasta Guben – Gubin pod kątem zdefiniowanych w rozdziale 3 czynników i wskaźników odnoszących się do wyróżników Smart Economy i Smart Mobility. Oba te wyróżniki są kluczowe dla oceny gospodarczej danej lokalizacji, dlatego tylko one zostaną rozpatrzone w celu ustalenia, czy to raczej Euromiasto jest centrum gospodarczym regionu niż Dwumiasto Frankfurt nad Odrą – Słubice (FS). Analiza odbędzie się na podstawie danych statystycznych, zgodnie z kolejnością wyróżników z modelu Smart City w rozdziale 3. Celem jest umożliwienie porównania z Dwumiastem FS.

Guben jest zgodnie z krajowym planem rozwoju ośrodkiem średniej wielkości w powiecie Sprewa-Nysa, natomiast Frankfurt nad Odrą jako miasto na prawach powiatu jednym z głównych ośrodków[277]. Urzędy Statystyczne dysponują z tego powodu niewielką ilością danych dotyczących Guben. Również ekspertyza firmy Prognos nie zawiera wiarygodnych danych na temat Guben. W odniesieniu do niektórych wskaźników nie dało się więc znaleźć danych dla miast Guben i Gubin, do porównania użyte więc zostaną dane dotyczące powiatu Sprewa-Nysa. W kontekście głównego pytania badawczego tej analizy jest to mimo wszystko uzasadnione. Dwumiasto FS uważa się za centrum gospodarcze polsko-niemieckiego pogranicza wschodniej Brandenburgii i województwa lubuskiego. Takie centrum musi się porównywać również z przyległymi powiatami. W sytuacji braku danych na temat Euromiasta uprawnione jest więc wykorzystanie danych dotyczących powiatu Sprewa-Nysa.

5.1 Ogólna sytuacja i rozwój Euromiasta

Współpraca miast Gubin i Guben istnieje już od czasów NRD. Jedną z przyczyn było to, że oba miasta miały odmienne słabe punkty w zaopatrzeniu. Z biegiem lat współpracę rozszerzono na różne dziedziny. Po zjednoczeniu Niemiec podpisano 19.01.1991 między obu miastami umowę o partnerstwie. Chodziło w niej głównie o wymianę kulturalną, ale wspomniano już także o gospodarce. 3 kwietnia 1996 roku położono kamień węgielny pod wspólną polsko-niemiecką oczyszczalnię ścieków[278].

277 Freitag/Schenten/Mayimona (2023), s. 13.
278 Horn (1997), s. 6–8.

Ilustracja 4 pokazuje, że w ostatnich dziesięciu latach liczba mieszkańców miasta Gubina stale spadała – z 17 019 do 15 798 mieszkańców w roku 2022, co stanowi ubytek o 7,2%. W Guben liczba mieszkańców spadła w tym okresie aż o 8,7%, z 17 971 do 16 402 w roku 2022. Jedynie w 2015 i 2022 roku nastąpił lekki wzrost liczby mieszkańców Guben.

Według doradcy przedsiębiorstw Markusa Tollego Guben–Gubin przeobraża się w dynamiczny ośrodek gospodarczy. Często podkreśla się przede wszystkim „wspólne, merytorycznie kompetentne" działania obu burmistrzów – Freda Mahro w Guben i Bartłomieja Bartczaka w Gubinie. Zdaniem Tollego wyraźnie widać, że przedsiębiorstwa wyczuwają ich przychylność w odniesieniu do wymogów dotyczących lokalizacji, dzięki czemu rozwinęła się relacja oparta na obustronnym zaufaniu[279].

Ilustracja 4: Liczba mieszkańców miast Guben i Gubin (2012–2022)

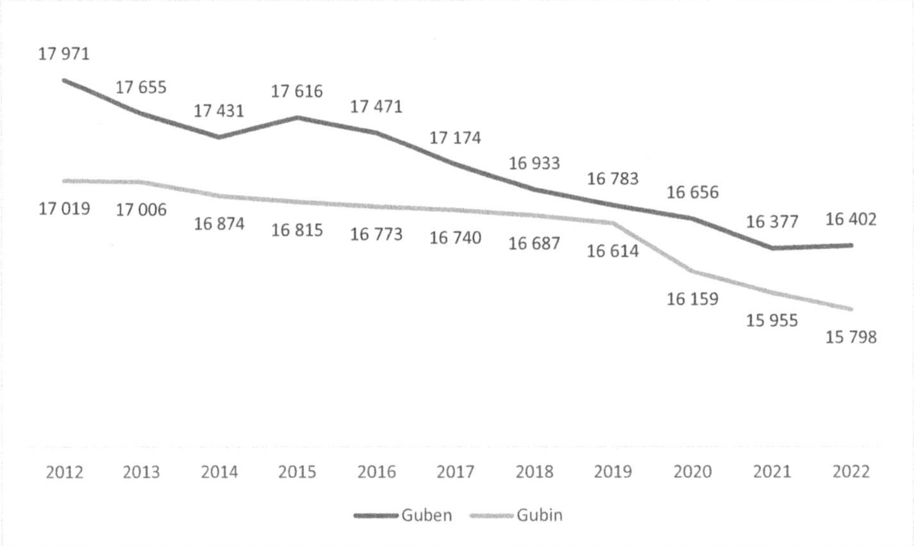

Źródło: Opracowanie własne na podstawie danych Destatis[280] i Głównego Urzędu Statystycznego GUS[281]

279 Kannenberg, Heinz (2022c): Industrie und Ansiedlungen. Was Guben und Gubin besser machen als Frankfurt (Oder) und Słubice, *moz.de*, 22.07.2022.
280 Statistische Ämter des Bundes und der Länder (2023a, b).
281 Główny Urząd Statystyczny GUS (2023b).

Tabela 20: Wskaźnik urodzeń na kobietę w wieku od 15 do 45 lat w Guben w ujęciu porównawczym

Obszar	Rok				
	2018	**2019**	**2020**	**2021**	**2022**
Niemcy	1,56	1,54	1,52	1,57	1,45
Brandenburgia	1,61	1,59	1,56	1,59	1,47
Sprewa-Nysa	1,78	1,67	1,69	1,73	1,55

Źródło: Zestawienie własne według Destatis i Amt für Statistik Berlin-Brandenburg[282]

Wskaźnikiem przemian demograficznych jest dzietność. Tabela 20 ukazuje wskaźnik urodzeń na kobietę w wieku rozrodczym w powiecie Sprewa-Nysa w ciągu ostatnich pięciu lat i porównuje go z Brandenburgią i Niemcami. W powiecie Sprewa-Nysa dzietność wprawdzie spada, ale jest wyższa od średniej dla landu i dla całych Niemiec.

5.2 Smart City Guben – Gubin

Temat Smart City jest na porządku dziennym również w Euromieście Guben – Gubin. I tak Guben, jako najmniejsze wschodnioniemieckie miasto wśród wszystkich uczestników i jedyne miasto przygraniczne, zostało w 2021 roku wybrane przez Federalne Ministerstwo Spraw Wewnętrznych, Budownictwa i Ojczyzny (BMI) jako jeden z 28 projektów w ramach „Modelowych Projektów Smart Cities", czyli zaplanowanego na dziesięć lat programu wsparcia[283]. W 2017 roku, dwa lata przed startem programu, Federalne Ministerstwo Budownictwa stworzyło Kartę Smart City. Karta służy samorządom jako wytyczne w sprawie cyfrowej modernizacji miast i gmin[284]. Pod hasłem „Euromiasto Guben – Gubin inteligentne bez granic" Guben chce we współpracy z Gubinem promować do 2027 roku cyfrową transformację[285].

282 Statistisches Bundesamt Deutschland Destatis: GENESIS Datenbank. Tabelle: 12612-0009. Zusammengefasste Geburtenziffern (je Frau) (2023b); Amt für Statistik Berlin-Brandenburg (2023a): Statistischer Bericht A II 1 – j / 22. Eheschließungen, Geborene und Gestorbene im Land Brandenburg 2022.

283 Stadt Guben (2021): Guben – „Modellprojekt Smart Cities".

284 Bundesinstitut für Bau-, Stadt- und Raumforschung (BBSR) (2021): Smart City Charta., s. 5.

285 Engelhardt, Thomas (2022a): Smart City Guben. Mit diesen Projekten will die Neißestadt fit für die digitale Zukunft werden, LR, 30.03.2022.

5.2.1 Smart Economy

W tej części przyjrzymy się bliżej Smart Economy Euromiasta. W tym celu poniżej rozpatrzone zostaną zdefiniowane w rozdziale 3.2 czynniki: innowacyjność, przedsiębiorczość, produktywność, elastyczność rynku pracy, dostępność i koszty gruntów i budynków oraz promocja inwestycji wraz z ich odnośnymi wskaźnikami.

5.2.1.1 *Innowacyjność*

Innowacyjność Euromiasta rozwinęła się w minionych latach inaczej niż innowacyjność Dwumiasta. Spojrzenie na wewnętrzne nakłady gospodarki na B+R oraz na zatrudniony pełnoetatowy personel B+R w gospodarce w latach 2009–2019 pokazuje, że w sumie wzrosły zarówno nakłady, jak i personel. Należy jednak zauważyć, że dostępne są tylko dane dla powiatu Sprewa-Nysa, a nie dla samego Guben. Szczegóły przedstawiają Tabele 21 i 22.

Tabela 21: Wewnętrzne nakłady gospodarki na B+R i ich udział w PKB w Brandenburgii, powiecie Sprewa-Nysa i Lubuskiem (2009–2019)

Rok	**Wewnętrzne nakłady gospodarki na B+R (w tys. euro) i (w tys. PLN) oraz ich udział w PKB w %**		
	Brandenburgia	**Sprewa-Nysa**[286]	**Lubuskie**[287]
2009	186 024 (0,35%)	1456 (0,04%)	9429 (0,03%)
2011	307 750 (0,54%)	3795 (0,06%)	- (-)
2013	269 774 (0,45%)	2036 (0,05%)	31 200 (0,09%)
2015	397 479 (0,61%)	1611 (0,05%)	56 659 (0,14%)
2017	405 004 (0,57%)	1498 (0,04%)	124 602 (0,29%)
2019	485 763 (0,64%)	1696 (0,04%)	153 500 (0,31%)

Źródło: Obliczenia i zestawienie własne według Stifterverband für die Deutsche Wissenschaft e.V., RDB oraz BDL (GUS)[288]

286 W 2011 roku dla powiatu Sprewa-Nysa i dla miasta Cottbus istniały tylko dane zagregowane. Zostało to odpowiednio uwzględnione przy obliczaniu udziału procentowego.

287 Dane dotyczące 2013 i 2019 roku pochodzą z rocznika statystycznego województwa lubuskiego za rok 2015 (s. 258) i 2021 (s. 104), por. Urząd Statystyczny w Zielonej Górze (2021): Rocznik Statystyczny.

288 Stifterverband für die Deutsche Wissenschaft e.V. (2023): e-mail z 17.10.2023; Statistische Ämter des Bundes und der Länder (2024); Główny Urząd Statystyczny GUS: Nauka i technika. Społeczeństwo informacyjne (K10). Działalność badawcza i rozwojowa (G184). Nakłady wewnętrzne na działalność B+R (P2401).

Tabela 22: Personel B+R gospodarki oraz jego udział w łącznej liczbie pracujących w Brandenburgii, powiecie Sprewa-Nysa i Lubuskiem (2009–2019)

Rok	**Personel B+R gospodarki**[289] **oraz jako udział w łącznej liczbie pracujących**[290]		
	Brandenburgia	**Sprewa-Nysa**	**Lubuskie**
2009	2106 (0,28%)	22 (0,06%)	94 (0,03%)
2011[291]	3229 (0,42%)	65 (0,12%)	164 (0,05%)
2013	3091 (0,39%)	26 (0,07%)	211 (0,07%)
2015	3667 (0,45%)	17 (0,05%)	324 (0,10%)
2017	4379 (0,52%)	18 (0,05%)	- (-)
2019	4685 (0,55%)	27 (0,07%)	960 (0,27%)

Źródło: Obliczenia i zestawienie własne według Stifterverband für die Deutsche Wissenschaft e.V., BA, BDL (GUS) oraz Rocznika Statystycznego Województwa Lubuskiego[292]

Pozytywny trend można zaobserwować również pod względem liczby wniosków patentowych na głowę. W minionych latach wzrosła tu liczba patentów na 10 000 mieszkańców, jak pokazuje Tabela 23.

Tabela 23: Wnioski patentowe w liczbach absolutnych oraz na 10 000 mieszkańców Euromiasta (2013–2023)

Rok	**Guben**	**Gubin**	**Euromiasto (suma)**	**Euromiasto mieszkańcy**	**Patenty/ 10 000 mieszkańców**
2013	3	1	4	34 661	1,15
2014	1	0	1	34 305	0,29
2015	4	1	5	34 431	1,45
2016	4	0	4	34 244	1,17
2017	2	1	3	33 914	0,88

289 W przypadku personelu B+E w Brandenburgii i powiecie Sprewa-Nysa chodzi o przeliczenie na pełne etaty, a w przypadku liczb dotyczących Polski o liczbę zatrudnionych osób.

290 Chodzi o pracowników podlegających obowiązkowemu ubezpieczeniu społecznemu w miejscu pracy.

291 W 2011 roku dla powiatu Sprewa-Nysa i dla miasta Cottbus dostępne były tylko dane zagregowane. Zostało to odpowiednio uwzględnione przy obliczaniu udziału procentowego.

292 Stifterverband für die Deutsche Wissenschaft e.V. (2023): e-mail vom 17.10.2023; Bundesagentur für Arbeit (2023b): Statistiken. Statistiken nach Regionen; Główny Urząd Statystyczny GUS; Urząd Statystyczny w Zielonej Górze (2021): Rocznik Statystyczny.

2018	5	0	5	33 620	1,49
2019	10	0	10	33 397	2,99
2020	15	0	15	32 815	4,57
2021	5	2	7	32 332	2,17
2022	9	1	10	32 161	3,11
01.10.2023	0	1	1	-	-

Źródło: Obliczenia własne według DPMA Register oraz UPRP[293]

Reasumując, można więc powiedzieć, że w Euromieście jest wyraźnie obecna innowacyjność i że przeżywa ona obecnie wzrost. Jest to tym bardziej zadziwiające, że w regionie nie ma żadnej uczelni.

5.2.1.2 *Przedsiębiorczość*

Również przedsiębiorczość odgrywa ważną rolę dla inteligentnej gospodarki. Aby ją ocenić, poniżej rozpatrzona zostanie liczba osób prowadzących działalność na własny rachunek oraz liczba nowo zakładanych przedsiębiorstw w Euromieście.

Ponieważ dla miasta Guben nie ma danych o liczbie przedsiębiorców indywidualnych, w odniesieniu do niemieckiej strony Euromiasta wybrano dla lepszej porównywalności liczbę podmiotów prawnych jako wskaźnik liczby osób prowadzących działalność na własny rachunek (po stronie polskiej jednak liczbę przedsiębiorców indywidualnych). W przypadku podmiotów prawnych należy uwzględnić fakt, że stają się one istotne dla ewaluacji, jeśli w roku sprawozdawczym osiągnęły obroty przekraczające 17 500 euro, albo jeśli mają zarejestrowanych pracowników. Oddział jest uwzględniany w ewaluacji wtedy, gdy posiada pracowników lub gdy jest jedynym oddziałem podmiotu prawnego, który w roku sprawozdawczym osiągnie obroty przekraczające 17 500 euro.

W sumie liczba osób prowadzących działalność na własny rachunek w Euromieście w minionych dziesięciu latach po pewnym regresie znowu wzrosła. O ile po stronie niemieckiej liczba podmiotów prawnych podlegała wahaniom, o tyle w tym samym okresie liczba przedsiębiorców indywidualnych w Gubinie najpierw spadła, aby następnie od 2019 roku ponownie wzrosnąć. W rozwoju sytuacji nie można się dopatrzyć rzeczywistej nierównowagi. Ewolucję tego wskaźnika ukazuje Tabela 24:

293 Deutsches Patent- und Markenamt (2023): DPMAregister; Urząd Patentowy Rzeczpospolitej Polskiej (2023).

Tabela 24: Liczba podmiotów prawnych w Guben i przedsiębiorstw indywidualnych w Gubinie (2013–2022)

Rok	Guben[294]	Gubin	Euromiasto	Dwumiasto Przedsiębiorstwa na 100 mieszkańców
2013	609	1531	2140	6,2
2014	626	1500	2126	6,2
2015	628	1472	2100	6,1
2016	619	1457	2076	6,1
2017	609	1439	2048	6,0
2018	601	1494	2095	6,2
2019	630	1547	2177	6,5
2020	4105	1612	5717	17,4
2021	4067	1672	5739	17,8
2022	-	1715	1715	5,3

Źródło: Zestawienie własne według Amt für Statistik Berlin-Brandenburg i BDL (GUS)[295]

Inaczej rzecz się miała z liczbą nowo zakładanych przedsiębiorstw. Zarówno w Guben, jak i w Gubinie w minionych latach liczba nowo zakładanych przedsiębiorstw spadła, por. Tabela 25.

Tabela 25: Rejestrowanie działalności gospodarczej (zakładanie nowych firm) w Euromieście (2013–2022)

Rok	Guben	Gubin	Euromiasto	Nowo rejestrowana działalność gospodarcza na 1000 mieszkańców
2013	163	185	348	10,0
2014	153	170	323	9,4
2015	152	176	328	9,5
2016	163	172	335	9,8
2017	189	146	335	9,9
2018	156	176	332	9,9
2019	133	175	308	9,2

294 Za lata 2020 i 2021 istniały statystyki tylko dla powiatu Sprewa-Nysa, dlatego to one ujęto w tabeli.

295 Amt für Statistik Berlin-Brandenburg (2020): StatIS-BBB; Główny Urząd Statystyczny (2023a): Bank Danych Lokalnych.

2020	87	158	245	7,5
2021	91	178	269	8,3
2022	-	175	175	5,4

Źródło: Ujęcie własne według StatIS-BBB i BDL (GUS)[296]

O ile z zadowoleniem należy przyjąć to, że mimo kryzysów gospodarczych w minionych latach liczba podmiotów prawnych i przedsiębiorstw indywidualnych w Euromieście uległa zwiększeniu, o tyle jednocześnie nie jest dobrym prognostykiem na przyszłość to, że znacznie spadła liczba przypadków nowo rejestrowanej działalności gospodarczej. Istnieje w tej mierze pilna potrzeba poprawy sytuacji, aby czynnik przedsiębiorczości można było również w przyszłości uważać za pozytywnie ukształtowany.

5.2.1.3 *Produktywność*

Tak jak w przypadku Dwumiasta także dla Euromiasta produktywność jest ważnym czynnikiem Smart Economy. Spojrzenie na ewolucję PKB na osobę pracującą w latach 2013–2021 pokazuje, że w powiecie Sprewa-Nysa wskaźnik ten wzrósł w tym okresie z 78 395 € do 104 529 €. Powiat lokował się przy tym przez cały czas powyżej średniej dla Brandenburgii, ale również powyżej średniej dla całych Niemiec, por. Tabela 26.

Tabela 26: PKB na osobę pracującą w EUR: powiat Sprewa-Nysa w ujęciu porównawczym (2013–2021)

Rok	**Niemcy**	**Brandenburgia**	**Sprewa-Nysa**
2013	66 384	55 913	78 395
2014	68 524	58 824	78 484
2015	70 177	60 190	77 451
2016	71 797	61 381	80 603
2017	73 832	63 401	85 994
2018	75 011	64 635	90 425
2019	76 711	67 243	92 080
2020	75 819	67 442	92 266
2021	80 074	71 125	104 529

Źródło: Zestawienie własne według RDB[297]

296 Amt für Statistik Berlin-Brandenburg (2023b): StatIS-BBB; Główny Urząd Statystyczny (2023a): Bank Danych Lokalnych.

297 Statistische Ämter des Bundes und der Länder (2023d): Regionaldatenbank Deutschland. Tabelle: 82111-01-05-4.

Inaczej niż rzecz się ma z Dwumiastem, produktywność powiatu Sprewa-Nysa jest znacznie wyższa od produktywności Brandenburgii. Może to przemawiać za tym, że Euromiasto stanowi centrum gospodarcze. Jednocześnie porównanie z całymi Niemcami wskazuje, że w odniesieniu do produktywności można je uznać nawet za centrum gospodarcze rangi ogólnokrajowej. W sumie czynnik produktywności jest w Euromieście bardzo dobrze rozwinięty.

5.2.1.4 *Elastyczność rynku pracy*

Pracownicy w Gubinie są dobrze wykształceni i w większości dwujęzyczni. Polscy pracownicy mówią bardzo dobrze po niemiecku[298].

W odniesieniu do stopy bezrobocia jako wskaźnika elastyczności należy stwierdzić, że od 2013 roku spadła ona wyraźnie zarówno w powiecie Sprewa-Nysa, jak i w Gubinie. W Gubinie obniżyła się z 14,9% (2013) do 3,3% (2022). Jednocześnie w powiecie Sprewa-Nysa zmniejszyła się ona z 10,4% (2013) do 6% (2023). Stopa bezrobocia w Gubinie jest więc jeszcze niższa od ogólnopolskiej, ale wyższa od stopy bezrobocia w województwie lubuskim. Stopa bezrobocia w powiecie Sprewa-Nysa przewyższa z kolei średnią dla landu i dla całych Niemiec, jak pokazuje Tabela 27.

Tabela 27: Stopa bezrobocia w Euromieście w ujęciu porównawczym (2013–2023)

Rok	Niemcy	Brandenburgia	Sprewa-Nysa	Gubin	Lubuskie	Polska
2013	6,9	9,9	10,4	14,9	9,1	8,8
2014	6,7	9,4	10,3	10,9	7,2	7,5
2015	6,4	8,7	9,2	10	6,1	6,5
2016	6,1	8	8,4	8,3	5,1	5,6
2017	5,7	7	7,4	6,4	3,9	4,6
2018	5,2	6,3	6,9	5,6	3,6	4,2
2019	5	5,8	6,3	4,9	3	3,8
2020	5,9	6,2	6,5	5,7	4	4,6
2021	5,7	5,9	6,1	4,4	3,1	4
2022	5,3	5,6	5,8	3,3	2,7	3,7
2023[299]	5,7	5,8	6	-	-	-

Źródło: Zestawienie własne według BA i BDL (GUS)[300]

298 Stadt Guben (2022a): Industrie- und Gewerbeflächen in Gubin.
299 Bundesagentur für Arbeit, Regionaldirektion Berlin-Brandenburg (2023).
300 Bundesagentur für Arbeit (2023b): Statistiken. Statistiken nach Regionen; Główny Urząd Statystyczny (2023a): Bank Danych Lokalnych.

Spadające wskaźniki bezrobocia należy ocenić pozytywnie. Jednocześnie nie są one aż tak niskie, by mogły ograniczać elastyczność. Gdyby więc do Euromiasta chciały się sprowadzić nowe przedsiębiorstwa, to w tej chwili byliby jeszcze wolni pracownicy. Elastyczność rynku pracy jest więc obecnie w Euromieście zapewniona.

5.2.1.5 *Dostępność i koszty gruntów i budynków*

W Gubinie jest dziesięć hektarów uzbrojonych gruntów pod inwestycje, które są częścią KSSSE. Ten dostępny jeszcze teren znajduje się w pobliżu drogi krajowej 32, która stanowi oś między Zieloną Górą a Cottbus. Przejście graniczne jest oddalone o dwa kilometry. Do wjazdu na autostradę A 15 jedzie się około 30 minut. W Gubinie istnieją ponadto cztery inne parki biznesowe. W porównaniu z terenami pod działalność gospodarczą w Słubicach atutem Gubina jest korzystniejsza cena[301]. Guben dysponuje parkiem biznesowym Deulowitz na zachodzie, położonym w pobliżu B 112 i oddalonym o mniej więcej 35 km od autostrady A 15. Reprezentowane są tam przede wszystkim zakłady rzemieślnicze[302]. Park przemysłowy Süd w Guben jest położony w odległości zaledwie czterech kilometrów od przejścia granicznego z Polską. Ma połączenie z B 112 i B 97 i jest oddalony o mniej więcej 30 km od wjazdu na A 15. Ulokowały się tu głównie zakłady chemiczne i producenci tworzyw sztucznych[303]. Z całej powierzchni obejmującej 124,85 ha 25,79 ha to grunty uzbrojone i wolne. Istnieje poza tym zakładowa straż pożarna oraz bocznica kolejowa zapewniająca połączenie z ponadregionalną siecią DB AG[304].

W sumie dostępność i koszty gruntów i budynków należy ocenić raczej negatywnie. Przyczyną nie jest jednak jakość gruntów jako takich, lecz raczej ich niewielka ilość. Jednocześnie brak bezpośredniego połączenia z autostradą. Pozytywnie należy natomiast ocenić szybki dostęp do przejścia granicznego. Dużym mankamentem jest niedostępność uzbrojonych gruntów pod duże inwestycje.

5.2.1.6 *Promocja inwestycji*

Wydatki miasta Gubina na inwestycje wynosiły w 2021 roku 3,5 mln PLN[305]. Władze miasta są ponadto otwarte na nowych inwestorów i pomagają również w realizacji inwestycji. Istnieją poza tym ulgi podatkowe i różne dopłaty powiatowego urzędu pracy, które obniżają koszty początkowe[306].

301 Stadt Guben (2022a): Industrie- und Gewerbeflächen in Gubin.
302 Loginvest GmbH (2022a): Gewerbegebiet Deulowitz.
303 Loginvest GmbH (2022b): Industriegebiet Süd Guben.
304 Stadt Guben (2022b): Industriegebiet-Süd.
305 Główny Urząd Statystyczny (2023b): Baza Demografia.
306 Stadt Guben (2022a): Industrie- und Gewerbeflächen in Gubin.

21.11.2022 burmistrz Fred Mahro otrzymał od pełnomocnika ds. Łużyc Klausa Freytaga czek na 247 500 € środków wsparcia z budżetu landu na rozwój strukturalny Łużyc. Miasto pokrywa drugą połowę łącznych kosztów, wynoszących 595 000 €. 18 hektarów ziemi użytkowanej dotychczas rolniczo ma zostać przekształconych w atrakcyjny park przemysłowy Guben Süd. Pieniądze płyną na przygotowanie infrastruktury transportowej i wyposażenie areału w media. W sierpniu 2022 roku do miasta Guben wpłynęło już 150 000 € z przeznaczeniem na sfinansowanie w połowie rozszerzenia parku biznesowego Deulowitz[307].

10.10.2022 nastąpiło pierwsze wbicie łopaty pod zakład produkcyjny BiFi w Guben. Jest to warta 50 mln € inwestycja Schafft Fleischwerke z Ansbach. Od 2024 roku ma zostać tam zatrudnionych około 100 pracowników. Na tym terenie można zbudować trzy kolejne zakłady produkcyjne tego rodzaju[308].

Oprócz zakładu BiFi w Guben ma powstać fabryka wodorotlenku litu. Trwają już prace przygotowawcze na terenie budowy. Kanadyjskie przedsiębiorstwo Rock Tech Lithium chce wytwarzać w tej lokalizacji 24 000 ton wodorotlenku litu rocznie. Kanadyjczycy inwestują niespełna 650 mln € w lokalizację z bocznicą kolejową. Zakład ma zatrudniać 170 pracowników, a produkcja ma się rozpocząć od 2024 roku[309].

W kontekście zrównoważonego rozwoju i transformacji energetycznej chce otworzyć zakład inne przedsiębiorstwo, zajmujące się recyklingiem baterii. Chińskie przedsiębiorstwo Botree Cycling planuje uruchomienie do 2025 roku instalacji recyklingu baterii. Prezes firmy dr Xiao Lin i burmistrz Fred Mahro podpisali 16.11.2022 porozumienie o współpracy. W lokalizacji Guben Süd ma zostać zainwestowanych do 100 mln € i zatrudnionych 100 pracowników. Dodatkowo ma zostać stworzonych 30 miejsc praktycznej nauki zawodu[310].

O losach wydziału promocji gospodarki w Guben współdecyduje „repatriant". Oskar Starick wrócił po studiach do swojego rodzinnego miasta Guben i pracuje tam jako najmłodszy promotor gospodarki. Starick chciałby, żeby również inni młodzi gubenianie i gubinianie wrócili do swojej małej ojczyzny i współuczestniczyli w prężnym rozwoju Euromiasta[311].

Promocję gospodarki w Euromieście można w sumie ocenić jako bardzo dynamiczną. Z jednej strony doszło tu ostatnio do szeregu inwestycji, z drugiej zaś

---

307 Roy, S. (2022b): Guben setzt auf weitere Ansiedlungsprojekte, *Märkischer Bote*, 22.11.2022.

308 Roy, S. (2022a): Baustart für neues BiFi-Produktionswerk in Guben, *Märkischer Bote*, 24.10.2022.

309 dpa/Pluta, Werner (2022): Elektromobilität. Rock Tech Lithium baut Lithiumhydroxid-Fabrik in Guben – Golem.de, *Golem.de*, 22.06.2022.

310 Köhler, Marie-Charlott (2022): Nächste Großinvestition in Guben. Batterie-Recycling & 100 Jobs geplant, *Oberlausitz-Aktuell*, 22.11.2022.

311 RBB Rundfunk Berlin-Brandenburg (2022): Wie Guben 30 Jahre nach der Wende langsam aufblüht.

opieka nad potencjalnymi inwestorami jest dobra. Przyciągnięcie przedsiębiorstwa Botree Cycling jest poza tym przejawem stawiania na technologie przyszłości. Promocja inwestycji jest więc czynnikiem, który w istotnym stopniu wzmacnia Smart Economy w Euromieście.

5.2.2 Smart Mobility

Poniżej przyjrzymy się bliżej Smart Mobility Euromiasta. W tym celu przeanalizowane zostaną czynniki zdefiniowane w rozdziale 3.3: skomunikowanie (między)narodowe, dostępność infrastruktury TIK oraz zrównoważone, innowacyjne i bezpieczne systemy transportu.

5.2.2.1 *Skomunikowanie (między)narodowe*

Transport kolejowy z Guben–Gubina przez dworzec Guben do regionu metropolitalnego Berlina jest zapewniony przez Frankfurt nad Odrą lub Cottbus tylko co godzinę. Zmieniona częstotliwość kursów na trasie z Frankfurtu nad Odrą do Magdeburga (od grudnia 2022 roku co 20 minut) nie dotyczy niestety dalszego odcinka do Cottbus[312]. Według VBB istnieje drugie połączenie z metropolitalnym regionem Berlina przez stację pośrednią, które w porównaniu z pierwszym wymienionym połączeniem pozwala zaoszczędzić ok. 15 minut. Jeśli wziąć pod uwagę łącznie obie trasy, to do metropolitalnego regionu Berlina można dotrzeć co 30 minut, jednak podróż trwa wciąż ponad dwie godziny. Przejazd kosztuje obecnie 15,50 €, ale dzięki biletowi miesięcznemu miesięczne koszty przejazdów można wyraźnie zmniejszyć[313]. Dojazd do lotnisk międzynarodowych w Berlinie i Poznaniu trwa obecnie średnio trzy godziny. Są jednak również szybsze połączenia (co godzinę) do lotniska w Berlinie, które skracają czas podróży nawet o 40 minut[314]. Trasa kolejowa Polregio RB92 z Guben–Gubina do Zielonej Góry jest od zmiany rozkładu jazdy w grudniu 2022 roku obsługiwana w dni robocze sześciokrotnie. Na przejechanie 60 kilometrów po starych torach ten pociąg o napędzie spalinowym potrzebuje jednak godziny i 23 minut. Wielkim problemem w finansowaniu jest to, że tylko 30% wszystkich tras na Ziemi Lubuskiej jest zelektryfikowanych. UE dofinansowuje tylko pojazdy napędzane wodorem, elektrycznie lub akumulatorem, czyli „bezemisyjne". Dochodzą do tego przeszkody prawne związane z udzielaniem zezwoleń w obu krajach. Polska chce wydawać pieniądze z unijnego funduszu odbudowy po pandemii na pojazdy hybrydowe

312 VBB Verkehrsverbund Berlin-Brandenburg GmbH (2022c): RE1.
313 VBB Verkehrsverbund Berlin-Brandenburg GmbH (2022b): Monatskarten.
314 VBB Verkehrsverbund Berlin-Brandenburg GmbH (2022a): Fahrinformation.

o napędzie spalinowym lub elektrycznym. Pieniądze dla Polski odblokowano dopiero z dużym opóźnieniem jako kredyt zaufania dla nowego rządu, kierowanego przez Donalda Tuska[315]. Polski program rozwoju infrastruktury kolejowej „Kolej plus" jest nieskuteczny, ponieważ województwa muszą zagwarantować wysoki udział własny. Wiele projektów zostało wprawdzie zatwierdzonych, jednak na ich realizację mogą sobie pozwolić tylko zamożne samorządy. Regiony słabe strukturalnie nie odnoszą z tego korzyści[316].

Były niemiecki minister transportu Scheuer orędował w 2020 roku również za stworzeniem szybszych połączeń między europejskimi metropoliami i chciał europejskimi środkami wsparcia ożywić połączenia „Trans-Europa-Express". Uwaga skupia się tu przede wszystkim na osi Paryż – Berlin – Warszawa, a europejski portal rezerwacji biletów ułatwiałby dostęp klientom[317].

Według Urzędu Dróg Wodnych i Żeglugi Odra-Hawela Nysę należy uważać za nienadającą się do żeglugi towarowej, więc Euromiasto nie ma śródlądowego połączenia wodnego[318].

Reasumując, krajowe i międzynarodowe skomunikowanie transportowe Euromiasta należy ocenić jako słabe. Wskutek długiego dojazdu do autostrad i możliwości dotarcia do lotnisk międzynarodowych dopiero po kilku godzinach jazdy zmniejszają się szanse dla Euromiasta. Złe skomunikowanie sprawia, że jest mało atrakcyjne dla osób dojeżdżających do pracy – i to w obu kierunkach.

5.2.2.2 *Dostępność infrastruktury TIK*

Według Breitbandatlas w Guben nie ma jeszcze sieci wykorzystującej wyłącznie częstotliwości 5G. Obecnie stosuje się jednak Dynamic Spectrum Sharing (DSS), który pokrywa 64,71%. DSS pozwala na jednoczesne używanie LTE (4G) i 5G w tym samym zakresie częstotliwości. Z powodu braku infrastruktury 5G nie udaje się jednak jeszcze osiągnąć zwłaszcza dużych szerokości pasm w zakresie gigabitów. Szkoły zapewniają już w 100% przepustowość 30 Mb/s, a 50% oferuje już 1 Gb/s. W sektorze komercyjnym 30 Mb/s posiada 99% przedsiębiorstw, a 1 Gb/s dopiero 6%. W przypadku prywatnych gospodarstw domowych odpowiednie udziały wynoszą 90% i 0%.

Według Breitbandatlas Federalnego Ministerstwa Cyfryzacji i Transportu (BMDV) odsetek dostępności stałych łączy dla przedsiębiorstw w Guben

315 „Brüssel und Polen kommen sich näher", *tagesschau.de*, 21.11.2023.
316 Waldmann, Nancy (2022): Bahn RB92 Brandenburg Polen. Zwischen Guben und Zielona Góra fahren bald mehr Züge – aber sehr langsam, *moz.de*, 19.10.2022.
317 „Scheuer will ‚Trans-Europa-Express' mit EU-Finanzhilfen unterstützen", *rnd.de*.
318 Wasserstraßen- und Schifffahrtsamt Oder-Havel (2022): AW: Forschungsprojekt des ZIP der Europa-Universität Viadrina zur wirtschaftlichen Entwicklung der Eurostadt Guben/Gubin. Dimmek, Ralf-Rüdiger. E-mail z 12.10.2022.

w zakresach prędkości do ≥ 100 Mbit/s jest na porównywalnym poziomie co w całych Niemczech i Brandenburgii. W przypadku większych prędkości Guben lokuje się jednak daleko w tyle. I tak prędkości ≥ 400 Mbit/s i ≥ 1000 Mbit/s w ogóle nie są dostępne, a tylko ok. 50% przedsiębiorstw może używać prędkości ≥ 200 Mbit/s. Pokazuje to Tabela 28.

Tabela 28: Dostępność stałych łączy dla przedsiębiorstw (wszystkie technologie)

Jednostka administracyjna	**Dostępność stałych łączy dla przedsiębiorstw w % według prędkości (wszystkie technologie)**						
	≥ 16 Mbit/s	**≥ 30 Mbit/s**	**≥ 50 Mbit/s**	**≥ 100 Mbit/s**	**≥ 200 Mbit/s**	**≥ 400 Mbit/s**	**≥ 1000 Mbit/s**
Niemcy	98,93	95	94,73	90,72	80,37	70,22	67,43
Brandenburgia	98,17	93,76	93,76	88,26	68,75	49,19	46,75
Frankfurt nad Odrą	99	97,65	97,65	95,81	89,2	84,91	84,91
Guben	98,73	94,77	94,77	90,4	50,85	0	0

Źródło: Zestawienie własne według Breitbandatlas BMDV[319]

Jednocześnie jednak ponad 96% przedsiębiorstw w województwie lubuskim dysponowało w 2019 roku szybkim dostępem do Internetu[320].

Podsumowując, dostęp do Internetu po niemieckiej stronie Euromiasta należy ocenić jako niezadowalający. Brakuje tu zwłaszcza odpowiedniej infrastruktury dla przedsiębiorstw, które mają wysokie zapotrzebowanie na szybki Internet. Na pytanie o dostępność infrastruktury TIK dla przedsiębiorstw jako wskaźnik czynnika Smart Mobility odpowiedź jest więc mimo dobrych połączeń strony polskiej negatywna.

5.2.2.3 *Zrównoważone, innowacyjne i bezpieczne systemy transportu*

Dzięki wsparciu z EFRR w wysokości 614 450 € w okresie 01.01.2019–31.05.2022 zbadano oba systemy transportu miejskiego. Na pierwszym planie znajdowała się poprawa przyjaznej dla środowiska i transgranicznej oferty mobilności. Po sprawdzeniu europejskich i krajowych warunków ramowych oraz znalezieniu analogii i „punktów stycznych" nastąpiła integracja systemów. Zmodernizowano lub adaptowano pięć przystanków autobusowych, w tym cztery w Gubinie i jeden

319 Bundesministerium für Digitales und Verkehr (2023): Breitbandatlas. Stan: koniec 2022.
320 Nowak (2020), s. 332.

w Guben. W planowaniu projektu uwzględniono również transgraniczną komunikację rowerową[321]. Według Aleksandra Knapczyka niemieccy i polscy operatorzy nie potrafili uzgodnić ceny biletu w transporcie autobusowym, w przeciwnym razie można by jeszcze wygodniej korzystać z sieci obu miast. W tej mierze istnieje jeszcze potrzeba działania[322].

Według statystyki osób dojeżdżających do pracy z 2021 roku w Guben jest codziennie 2600 osób dojeżdżających do pracy poza miastem i 2800 osób przyjeżdżających do pracy w mieście. Miasto Guben już w 2018 roku uruchomiło kampanię „Guben tut gut", aby uwypuklić oszczędność czasu w razie przeniesienia miejsca zamieszkania lub pracy do miasta. Dojazdy między Cottbus a Guben trwają w jedną stronę samochodem 30 minut, koleją 40 minut, a autobusem godzinę[323].

W odniesieniu do wskaźnika „wykorzystanie samochodów elektrycznych" zwraca uwagę to, że odsetek samochodów osobowych o napędzie elektrycznym w Guben jest niższy zarówno od średniej ogólnokrajowej, jak i landowej. Zarazem jednak również w Guben można zaobserwować tendencję wzrostową, por. Tabela 29.

Tabela 29: Odsetek samochodów osobowych o napędzie elektrycznym (BEV i hybryd typu plug-in) w Guben w ujęciu porównawczym

Rok	Niemcy	Brandenburgia	Guben
01.10.2022	3,26	2,14	1,0
01.01.2023	3,85	2,53	1,2
01.04.2023	4,00	2,64	1,2
01.07.2023	4,20	2,75	1,3

Źródło: Zestawienie własne według KBA [324]

W odniesieniu do wskaźnika „bezpieczeństwo transportu" w minionych latach w Euromieście nie zaznaczyły się żadne szczególne trendy. Wskaźnik ten utrzymywał się w minionych latach na stałym poziomie, por. Tabela 30.

321 Ministerium der Finanzen und für Europa des Landes Brandenburg – Referat IV.3 Europäische Territoriale Zusammenarbeit (2018): GUB-E-BUS.
322 Wywiad ekspercki z Aleksandrem Knapczykiem, 18.10.2022.
323 Engelhardt, Thomas (2022b): Wohnen in Guben. Stadt will Pendler zum Arbeiten und Leben an die Neiße locken, *lr-online*, 16.11.2022.
324 Kraftfahrt-Bundesamt (2023b): Bestand an Personenkraftwagen mit Elektro-Antrieb.

Tabela 30: Wypadki drogowe z udziałem ludzi w Euromieście (2013–2022)

Rok	Guben	Gubin	Euromiasto	WDUL na 1000 mieszkańców
2013	53	6	59	1,7
2014	47	3	50	1,5
2015	33	2	35	1,0
2016	49	10	59	1,7
2017	44	3	47	1,4
2018	40	7	47	1,4
2019	40	7	47	1,4
2020	41	6	47	1,4
2021	36	10	46	1,4
2022	41	6	47	1,5

Źródło: Ujęcie własne według e-maila biura prasowego policji[325]

W Euromieście było kilka wspólnych projektów, którym udało się wywrzeć pozytywny wpływ na Smart Mobility. Jednak również tu wyraźnie ujawniają się istniejące wyzwania. Zwłaszcza niski odsetek elektrycznych samochodów osobowych z jednej strony pokazuje, że trzeba zwiększyć świadomość w zakresie Smart Mobility, z drugiej zaś, że w Euromieście musi powstać również odpowiednia infrastruktura służąca np. elektromobilności, żeby można było ją nadal promować. Ponadto np. w sprawie cen biletów pożądana byłaby większa gotowość do kompromisu.

5.3 Podsumowanie

Analiza Euromiasta Guben–Gubin na podstawie wyróżników Smart City w postaci Smart Economy i Smart Mobility pokazuje, że Euromiasto oferuje dynamiczne otoczenie z licznymi szansami. Zarazem jednak miasto stoi jeszcze w obliczu wielu wyzwań.

W dziedzinie Smart Economy za miastem przemawia to, że wyraźnie wzrasta innowacyjność. Zarazem jednak mniej korzystnie rozwija się przedsiębiorczość. Zadowalająco prezentuje się natomiast produktywność Euromiasta, ponieważ

325 Polizeipräsidium Land Brandenburg, Polizeidirektion Süd, Pressestelle (2023): Anfrage zu Kriminalitäts-und Verkehrsunfallzahlen für die Stadt Guben. Kettlitz, Maik. E-mail, 27.09.2023.

znacznie przewyższa średnią brandenburską. Również elastyczność rynku pracy wzmacnia Smart Economy Euromiasta. Dostępność i koszty gruntów i budynków to słaby punkt Euromiasta jako lokalizacji. W tej mierze istnieje paląca potrzeba poprawy sytuacji. Pomocna mogłaby być w tym zwłaszcza promocja inwestycji, którą należy ocenić bardzo pozytywnie. W sumie można zatem powiedzieć, że Euromiasto posiada wprawdzie niektóre, ale nie wszystkie czynniki pozwalające przypisać mu atrybut Smart Economy.

W dziedzinie Smart Mobility wyzwanie stanowi przede wszystkim złe skomunikowanie. Po stronie niemieckiej nie wszystkie przedsiębiorstwa nie mają też dostęp do szybkiego Internetu. Chociaż istnieje kilka ciekawych projektów dotyczących czynnika „zrównoważone, innowacyjne i bezpieczne systemy transportu", to nie jest to wystarczające do uznania, że Euromiasto spełnia warunki pozwalające przypisać mu atrybut Smart Mobility.

6. Wywiady z ekspertami[326]

Do empirycznej części analizy przeprowadzono 26 wywiadów eksperckich z łącznie 28 czołowymi osobistościami reprezentującymi urzędy miasta, biura wspierania gospodarki, turystykę i marketing, Federalną Agencję Pracy (BA), przedsiębiorstwa, Izby Przemysłowo-Handlowe (IHK) Brandenburgia Wschodnia i Cottbus, Izby Rzemieślnicze (HWK) Frankfurt nad Odrą i Cottbus[327]. Aby żadne z obu dwumiast nie znalazło się w lepszej ani gorszej pozycji, dążono do przypisania im równej wagi. Wyznaczając liczbę wywiadów z ekspertami, uwzględniono ponadto wielkość miast. Dlatego we Frankfurcie nad Odrą – Słubicach przeprowadzono o dwa wywiady więcej, co stanowi nadwyżkę około siedmiu procent. Przeprowadzając wywiady, zwracano poza tym uwagę na równowagę między stroną polską a niemiecką.

Suma wywiadów oraz ich liczba z poszczególnych miast nie pretendują do kompletności. Nie podlega ocenie ponadto wiedza fachowa wybranych ekspertów. Są to jednak kluczowi decydenci z miast lub instytucji badanych w ramach analiz, można więc założyć, że ankietowane osoby dysponują szeroką i solidną specjalistyczną wiedzą. W niniejszej analizie oceny specjalistów w przeprowadzonych wywiadach są zatem opartymi na solidnych podstawach ustaleniami, które mogą służyć do wyprowadzania twierdzeń lub opisywania tendencji. Poza tym zakłada się, że dzięki liczbie ekspertów, z którymi przeprowadzono wywiady w poszczególnych miastach, badaniem udało się objąć wszystkich istotnych interesariuszy w dziedzinie gospodarki. Wzmacnia to dodatkowo wagę tych ustaleń. Tabela 31 przedstawia rodzaje funkcji osób, z którymi przeprowadzono wywiady.

Z Tabeli 31 wynika, że w odniesieniu do miast polskich w niektórych obszarach nie przeprowadzono wywiadów z ekspertami. Ma to różne przyczyny. IHK ani HWK nie mają dokładnego odpowiednika w Polsce. Porównywalne instytucje mają generalnie inny status. Różnią się od izb niemieckich zarówno strukturą, jak i pod względem swoich funkcji. Poza tym administracje w obu polskich miastach są mniejsze, więc osoby sprawujące niektóre stanowiska łączą określone zakresy zadań i funkcje.

326 Dla uproszczenia i lepszej czytelności w poniższej części analizy używa się konsekwentnie męskich form *ekspert* i *eksperci* w liczbie mnogiej. Chodzi jednak zarówno o kobiety, jak i mężczyzn.

327 Zawierająca imiona i nazwiska lista wszystkich partnerów wywiadów (z ich istotnymi dla analizy rodzajami funkcji) znajduje się w bibliografii (punkt 2: Wywiady z ekspertami). W ewaluacji wywiadów wypowiedzi ekspertów przedstawiono w wielu wypadkach w formie zanonimizowanej. Imiona i nazwiska niektórych partnerów wywiadów podano w przypisach.

Tabela 31: Rodzaje funkcji osób, z którymi przeprowadzono wywiady eksperckie

Miasto funkcja	Dwumiasto		Euromiasto	
	Frankfurt nad Odrą	Słubice	Guben	Gubin
Burmistrz	X	X	X	X
Wspieranie gospodarki	X	X	X	X
Marketing i turystyka	X		X	
BA	X		X	
IHK	X		X	
HWK	X		X	
Przedsiębiorstwa	X	X	X	X

Źródło: Zestawienie własne

6.1 Problemy współpracy polsko-niemieckiej w sektorze gospodarczym

Odpowiadając na pytanie pierwsze, eksperci mieli się wypowiedzieć o najbardziej palących według ich oceny problemach współpracy polsko-niemieckiej w sektorze gospodarczym. To, a także następne pytania miały charakter otwarty. Dzięki temu eksperci mieli możliwość zaprzeczyć istnieniu problemów, o ile ich nie dostrzegają. Ilustracja 5 przedstawia rozkład odpowiedzi na to pytanie.

Problemy wymieniane najczęściej przez wszystkich ekspertów należą do kategorii *administracja i prawo* (24,3%), *język* (14,1%), *mobilność* (11,9%), *słaba współpraca polsko-niemiecka* (9,7%) i *problemy na rynku pracy* (9,2%). Kolejność wymienionych obszarów problemów w poszczególnych dwumiastach jest do siebie podobna, czyli w obu jest mowa o prawie tych samych problemach. Zwraca uwagę to, że we Frankfurcie nad Odrą – Słubicach (FS) nie wymieniono turystyki, podczas gdy w Guben – Gubinie (GG) dostrzeżono w odniesieniu do niej problemy (przypadło na nią 7,4% wskazań z Guben). Kolejną różnicę można stwierdzić w dziedzinie *mobilności*. W Dwumieście 16,2% opisywanych problemów mieściło się w tej kategorii, podczas gdy w Euromieście było to jedynie 4,4%. Zwraca uwagę to, że eksperci z FS mówią o problemach w tej dziedzinie, chociaż Dwumiasto posiada zasadniczo lepsze skomunikowanie transportowe niż Euromiasto.

Ilustracja 5: Problemy współpracy polsko-niemieckiej w sektorze gospodarczym

	Frankfurt-Słubice	Guben-Gubin	Suma
1) Główne problemy współpracy DE-PL w sektorze gospodarczym			
administracja i prawo	27,4%	19,1%	24,3%
język	13,7%	14,7%	14,1%
mobilność	16,2%	4,4%	11,9%
słaba współpraca polsko-niemiecka	8,5%	11,8%	9,7%
problemy na rynku pracy	8,5%	10,3%	9,2%
nie ma problemów, istnieją wyzwania i możliwości	2,6%	5,9%	3,8%
odpływ pracowników	3,4%	4,4%	3,8%
wspieranie gospodarki	4,3%	1,5%	3,2%
turystyka		7,4%	2,7%
zmiany demograficzne	2,6%	2,9%	2,7%
różnice mentalności	2,6%	2,9%	2,7%
atrakcyjność lokalizacji	1,7%	2,9%	2,2%
brak priorytetu dla gospodarki	2,6%	1,5%	2,2%
różnica w cenie Niemcy>Polska	1,7%	1,5%	1,6%
tereny do działalności przemysłowej i biznesowej	1,7%	1,5%	1,6%
brakuje wizjonerów i ludzi czynu	0,9%	1,5%	1,1%
zaopatrzenie w energię		2,9%	1,1%
zdrowie	1,7%		1,1%
brak ciągłości w projektach		1,5%	0,5%
problemy z wodą		1,5%	0,5%
Σ SUMA	100,0%	100,0%	100,0%
# N = Dokumenty/Uczestnicy	14 (53,8%)	12 (46,2%)	26 (100,0%)

Źródło: Opracowanie własne z wykorzystaniem programu MAXQDA 2022[328]

Jeśli rozpatrzyć kategorię *administracja i prawo*, w której najczęściej była mowa o problemach, to w obu miastach skarżono się głównie na *odmienne systemy, normy i standardy prawne* (56,3% w FS, 69,2% w GG). Zwraca uwagę to, że eksperci w FS wymieniali w odniesieniu do administracji problem, o którym w GG w ogóle nie było mowy: tzw. mentalność administracyjną. Wypowiedź *to nie mój bądź nasz zakres kompetencji* stanowi 15,6% wszystkich poczynionych w FS wypowiedzi dotyczących tej kategorii. Jeśli chodzi o zewnętrzne postrzeganie polityczne, to w obu przypadkach uznano za problem brak odrębnego statusu prawnego dwumiast (6,3% w FS, 7,7% w GG). W odróżnieniu od FS w GG znacznie częściej wymieniano jako problem *brak zrozumienia i konflikty wynikające z polityki krajowej* (3,1% w FS, 15,4% w GG). Możliwe przyczyny są takie, że Frankfurt nad Odrą jako miasto na prawach powiatu ma więcej kompetencji samorządowych, a tym samym większą wagę jako szczególny szczebel administracji, a zarazem wyższa

328 W niniejszej analizie zastosowano uproszczoną reprezentację kodów MAXQDA. Nie ujęto szczegółowo wszystkich podpoziomów, a niektóre elementy tekstu zapisane poniżej kursywą mogą nie występować dosłownie w reprezentacjach MAXQDA. Terminy zapisane kursywą służą przejrzystości i odpowiadają ogólnej strukturze kodów, co ma ułatwić płynną lekturę.

liczba mieszkańców Dwumiasta zapewnia mu większe znaczenie polityczne. Łączna ewaluacja kategorii *administracja i prawo* znajduje się w Aneksie 2.

W kategorii *język* w FS wypowiedzi na temat postrzeganych problemów były zróżnicowane, natomiast w GG wymieniono tylko dwa punkty. Eksperci z obu miast uznali za problemy *barierę językową* (43,8% w FS, 50% w GG) i fakt, że w Polsce mówi się po niemiecku, ale w Niemczech prawie nie mówi się po polsku (18,8% w FS, 50% w GG). W Dwumieście zdaniem ekspertów problemem jest to, że w szkołach na pograniczu nie ma obowiązkowego przedmiotu „język sąsiada". Łączna ewaluacja kategorii *język* znajduje się w Aneksie 3.

Wspomniano już, że w Euromieście prawie nie było wskazań dotyczących kategorii *mobilności*. Dlatego poniższy opis odnosi się tylko do Dwumiasta. Wymieniane problemy dotyczą *kolei* (36,8%) i *transportu publicznego* (21,1%). Jako obszary problemów w FS wymieniano jednak również *słabą infrastrukturę* (21,1%) oraz *obciążenie ruchem* (15,8%). Według ekspertów wielkimi problemami kolei są jej zbyt mała przepustowość oraz niska atrakcyjność z powodu braku niezawodności. W odniesieniu do transportu publicznego wskazuje się na gorszą infrastrukturę po stronie polskiej. Jako problemy związane z infrastrukturą wymieniano m.in. brak drugiego mostu oraz obwodnicy po stronie polskiej. Łączna ewaluacja kategorii *mobilność* znajduje się w Aneksie 4.

W kategorii *słaba współpraca polsko-niemiecka* eksperci w FS konstatowali, że między stroną niemiecką a polską jest *konkurencja zamiast współpracy* (33,3% w FS, 12,5% w GG) i że *brakuje pragmatyzmu* (22,2% w FS). Jak widać, w GG konkurencja jest raczej w mniejszym stopniu postrzegana jako problem, a o braku pragmatyzmu w ogóle się nie wspomina. Pokrywa się to z innymi wypowiedziami ekspertów z obu miast, że współpraca w GG odbywa się raczej w sposób pragmatyczny i nakierowany na przedsiębiorstwa. Eksperci w GG wymienili *słabą komunikację w obszarze biznesowym* (11,1% w FS, 37,5% w GG) i związane z tym problemy w obszarach *finansowania i promocji* (11,1% w FS, 25% w GG). Do GG udało się przyciągnąć duże przedsiębiorstwa, które zainwestowały po stronie niemieckiej w Guben, ale ze znaczącym wpływem na miasto Gubin. Przedsiębiorstwa, które sprowadziły się na stronę niemiecką, starały się w pierwszej kolejności o niemieckie środki wsparcia, a następnie o europejskie. Skarżono się na to, że nie było wystarczających informacji bądź wystarczającej oferty czy też zaangażowania polsko-niemieckiego wspierania gospodarki. Łączna ewaluacja kategorii *słaba współpraca polsko-niemiecka* znajduje się w Aneksie 5.

Piąte miejsce zajmują *problemy na rynku pracy*. Do tej kategorii zaliczono w FS przede wszystkim *niedobór wykwalifikowanej siły roboczej* (50% w FS, 28,6% w GG) oraz ogólny *niedobór siły roboczej* (20% w FS, 42,9% w GG). Niedobór wykwalifikowanej siły roboczej uznano za problem również w GG. Dwa razy częściej była tam jednak mowa o niedoborze zwykłych pracowników. W GG wymieniano ponadto *nierównowagę między Niemcami a Polską* (10% w FS, 28,6% w GG). Według ekspertów wykwalifikowani pracownicy zarabiają w Gubinie równie dobrze, a niekiedy lepiej niż w Niemczech. W wypadku zwykłych pracowników istnieje jednak dysproporcja płacowa, która sprawia, że nisko wykwalifikowani polscy pracownicy pracują głównie w Niemczech, przez co brakuje ich na polskim rynku pracy. Łączna ewaluacja kategorii *problemy na rynku pracy* znajduje się w Aneksie 6.

6.2 Pożądane projekty we współpracy transgranicznej

W pytaniu drugim ekspertów proszono o wypowiedzi na temat pożądanych projektów we współpracy polsko-niemieckiej. Otwarty charakter pytania umożliwiał partnerom wywiadów wymienianie wcześniejszych, realizowanych obecnie lub pożądanych na przyszłość projektów i programów. Ilustracja 6 przedstawia rozkład odpowiedzi.

Ilustracja 6: Pożądane projekty we współpracy polsko-niemieckiej

	Frankfurt-Słubice	Guben-Gubin	Suma
2) Pożądane projekty we współpracy polsko-niemieckiej			
gospodarka	16,0%	39,1%	26,6%
administracja i prawo	21,3%	18,8%	20,1%
mobilność	25,3%	3,1%	15,1%
edukacja	13,3%	9,4%	11,5%
nauka	9,3%	6,3%	7,9%
turystyka	4,0%	12,5%	7,9%
jakość życia	4,0%	4,7%	4,3%
kultura	6,7%		3,6%
opieka zdrowotna		6,3%	2,9%
Σ SUMA	100,0%	100,0%	100,0%
# N = Dokumenty/Uczestnicy	14 (53,8%)	12 (46,2%)	26 (100,0%)

Źródło: Opracowanie własne z wykorzystaniem programu MAXQDA 2022

Wszyscy eksperci najczęściej życzą sobie projektów w dziedzinie *gospodarki* (26,6%), *administracji i prawa* (20,1%), *mobilności* (15,1%), *edukacji* (11,5%) oraz projektów w kategoriach *nauka* i *turystyka* (po 7,9%). Eksperci z obu miast wypowiadali się generalnie podobnie często na temat tych kategorii, jednak zwracają na siebie uwagę określone punkty, które opisano poniżej.

W Dwumieście ankietowani eksperci rzadziej określali projekty w kategorii *gospodarki* mianem pożądanych niż w Euromieście (16% w FS, 39,1% w GG).

Możliwe tego przyczyny są różne. Jednym z powodów może być to, że w FS jest już wiele projektów w dziedzinie gospodarki, albo że gospodarka rozwija się tak dobrze, że eksperci nie widzą dużej potrzeby nowych projektów. Możliwe jest jednak również, że polityka samorządowa nie skupia się na gospodarce, lecz na czymś innym. Te hipotezy dotyczą na zasadzie wnioskowania z przeciwieństwa również Euromiasta. Z ewaluacji jakościowej, czyli interpretacji wypowiedzi wynika, że zachodzi ten ostatni przypadek, a w GG skoncentrowano się właśnie na gospodarce. Duże inwestycje, do których doszło w GG, można więc ocenić jako efekt wyznaczenia takiego priorytetu. Do wyciągnięcia dokładniejszych wniosków potrzebne są jednak dalsze badania.

W Dwumieście w kategorii *gospodarka* pojawiały się często wypowiedzi na następujące tematy: lepsza *polsko-niemiecka wymiana gospodarcza* (16,7% w FS, 24% w GG), projekty dotyczące *zaopatrzenia w energię* (16,7% w FS, 12% w GG), *uzbrajanie terenów do działalności przemysłowej i biznesowej* (16,7% w FS, 4% w GG) i *przyciąganie firm logistycznych* (16,7% w FS). W odniesieniu do polsko-niemieckiej wymiany gospodarczej ankietowani w FS życzyli sobie przede wszystkim niskoprogowej oferty na przykład w formie okrągłych stołów biznesowych, podczas gdy w GG wyrażano pragnienie raczej zinstytucjonalizowanego podejścia, np. za sprawą intensywniejszej współpracy polsko-niemieckich organizacji gospodarczych. W dziedzinie zaopatrzenia w energię wyróżniano w FS istniejący już projekt w postaci wspólnej sieci ciepłowniczej. W GG ankietowani chwalili również istniejący projekt: polsko-niemiecką oczyszczalnię ścieków, która działa od 1998 roku. W GG przedstawiano jednak dodatkowo pomysły na przyszłość, choćby wspólne projekty w dziedzinie energetyki odnawialnej, zwłaszcza wodoru. W odróżnieniu od FS w GG było mniej wypowiedzi na temat *uzbrajania terenów do działalności przemysłowej i biznesowej*. Może to mieć związek z tym, że Euromiasto posiada wystarczającą ilość terenów, więc skupiono się tam raczej na innych tematach. Wyrażano np. życzenie *utworzenia transgranicznej strefy ekonomicznej* (12% w GG) i *wspierania gospodarki* (8,3% w FS, 20% w GG). Poza tym w GG wskazywano na już dobrze funkcjonującą *wspólną strategię przyciągania inwestorów* (8,3% w FS, 20% w GG). W Euromieście nie pojawił się ponadto aspekt *przyciągania firm logistycznych*. Wynika to prawdopodobnie z ukierunkowania strategicznego i dostępnych infrastrukturalnych zasobów lokalizacji. Euromiasto uważa się za ośrodek przemysłowy, więc uwaga nie skupia się tam na logistyce. Zdaniem ekspertów oprócz przyciągania firm logistycznych strategiczne ukierunkowanie polityki gospodarczej w FS nie jest jasne. Należy przy tym zauważyć, że w logistyce tworzone są wprawdzie miejsca pracy, ale w większości lokują się one w sektorze niskich wynagrodzeń i nie jest to branża przyszłości tworząca wartość dodaną. Gdyby FS miało zbyt mocno stawiać na branżę logistyki, trudno będzie rozwiązywać istniejące problemy. Łączna ewaluacja kategorii *gospodarka* znajduje się w Aneksie 7.

W kategorii *administracja i prawo* ankietowani w Dwumieście często życzyli sobie projektów dotyczących *wspólnego rozwoju miasta* (62,5% w FS, 16,7% w GG) lub większej *partycypacji obywateli* (25% w FS). W Euromieście mianem pożądanych określano natomiast projekty dotyczące *lepszej współpracy politycznej i administracyjnej* (12,5% w FS, 33,3% w GG) i *zmniejszenie obciążeń administracyjnych* (16,7% w GG). Ponadto w GG wskazywano na funkcjonujące już dobrze projekty w ramach *wspólnej koncepcji bezpieczeństwa* (16,7% w GG). W ramach wspólnego rozwoju miasta za pożądane uznano w FS projekty dotyczące Smart City i cyfryzacji oraz wspólnego centrum miasta. W GG dostrzega się efekty synergii i dlatego myśli o projektach służących unikaniu dublowania infrastruktury. W odniesieniu do lepszej współpracy politycznej i administracyjnej ankietowani eksperci uznali, że należy dążyć do rozwiązań europejskich, nowych form kooperacji i współpracy ponadregionalnej na pograniczu polsko-niemieckim. W odróżnieniu od GG w FS nie było wypowiedzi na temat zmniejszenia obciążeń administracyjnych. W kontekście tego, że w pierwszym pytaniu wymieniono jako problem mentalność administracyjną, zwraca uwagę fakt, że w tym pytaniu nie pojawiło się życzenie projektów zmniejszenia obciążeń administracyjnych. W tej mierze można doszukać się kilku przyczyn: administracja w Dwumieście funkcjonuje ogólnie dobrze, a problemy dotyczą tylko pojedynczych spraw, np. „myślenia w kategoriach kompetencji". Może być również tak, że są skargi, ale nie wysuwa się propozycji rozwiązań. Interpretacja wypowiedzi ekspertów sugeruje, że w tym punkcie zapanowała rezygnacja. Również w tej mierze potrzeba dalszych badań. Pozytywnie wypowiadano się o wspólnym polsko-niemieckim patrolu policji, który istnieje w obu miastach w ramach wspólnej polsko-niemieckiej koncepcji bezpieczeństwa. Łączna ewaluacja kategorii *administracja i prawo* znajduje się w Aneksie 8.

Pod względem liczby pożądanych projektów w kategorii *mobilność* istnieje wyraźna różnica między obu miastami (25,3% w FS, 3,1% w GG), w obu wypadkach życzono sobie jednak najczęściej projektów dotyczących *rozbudowy infrastruktury transportowej* (57,9% w FS, 100% w GG). Poza tym wymieniano *rozbudowę dróg* i *rozbudowę sieci kolejowej*. Ankietowani w Dwumieście chcieliby dodatkowo więcej miejsc parkingowych, drugiego mostu granicznego i chwalili *transgraniczny transport publiczny* (26,3% w FS). Należy zauważyć, że w obu miastach istnieje już transgraniczny transport publiczny. W GG są dwie linie autobusowe – linia 858 DB Regio Bus Ost GmbH i linia 171 PKS Zielona Góra; w FS jest linia autobusowa 983 SVF GmbH. Łączna ewaluacja kategorii *mobilność* znajduje się w Aneksie 9.

Kolejną różnicę między obu miastami ankietowani dostrzegli w odniesieniu do pożądanych projektów w dziedzinie *turystyki* (4% w FS, 12,5% w GG). Z jednej strony akcentowane są zatem problemy, ale pojawiają się również życzenia i pomysły dotyczące ich rozwiązywania. Należą do nich *rozbudowa szlaków turystyki pieszej i rowerowej* oraz postulat *wspólnej koncepcji turystyki*. W FS wymieniano również *rozwój turystyki*, jednak bez konkretyzacji. Łączna ewaluacja kategorii *turystyka* znajduje się w Aneksie 12.

W dziedzinie *kultury* (6,7% w FS, 0% w GG) i *opieki zdrowotnej* (0% w FS, 6,3% w GG) liczba pożądanych projektów jest również odmienna. W FS mówiono o dobrze funkcjonującej i zdywersyfikowanej ofercie kulturalnej, jednak jako pożądaną określano intensywniejszą współpracę ze stroną polską w tej dziedzinie. W GG ankietowani uznali za warte starań projekty w zakresie transgranicznej opieki zdrowotnej. Wiąże się to przypuszczalnie z tym, że szpital jest tylko po stronie niemieckiej w Guben, przez co jest on „bardziej niedostępny" dla polskiej ludności Euromiasta. W FS natomiast szpital jest i po stronie niemieckiej, i po polskiej, więc potrzeba jest być może nie tak duża.

Liczba wypowiedzi dotyczących kategorii *edukacja* i *nauka* jest zbliżona. W zakresie edukacji w obu miastach wyrażano życzenie *pokonywania bariery językowej*, przy czym ankietowani eksperci z FS uważali za właściwe w tym celu *obowiązkowe kursy językowe w szkołach*, podczas gdy w GG w większym stopniu opowiadano się za *dobrowolnymi ofertami doskonalenia umiejętności językowych*. W dziedzinie *nauki* w FS postulowano w większym stopniu badania na temat *europejskiej transformacji*, natomiast w GG akcentowano raczej łączenie nauki i biznesu (14,3% w FS, 50% w GG). Przyczyna było z pewnością to, że wywiady zbiegły się w czasie z procesem ubiegania się miasta Frankfurtu nad Odrą o zostanie siedzibą Centrum Przyszłości Niemieckiej Jedności i Europejskiej Transformacji, w którym miasto miało spore szanse na sukces. Łączna ewaluacja kategorii *edukacja* znajduje się w Aneksie 10, a łączna ewaluacja kategorii *nauka* w Aneksie 11.

6.3 Wsparcie potrzebne do realizacji własnych planów

Nawiązywano tu do pożądanych projektów z pytania drugiego, skupiając się jednak na intensyfikacji lub dalszym rozwoju istniejących projektów. Eksperci mieli się wypowiedzieć, jakie wsparcie polityczne jest potrzebne do dalszego rozwoju współpracy transgranicznej w sektorze gospodarczym. W celu skonkretyzowania wyników pytano ekspertów dodatkowo, od jakiego szczebla politycznego oczekują wymienionych form wsparcia. Wyniki zwizualizowano za pomocą funkcji Code Relations Browser (CRB) w MAXQDA 2022. Ten rodzaj prezentacji graficznej pokazuje, jakie kody są skojarzone ze sobą wzajemnie. Ilustracja 7 ukazuje ewaluację dla Dwumiasta FS, a Ilustracja 8 przedstawia graficzną ewaluację dla Euromiasta GG.

Ilustracja 7: Oczekiwane wsparcie w Dwumieście Frankfurt nad Odrą – Słubice

Drzewo kodowe	UE	poziom ogólnokrajowy	euroregion	land (województwo)	region	poziom lokalny	wszystkie poziomy polityczne	„od góry"	„od dołu"	SUMA
3) Oczekiwane wsparcie polityczne										0
Jakiego rodzaju wsparcie?										0
gospodarka	3	6		5	3	3		3	4	27
postrzeganie polityczne	5	7		4	2	1	1	3	3	26
administracja i prawo	4	6		2			3	3	2	20
wsparcie finansowe	1	3		1			1	2	1	9
mobilność		3		3						6
rozwój infrastruktury	1	1					1	2	1	6
Σ SUMA	14	26	0	15	5	4	6	13	11	94

Źródło: Opracowanie własne z wykorzystaniem programu MAXQDA 2022

Ilustracja 8: Oczekiwane wsparcie w Euromieście Guben – Gubin

Drzewo kodowe	UE	państwo niemieckie	euroregion	land (województwo)	region	poziom lokalny	wszystkie poziomy polityczne	„od góry"	„od dołu"	SUMA
3) Oczekiwane wsparcie polityczne										0
Jakiego rodzaju wsparcie?										0
administracja i prawo	5	7	2	7	3	3	4	1		32
gospodarka	5	7	1	5	2	3	3		2	28
postrzeganie polityczne	3	8	2	4		3	4		1	25
mobilność	3	4		3		3	3		3	19
rozwój infrastruktury	2	2	1	2		2	2		1	12
wsparcie finansowe	1	2		1		1	1		1	7
Σ SUMA	19	30	6	22	5	15	17	1	8	123

Źródło: Opracowanie własne z wykorzystaniem programu MAXQDA 2022

W Dwumieście eksperci widzą potrzebę wsparcia głównie w kategoriach *gospodarki*, *postrzegania politycznego* oraz *administracji i prawa*. Źródłem największego wsparcia powinno być – zdaniem ankietowanych – państwo niemieckie, następnie kraj związkowy, a dopiero w dalszej kolejności UE. Dodatkowo było 13 wypowiedzi dotyczących generalnego wsparcia „z góry". Jedenastokrotnie wspomniano jednak również, że zmiany powinny następować „oddolnie", np. przez impulsy ze strony obywateli. Zwraca uwagę to, że ani razu nie wspomniano o euroregionie, a UE – mimo jakoby największego wpływu – lokuje się tylko na trzecim miejscu. Przyczyną może być to, że eksperci nie wiedzą, jakie możliwości wsparcia oferuje w tych ramach UE.

W *gospodarce* potrzebę wsparcia dostrzega się głównie w *tworzeniu i uzbrajaniu terenów do działalności przemysłowej i biznesowej*, w *rekrutacji wykwalifikowanej siły roboczej* oraz w poprawie *współpracy gospodarczej*, w której z kolei dostrzega się raczej lokalną potrzebę wsparcia. Jeśli chodzi o poprawę *postrzegania politycznego*, na pierwszym miejscu wymieniono znów państwo niemieckie, na drugim miejscu jednak UE. Eksperci mają nadzieję, że te szczeble będą postrzegać *Dwumiasto jako jedność*, a *obszar przygraniczny znajdzie się w centrum (między)narodowej polityki*. W kategorii *administracja i prawo* postulowano przede wszystkim wsparcie dla *odrębnego statusu prawnego* dwumiast ze strony państwa niemieckiego oraz UE. Od tych szczebli ankietowani oczekiwali również wsparcia służącego *lepszej współpracy polsko-niemieckiej*.

W Euromieście było niespełna 31% więcej wypowiedzi ekspertów (94 w FS, 123 w GG) dotyczących pożądanego wsparcia politycznego. Wypowiedzi na ten temat pojawiały się przede wszystkim w kategorii *administracja i prawo*, a na kolejnych pozycjach znalazły się *gospodarka* i *postrzeganie polityczne*. W odróżnieniu od FS w GG było znacznie więcej wskazań dotyczących *mobilności* (6 w FS, 19 w GG). Szczeble polityczne, od których oczekuje się wsparcia, są częściowo podobne do tych, które wymieniano w FS, niemniej jest też sporo różnic. Również w GG najczęściej postulowano wsparcie ze strony państwa niemieckiego, następnie landu, a dopiero na trzecim miejscu UE. W przeciwieństwie do FS wymieniono jednak euroregiony. Burmistrz Guben nazywa je nawet „najskuteczniejszym środkiem [...] przybliżania ludziom polityki z Brukseli"[329]. W odróżnieniu od FS w GG znacznie częściej opisywano poziom *lokalny*. Kolejna różnica jest taka, że rzadziej postulowano ogólne podejście *„od góry"*, lecz współpracę wszystkich aktorów, a tym samym wspólne wsparcie na *wszystkich poziomach*.

W kategorii *administracja i prawo* żądano od państwa niemieckiego i landu zwłaszcza wsparcia w *zmniejszaniu obciążeń administracyjnych* oraz wsparcia prawnego, które umożliwiłoby dwumiastom *unikanie dublowania infrastruktury*. Wsparcia w kategorii *gospodarki* ankietowani w GG życzyli sobie w równym stopniu od wszystkich poziomów. Dotyczy to tematu rynku pracy, zwłaszcza rekrutacji wykwalifikowanej siły roboczej. Wskazywano ponadto na potrzebną pomoc państwa niemieckiego i kraju związkowego w poprawie polsko-niemieckiej współpracy gospodarczej. Kolejnym punktem jest temat *wodoru*. W tej dziedzinie ankietowani życzą sobie w równej mierze wsparcia od UE, landu i regionu. Podobnie jak w FS od państwa niemieckiego żądano przede wszystkim postrzegania *dwumiasta jako jedności* oraz ogólnie poświęcania większej uwagi regionom przygranicznym w (między)narodowej polityce. W dziedzinie *mobilności* eksperci uznali za konieczne przede wszystkim wsparcie ze strony państwa niemieckiego służące poprawie *infrastruktury transportowej*.

6.4 Konkurencja miast

Jak już opisano, miasta Frankfurt nad Odrą i Słubice kooperują ze sobą jako Dwumiasto, podczas gdy Guben i Gubin współpracują jako Euromiasto. Współpraca

329 Wywiad ekspercki z Fredem Mahro, 07.06.2022.

rozciąga się zaś na wiele dziedzin, a więc również na gospodarkę. Temat finansów kryje w sobie jednak pewien potencjał konfliktów. Przysłowie mówi: „tam, gdzie zaczynają się pieniądze, tam kończy się przyjaźń". Dlatego w ramach ankiety miały zostać zbadane przede wszystkim ewentualne koncepcje konkurencji. Eksperci mieli udzielić informacji, czy obserwują konkurencję w obrębie danego dwumiasta i czy dostrzegają ją również między Dwumiastem a Euromiastem. Ilustracja 9 przedstawia graficzną ewaluację tego pytania.

Ilustracja 9: Koncepcja konkurencji miast

	Frankfurt-Słubice	Guben-Gubin	Suma
4) miasta jako konkurujące lokalizacje			
między dwumiastami			
tak	12,9%	12,9%	12,9%
nie	3,2%	12,9%	8,1%
w obrębie dwumiast			
tak	41,9%	12,9%	27,4%
nie	41,9%	61,3%	51,6%
Σ SUMA	100,0%	100,0%	100,0%
# N = Dokumenty/Uczestnicy	14 (53,8%)	12 (46,2%)	26 (100,0%)

Źródło: Opracowanie własne z wykorzystaniem programu MAXQDA 2022

Na temat *konkurencji w obrębie dwumiast* było znacznie więcej wypowiedzi (79%) niż w kategorii konkurencji *między dwumiastami* (21%). Nie podawano żadnych tego powodów. Z przeglądowego ujęcia na Ilustracji 9 wynika, że większość ekspertów nie obserwuje konkurencji w łonie dwumiast (51,6%), niektórzy jednak widzą konkurencję między dwumiastami (12,9%). W porównaniu z FS ankietowani w GG mówili w większości, że nie obserwują konkurencji w obrębie Euromiasta (41,9% w FS, 61,3% w GG).

Jeśli rozpatrzyć osobno pytanie dotyczące postrzeganej *konkurencji między FS a GG*, to widać, że gros ekspertów z FS obserwuje konkurencję między obu dwumiastami, podczas gdy wypowiedzi w GG rozłożyły się raczej równo (80% w FS, 50% w GG). Według ankietowanych w Euromieście *GG jest lokalizacją przemysłową, a FS nie*, więc Euromiasto nie konkuruje z FS jako lokalizacją. Mówiono ponadto, że należy *myśleć holistycznie* i współpracować *jako cały region*. Firma Roch Tech Lithium wypowiedziała się na temat konkurencji następująco: „Mieliśmy listę około 80 kryteriów, które uwzględniliśmy przy wyborze lokalizacji. Po ewaluacji spełnianych kryteriów Guben – Gubin był dla nas najbardziej odpowiednią lokalizacją. Dlatego nie było sytuacji bezpośredniej konkurencji"[330]. Łączna ewaluacja dotycząca *konkurencji między dwumiastami* znajduje się w Aneksie 14.

Odrębne rozpatrzenie pytania o postrzeganą *konkurencję w obrębie dwumiast* prowadzi do wniosku, że gros ekspertów z GG nie obserwuje w tej mierze konkurencji w obrębie Euromiasta, podczas gdy wypowiedzi w FS rozłożyły się raczej równomiernie (50% w FS, 82,6% w GG). W GG akcentowano dobrą współpracę polsko-niemiecką, zwłaszcza w dziedzinie gospodarki (11,5% w FS, 34,8% w GG). Wskazywano przy tym na pragmatyzm we *współpracy* transgranicznej i w *przyciąganiu inwestorów* oraz *wspólne wspieranie gospodarki*. Eksperci w FS chwalili natomiast dobrą współpracę w dziedzinie *kultury*. Kolejne argumenty, jakie przytaczano w GG przeciwko konkurencji w obrębie Euromiasta, lokują się w kategorii *administracja*. Decydującą rolę dla ankietowanych odgrywa ścisła współpraca burmistrzów. Burmistrzowie są ich zdaniem źródłem impulsów dla administracji, dzięki czemu obie administracje postrzegają się jako *jedność*. Łączna ewaluacja dotycząca *konkurencji w łonie dwumiast* znajduje się w Aneksie 13.

6.5 Czynniki lokalizacji dla Tech Lithium i Jack Link's Bifi

W ostatnich latach przedsiębiorstwa Rock Tech Lithium i Jack Link's Bifi zdecydowały się na lokalizację Guben i inwestują tu setki milionów euro. Poza tym chińskie przedsiębiorstwo Botree Cycling ogłosiło, że również chce zainwestować w Guben. Te trzy duże inwestycje mają w sumie wolumen ponad pół miliarda euro i wiąże się z nimi powstanie blisko 400 miejsc pracy[331].

Poszukiwanie odpowiedzi na pytanie, dlaczego te przedsiębiorstwa zdecydowały się na Guben, było oprócz Słubicko-Frankfurckiego Planu Działania na lata 2020–2030 jednym z motywów napisania niniejszej analizy. Z tego powodu poproszono również ekspertów o dokonanie własnej oceny. Wszyscy ankietowani eksperci podkreślali, że mogą dać „tylko ogólną ocenę", ponieważ nie dysponują pogłębionymi informacjami. Uwzględniono to jednak przed wywiadami z ekspertami, sporządzając formularz pytań pomocniczych. Eksperci z poszczególnych miast mieli bowiem przedstawić ocenę lub sformułować swoje hipotezy co do decyzji inwestycyjnych po to, żeby można było dokonać porównania. Koncepcja była przy tym taka, że porównanie wypowiedzi ekspertów z powodami rzeczywiście podanymi przez przedstawicieli przedsiębiorstw umożliwi dalsze poszerzenie wiedzy, np. w odniesieniu do pytania: jaka jest jakość ocen ekspertów

330 Wywiad ekspercki z André Mandelem, 04.05.2023.
331 Taubert, Christian (2023): Strukturwandel in der Lausitz. Vorteil Guben – darum läuft die Stadt Forst dem Wirtschaftsaufschwung hinterher, *lr-online.de*, 06.03.2023.

w poszczególnych miastach? Przedsiębiorstwa pytano więc wprost, dlaczego ich zdaniem Rock Tech Lithium i Jack Link's Bifi inwestują w Guben.

Ilustracja 10: Czynniki lokalizacji istotne dla decyzji inwestycyjnej (eksperci, bez Rock Tech i Bifi)

	Frankfurt-Słubice	Guben-Gubin	Suma
5) Czynniki lokalizacji: fabryka litu i BiFi w Guben			
zalety Euromiasta	66,7%	85,2%	79,5%
ogólne zalety pogranicza	16,7%	5,6%	9,0%
wady Dwumiasta	8,3%	7,4%	7,7%
zalety Dwumiasta	4,2%	1,9%	2,6%
wady Euromiasta	4,2%		1,3%
zalety Brandenburgii			
Σ SUMA	100,0%	100,0%	100,0%
# N = Dokumenty/Uczestnicy	14 (58,3%)	10 (41,7%)	24 (100,0%)

Źródło: Opracowanie własne z wykorzystaniem programu MAXQDA 2022

W pierwszej kolejności można stwierdzić, że eksperci z obu dwumiast wymieniali najczęściej bezpośrednie *zalety lokalizacji w GG* (66,7% w FS, 85,2% w GG). W FS były również wypowiedzi na temat *ogólnych zalet pogranicza* (16,7% w FS, 5,6% w GG), takich jak np. *korzyść z dostępu do obu rynków* czy *niższe płace po stronie polskiej*. Wskazywano jednak także na wady Dwumiasta (8,3% w FS, 7,4% w GG). Ankietowani w FS wymieniali w tym kontekście *słabe wspieranie gospodarki* i *administrację, zajętą tylko sobą*, podczas gdy eksperci z GG widzą w Dwumieście *mniejszy potencjał siły roboczej*, który zmniejsza atrakcyjność tej lokalizacji.

Jeśli rozpatrzyć kategorię *zalety Euromiasta jako lokalizacji*, to ankietowani w obu miastach wymieniali przede wszystkim *dobre wspieranie inwestorów* (56,3% w FS, 43,5% w GG), *tereny do działalności przemysłowej i biznesowej* (12,6% w FS, 34,7% w GG) oraz aspekty *rynku pracy* (12,5% w FS, 10,9% w GG). W ramach dobrego wspierania inwestorów w obu miastach podkreślano szczególne *zaangażowanie obu burmistrzów w GG* (25% w FS, 21,7% w GG), zwłaszcza *burmistrza Guben* Freda Mahro. Wskazywano, że uważa on *przyciąganie inwestorów za „sprawę najwyższej rangi"*. Osobiste zaangażowanie burmistrza i dobra współpraca polsko-niemiecka jako jego efekt oddziałują zdaniem ekspertów bardzo dobrze na potencjalnych inwestorów. Za zaletę uznano poza tym *wspólne aktywne wspieranie gospodarki*. Pod względem terenów do działalności przemysłowej i biznesowej jako zalety Euromiasta wymieniano *dostępność zezwoleń*, na czele ze zezwoleniem wymaganym w myśl Federalnej Ustawy o Ochronie przed Imisją (BImSchG), istniejące *połączenie kolejowe* oraz niższe ceny gruntów. Eksperci z FS uważają poza tym za zaletę większy potencjał siły roboczej w GG, a ankietowani z GG wymieniali dodatkowo *brak konkurencji o siłę roboczą* na rynku pracy. Łączna ewaluacja dotycząca *zalet Euromiasta jako lokalizacji (eksperci, bez Rock Tech i Bifi)* znajduje się w Aneksie 15.

Ilustracja 11: Czynniki lokalizacji istotne dla decyzji inwestycyjnej przedsiębiorstw Rock Tech i Bifi

	Jack Link's BiFi	Rock Tech Lithium	Suma
5) Czynniki lokalizacji: fabryka litu i BiFi w Guben			
zalety Euromiasta	66,7%	73,9%	71,4%
zalety Brandenburgii		17,4%	11,4%
ogólne zalety pogranicza	16,7%	8,7%	11,4%
zalety Dwumiasta	16,7%		5,7%
wady Dwumiasta			
wady Euromiasta			
Σ SUMA	100,0%	100,0%	100,0%
# N = Dokumenty/Uczestnicy	1 (50,0%)	1 (50,0%)	2 (100,0%)

Źródło: Opracowanie własne z wykorzystaniem programu MAXQDA 2022

Również przedstawiciele obu przedsiębiorstw wymieniali w pierwszej kolejności bezpośrednie zalety Euromiasta. Inaczej niż w ocenach ekspertów w wypowiedziach przedsiębiorstw nie było jednak mowy o wadach Dwumiasta. Bifi wymieniało nawet pozytywne aspekty Dwumiasta, np. *ICOB działa bardzo dobrze*. Zdaniem tej firmy Dwumiasto „nie zrobiło żadnego bezpośredniego błędu". W przeciwieństwie do Bifi Rock Tech wymieniło ogólne zalety kraju związkowego Brandenburgia: *bliskość podobnej branży i dostawców*, stosunkowo *wysoki udział energetyki odnawialnej*, *przejrzyste procedury i ich szybką realizację* oraz *nadawanie priorytetu dużym projektom przez Brandenburskie Ministerstwo Gospodarki, Pracy i Energii* (MWAE). Oba przedsiębiorstwa dostrzegły poza tym bezpośrednie *zalety polsko-niemieckiego pogranicza* i twierdziły, że będąc inwestorem, myśli się w szerszych kategoriach, traktuje się więc region jako całość. Na początku nie dokonywano rozróżnienia między FS a GG, lecz raczej zdecydowano się w pierwszym etapie na dobrze prosperujący *region przygraniczny jako całość*. Według tych wypowiedzi można założyć, że zarówno Dwumiasto, jak i Euromiasto wchodziły w grę dla obu przedsiębiorstw. Zatem to najprawdopodobniej bezpośrednie zalety Euromiasta Guben – Gubin przekonały oba przedsiębiorstwa. Dlatego czas na ewaluację bezpośrednich zalet Euromiasta jako lokalizacji, które w ujęciu przeglądowym przedstawia Ilustracja 12.

Ilustracja 12: Zalety Euromiasta według przedsiębiorstw Rock Tech i Bifi

	Jack Link's BiFi	Rock Tech Lithium	Suma
5) Czynniki lokalizacji: fabryka litu i BiFi w Guben			
zalety Euromiasta			
tereny do działalności przemysłowej i biznesowej	50,0%	35,3%	40,0%
dobre wspieranie inwestorów	37,5%	29,4%	32,0%
rynek pracy		11,8%	8,0%
lepsze warunki finansowania /program rozw. strukturalnego Łużyc	12,5%	5,9%	8,0%
dobra komunikacja ze strony administracji		11,8%	8,0%
bliskość BTU Cottbus		5,9%	4,0%
dobre połączenia transportowe			
istnienie i wdrażanie kompleksowego planu ekonomicznego			
Σ SUMA	100,0%	100,0%	100,0%
# N = Dokumenty/Uczestnicy	1 (50,0%)	1 (50,0%)	2 (100,0%)

Źródło: Opracowanie własne z wykorzystaniem programu MAXQDA 2022

Dla obu przedsiębiorstw na pierwszym miejscu znalazły się dostępne *tereny do działalności przemysłowej i biznesowej*. Dla Bifi pewną rolę odegrały w tym kontekście przede wszystkim *zezwolenia*, m.in. zgodnie z BImSchG. Przedsiębiorstwo to uznało ponadto za zalety lokalizacji dostępność terenów i związane z tym *możliwości powiększenia*. Oba te aspekty były też wymieniane najczęściej przez Rock Tech. W odniesieniu do terenów Rock Tech wskazywał też na znaczenie *połączenia kolejowego* i potencjalny *dostęp do sieci wodorowych*. Jak już przypuszczali eksperci, oba przedsiębiorstwa wysoko oceniły również *dobre wspieranie inwestorów*, a zwłaszcza *zaangażowanie burmistrzów*. Oba opisywały poza tym jako zalety lokalizacji dobrą *współpracę polsko-niemiecką* oraz *wsparcie ze strony administracji*. Rock Tech wysoko ocenił *szybkie tempo pracy administracji* i opisywał *klimat przyjazny dla inwestorów*, dzięki któremu inwestorzy czują „od początku, że są pod dobrą opieką". Oba przedsiębiorstwa postrzegały dodatkowo jako szansę *zmiany strukturalne na Łużycach* i związane z tym inwestycje. Rock Tech dostrzegł poza tym w GG większy potencjał siły roboczej zarówno w odniesieniu do pracowników wykwalifikowanych, jak i zwykłych, oraz uznał za ważną bliskość uniwersytetu technicznego takiego jak *BTU Cottbus*. Łączna ewaluacja dotycząca *zalet Euromiasta jako lokalizacji według Rock Tech i Bifi* znajduje się w Aneksie 16.

6.6 Czynniki lokalizacji wymagające poprawy

Odpowiadając na pytanie szóste, eksperci mieli się wypowiedzieć, w odniesieniu do których czynników lokalizacji widzą w swoim mieście potrzebę poprawy. To pytanie przypomina na pierwszy rzut oka drugie, jednak w szóstym ankietowani mieli konkretnie opisać czynniki lokalizacji. Rezultaty przedstawia Ilustracja 13.

Ilustracja 13: Czynniki lokalizacji wymagające poprawy

	Frankfurt-Słubice	Guben-Gubin	Suma
6) Czynniki lokalizacji: konieczność poprawy			
czynniki miękkie	59,0%	64,3%	60,8%
twarde czynniki lokalizacji	34,6%	16,7%	28,3%
administracja i prawo	6,4%	19,0%	10,8%
Σ SUMA	100,0%	100,0%	100,0%
# N = Dokumenty/Uczestnicy	14 (53,8%)	12 (46,2%)	26 (100,0%)

Źródło: Opracowanie własne z wykorzystaniem programu MAXQDA 2022

Eksperci w obu miastach widzieli najczęściej konieczność poprawy w obszarze *miękkich czynników lokalizacji* (59% w FS, 64,3% w GG). Różnice między GG a FS wystąpiły w odniesieniu do *twardych czynników lokalizacji* (34,6% w FS, 16,7% w GG) oraz w kategorii *administracja i prawo* (6,4% w FS, 19% w GG).

W kategorii *miękkich czynników lokalizacji* wymieniano najczęściej tematy *edukacji* (28,3% w FS, 29,6% w GG), *opieki zdrowotnej* (21,7% w FS, 37% w GG) oraz *mieszkalnictwa* (26,1% w FS, 18,5% w GG). W dziedzinie *edukacji* ankietowani w obu miastach widzieli w pierwszej kolejności konieczność poprawy *znajomości języków* (niemieckiego i polskiego), *współpracy/wymiany z uniwersytetem* oraz *miejsc w szkołach i przedszkolach* w celu zwiększenia atrakcyjności dla potencjalnych pracowników. W odróżnieniu od GG eksperci z FS częściej wymieniali *znajomość języków* (13% w FS, 7,4% w GG). W przeciwieństwie do Dwumiasta w GG nie ma uniwersytetu, wysuwano jednak propozycje dotyczące kooperacji z okolicznymi instytucjami, takimi jak np. BTU Cottbus, Uniwersytet Zielonogórski czy Wyższa Szkoła Techniczna w Wildau. W FS konstatowano natomiast brak regionalnego powiązania i usieciowienia EUV. Ponadto ankietowani w GG widzieli częściej konieczność poprawy *opieki zdrowotnej* (21,7% w FS, 37% w GG) – jako tematy pojawiają się zatem *dostępność lekarzy rodzinnych i specjalistów*, *dogodniejsze możliwości leczenia dla Polaków w Niemczech* oraz *opieka szpitalna*. W odniesieniu do tego ostatniego aspektu różnica między miastami jest największa (2,2% w FS, 11,1% w GG). W odniesieniu do tematu *mieszkalnictwa* wypowiedzi ekspertów są zbliżone. W obu miastach ankietowani wymieniali potrzebę poprawy w zakresie *dostępności mieszkań, działek* i ogólnie *budownictwa mieszkaniowego*. W FS była dodatkowo mowa o *jakości mieszkań*, w GG zaś o *wspólnej polsko-niemieckiej koncepcji mieszkalnictwa*. Według ekspertów z FS istnieje potrzeba optymalizacji w odniesieniu do *potencjału innowacyjności* (8,7% w FS), przy czym wymieniano przykładowo takie aspekty jak *cyfryzacja* oraz *sieci współpracy i transfer wiedzy*, a także *wizerunek* (4,3% w FS) miasta. W GG ankietowani wypowiadali się natomiast na temat poprawy jakości życia i wymieniali przy tym np. *ofertę kulturalną*.

Łączna ewaluacja dotycząca *miękkich czynników lokalizacji* znajduje się w Aneksie 17.

W odniesieniu do *twardych czynników lokalizacji* eksperci z obu miast widzieli w pierwszej kolejności konieczność poprawy w dziedzinie *mobilności* (44,4% w FS, 42,9% w GG) i czynników *rynku pracy* (29,6% w FS, 28,6% w GG). W kategorii mobilności ankietowani w obu miastach wypowiadali się podobnie często na temat *poprawy transportu publicznego*, przy czym w FS wymieniano dodatkowo tematy *Smart City* i *drugiego mostu granicznego*. W przeciwieństwie do FS eksperci z Euromiasta mówili o pomysłach i projektach dotyczących podejścia 360° w odniesieniu do projektów w dziedzinie mobilności, podczas gdy tego rodzaju pomysły formułowane w FS zatrzymują się na granicy. W odniesieniu do *rynku pracy* ankietowani z FS widzieli potrzebę poprawy w zakresie wykwalifikowanych pracowników i ogólnej dostępności siły roboczej, przy czym ten ostatni aspekt częściej wymieniano w GG. W GG ze względu na *obecny rozwój cen* dostrzegano poza tym potrzebę poprawy w zakresie *poziomu płac*. Ankietowani eksperci z FS rozpoznali dodatkowo potencjał poprawy w odniesieniu do tematu *promocji inwestycji*, ponieważ miasto jest za sprawą HSK zdane na pomoc finansową podmiotów trzecich. Jeden z przedsiębiorców z FS powiedział jednak, że „oczywiście lepiej, jeśli istnieje promocja inwestycji, ale jeśli zdecydowałem się na jakąś lokalizację, to inwestuję tam niezależnie od ewentualnych programów wsparcia"[332]. W odróżnieniu od FS w GG częściej wysuwano twierdzenie, że *twarde czynniki lokalizacji* są *ważniejsze niż miękkie* (3,7% w FS, 14,3% w GG). W GG ankietowani wymieniali poza tym potrzebę poprawy w odniesieniu do *rozbudowy sieci kolejowej*. Burmistrz Guben wymienił m.in. następujący cel: „Musimy wykorzystywać i rozbudowywać połączenie kolejowe, […] nie tylko na linii północ-południe, lecz musimy wybiegać myślą w przyszłość [i] próbować połączyć regiony Poznania i Lipska […]".[333] Łączna ewaluacja kategorii *twarde czynniki lokalizacji* znajduje się w Aneksie 18.

W kategorii *administracja i prawo* ankietowani w obu miastach widzą potrzebę wytworzenia zarówno wśród ludności, jak i w administracji świadomości tego, że żyje się wspólnie w Dwumieście bądź Euromieście – po to, by postrzegać *miasto jako jedność*. Według ekspertów z FS istnieje dodatkowo konieczność poprawy w odniesieniu do *obsługi obywateli*, *wsparcia politycznego* oraz *cyfryzacji w administracji*. W GG postrzega się natomiast potrzebę *rozwiązań europejskich dla lepszej współpracy* i *wsparcia politycznego*, na przykład w celu *unikania dublowania infrastruktury* lub *zmniejszania obciążeń administracyjnych*. Łączna ewaluacja kategorii *administracja i prawo* znajduje się w Aneksie 19.

332 Wywiad ekspercki z Gao Songiem, 03.11.2022.
333 Wywiad ekspercki z Fredem Mahro, 07.06.2022.

6.7 Dostępność siły roboczej

Według Federalnego Ministerstwa Gospodarki i Ochrony Klimatu (BMWK) w Niemczech nie ma obecnie wprawdzie powszechnego niedoboru wykwalifikowanej siły roboczej, ale w pewnych branżach są już wyraźne problemy z obsadzeniem wolnych miejsc pracy wykwalifikowanymi pracownikami. Niektóre przedsiębiorstwa określają nawet niedobór wykwalifikowanej siły roboczej mianem ryzyka biznesowego[334]. W nawiązaniu do poprzedniego pytania poproszono w związku z tym ekspertów o ocenę dostępności siły roboczej w ich mieście oraz o ocenę pomysłu wspólnego polsko-niemieckiego kształcenia zawodowego. Ewaluacja pytania siódmego składa się z dwóch części. Ewaluację części pierwszej przedstawia Ilustracja 14.

Ilustracja 14: Dostępność siły roboczej

	Frankfurt-Słubice	Guben-Gubin	Suma
7.1) Dostępność siły roboczej			
siła robocza jest dostępna	42,3%	34,7%	38,6%
niedostępność siły roboczej	34,6%	32,7%	33,7%
problemy	17,3%	16,3%	16,8%
obecność miejsc pracy	5,8%	16,3%	10,9%
Σ SUMA	100,0%	100,0%	100,0%
# N = Dokumenty/Uczestnicy	14 (53,8%)	12 (46,2%)	26 (100,0%)

Źródło: Opracowanie własne z wykorzystaniem programu MAXQDA 2022

Wypowiedzi ekspertów z FS i GG są w odniesieniu do tego pytania zbliżone. Najczęściej wyrażano opinię, że *siła robocza jest dostępna* (42,3% w FS, 34,7% w GG), jednocześnie jednak było podobnie wiele wypowiedzi, że występuje *niedostępność siły roboczej* (34,6% w FS, 32,7% w GG). W obu miastach ankietowani wypowiadali się dodatkowo o *problemach* (17,3% w FS, 16,3% w GG). W odróżnieniu od FS w GG częściej pojawiał się temat *obecności miejsc pracy* (5,8% w FS, 16,3% w GG) w regionie.

Dostępność siły roboczej uzasadniano w obu miastach w odmienny sposób. O ile w Dwumieście częściej akcentowano *migrację* (45,5% w FS, 11,8% w GG), o tyle eksperci z GG wskazywali częściej na *motywację pracowników* (22,7% w FS, 41,2% w GG). W obu miastach jako potencjalną siłę roboczą uznawano również *osoby dojeżdżające do pracy* (18,2% w FS, 11,8% w GG). Według oceny niektórych

334 Bundesministerium für Wirtschaft und Klimaschutz (2023): Fachkräftesicherung. Fachkräfte für Deutschland.

ekspertów z obu miast *siła robocza jest zasadniczo dostępna* (9,1% w FS, 5,9% w GG). W odróżnieniu od FS eksperci z GG określali mieszkańców, którzy powrócili, czyli *powracających* (11,8% w GG) jako potencjalną siłę roboczą. W odniesieniu do *migracji* jako źródła siły roboczej ankietowani z Dwumiasta wskazywali w pierwszej kolejności na *ukraińskich pracowników w Polsce* (18,2% w FS, 0% w GG). W odróżnieniu od GG w FS *polskich pracowników* wymieniono dopiero na drugim miejscu (13,6% w FS, 11,8% w GG). Na temat polskich pracowników eksperci z obu miast wypowiadali się jednak bardzo pozytywnie, uznając ich w porównaniu z pracownikami niemieckimi za *bardziej zmotywowanych* i *zaangażowanych*. W GG w kontekście *motywacji pracowników* wymieniano *stosunkowo niskie koszty mieszkania*, *dobrą atmosferę w pracy*, *bilet firmowy* i in. W odróżnieniu od tego eksperci z FS uwypuklali dobrą *równowagę między pracą a życiem prywatnym*, *elastyczne godziny pracy* i *pracę zdalną* jako instrumenty motywowania pracowników. W Dwumieście ankietowani wskazywali poza tym na *dobry współczynnik zastępowania odchodzących pracowników* w porównaniu ze średnią dla całych Niemiec. Łączna ewaluacja tej kategorii znajduje się w Aneksie 20.

Eksperci z obu miast wypowiadali się również na tematy *niedoboru siły roboczej* i *niedoboru wykwalifikowanej siły roboczej*. W FS częstsze były wypowiedzi dotyczące ogólnego *niedoboru siły roboczej* (33,3% w FS, 25% w GG). Jako przyczyny tego zjawiska podawano w FS *wysoki odsetek osób długotrwale bezrobotnych* i *wysokie świadczenia socjalne w Niemczech*, przy czym te ostatnie wymieniano również w GG. W odróżnieniu od Dwumiasta ankietowani z GG wymieniali dodatkowo *brak inwestycji w przeszłości*, *potrzebę informacji i uświadomienia wśród młodzieży* oraz jej *niską motywację* jako przyczyny niedoboru siły roboczej. W obu miastach eksperci konstatowali również ogólny *niedobór wykwalifikowanej siły roboczej* (5,6% w FS, 6,3% w GG), wystąpiły jednak różnice między miastami, jeśli chodzi o wymieniane branże. W FS ankietowani mówili o niedoborze wykwalifikowanej siły roboczej w *rzemiośle* (16,7% w FS, 12,5% w GG), *budownictwie* (16,7%), w *logistyce* (5,6%) oraz w *zawodach elektrotechnicznych* (5,6%). Natomiast eksperci z Euromiasta widzieli niedobory pracowników *na stanowiskach kierowniczych i w administracji* (18,8%), w *przemyśle* (6,3%) i *technologii produkcji żywności* (6,3%). Wypowiedzi ekspertów są zgodne z opiniami reprezentowanych w regionie branż. Łączna ewaluacja kategorii *niedostępność siły roboczej* znajduje się w Aneksie 21.

W odniesieniu do podawanych problemów wypowiedzi ekspertów różnią się od siebie. W Dwumieście wymieniano jako problemy głównie *odpływ pracowników* (44,4% w FS, 25% w GG) i *zmiany demograficzne* (44,4% w FS, 25% w GG). W tym kontekście opisywano w FS również *ginięcie poszczególnych sektorów zawodowych*. W odróżnieniu od FS ankietowani z GG wymieniali więcej problemów, np. *odmienną mentalność*, *niższe płace w małych miastach*, *niewielką atrakcyjność małych miast* dla wykwalifikowanych pracowników. Łączna ewaluacja kategorii *problemy* znajduje się w Aneksie 22.

6.8 Wspólne polsko-niemieckie kształcenie zawodowe

Wspólne polsko-niemieckie kształcenie zawodowe mogłoby być dla pogranicza jednym z lekarstw na brak siły roboczej i brak wykwalifikowanej siły roboczej. Dlatego w drugiej części pytania siódmego ankietowani eksperci mieli ocenić pomysł takiego kształcenia. Ewaluację dotyczącą tego pytania przedstawia Ilustracja 15.

Ilustracja 15: Wspólne polsko-niemieckie kształcenie zawodowe

	Frankfurt-Słubice	Guben-Gubin	Suma
7.2) Wspólne kształcenie zawodowe PL-DE			
postulaty	24,5%	47,8%	35,8%
obszary kształcenia zawodowego	22,4%	30,4%	26,3%
problemy	42,9%	6,5%	25,3%
jest konieczne i ważne	10,2%	10,9%	10,5%
ma potencjał		4,3%	2,1%
Σ SUMA	100,0%	100,0%	100,0%
# N = Dokumenty/Uczestnicy	14 (53,8%)	12 (46,2%)	26 (100,0%)

Źródło: Opracowanie własne z wykorzystaniem programu MAXQDA 2022

W obu miastach eksperci ocenili pomysł wspólnego polsko-niemieckiego kształcenia zawodowego w większości pozytywnie. W pierwszej kolejności ankietowani wyrażali swoje *postulaty* (24,5% w FS, 47,8% w GG) dotyczące jego udanej realizacji, przy czym w Euromieście było w związku z tym znacznie więcej wypowiedzi. Eksperci wypowiadali się na temat zawodów i *obszarów kształcenia zawodowego* (22,4% w FS, 30,4% w GG), w których według ich oceny takie wspólne kształcenie byłoby uzasadnione. W Dwumieście jednak, w odróżnieniu od Euromiasta, widziano znacznie więcej *problemów* (42,9% w FS, 6,5% w GG).

W kategorii *postulaty* ankietowani z FS wymieniali najczęściej konieczność przejścia *od szkolnego do dualnego kształcenia zawodowego w Polsce* (41,7% w FS, 18,2% w GG). Natomiast w GG najczęściej wymieniano prostsze *uznawanie kwalifikacji* (8,3% w FS, 27,3% w GG). W porównaniu z FS na ten temat było też w GG znacznie więcej wypowiedzi. Według ekspertów z FS, a także z GG, wspólne polsko-niemieckie kształcenie zawodowe powinno być *dostosowane do potrzeb lokalnych firm* (16,7% w FS, 22,7% w GG). W odróżnieniu od GG w FS znacznie częściej podkreślano znaczenie nauczania języków obcych, zwłaszcza *języka sąsiada w szkołach* (16,7% w FS, 4,5% w GG), a także *promowania różnorodności* (8,3% w FS). W odróżnieniu od FS eksperci z GG mówili, że *Niemcy i Polacy* powinni się spotykać *na równych prawach* (13,6% w GG) i życzyli sobie więcej *wsparcia ze strony administracji* (9,1% w GG). Łączna ewaluacja kategorii *postulaty* znajduje się w Aneksie 23.

Eksperci z obu miast wymienili szereg *obszarów kształcenia*, w których wspólne polsko-niemieckie kształcenie zawodowe byłoby uzasadnione. W obu miastach najczęściej wymieniano *rzemiosło* (27,3% w FS, 28,6% w GG) i *zawody elektrotechniczne* (27,3% w FS, 14,3% w GG). W odróżnieniu od GG w Dwumieście wskazywano częściej *zawody społeczne i opiekę* (18,2% w FS, 7,1% w GG), a ponadto częstsza była wypowiedź, że *wymagana jest analiza potrzeb* (18,2% w FS, 7,1% w GG). Inaczej niż w GG eksperci z FS określali takie wspólne kształcenie zawodowe także w *zawodach administracyjnych* jako uzasadnione. W Euromieście natomiast w odróżnieniu od FS wymieniano *przetwórstwo metalu i żywności, przemysł, hotelarstwo, gastronomię* oraz *przemysł chemiczny* jako odpowiednie obszary kształcenia. Łączna ewaluacja kategorii *obszary kształcenia* znajduje się w Aneksie 24.

Eksperci z obu miast wypowiadali się również na temat przeszkód bądź *problemów* dla takiego polsko-niemieckiego kształcenia zawodowego. W obu miastach podobnie często wymieniano *język* (38,1% w FS, 33,3% w GG), zwłaszcza barierę językową oraz *brak zachęt i niską atrakcyjność* (23,8% w FS, 33,3% w GG) jako problemy wspólnego kształcenia zawodowego. W porównaniu z GG w FS była dodatkowo mowa o *braku popytu* (19%). W przeciwieństwie do FS w GG eksperci wskazywali również na *odmienne przepisy i prawa* (33,3%). Problemy wymienione w tej części pokrywają się z wymienionymi problemami z pytania pierwszego. Łączna ewaluacja kategorii *problemy* znajduje się w Aneksie 25.

6.9 Największa przeszkoda dla Dwu- i Euromiasta na drodze do stania się centrum polsko-niemieckiego pogranicza

W ostatnim pytaniu poproszono ekspertów o ocenę, co jest największą przeszkodą na drodze do przeobrażenia ich miasta w centrum gospodarcze polsko-niemieckiego pogranicza. Rezultaty przedstawia Ilustracja 16.

Ze względu na pokrewieństwo tematyczne odpowiedzi na to pytanie są bardzo zbliżone do odpowiedzi na pytanie pierwsze. Wypowiedzi ekspertów są zatem spójne. W porównaniu z FS wypowiedzi w Euromieście ograniczyły się do mniejszej liczby kategorii (16 w FS, 7 w GG). W obu miastach najwięcej wypowiedzi dotyczyło jednak kategorii *administracja i prawo* (15,7% w FS, 34,4% w GG), przy czym więcej wypowiedzi na ten temat było w Euromieście. W FS ponadto często wypowiadano się na temat *języka* (11,8% w FS, 6,3% w GG), *atrakcyjności lokalizacji* (11,8%), *koncepcji dwumiasta* (7,8%) oraz *problemów na rynku pracy* (5,9% w FS, 31,3% w GG). Te ostatnie znalazły się w Euromieście – w przeciwieństwie do FS – na drugim miejscu. W odróżnieniu od FS wymieniano tam ponadto częściej *infrastrukturę gospodarczą* (3,9% w FS, 15,6% w GG). W obu miastach eksperci poruszali również temat *uniwersytetu* (5,9% w FS, 3,1% w GG), przy czym w FS krytykowano *niewdrażanie planów biznesowych* przez uniwersytet i formułowano pod adresem EUV postulat *silniejszego uwzględniania potrzeb regionalnej gospodarki*. W Euromieście jako przeszkodę na drodze do stania się centrum niemiecko-polskiego pogranicza wschodniej Brandenburgii i województwa lubuskiego postrzegano natomiast sprawę braku *dostępności* uniwersytetu oraz *wielkości Euromiasta*.

Ilustracja 16: Przeszkody w rozwoju Dwumiasta i Euromiasta

	Frankfurt-Słubice	Guben-Gubin	Suma
8) Największa przeszkoda na drodze do stania się centr. gospod.			
administracja i prawo	15,7%	34,4%	22,9%
problemy na rynku pracy	5,9%	31,3%	15,7%
język	11,8%	6,3%	9,6%
infrastruktura gospodarcza	3,9%	15,6%	8,4%
atrakcyjność lokalizacji	11,8%		7,2%
myślenie 360°	5,9%	6,3%	6,0%
uniwersytet	5,9%	3,1%	4,8%
wdrażanie koncepcji Dwumiasta	7,8%		4,8%
brak przeszkód	5,9%		3,6%
zrozumienie i wzajemne zaufanie	5,9%		3,6%
transport	5,9%		3,6%
finansowanie unijne	3,9%		2,4%
mieszkalnictwo	3,9%		2,4%
brak miejsc pracy w regionie	2,0%		1,2%
myślenie konkurencyjne	2,0%		1,2%
Euromiasto jest znacznie mniejsze niż Dwumiasto		3,1%	1,2%
niski priorytet gospodarki	2,0%		1,2%
Σ SUMA	100,0%	100,0%	100,0%
# N = Dokumenty/Uczestnicy	14 (53,8%)	12 (46,2%)	26 (100,0%)

Źródło: Opracowanie własne z wykorzystaniem programu MAXQDA 2022

W kategorii *administracja i prawo* w FS najczęściej opisywano brak *zrozumienia i konflikty wynikające z polityki krajowej* (37,5% w FS, 9,1% w GG), podczas gdy w GG wymieniano w pierwszej kolejności *odmienne systemy, normy i standardy prawne* (25% w FS, 45,5% w GG). O ile ankietowani w FS postulowali częściej *specjalne regulacje dla obszarów przygranicznych* (25% w FS, 9,1% w GG), to według ekspertów w GG brakuje *rozwiązań ze strony UE* (18,2%). Łączna ewaluacja kategorii *administracja i prawo* znajduje się w Aneksie 26.

W Euromieście było ponadto więcej wypowiedzi na temat problemów rynku pracy. Wymieniano na przykład *niedobór siły roboczej i wykwalifikowanej siły roboczej* lub *tworzenie lepszych warunków pracy*. Inaczej niż w FS niektórzy eksperci z GG opisywali dodatkowo *Teslę jako konkurencję dla lokalnej gospodarki*. W odniesieniu do *języka* jako dużą przeszkodę opisywano z kolei *barierę językową*. W zakresie *infrastruktury gospodarczej* eksperci z FS wymieniali brak *terenów do działalności przemysłowej i biznesowej* oraz ogólnie słabą infrastrukturę, podczas gdy w GG za przeszkody uznano dodatkowo tematy *zaopatrzenia w energię* i *bezpieczeństwa energetycznego*. W przeciwieństwie do Euromiasta eksperci z FS opisywali niską atrakcyjność lokalizacji jako przeszkodę, przy czym zarówno *Frankfurt nad Odrą* (66,7%), jak i *Słubice* (33,3%) określano mianem *nieatrakcyjnych*.

7. Porównanie Dwumiasta z Euromiastem

W niniejszym rozdziale nastąpi porównanie Dwumiasta Frankfurt nad Odrą – Słubice z Euromiastem Guben – Gubin, będzie więc można zbadać, czy jedno z tych dwóch miast stanowi centrum gospodarcze pogranicza Brandenburgii i województwa lubuskiego.

W tym celu najpierw przewidziano porównanie ludności obu miast. Następnie przedmiotem analizy będzie to, które z tych miast lepiej spełnia kryteria posiadania szczególnie istotnych dla gospodarki wyróżników Smart City, czyli Smart Economy i Smart Mobility. W konkluzji, z uwzględnieniem wypowiedzi z wywiadów z ekspertami, zostanie przedstawiony rezultat porównania i udzielona odpowiedź na pytanie sformułowane na wstępie.

7.1 Ludność

W ostatnich pięciu latach liczba mieszkańców obu polskich miast spadała. W Słubicach zmniejszyła się w tym okresie o 2,6%, w Gubinie o 5,3%. W porównaniu z województwem lubuskim, które zanotowało spadek o 3,4%, wskaźnik ten był więc w Słubicach niższy – i niższy niż w Gubinie. W 2022 roku liczące 16 339 mieszkańców Słubice były wszelako tylko nieco ludniejsze niż Gubin, który miał w tym samym roku 15 798 mieszkańców. Czynniki gospodarcze oparte na liczbie ludności, jak choćby wielkość rynku zbytu czy też dostępność siły roboczej są więc po stronie polskiej w obu miastach podobne, por. Ilustracja 17.

Po stronie niemieckiej natomiast występują duże różnice pod względem liczby ludności. Na Ilustracji 18 widać, że w latach 2018–2021 w obu niemieckich miastach liczba ludności ustawicznie spadała, w 2022 roku zaś znów wzrosła. We Frankfurcie nad Odrą spadła do 2021 roku o 2,1%, a w 2022 roku wzrosła o 2,8%. W Guben do 2021 roku spadła nawet o 3,3%, a potem wzrosła o 0,2%. W Brandenburgii liczba mieszkańców wzrosła w latach 2018–2021 o 1%, a następnie w 2022 roku o 1,4%. Wzrost demograficzny w roku 2022 jest najprawdopodobniej skutkiem pełnoskalowej inwazji rosyjskiej na Ukrainę 24.02.2022. Od tego czasu Niemcy przyjęły dużą liczbę ukraińskich uchodźców wojennych.

Chociaż należy się spodziewać, że po zakończeniu wojny większość z nich powróci do ojczyzny, ta sytuacja rodzi dla obu miast szanse przeciwdziałania zmianom demograficznym. Jeśli przyjrzeć się latom przed 2022 rokiem, to liczba ludności skurczyła się zarówno we Frankfurcie nad Odrą (–2,1%), jak i w Guben (–3,3%), natomiast w Brandenburgii wzrosła (+1%).

Ilustracja 17: Porównanie liczby mieszkańców Gubina i Słubic (2018–2022)

	2018	2019	2020	2021	2022
Słubice	16 773	16 644	16 556	16 401	16 339
Gubin	16 687	16 614	16 159	15 955	15 798

Źródło: Opracowanie własne na podstawie danych z Baza Demografia GUS[335]

Ilustracja 18: Porównanie liczby mieszkańców Frankfurtu nad Odrą i Guben (2018–2022)

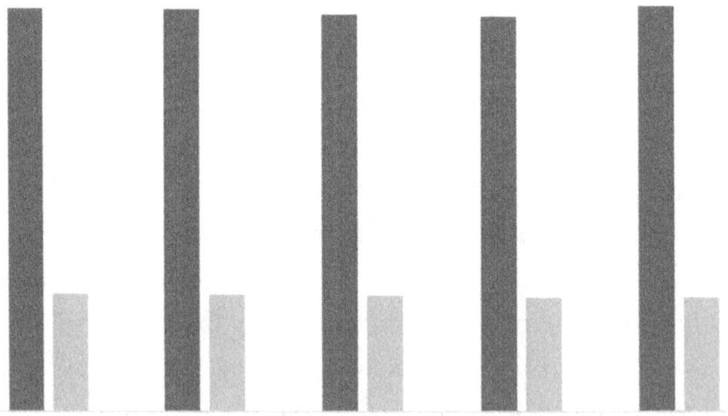

	2018	2019	2020	2021	2022
Frankfurt nad Odrą	57 873	57 751	57 015	56 679	58 260
Guben	16 933	16 783	16 656	16 377	16 402

Źródło: Opracowanie własne na podstawie danych Destatis[336]

335 Główny Urząd Statystyczny GUS (2023b): Baza Demografia.
336 Statistische Ämter des Bundes und der Länder (2023b).

Z 58 260 mieszkańcami w roku 2022 Frankfurt nad Odrą miał ponad trzykrotnie więcej mieszkańców niż Guben, który w tym samym roku liczył 16 402 mieszkańców. Oznacza to dużą różnicę pod względem dostępności pracowników, ale również wielkości lokalnego rynku zbytu.

Znacznie większa liczba mieszkańców Dwumiasta Frankfurt nad Odrą – Słubice stanowi więc pierwszy argument przemawiający za tym, dlaczego centrum gospodarczym mogłoby być Dwumiasto.

7.2 Smart City

W niniejszym podrozdziale Euromiasto zostanie porównane z Dwumiastem pod kątem szczególnie ważnych dla oceny lokalizacji gospodarki wyróżników Smart City, czyli Smart Economy i Smart Mobility. W niektórych przypadkach wykorzystano dane tylko z jednej części Dwumiasta/Euromiasta – wtedy mianowicie, kiedy nie było dostępnych statystyk dotyczących odpowiedniej części polskiej. Ponieważ czynniki „dostępność i koszty gruntów i budynków" oraz „wspieranie gospodarki" ewaluowano jakościowo, zrezygnowano z bezpośredniego porównania. Niemniej w konkluzji związane z tym aspekty uwzględniono w końcowej ocenie.

7.2.1 Smart Economy

W pierwszej kolejności zostaną ze sobą porównane czynniki Smart Economy: innowacyjność, przedsiębiorczość, produktywność, elastyczność rynku pracy, dostępność i koszty gruntów i budynków oraz promocja inwestycji.

7.2.1.1 *Innowacyjność*

Analiza innowacyjności ujawnia obraz korzystny dla Euromiasta. Poniższe tabele pokazują wprawdzie, że nakłady na badania naukowe i rozwój oraz na personel B+R w przeliczeniu na pełne etaty są obecnie wprawdzie wyższe w Dwumieście (w liczbach bezwzględnych), ale widoczny jest też bardzo negatywny trend – w obu statystykach zaznacza się w minionych latach we Frankfurcie nad Odrą mocno spadkowa tendencja. Jednocześnie powiat Sprewa-Nysa zdołał nawet lekko poprawić swoją pozycję na tym polu.

Gemeindeverzeichnis-Informationssystem GV-ISys.

Tabela 32: Wewnętrzne nakłady gospodarki na B+R oraz ich udział w PKB w ujęciu porównawczym (2009–2019)

Rok	Wewnętrzne nakłady gospodarki na B+R (w mln euro) i (w mln PLN) oraz ich udział w PKB w %					
	Niemcy	**Brandenburgia**	**Frankfurt nad Odrą**	**Sprewa-Nysa**[337]	**Lubuskie**[338]	**Polska**
2009	45 275 (1,85%)	186 (0,35%)	13,3 (0,66%)	1,5 (0,04%)	9,4 (0,03)	2584,7 (0,19%)
2011[339]	51 077 (1,90%)	307,8 (0,54%)	12,6 (0,59%)	3,80 (0,06%)	- (-)	3521,6 (0,23%)
2013	53 566 (1,91%)	269,8 (0,45%)	16,1 (0,85%)	2 (0,05%)	31,2 (0,09%)	6291,2 (0,39%)
2015	60 952 (2,01%)	397,5 (0,61%)	9,7 (0,48%)	1,6 (0,05%)	56,7 (0,14%)	8411,4 (0,47%)
2017	68 787 (2,11%)	405 (0,57%)	8,7 (0,41%)	1,5 (0,04%)	124,6 (0,29%)	13 271,9 (0,67%)
2019	75 830 (2,18%)	485,8 (0,64%)	3,7 (0,16%)	1,7 (0,04%)	153,5 (0,31%)	19 030,9 (0,83%)

Źródło: Obliczenia i zestawienie własne według Stifterverband für die Deutsche Wissenschaft e.V, RDB oraz BDL (GUS)[340]

Ponieważ jednocześnie w obu statystykach zarówno w skali landu, jak i całych Niemiec występują bardzo pozytywne tendencje, wynika z tego, że Dwumiasto mocno straciło na innowacyjności i obecnie nie można się w tej mierze spodziewać poprawy.

337 W roku 2011 dla powiatu Sprewa-Nysa i miasta na prawach powiatu Cottbus dostępne były tylko dane zagregowane. Do obliczenia udziału w PKP użyto z tego powodu również danych zagregowanych.

338 Dane dotyczące 2013 i 2019 roku pochodzą z rocznika statystycznego województwa lubuskiego za rok 2015 (s. 258) i 2021 (s. 104): Urząd Statystyczny w Zielonej Górze (2021): Rocznik Statystyczny.

339 W roku 2011 dla powiatu Sprewa-Nysa i miasta Cottbus istniały tylko dane zagregowane. Zostało to odpowiednio uwzględnione przy obliczaniu udziału procentowego.

340 Stifterverband für die Deutsche Wissenschaft e.V. (2023); Statistische Ämter des Bundes und der Länder (2024); Główny Urząd Statystyczny GUS: Nauka i technika. Społeczeństwo informacyjne (K10). Działalność badawcza i rozwojowa (G184). Nakłady wewnętrzne na działalność B+R (P2401).

Tabela 33: Personel B+R gospodarki oraz jego udział w łącznej liczbie pracujących w ujęciu porównawczym (2009–2019)

Rok	Personel B+R gospodarki[341] oraz jako udział w łącznej liczbie pracujących[342]					
	Niemcy	Brandenburgia	Frankfurt nad Odrą	Sprewa-Nysa[343]	Lubuskie	Polska
2009	332.491 (1,20%)	2106 (0,28%)	144 (0,51%)	22 (0,06%)	94 (0,03%)	18.519 (0,14%)
2011	357.129 (1,25%)	3229 (0,42%)	130 (0,44%)	65 (0,12%)	164 (0,05%)	26 700 (0,19%)
2013	360.375 (1,22%)	3091 (0,39%)	190 (0,70%)	26 (0,07%)	211 (0,07%)	37 996 (0,27%)
2015	404.767 (1,32%)	3667 (0,45%)	85 (0,31%)	17 (0,05%)	324 (0,10%)	48 963 (0,34%)
2017	436 571 (1,36%)	4379 (0,52%)	72 (0,26%)	18 (0,05%)	- (-)	85 919 (0,56%)
2019	475 676 (1,42%)	4685 (0,55%)	42 (0,15%)	27 (0,07%)	960 (0,27%)	10 785 (0,68%)

Źródło: Obliczenia i zestawienie własne według Stifterverband für die Deutsche Wissenschaft e.V., RDB, BDL (GUS) oraz Rocznika Statystycznego Województwa Lubuskiego[344]

Chociaż wzrost, który nastąpił w omawianej dziedzinie w powiecie Sprewa-Nysa, nie jest imponujący, to jednak stanowi bardziej pozytywne zjawisko niż negatywny rozwój sytuacji we Frankfurcie. Innowacyjność w Euromieście należy zatem ocenić wyżej niż w Dwumieście.

Również pod względem wniosków patentowych w ostatnich dziesięciu latach w Dwumieście zaznacza się trend negatywny, podczas gdy Euromiasto – proporcjonalnie do liczby ludności – wykazuje tu tendencję pozytywną.

341 W przypadku personelu B+E w Niemczech, Brandenburgii i Frankfurcie nad Odrą przedstawiono dane w przeliczeniu na pełne etaty, a w przypadku liczb dotyczących Polski liczbę zatrudnionych osób.

342 Chodzi o pracowników podlegających obowiązkowemu ubezpieczeniu społecznemu w miejscu pracy.

343 W roku 2011 dla powiatu Sprewa-Nysa i miasta Cottbus istniały tylko dane zagregowane. Zostało to odpowiednio uwzględnione przy obliczaniu udziału procentowego.

344 Stifterverband für die Deutsche Wissenschaft e.V. (2023); Statistische Ämter des Bundes und der Länder (2023c): Regionaldatenbank Deutschland. Tabelle: 13111-01-03-5; Główny Urząd Statystyczny GUS; Urząd Statystyczny w Zielonej Górze (2021): Rocznik Statystyczny.

Tabela 34: Wnioski patentowe w liczbach bezwzględnych oraz na 10 000 mieszkańców Dwumiasta i Euromiasta (2013–2023)

Rok	**Dwumiasto Patenty**	**Euromiasto Patenty**	**Dwumiasto Patenty/ 10 000 mieszk.**	**Euromiasto Patenty/ 10 000 mieszk.**
2013	34	4	4,54	1,15
2014	35	1	4,69	0,29
2015	27	5	3,60	1,45
2016	32	4	4,27	1,17
2017	31	3	4,13	0,88
2018	26	5	3,48	1,49
2019	23	10	3,09	2,99
2020	20	15	2,72	4,57
2021	16	7	2,19	2,17
2022	24	10	3,22	3,11
01.10.2023	24	1	-	-

Źródło: Obliczenia własne według DPMA Register oraz UPRP[345]

O ile w sumie wzrost w obszarze B+R w powiecie Sprewa-Nysa oraz wzrost liczby patentów nie są specjalnie imponujące, to stanowią jednak znacznie bardziej pozytywną tendencję niż negatywny rozwój sytuacji we Frankfurcie i Dwumieście. Również pod tym względem innowacyjność w Euromieście należy więc ocenić wyżej niż w Dwumieście.

7.2.1.2 *Przedsiębiorczość*

Rzut oka na liczbę podmiotów prawnych i przedsiębiorstw indywidualnych pokazuje, że od lat zmniejsza się ona zarówno w Dwumieście, jak i w Euromieście.

345 Deutsches Patent- und Markenamt (2023): DPMAregister; Urząd Patentowy Rzeczpospolitej Polskiej (2023).

Tabela 35: Liczba podmiotów prawnych i przedsiębiorstw indywidualnych w Dwumieście i Euromieście w ujęciu porównawczym

Rok	Dwumiasto	Euromiasto	Dwumiasto Przedsiębiorstwa na 100 mieszk.	Euromiasto Przedsiębiorstwa na 100 mieszk.
2013	3959	2140	5,3	6,2
2014	3955	2126	5,3	6,2
2015	3881	2100	5,2	6,1
2016	3831	2076	5,1	6,1
2017	3822	2048	5,1	6,0
2018	3851	2095	5,2	6,2
2019	3904	2177	5,2	6,5
2020	3889	5717	5,3	17,4
2021	3922	5739	5,4	17,8
2022	2014	1715	2,7	5,3

Źródło: Zestawienie własne według Amt für Statistik Berlin-Brandenburg i BDL (GUS)[346]

Jednocześnie w obu miastach spada również od lat liczba przypadków nowo rejestrowanej działalności gospodarczej, jak pokazuje Tabela 36.

Tabela 36: Rejestrowanie działalności gospodarczej (zakładanie nowych firm) w Dwumieście i Euromieście w ujęciu porównawczym

Rok	Dwumiasto	Euromiasto	Zakładanie nowych firm na 1000 mieszk. (Dwumiasto)	Zakładanie nowych firm na 1000 mieszk. (Euromiasto)
2013	686	348	9,2	10,0
2014	589	323	7,9	9,4
2015	520	328	6,9	9,5
2016	477	335	6,4	9,8
2017	495	335	6,6	9,9

346 Amt für Statistik Berlin-Brandenburg (2020): StatIS-BBB; Główny Urząd Statystyczny (2023a): Bank Danych Lokalnych.

2018	558	332	7,5	9,9
2019	487	308	6,5	9,2
2020	513	245	7,0	7,5
2021	469	269	6,4	8,3
2022	214	175	2,9	5,4

Źródło: Ujęcie własne według StatIS-BBB i BDL (GUS)[347]

Ponieważ zarówno w Dwumieście, jak i w Euromieście przedsiębiorczość przeżywa od lat regres, to w niniejszym porównaniu nie można ocenić żadnego z obu miast bardziej pozytywnie niż drugiego.

7.2.1.3 *Produktywność*

Porównanie produktywności między Frankfurtem nad Odrą a powiatem Sprewa-Nysa w latach 2013–2021 wykazuje ciekawą tendencję.

Tabela 37: PKB na osobę pracującą w EUR w ujęciu porównawczym (2013–2021)

Rok	Niemcy	Brandenburgia	Frankfurt nad Odrą	Sprewa-Nysa
2013	66 384	55 913	49 696	78 395
2014	68 524	58 824	50 775	78 484
2015	70 177	60 190	53 745	77 451
2016	71 797	61 381	54 042	80 603
2017	73 832	63 401	55 542	85 994
2018	75 011	64 635	56 568	90 425
2019	76 711	67 243	58 499	92 080
2020	75 819	67 442	59 922	92 266
2021	80 074	71 125	61 541	104 529

Źródło: Zestawienie własne według RDB[348]

347 Amt für Statistik Berlin-Brandenburg (2023b): StatIS-BBB; Główny Urząd Statystyczny (2023a): Bank Danych Lokalnych.

348 Statistische Ämter des Bundes und der Länder (2023d): Regionaldatenbank Deutschland. Tabelle: 82111-01-05-4.

Po obu stronach PKB na osobę pracującą w minionych latach stale wzrastał. O ile jednak Frankfurt nad Odrą lokował się przy tym przez cały czas poniżej średniej dla landu i dla całych Niemiec, o tyle powiat Sprewa-Nysa znacznie ją przekraczał. Jeśli przełożyć to na Euromiasto, oznacza to prawdopodobnie, że Euromiasto cechuje się obecnie wyższą produktywnością niż Dwumiasto.

7.2.1.4 *Elastyczność rynku pracy*

Z porównania stopy bezrobocia jako wskaźnika elastyczności rynku pracy wynika, że jest ona wyższa po stronie niemieckiej obu miast, por. Tabela 38.

Tabela 38: Stopa bezrobocia, Dwumiasto i Euromiasto w ujęciu porównawczym (2013–2023)

Rok	Frankfurt nad Odrą	Słubice	Sprewa-Nysa	Gubin
2013	14,3	6,6	10,4	14,9
2014	13,1	3,5	10,3	10,9
2015	11,2	2,8	9,2	10
2016	10	1,7	8,4	8,3
2017	8,9	1,4	7,4	6,4
2018	8,5	1,1	6,9	5,6
2019	7,9	1	6,3	4,9
2020	8,4	1,7	6,5	5,7
2021	7,8	1	6,1	4,4
2022	7,5	0,9	5,8	3,3
2023	8,1	-	6	-

Źródło: Zestawienie własne według BA i BDL (GUS)[349]

O ile więc po stronie niemieckiej możliwa jest pewna elastyczność, ponieważ są dostępni pracownicy, a tyle po stronie polskiej wygląda to inaczej. Zwłaszcza w odniesieniu do Słubic, gdzie stopa bezrobocia wynosi 0,9%, można wątpić, czy w razie przyciągnięcia przedsiębiorstw dostępna byłaby wystarczająca liczba pracowników. O ile niska stopa bezrobocia to zjawisko zasadniczo pozytywne, to w odniesieniu do elastyczności rynku pracy należy ją ocenić negatywnie. Płynie z tego wniosek, że Euromiasto wyprzedza Dwumiasto pod względem elastyczności rynku pracy.

349 Bundesagentur für Arbeit (2023): Statistiken. Statistiken nach Regionen; Główny Urząd Statystyczny (2023a): Bank Danych Lokalnych.

7.2.2 Smart Mobility

W tym podrozdziale zostaną porównane ze sobą czynniki Smart Mobility: skomunikowanie (między)narodowe, dostępność infrastruktury TIK oraz zrównoważone, innowacyjne i bezpieczne systemy transportu.

7.2.2.1 *Skomunikowanie (między)narodowe*

Dwumiasto posiada bardzo dobre krajowe i międzynarodowe skomunikowanie transportowe. Dobre skomunikowanie z autostradami i stosunkowo szybki dostęp do międzynarodowego lotniska w Berlinie stanowią wyraźną zaletę lokalizacyjną. Zwłaszcza przedsiębiorstwom w branży logistyki oferuje to interesujące opcje, jednak również osoby dojeżdżające mogą czerpać korzyści z dobrego skomunikowania.

Natomiast skomunikowanie transportowe Euromiasta wypada w tym porównaniu znacznie słabiej. Ze słabym skomunikowaniem z autostradami i długim dojazdem do najbliższego lotniska międzynarodowego Euromiasto wyraźnie ustępuje Dwumiastu. Nie jest dostępna również żegluga jako inny środek transportu. Złe skomunikowanie czyni Euromiasto mało atrakcyjnym dla osób dojeżdżających – i to w obu kierunkach.

Pod względem skomunikowania (między)narodowego Dwumiasto lokuje się zatem wyraźnie na pierwszym miejscu.

7.2.2.2 *Dostępność infrastruktury TIK*

O ile należy założyć, że po stronie polskiej w obu miastach przedsiębiorstwa dysponują szybkim dostępem do Internetu – ponad 96% przedsiębiorstw w województwie lubuskim miało w 2019 roku szybki dostęp do Internetu[350] – to sytuacja po stronie niemieckiej wygląda inaczej, por. Tabela 39.

Tabela 39: Dostępność stałych łączy dla przedsiębiorstw (wszystkie technologie)

Jednostka administracyjna	**Dostępność stałych łączy dla przedsiębiorstw w % według prędkości (wszystkie technologie)**						
	≥ 16 Mbit/s	**≥ 30 Mbit/s**	**≥ 50 Mbit/s**	**≥ 100 Mbit/s**	**≥ 200 Mbit/s**	**≥ 400 Mbit/s**	**≥ 1.000 Mbit/s**
Niemcy	98,93	95	94,73	90,72	80,37	70,22	67,43
Brandenburgia	98,17	93,76	93,76	88,26	68,75	49,19	46,75

350 Nowak (2020), s. 332.

Frankfurt nad Odrą	99	97,65	97,65	95,81	89,2	84,91	84,91
Guben	98,73	94,77	94,77	90,4	50,85	0	0

Źródło: Zestawienie własne według Breitbandatlas des BMDV[351]

Wyraźnie widać, że Frankfurt nad Odrą pod względem dostępności stałych łączy dla przedsiębiorstw w% według prędkości wyprzedza jeszcze Guben w przypadku każdej prędkości, obsługując przy tym również prędkości, które w Guben po prostu nie są dostępne. Pod względem dostępności infrastruktury TIK Dwumiasto lokuje się więc wyraźnie przed Euromiastem.

7.2.2.3 *Zrównoważone, innowacyjne i bezpieczne systemy transportu*

W odniesieniu do zrównoważonych, innowacyjnych i bezpiecznych systemów transportu zarówno Euromiasto, jak i Dwumiasto oferują ciekawe koncepcje, jednak chyba dopiero w przyszłości będzie można ocenić, czy udało się z powodzeniem zrealizować związane z nimi projekty.

Jeśli przyjrzeć się wskaźnikom powyższego czynnika, zobaczymy wyraźnie, że w zakresie bezpieczeństwa transportu w Euromieście notuje się mniej wypadków z udziałem ludzi. O ile w obu miastach w minionych latach statystyki utrzymywały się mniej więcej bez zmian, to ogólny poziom w Euromieście jest niższy, jak pokazuje Tabela 30.

Tabela 40: Wypadki drogowe z udziałem ludzi (WDUL) w ujęciu porównawczym

Rok	**Dwumiasto**	**Euromiasto**	**WDUL na 1000 mieszkańców (Dwumiasto)**	**WDUL na 1000 mieszkańców (Euromiasto)**
2013	176	59	2,3	1,7
2014	135	50	1,8	1,5
2015	156	35	2,1	1,0
2016	171	59	2,3	1,7
2017	160	47	2,1	1,4
2018	148	47	2,0	1,4
2019	147	47	2,0	1,4

351 Bundesministerium für Digitales und Verkehr (2023): Breitbandatlas, Stand: Ende 2022.

2020	132	47	1,8	1,4
2021	150	46	2,1	1,4
2022	168	47	2,3	1,5

Źródło: Ujęcie własne na podstawie zapytania prasowego do policji[352]

Jednocześnie elektromobilność w odniesieniu do samochodów osobowych jest w Dwumieście szerzej rozpowszechniona, por. Tabela 41.

Tabela 41: Odsetek samochodów osobowych o napędzie elektrycznym (BEV i hybryd typu plug-in) w ujęciu porównawczym

Rok	**Niemcy**	**Branden-burgia**	**Frankfurt nad Odrą**	**Guben**
01.10.2022	3,26	2,14	1,6	1,0
01.01.2023	3,85	2,53	1,9	1,2
01.04.2023	4,00	2,64	1,9	1,2
01.07.2023	4,20	2,75	2,0	1,3

Źródło: Zestawienie własne według KBA[353]

Uwzględniając powyższe wskaźniki oraz ogólne projekty obu miast w zakresie tego czynnika można uznać, że zapanowała równowaga. Żadne z miast nie ma w tej mierze wyraźnej przewagi nad drugim.

7.2.3 Podsumowanie

W dziedzinie Smart Economy Dwumiasto nie może w porównaniu z Euromiastem przekonać w odniesieniu do żadnego z czterech czynników. W odniesieniu do innowacyjności widoczny jest nawet silny trend negatywny. Także przedsiębiorczość zmniejsza się od lat. W zakresie produktywności Dwumiasto plasuje się niezmiennie za Euromiastem. Pod względem elastyczności rynku pracy problem stanowi przede wszystkim pełne zatrudnienie po polskiej stronie Dwumiasta.

W dziedzinie Smart Economy Euromiasto może natomiast punktować pod względem innowacyjności i produktywności oraz elastyczności rynku pracy.

352 Polizeipräsidium Land Brandenburg, Polizeidirektion Ost, Pressestelle (2023); Polizeipräsidium Land Brandenburg, Polizeidirektion Süd, Pressestelle (2023).
353 Kraftfahrt-Bundesamt (2023b): Bestand an Personenkraftwagen mit Elektro-Antrieb.

Również tu jednak przedsiębiorczość przeżywa stały regres. W sumie jednak Euromiasto góruje nad Dwumiastem pod względem Smart Economy.

W odniesieniu do Smart Mobility sprawa wygląda inaczej. Dwumiasto jest tu wyraźnym zwycięzcą pod względem skomunikowania (między)narodowego oraz dostępności infrastruktury TIK. Jedynie w dziedzinie „zrównoważone, innowacyjne i bezpieczne systemy transportu" można mówić o równowadze między Dwumiastem a Euromiastem.

W sumie nie ma wyraźnego zwycięzcy. Jeśli więc oprzeć się tylko na ocenie na podstawie wyróżników Smart City w postaci Smart Economy i Smart Mobility, to ani Dwumiasto, ani Euromiasto nie byłoby centrum gospodarczym pogranicza Brandenburgii i województwa lubuskiego. W odniesieniu do Dwumiasta nie byłoby to trafne nawet z uwzględnieniem tego, że ma ono więcej mieszkańców.

W kolejnym podrozdziale nastąpi analiza, w jakim stopniu eksperci w jednym z obu miast odpowiedzieli jednoznacznie na pytanie, które z obu miast stanowi centrum gospodarcze pogranicza Brandenburgii i województwa lubuskiego.

7.3 Wywiady z ekspertami

Odmienne systemy, normy i standardy prawne, zwłaszcza brak odrębnego statusu prawnego dwumiast, utrudniają zdaniem ekspertów współpracę transgraniczną. Mówiono o barierze językowej, która utrudnia kooperację na wszystkich poziomach, i o problemach na rynku pracy. Stwierdzony niedobór pracowników i wykwalifikowanej siły roboczej nie ogranicza się jednak do poszczególnych miast, lecz jest obecnie problemem ponadregionalnym. W związku z barierą językową wskazywano również na asymetrie, które niekiedy wywołują po stronie polskiej wrażenie, że nie istnieje partnerstwo na równych zasadach. Wszyscy ankietowani wskazywali ponadto na znaczenie uzbrojonych terenów do działalności przemysłowej i biznesowej oraz na ich niedobór. W sumie w odniesieniu do obu miast poruszano te same problemy. W obliczu tego faktu nasuwa się pytanie, dlaczego nie ma intensywniejszych kontaktów między obu miastami, gdyż jednemu samorządowi nader trudno się samemu uporać z większymi wyzwaniami. Wymiana doświadczeń, ewentualna współpraca i tworzenie sieci mogą zrodzić efekty synergii.

Analiza wywiadów z ekspertami wykazuje, że także oni nie identyfikują ani Dwumiasta, ani Euromiasta jako gospodarczego centrum pogranicza Brandenburgii i województwa lubuskiego. Potwierdza to również rezultaty porównania wyróżników Smart City w postaci Smart Economy i Smart Mobility dla obu miast. Chociaż Dwumiasto ma wyższą liczbę mieszkańców niż Euromiasto, nie wystarczy to do wyeliminowania licznych, widocznych jeszcze obecnie niedoborów. W efekcie Dwumiasto Frankfurt nad Odrą – Słubice nie jest więc centrum gospodarczym pogranicza Brandenburgii i województwa lubuskiego. Taki status Dwumiasta pozostaje zatem na razie wizją i w tej chwili nie odpowiada rzeczywistości.

7.4 Wnioski

Porównanie obu miast pokazuje, że na granicy polsko-niemieckiej w Brandenburgii/Lubuskiem ani Dwumiasto, ani Euromiasto nie stanowi centrum gospodarczego. Dwumiasto Frankfurt nad Odrą – Słubice, liczące łącznie blisko 80 000 mieszkańców, ma jednak potencjał, pozwalający mu przeobrazić się w takie centrum. Frankfurt nad Odrą jako lokalizacja może przy tym nawiązać do doświadczeń sprzed przełomu w roku 1989 i potem. Ostatnia koncepcja gospodarcza miasta pochodzi z roku 2015[354]. Miasto Frankfurt nad Odrą pilnie potrzebuje więc nowej koncepcji gospodarczej, aby dzięki strategicznym i pragmatycznym działaniom reagować na skutki ogromnych zmian strukturalnych. Potrzeba do tego wyznaczenia nowych celów rozwojowych i działań ukierunkowanych na ich osiągnięcie – z zastosowaniem krytycznej oceny i analitycznego przewidywania, a także z uwzględnieniem bieżącej sytuacji gospodarczej w mieście. Ważne jest przy tym zwłaszcza następujące pytanie: jakie branże przyszłości należy w średniej i dłuższej perspektywie przyciągać do tej lokalizacji i chronić? Z wywiadów z ekspertami i analiz wynika, że Frankfurt nad Odrą ma potencjał na przykład w przemyśle półprzewodników i badaniach nad półprzewodnikami. W tym celu instytucje wspierające gospodarkę muszą myśleć w szerszym wymiarze i w sposób sieciowy, podobnie jak to praktykowano kiedyś w przypadku fabryki mikroprocesorów i zakładów produkcji paneli słonecznych. Frankfurt nad Odrą musi ponadto rozwijać klastry i wykorzystywać w ten sposób swoje potencjały jako lokalizacja przemysłu. Chociaż Intel i TSMC budują swoje fabryki mikroprocesorów w Magdeburgu i Dreźnie, to zakłady zaopatrujące mogłyby powstać również we Frankfurcie nad Odrą. Jeden z dokumentów strategicznych UE wskazuje na tę potrzebę[355]. Miasto musi mieć jednak strategię, a także chęć partycypacji. Mając to na uwadze, uchwalony w 2019 roku Słubicko-Frankfurcki Plan Działania na lata 2020–2030 należy zrewidować pod kątem wspólnych realistycznych celów[356]. Powinien on się skupić na rozwoju lokalizacji gospodarczej Frankfurt nad

354 Stadtverwaltung Frankfurt (Oder) (2008): Wirtschaftskonzept Frankfurt (Oder) 2015.
355 Mantel, Mark (2020): IPCEI Mikroelektronik: EU-Halbleiterfertigung für mehr als 100 Milliarden Euro, *heise online*, 08.12.2020.
356 Stadtverwaltung Frankfurt (Oder) (2019): Frankfurt-Slubicer Handlungsplan 2020–2030.

Odrą–Słubice. Celem powinien być wspólna promocja lokalizacji gospodarczej Frankfurt nad Odrą–Słubice.

Euromiasto Guben–Gubin, liczące w sumie blisko 35 000 mieszkańców, przeobraża się w coraz większym stopniu w dynamiczny ośrodek gospodarki na granicy polsko-niemieckiej. Wspólne, oparte na merytorycznych kompetencjach poczynania obu burmistrzów – Guben i Gubina – robią wrażenie na przedsiębiorcach. Od kilku lat oba urzędy miasta zabiegają o wspólne wspieranie ośrodka gospodarczego Guben–Gubin i promowanie tej wspólnej lokalizacji w całej Europie. W obszarze wspólnego wspierania gospodarki w Euromieście Guben–Gubin brakuje jednak obecnie wspólnej formalnej struktury umożliwiającej działania transgraniczne. Po stronie niemieckiej Euromiasta doniosłą rolę odgrywa park przemysłowy z jego przemysłem tworzyw sztucznych i chemicznym, park biznesowy z dużym przedsiębiorstwem przemysłu spożywczego – a po obu stronach małe i średnie przedsiębiorstwa, zarówno z sektora produkcyjnego, jak i usługowego. W Gubinie w specjalnej strefie ekonomicznej zainwestowała Tekra sp. z o.o. – duże przedsiębiorstwo z branży stalowej. Po obu stronach Nysy dostępne są różnej wielkości tereny do działalności biznesowej i przemysłowej z dobrymi możliwościami wsparcia i warunkami odpowiadającymi potrzebom[357]. Dwa przedsiębiorstwa – kanadyjskie Rock Tech Lithium (inwestycja 650 mln euro) i producent Bifi Jack Link's z USA (inwestycja 50 mln euro) planują duże inwestycje w Guben[358]. W następstwie tych inwestycji zaczyna teraz brakować powierzchni dla innych inwestorów. Tworzenie kolejnych terenów do działalności przemysłowej stanowi więc obecnie największe wyzwanie.

Za główny problem transgranicznej współpracy gospodarczej uważa się w obu dwumiastach odmienne systemy i standardy prawne, które utrudniają zarządzanie wspólnymi projektami. Jednocześnie na szczeblu politycznym w obu krajach nie jest uznawany status dwumiasta. Przed tymi problemami stoją wszyscy aktorzy. Dwumiasta Frankfurt nad Odrą–Słubice i Guben–Gubin reagują na nie różnymi podejściami. Odpowiedzią na te problemy może być stworzenie EUWT wzdłuż całej granicy polsko-niemieckiej dla regionów poszczególnych dwumiast, aby ułatwić w ten sposób współpracę transgraniczną oraz wspierać odnośne władze regionalne i lokalne. EUWT ułatwia partnerom realizowanie wspólnych projektów, wymianę wiedzy fachowej i poprawę koordynacji planowania przestrzennego[359]. Skutkami odmiennego ustawodawstwa w regionach

357 Stadt Guben (2020): Integriertes Stadtentwicklungskonzept (INSEK).

358 „Unternehmen Rock Tech beginnt mit Bau seiner Lithiumfabrik in Guben", *rbb24.de*; Informationsportal industrieller Lebensmittelverarbeitung, Food & Beverage (2022): 50 Millionen Euro Investition. Baustart für Bifi-Produktionswerk in Guben.

359 Europäisches Parlament: Kurzdarstellungen zur Europäischen Union. Europäische Verbünde für territoriale Zusammenarbeit (EVTZ).

przygranicznych powinien zająć się intensywniej Wydział Prawa Uniwersytetu Europejskiego Viadrina i wypracować specjalne modele rozwiązań. Odciążyłoby to samorządy. W przypadku elektrycznych hulajnóg, którym nie wolno przejeżdżać przez mosty graniczne, widzimy, że granica istnieje, chociaż nie postrzegamy jej już jako takiej. Konieczne są więc regulacje specjalne, ograniczone do samorządów w euroregionach, co z kolei wzmocniłoby euroregiony. Uzasadnione byłoby stworzenie forum, w ramach którego burmistrzowie polsko-niemieckich miast przygranicznych spotykaliby się regularnie i wymieniali doświadczeniami.

Całe pokolenie zajęła Niemcom i Polakom przemiana świadomości w postrzeganiu gospodarki drugiej strony. Dla Polski Niemcy były niedościgłym wzorcem racjonalności ekonomicznej, porządku i zorganizowania. Przeciętny Niemiec natomiast uważał zacofanie za Odrą za kwintesencję „polnische Wirtschaft". Mimo różnic politycznych na szczeblu ogólnokrajowym współpraca gospodarcza między Niemcami a Polską, zwłaszcza na pograniczu, przypuszczalnie nigdy nie była lepsza niż dziś[360]. W obecnej fazie przeszkodą w rozszerzaniu kooperacji gospodarczej w polsko-niemieckich miastach granicznych jest jednak brak współpracy i generalnie komunikacja. Dominuje konkurencja zamiast kooperacji. Często brakuje pragmatycznego działania. Ponadto współpraca ma przeważnie jeszcze jednostronny charakter: Polacy postrzegają się raczej jako pracownicy w Niemczech, Niemcy natomiast prawie zupełnie nie jako pracownicy w Polsce. Utrudniona jest również kooperacja przedsiębiorstw, a to za sprawą odmiennego poziomu wsparcia w obu krajach. Przedsiębiorstwa niemieckie mogą korzystać z większych możliwości wsparcia niż polskie. Idealnie by było, gdyby dwumiasta Frankfurt nad Odrą – Słubice i Guben – Gubin zawarły regionalny sojusz, dążący do wspólnych celów w polityce gospodarczej. Mogłaby do nich należeć – przy wsparciu ze strony polityków krajowych i UE – regionalna lokalizacja sektora zaawansowanych technologii po obu stronach Odry z podobnym poziomem wynagrodzeń i standardem życia. Można by na przykład wspólnie zainicjować duży projekt, który ze względu na swoją skalę miałby również wymiar polityczny, na przykład przyciągnięcie koncernu technologicznego z branży mikroelektroniki lub regionalnego projektu infrastrukturalnego. Takie ambitne przedsięwzięcia generowałyby ponadto nowe kompetencje, wiedzę i wspólne interesy.

Temat języka jako bariery odgrywa dużą rolę w obu dwumiastach. Z jednej strony jako języka obcego, z drugiej zaś jako wspólnego języka w projektach. Jeśli ludzie pracują w języku, którego nie znają perfekcyjnie, utrudnia to wymianę wiedzy między przedsiębiorstwami a administracją. Odmienny poziom znajomości języka prowadzi wreszcie również do nierównowagi władzy we współpracy.

360 Płóciennik, Sebastian (2020): Analyse: Besser geht's nicht? Die deutsch-polnischen Wirtschaftsbeziehungen nach 1990.

Angielski pozwala wprawdzie się porozumiewać, ale dopiero nauczenie się języka ojczystego partnera pozwala się rzeczywiście rozumieć. Różnice kulturowe i odmienne poziomy znajomości języka mogą się negatywnie przekładać na współpracę między przedsiębiorcami i pracownikami. Aktorzy wtedy generalnie mniej sobie ufają, oceniają motywację drugiej strony mniej pozytywnie i mniej się ze sobą komunikują. Prowadzi to do nieporozumień, a niekiedy nawet wyklucza pewne osoby. W Guben i Gubinie obaj burmistrzowie mówią po niemiecku. Nie potrzebują tłumacza. We Frankfurcie nad Odrą i Słubicach jest to bardziej problematyczne. Rozmowy są tłumaczone z reguły przez pracowników polsko-niemieckiego centrum kooperacji. Zasadniczo powinno być tak, że we wszystkich szkołach podstawowych na pograniczu należy przynajmniej zaoferować możliwość nauczenia się języka sąsiadów.

Temat mobilności jest postrzegany zwłaszcza w Dwumieście Frankfurt nad Odrą – Słubice jako wyzwanie na przyszłość. W porównaniu z Guben – Gubinem Frankfurt nad Odrą – Słubice dysponują bezpośrednim połączeniem z Autostradą Federalną A 12 jako częścią Trasy Europejskiej 30 oraz z siecią kolejową w kierunku Berlina i Warszawy. Autostrada Federalna A 15 jest oddalona od Guben – Gubina o 34 kilometry. Czas podróży pociągiem do Berlina jest w porównaniu z Frankfurtem nad Odrą mniej więcej dwa razy dłuższy. W lokalizacji Frankfurt nad Odrą możliwości połączeń z siecią kolejową oraz ruchu samochodów ciężarowych na Autostradzie Federalnej A 12 są w pełni wykorzystane. Do poprawy tej sytuacji potrzeba energicznych wysiłków. Regiony przygraniczne nie chcą bowiem już być przeciążonymi stacjami tranzytowymi transportu transgranicznego. Frankfurt nad Odrą domaga się zatem również korzyści ekonomicznej ze swojego położenia przy dużym europejskim korytarzu transportowym. Należy do tego przekształcenie A 12 w autostradę sześciopasmową po stronie niemieckiej i polskiej oraz zwiększenie liczby codziennych regularnych połączeń kolejowych do Warszawy, Poznania, Rzepina i Zielonej Góry, ale również do Gdańska i Szczecina. Euromiasto Guben – Gubin planuje doprowadzić do stworzenia regularnego połączenia kolejowego z Poznania przez Zieloną Górę, Guben/Gubin, Cottbus do Lipska. Ze Słubic i Frankfurtu nad Odrą można bezpośrednio dojechać Flixbusem do ponad 30 miast w Europie[361]. Brandenburski Uniwersytet Techniczny Cottbus-Senftenberg (BTU) i Uniwersytet im. Adama Mickiewicza w Poznaniu – przy wsparciu izb przemysłowo-handlowych i rzemieślniczych – powinny wspólnie wypracować wizję polityki transportowej dla polsko-niemieckiego pogranicza na rok 2040. W ten sposób oba miasta mogłyby na podstawie naukowej komunikować swoje postulaty światowi polityki.

361 Westermann, Jacqueline (2022a): Reisen mit Flixbus. Fernbus fährt aus Frankfurt (Oder) und Słubice zu mehr als 30 Zielen, *moz.de*, 10.06.2022.

Dostępność wykwalifikowanych pracowników odgrywa w obu dwumiastach doniosłą rolę w dalszym rozwoju lokalizacji gospodarczej i przyciąganiu przedsiębiorstw. Eksperci we Frankfurcie nad Odrą uskarżają się zarówno na niedobór wykwalifikowanej siły roboczej, jak i brak siły roboczej do zwykłych prac. Szczególnie brakuje jednak wysoko wykwalifikowanych specjalistów. Do wzrostu liczby miejsc pracy dochodziło w minionych latach przede wszystkim w sektorze niskich wynagrodzeń. W Guben brakuje obecnie również zwykłych robotników fabrycznych i zaznacza się niedobór wykwalifikowanej siły roboczej. Oba dwumiasta stoją przed wyzwaniem, polegającym na wzmożeniu działań na rzecz kształcenia zawodowego nakierowanego na gospodarkę. W celu zapewnienia w przyszłości wykwalifikowanej siły roboczej należy połączyć efektywne, ukierunkowane na przemysł możliwości edukacyjne i szkoleniowe w sieć złożoną z przedsiębiorstw, izb, Agencji Pracy oraz podmiotów prowadzących placówki edukacji i kształcenia zawodowego. Oba dwumiasta mogłyby połączyć swoje zasoby w dziedzinie kształcenia i doskonalenia zawodowego z polskimi partnerami, aby zapewnić dostosowane do potrzeb kształcenie zawodowe w tych lokalizacjach, oraz tworzyć nowe oferty, takie jak technikum.

Dla wzmocnienia lokalizacji gospodarczej obu dwumiast i całego rozwoju regionalnego kluczowe znaczenie ma potencjał innowacji. Oba dwumiasta dysponują stosunkowo niewielkim potencjałem naukowym, zwłaszcza Guben – Gubin. We Frankfurcie nad Odrą i Słubicach skupia się on głównie w Uniwersytecie Europejskim Viadrina, Collegium Polonicum oraz Instytucie Innowacyjnej Mikroelektroniki IHP, które jeszcze w zbyt znikomym stopniu promieniują na region. Należy zwłaszcza rozbudować bazę naukową we Frankfurcie nad Odrą. Należy pozyskać kolejne zasoby badawcze. Gotowość do innowacji w istniejących przedsiębiorstwach powinna zostać wzmocniona. Ponieważ obecnie nie wchodzi w grę rozszerzenie Uniwersytetu Europejskiego o wydział techniczny lub inny, należy w ukierunkowany sposób intensyfikować uczelnianą kooperację z BTU Cottbus-Senftenberg. Efektywnie wspierałoby to transfer wiedzy i technologii, a tym samym relacje współpracy między badaniami uniwersyteckimi a przedsiębiorstwami. Uniwersytet im. Adama Mickiewicza w Poznaniu powinien być integralną częścią tego zespołu.

Potencjały kultury, szczególnie we Frankfurcie nad Odrą, trzeba objąć transgraniczną promocją. Celem powinno być przyciąganie międzynarodowych turystów dzięki transgranicznej współpracy w marketingu turystycznym. Marketing turystyczny Dwumiasta Frankfurt nad Odrą – Słubice powinien odbywać się z większą siłą również w regionie metropolitalnym Berlin/Brandenburgia. Celem jest turystyka tematyczna w obrębie kraju. Ponieważ cele turystyczne i w jednym, i w drugim dwumieście nie wystarczają do kilkudniowego pobytu, należy tworzyć oferty podróży do obu dwumiast. W gastronomii i hotelarstwie istnieje w obu dwumiastach potrzeba podwyższenia standardów jakości.

Celem wspierania gospodarki na szczeblu lokalnym jest rozwijanie szczególnych potencjałów w perspektywie strategicznej w celu zapewnienia konkurencyjności lokalizacji Frankfurt nad Odrą i Guben. Aby tak się stało, konieczne jest postrzeganie szans rozwojowych i warunków inwestycji dla przedsiębiorstw jeszcze uważniej niż dotychczas w kontekście regionalnym, krajowym i międzynarodowym. Żeby zrealizować to zamierzenie, trzeba umożliwić instytucjom wspierania gospodarki – przede wszystkim przez powierzanie im zadań w zakresie rozwoju infrastruktury, zarządzania terenami do działalności biznesowej i wspomagania miejscowych przedsiębiorstw – łączenie aktorów w danej lokalizacji w sieci, ich informowanie i motywowanie. Ramowe warunki wspierania gospodarki są w obu lokalizacjach podobne. Samorządowe instytucje wspierania gospodarki należy włączać do podejmowania decyzji dotyczących polityki strukturalnej; we Frankfurcie nad Odrą są one rozproszone, a w Guben skoncentrowane. Potrzeba działania istnieje zwłaszcza we Frankfurcie nad Odrą. Sprawdziła się tu organizacja zintegrowanego wspierania gospodarki jako połączenie urzędu miejskiego (jako koordynatora) ze spółkami należącymi do sektora prywatnego i izbami. Miejskie wspieranie gospodarki we Frankfurcie nad Odrą ma jednak charakter zdecentralizowany i obejmuje ICOB, BIC, TeGeCe oraz wydział wspierania gospodarki w urzędzie miasta. Dotychczasowe uzgodnione zworniki nie są już w stanie sprostać wyzwaniom i zapewnić efektywnego działania. We Frankfurcie nad Odrą powstaje na przykład stosunkowo wiele nowych firm. Brakuje jednak struktur potrzebnych do ich dalszego rozwoju. Dlatego konieczne jest skoncentrowanie w Regionalnym Centrum Wzrostu Frankfurt nad Odrą – Eisenhüttenstadt wspierania gospodarki w zakresie przyciągania inwestycji, wspomagania istniejących przedsiębiorstw i zakładania nowych firm we Frankfurcie nad Odrą[362]. Powstająca na Viadrinie przestrzeń coworkingowa nadaje się zaś m.in. do łączenia promocji i doradztwa dla firm zakładanych w regionie, tak jak to się dzieje w BIC. Uniwersyteccy twórcy nowych firm i miejscy przedsiębiorcy nawiązywaliby w ten sposób sieciową współpracę na zasadzie wzajemnych korzyści[363].

Miękkie czynniki lokalizacji wpływają na twarde decyzje gospodarcze. Nie można ich włączyć do kalkulacji kosztów przedsiębiorstwa, są często postrzegane subiektywnie, ale odgrywają coraz większą rolę w wyborze lokalizacji. Należą do nich między innymi oferta kulturalna, możliwości zakupów, ceny wynajmu oraz możliwości zakwaterowania, położenie, możliwości spędzania wolnego czasu,

362 Stadtverwaltung Frankfurt (Oder) (2008): Wirtschaftskonzept Frankfurt (Oder) 2015.

363 Pekel, Selim (2023): Uni Frankfurt (Oder). Umbau schreitet voran – wann der Coworking Space der Viadrina fertig wird, *moz.de*, vom 18.04.2023.

opieka zdrowotna, transport publiczny i oferta edukacyjna. To wszystko może być czynnikiem decydującym w rekrutacji wysoko wykwalifikowanych pracowników. W obu dwumiastach ankietowani widzą stosunkowo dużą potrzebę poprawy sytuacji w odniesieniu do wszystkich miękkich czynników lokalizacji. Dotyczy to zwłaszcza opieki zdrowotnej i oferty kulturalnej (Guben) oraz możliwości zakwaterowania i zakupów (w równym stopniu w obu dwumiastach). Kolejnym potencjalnym czynnikiem lokalizacji jest wizerunek miasta lub regionu, na który ma często decydujący wpływ tradycja danego miasta lub regionu. W średniej perspektywie jest nader możliwe, że wizerunek postrzegany przez inwestorów będzie się różnił od faktów ekonomicznych. Guben czerpie obecnie korzyści z dynamicznego rozwoju gospodarczego, który determinuje prestiż lokalizacji Euromiasta Guben – Gubin. Inwestycje międzynarodowych przedsiębiorstw mają siłę oddziaływania w skali krajowej i międzynarodowej. Wzloty i upadki rozwoju gospodarczego we Frankfurcie nad Odrą w minionych 33 latach, a zwłaszcza brak istotnych inwestycji zewnętrznych w minionych dziesięciu latach odciskają piętno na wizerunku miasta i przyczyniają się obecnej fazie do pogorszenia warunków lokalizacji. Aby poprawić prestiż Dwumiasta Frankfurt nad Odrą – Słubice jako lokalizacji, trzeba wykorzystać jego ponadprzeciętny potencjał lokalizacyjny (według Prognos miejsce 73) dla inwestycji (miejsce 392)[364].

Kultura jest miękkim czynnikiem lokalizacji, którego waga wyraźnie wzrasta. Podstawowe zabezpieczenie kultury i jej zdolność do rozwoju mają zasadnicze znaczenie dla konkurencyjności lokalizacji Frankfurt nad Odrą – Słubice i Guben – Gubin. Zwłaszcza Dwumiasto Frankfurt nad Odrą – Słubice przeobraziło się od 1989 roku w kulturalno-naukowe centrum regionu przygranicznego w Brandenburgii. Przyczyniają się do tego między innymi Uniwersytet Europejski Viadrina, Collegium Polonicum, IHP, Kleist Forum (jako największe miejsce imprez kulturalnych w Brandenburgii), Brandenburska Orkiestra Państwowa we Frankfurcie nad Odrą, Muzeum Kleista i Brandenburskie Krajowe Muzeum Sztuki Nowoczesnej oraz liczne ogólnokrajowe festiwale takie jak Dni Kleista i festiwal pieśni transVOCALE. Ten miękki czynnik lokalizacji sprawia, że Frankfurt nad Odrą – Słubice są atrakcyjne w konkurencji krajowej i międzynarodowej, chociaż kwantyfikacja jest trudna. Awans do rangi kulturalno-naukowego centrum regionu przygranicznego w Brandenburgii jest jednak już sam w sobie znaczącym czynnikiem lokalizacji, z którego można korzystać zwłaszcza przy przyciąganiu inwestycji. Czynnik ten jest jednak zarazem również fundamentem zabezpieczenia i rozwijania całej jakości lokalizacji. Instytucje kulturalne, naukowe i uczelnie mogą ponadto na tej podstawie same kreować działania służące swojemu dalszemu profilowaniu oraz pozyskiwaniu odbiorców, specjalistów i studentów.

364 Freitag / Schenten / Mayimona (2023).

Trzy wydziały Viadriny mają w samej lokalizacji warunki odpowiednie do tego, żeby dzięki badaniom naukowym i zaangażowaniu w dydaktykę przyczyniać się do dawania impulsów regionalnemu i transgranicznemu rozwojowi Dwumiasta. W tej mierze da się z pewnością zrobić więcej. Największy potencjał w Dwumieście Frankfurt nad Odrą – Słubice polega na łączeniu różnorodności kulturowej z organizowaniem dużych wydarzeń. Duże wydarzenia i festiwale są potrzebne do tego, żeby popularyzować w skali ponadregionalnej Frankfurt nad Odrą i Słubice jako ośrodek kultury. Może to również odgrywać pewną rolę w rekrutacji młodych pracowników i kadry kierowniczej z zewnątrz oraz przy wybieraniu lokalizacji przez start-upy. Trzeba poprawić marketing Dwumiasta jako ośrodka kultury; zwłaszcza w Berlinie i przyległych powiatach. Należy zatem chronić i rozszerzać różnorodność, a także zwiększać siłę oddziaływania dużych projektów kulturalnych.

Mentalność cechująca niemieckie i polskie administracje oraz przedsiębiorstwa ma wpływ na realizację decyzji inwestycyjnych inwestorów zagranicznych. Jest ona odmienna w administracjach obu dwumiast. Szczególną rolę mentalność odgrywa w przygotowywaniu inwestycji. Osobista wytrwałość i oparte na sieci kontaktów zaangażowanie w pozyskiwanie potencjalnych inwestorów wydają się silniejsze w Guben – Gubinie niż we Frankfurcie nad Odrą – Słubicach. W Guben – Gubinie dominuje przemożna chęć ściągnięcia do lokalizacji nowych inwestycji po długim okresie posuchy. We Frankfurcie nad Odrą – Słubicach zdaje się brakować strategicznych koncepcji rozwiązań, a także gotowości do ryzyka. We wdrażaniu decyzji szefostwa urzędów szczeble podległe w obu dwumiastach reprezentują równy poziom. W Guben – Gubinie inwestorzy podkreślają ścisły, zwykle równoczesny kontakt z obydwoma burmistrzami. We Frankfurcie nad Odrą – Słubicach obie głowy miasta z reguły nie działały w bezpośrednim kontakcie ze sobą[365]. W procesach informacyjnych i decyzyjnych pośredniczą Investor Center Ostbrandenburg i Słubicko-Frankfurckie Centrum Kooperacji, co powoduje straty czasowe. Przede wszystkim jednak potencjalny inwestor życzy sobie zwłaszcza w fazie przygotowawczej przed podjęciem decyzji regularnego i osobistego kontaktu z szefostwem administracji. Mniejsze i skoncentrowane struktury wspierania gospodarki w Guben – Gubinie w dużym stopniu zwiększają siłę przekonywania podczas rozmów w sprawie realizacji inwestycji i sprzyjają spójnej pracy zespołowej. Przeprowadzenie przez naukowców z Viadriny analizy porównawczej odmiennych mentalności i sposobów podejścia w niemieckich i polskich urzędach w odniesieniu do inwestycji przedsiębiorstw zagranicznych mogłoby być pomocne w dalszej pracy.

365 Wybór Marzeny Słodownik na nową burmistrzynię Słubic w maju 2024 roku może w przyszłości doprowadzić do ożywienia współpracy.

W celu realizacji swoich interesów w sprawach politycznych oba dwumiasta powinny wykorzystywać lobbing polityczny jako narzędzie samorządowej polityki europejskiej. Dla Gubina korzystne jest to, że były burmistrz jako poseł na Sejm dysponuje dobrą siecią kontaktów w Warszawie. Z kolei Frankfurt nad Odrą korzystał przez osiem lat z tego, że jeden z byłych nadburmistrzów był członkiem Bundestagu. Dla miast położonych na granicy takie polityczne lobby jest szczególnie ważne. Ważną rolę odgrywają przy tym regularne kontakty z posłami do Parlamentu Europejskiego. Mogą oni na przykład zapraszać do Brukseli stażystów. Regionalne administracje, przedsiębiorstwa, izby i Viadrina mogą tam wysyłać stażystów, powierzając im określone „misje robocze", w celu zbadania na miejscu możliwości rozwiązań europejskich na pograniczu polsko-niemieckim lub nawiązania kontaktów z unijnymi ekspertami.

Międzysamorządowa współpraca dwumiast musi obejmować przyległe powiaty polskie i niemieckie. W mieście na prawach powiatu Frankfurcie nad Odrą myśli się na razie raczej w kategoriach własnych kompetencji, zamiast dążyć do wypracowywania rozwiązań z właściwymi partnerami w przyległych powiatach. Nadburmistrz Frankfurtu powiedział w 2019 roku, że to miasto na prawach powiatu aspiruje do roli stolicy wschodniej Brandenburgii. Nie było konstruktywnego odzewu z powiatów Märkisch-Oderland i Odra-Sprewa. Aspiracje i szanse realizacji należy formułować w przyszłości bardziej rzeczowo, pragmatycznie i krytycznie, zwracając większą uwagę na interesy i kompetencje. Mogłoby to się odnosić na przykład do wspólnego uzbrajania terenów do działalności biznesowej i przemysłowej. Byłoby dobrze, gdyby frankfurcki urząd myślał w szerszych perspektywach i w sposób bardziej sieciowy. Dobrym przykładem jest postępowanie urzędu miasta Gubina w związku z planowaniem połączenia kolejowego z Guben – Gubina do Zielonej Góry. Burmistrz Gubina skontaktował się ze wszystkimi burmistrzami gmin położonych przy tej trasie i uzyskał ich poparcie dla inicjatywy.

Podsumowując, należy skonstatować, że zarówno Dwumiasto, jak i Euromiasto mają bardzo duży potencjał, ale jednocześnie stoją też przed wieloma wyzwaniami. Porównanie wykazało, że żadne z obu miast nie ma tak dominującej pozycji gospodarczej w regionie, żeby można było je nazwać centrum gospodarczym. Dwumiasto posiada potencjał, żeby w przyszłości stać się takim centrum. W tym celu trzeba jednak najpierw uporać się z licznymi wyzwaniami opisanymi powyżej. Dwumiasto Frankfurt nad Odrą – Słubice jako centrum gospodarcze pogranicza Brandenburgii i województwa lubuskiego pozostaje zatem na razie wizją, która ma jednak potencjał przeobrażenia się w przyszłości w rzeczywistość.

8. Konkluzja

W ramach niniejszej analizy zbadano, czy Dwumiasto Frankfurt nad Odrą – Słubice jest centrum gospodarczym pogranicza Brandenburgii i województwa lubuskiego.

W tym celu sformułowano najpierw dwie hipotezy oraz pytanie badawcze. Następnie z uwzględnieniem twardych i miękkich czynników lokalizacji oraz modelu Smart City stworzono podstawę teoretyczną do weryfikacji pytania badawczego. W następnym etapie przeanalizowano zdefiniowane uprzednio czynniki i wskaźniki wyróżników Smart City, czyli Smart Economy i Smart Mobility w odniesieniu do Dwumiasta. Dociekania utrudniał tu przede wszystkim niedobór danych. Do analizy ściśle zgodnej z modelem Smart City brak wystarczającej ilości danych. Utrudniło to analizę szczególnie w odniesieniu do strony polskiej oraz Guben jako miasta w powiecie Sprewa-Nysa.

Analiza doprowadziła do potwierdzenia hipotezy 1 i odrzucenia hipotezy 2.

Po weryfikacji hipotez Dwumiasto Frankfurt nad Odrą – Słubice porównano z Euromiastem Guben – Gubin. W tym celu najpierw przeanalizowano Euromiasto pod kątem występowania wyróżników Smart City, czyli Smart Economy i Smart Mobility. Następnie przeprowadzono wywiady eksperckie z interesariuszami z obu miast i dokonano ich ewaluacji. W wywiadach tych pytano rozmówców o aspekty gospodarcze. Wyniki analizy Smart City oraz ewaluację wywiadów wykorzystano w dalszej części do porównania ze sobą obu miast w celu stwierdzenia, czy Dwumiasto bądź Euromiasto może aspirować do statusu gospodarczego centrum pogranicza Brandenburgii i województwa lubuskiego. Porównanie wykazało, że Euromiasto Guben – Gubin nie jest centrum gospodarczym pogranicza.

Zarazem wykazano jednak, że nie jest nim również Dwumiasto Frankfurt nad Odrą – Słubice, czyli na pytanie badawcze padła odpowiedź negatywna. Dwumiasto Frankfurt nad Odrą – Słubice jako centrum gospodarcze pogranicza Brandenburgii i województwa lubuskiego pozostaje na razie wciąż wizją, chociaż niewątpliwie może się ona stać rzeczywistością.

Jest wiele tematów, którym można by się przyjrzeć dokładniej w przyszłych projektach badawczych, opartych na niniejszej analizie. Nasuwa się przede wszystkim ponowna weryfikacja pytania badawczego po terminie zakończenia realizacji Planu Działania. Można by przy tej okazji przede wszystkim sprawdzić, czy udało się uporać z wyzwaniami opisanymi w niniejszej pracy, czy też nadal przeszkadzają one Dwumiastu w awansie do rangi centrum gospodarczego. W odniesieniu do dalszych badań potencjał ma również zastosowanie modelu Smart City do mniejszych miast. W tym wypadku pewna adaptacja tego modelu mogłaby uczynić go bardziej praktycznym dla miejscowości, w których sytuacja pod względem danych jest trudna.

9. Tezy i impulsy do dalszych badań

9.1 Pozycja regionalna Dwumiasta

- Dwumiasto Frankfurt nad Odrą – Słubice nie jest centrum gospodarczym polsko-niemieckiego pogranicza.
- Przyległe niemieckie powiaty i gminy nie akceptują aspiracji Frankfurtu nad Odrą do bycia stolicą wschodniej Brandenburgii.
- Frankfurt nad Odrą nie dysponuje potencjałem gospodarczym, pozwalającym mu zajmować wyróżniającą się pozycję regionalną.
- We współpracy transgranicznej dominują projekty kulturalne.
- Aspiracje reprezentującego orientację europejską Dwumiasta są widoczne w niewystarczającym stopniu na szczeblu krajowym, a w znikomym na szczeblu europejskim.

9.2 Gospodarcze warunki ramowe lokalizacji

- Frankfurt nad Odrą udowodnił w przeszłości, że potrafi przyjmować ambitne inwestycje przemysłowe.
- Skomunikowanie logistyczne Frankfurtu nad Odrą – Słubic jest stosunkowo dobre.
- Frankfurt nad Odrą nie posiada strategii, pozwalającej uzyskiwać za pomocą dostępnych zasobów maksymalną wartość dodaną.
- Podejście do inwestorów jest we Frankfurcie nad Odrą raczej administracyjne, a w Guben raczej nakierowane na przedsiębiorstwa.
- Dynamika rozwoju gospodarczego na pograniczu przesunęła się w kierunku Guben – Gubina.
- Potencjał badań naukowych, rozwoju i szkolnictwa wyższego ogranicza się do nielicznych renomowanych instytucji, które działają raczej w izolacji od regionu.

- Wskaźnik zakładania firm we Frankfurcie nad Odrą przewyższa przeciętną. Nowe firmy tworzą jednak niewielką wartość dodaną, są ukierunkowane na popyt regionalny i mało innowacyjne.
- Gospodarka turystyczna zyskuje na znaczeniu, brakuje jakości i zogniskowania.

9.3 Polsko-niemieckie warunki ramowe

- Odmienne systemy i standardy prawne po polskiej i niemieckiej stronie granicy są utrudnieniem dla projektów transgranicznych.
- Bariera językowa jest nadal bardzo wyraźna i przeszkadza we współpracy.
- Różnorodne kontakty osobiste i transgraniczne sieci współpracy sprzyjają pracy związanej z projektami.
- Mimo różnic politycznych w stosunkach dwustronnych utrzymywany jest poziom współpracy transgranicznej.

9.4 Rekomendacje

- Frankfurt nad Odrą potrzebuje koncepcji strategicznego ukierunkowania rozwoju gospodarczego m.in. z następującymi priorytetami:
  - realistyczna ocena warunków lokalizacyjnych według branż i rzemiosł,
  - identyfikacja szans wzrostu istniejących firm oraz w odniesieniu do nowych przedsiębiorstw,
  - poprawa wybranych warunków lokalizacyjnych w celu wzmocnienia konkurencyjności,
  - pakiet działań z INTELIGENTNYMI celami (specyficzne, mierzalne, wykonalne, realistyczne i określone w czasie), budżetem i jasnym podziałem odpowiedzialności.
- Wspieranie gospodarki trzeba rozumieć jako całościowe zadanie urzędu miasta. Wymaga ono zmiany paradygmatów.
- W Słubicko-Frankfurckim Planie Działania trzeba wyraźnie dowartościować temat gospodarki:
  - koncentracja na tym, co jest rzeczywiście wspólnie wykonalne,
  - określenie zakresu odpowiedzialności po obu stronach.

- Instytucjom naukowym trzeba przedkładać oferty projektów pasujące do regionalnego zaangażowania:
  - inicjatywa musi wychodzić od miast,
  - oferty muszą odpowiadać aspiracjom instytucji.
- Turystyka musi się skupiać na ofertach produktów o cechach wyróżniających.
- Działania, zwłaszcza Uniwersytetu Europejskiego Viadrina, w zakresie zakładania nowych firm powinny być związane z lokalizacją:
  - stworzenie stosownego otoczenia z odpowiednimi pomieszczeniami,
  - powiązanie zakładania nowych firm z miejskimi strukturami wspierania gospodarki oraz sieciami transgranicznymi.
- Współpracę z powiatami trzeba oprzeć na pragmatycznej podstawie z korzyścią dla wszystkich zainteresowanych:
  - projekty, rozwój infrastruktury, lobbing ponadregionalny itp.
- Działając wspólnie, trzeba systematyzować i wzmacniać lobbing na rzecz polsko-niemieckich lokalizacji Frankfurt nad Odrą – Słubice i Guben – Gubin w Berlinie, Warszawie i Brukseli.

Wykaz skrótów

AEBR	Stowarzyszenie Europejskich Regionów Granicznych [Association of European Border Regions]
BA	Federalna Agencja Pracy [Bundesagentur für Arbeit]
BbgKVerf	Konstytucja Samorządowa Kraju Związkowego Brandenburgia [Kommunalverfassung des Landes Brandenburg]
BDL	Bank Danych Lokalnych
BIC	Business and Innovation Centre Frankfurt (Oder) GmbH
BImSchG	Federalna Ustawa o Ochronie przed Imisją [Bundes-Immissionsschutzgesetz]
BMDV	Federalne Ministerstwo Cyfryzacji i Transportu [Bundesministerium für Digitales und Verkehr]
BMI	Federalne Ministerstwo Spraw Wewnętrznych, Budownictwa i Ojczyzny [Bundesministerium des Innern, für Bau und Heimat]
BMUV	Federalne Ministerstwo Środowiska, Ochrony Przyrody, Bezpieczeństwa Nuklearnego i Ochrony Konsumentów [Bundesministerium für Umwelt, Naturschutz, nukleare Sicherheit und Verbraucherschutz]
BMWK	Federalne Ministerstwo Gospodarki i Ochrony Klimatu [Bundesministerium für Wirtschaft und Klimaschutz]
B+R	Badania naukowe i rozwój
CRB	Code-Relations-Browser
DPMA	Deutsches Patent- und Markenamt [Niemiecki Urząd Patentowy i Znaków Towarowych]
EBI	Europejski Bank Inwestycyjny
EFOiGR	Europejski Fundusz Orientacji i Gwarancji Rolnej
EFRR	Europejski Fundusz Rozwoju Regionalnego
EFS	Europejski Fundusz Społeczny
ENS	European New School of Digital Studies
ESCM	European Smart City Model
EUV	Uniwersytet Europejski Viadrina [Europa-Universität Viadrina]
EUWT	Europejskie Ugrupowania Współpracy Terytorialnej
EWWiS	Europejska Wspólnota Węgla i Stali
FS	Dwumiasto Frankfurt nad Odrą – Słubice
GG	Euromiasto Guben – Gubin
GUS	Główny Urząd Statystyczny

GVFG	Ustawa o finansowaniu transportu w gminach [Gemeindeverkehrsfinanzierungsgesetz]
GVZ	Centrum Transportu Towarów [Güterverkehrszentrum]
HSK	Koncepcja zabezpieczenia budżetu [Haushaltssicherungskonzept]
HWK	Izba Rzemieślnicza [Handwerkskammer]
ICOB	Investor Center Ostbrandenburg
ICT	Information and communications technology
IHK	Izba Przemysłowo-Handlowa [Industrie- und Handelskammer]
IHP	Innovations for High Performance Microelectronics (Leibniz-Institut für innovative Mikroelektronik)
ILB	Bank Inwestycyjny Brandenburgii [Investitionsbank des Landes Brandenburg]
IMeG	Grupa Inicjatywna Metropolitalnych Regionów Granicznych [Initiativkreis Metropolitane Grenzregionen]
KSSSE	Kostrzyńsko-Słubicka Specjalna Strefa Ekonomiczna
MOZ	Märkische Oderzeitung
MŚP	Małe i średnie przedsiębiorstwa
MUV	Messe und Veranstaltungs GmbH
MWAE	Brandenburskie Ministerstwo Gospodarki, Pracy i Energii [Ministerium für Wirtschaft, Arbeit und Energie des Landes Brandenburg]
RDB	Regionaldatenbank Deutschland (Regionalstatistik Genesis) [Bank Danych Regionalnych Niemcy (Statystyka Regionalna Genesis)]
StatIS-BBB	Statistisches Informationssystem Berlin-Brandenburg [Statystyczny System Informacyjny Berlin-Brandenburgia]
SVF	Stadtverkehrsgesellschaft mbH Frankfurt (Oder)
TeGeCE	Technologie- und Gewerbecenter Frankfurt (Oder) GmbH
TIK	Technologia informacyjno-komunikacyjna
UPRP	Urząd Patentowy Rzeczypospolitej Polskiej
VCPU	Viadrina Center of Polish and Ukrainian Studies
WFBB	Wirtschaftsförderung Land Brandenburg GmbH
ZKA	Zukunftsatlas

Wykaz tabel

Wykaz ilustracji

Aneks: Ewaluacja wywiadów z ekspertami według pytań i tematów

Wykaz aneksów

Aneks 1: Wywiady z ekspertami: kwestionariusz do wywiadów

Zentrum für Interdisziplinäre Polenstudien

EUROPA UNIVERSITÄT VIADRINA

Centrum Interdyscyplinarnych Studiów o Polsce

Daniel Sadecki

Tel.: +(49) 172 87 94 332
euv137039@europa-uni.de

Kwestionariusz do wywiadów z ekspertami i przedstawicielami miast

1) Jakie są Pana/Pani zdaniem trzy główne problemy związane ze współpracą PL-DE w dziedzinie biznesu w Pana/Pani mieście?

2) Jakie trzy wspólne projekty współpracy transgranicznej uważa Pan/Pani za pożądane w swoim mieście?

3) Jakiego wsparcia politycznego oczekuje Pan/Pani dla dalszego rozwoju transgranicznej współpracy gospodarczej w Pana/Pani mieście? Z jakiej strony (rządowej, wojewódzkiej, unijnej itp.) powinno przyjść to wsparcie?

4) Co Pan/Pani sądzi o wypowiedzi: Pod względem inwestycyjnym miasta partnerskie konkurują ze sobą jako lokalizacje. / Czy dane miasta partnerskie (Frankfurt nad Odrą/Słubice i Guben/Gubin) konkurują ze sobą jako lokalizacja?

5) Jakie czynniki lokalizacyjne, Pana/Pani zdaniem, zadecydowały o tym, że największa fabryka litu w Europie i fabryka Bifi (fabryka kiełbasek z USA) zostały zlokalizowane w Guben/Gubinie, a nie we Frankfurcie nad Odrą/Słubicach?

6) W których (trzech) miękkich czynnikach lokalizacji dla rozwoju Dwumiasta/Euromiasta jako centrum gospodarczo-ekonomicznego polsko-niemieckiego pogranicza widzi Pan/Pani konieczność poprawy (kultura, mieszkalnictwo, transport publiczny, uniwersytety, szkoły, przedszkola, opieka medyczna (szpitale/specjaliści/lekarze rodzinni), seniorzy/domy opieki itp.)?

7) Jak ocenia Pan/Pani dostępność siły roboczej w Dwumieście/Euromieście? Jaką rolę powinno spełniać wspólne polsko-niemieckie kształcenie zawodowe? Przede wszystkim w jakich zawodach?

8) Co Pana/Pani zdaniem stanowi największą przeszkodę w rozwoju Dwumiasta/Euromiasta jako centrum gospodarczo-ekonomicznego polsko-niemieckiego pogranicza?

EUROPA-UNIVERSITÄT VIADRINA FRANKFURT (ODER)

Aneks 2: Ewaluacja wywiadów z ekspertami: pytanie 1) temat 1: administracja i prawo

	Frankfurt-Słubice	Guben-Gubin	Suma
1) Główne problemy współpracy DE-PL w sektorze gospodarczym			
administracja i prawo			
odmienne systemy, normy i standardy prawne	56,3%	69,2%	60,0%
„to nie nasz zakres kompetencji"	15,6%		11,1%
tylko mówienie, brak działań	6,3%	7,7%	6,7%
brak zrozumienia i konflikty wynikające z polityki krajowej	3,1%	15,4%	6,7%
brak odrębnego statusu dwumiast	6,3%	7,7%	6,7%
plan działania	6,3%		4,4%
braki kadrowe w administracji	3,1%		2,2%
krótkowzroczność w polityce	3,1%		2,2%
Σ SUMA	100,0%	100,0%	100,0%
# N = Dokumenty/Uczestnicy	14 (53,8%)	12 (46,2%)	26 (100,0%)

Źródło: Opracowanie własne z wykorzystaniem programu MAXQDA 2022

Aneks 3: Ewaluacja wywiadów z ekspertami: pytanie 1) temat 2: język

	Frankfurt-Słubice	Guben-Gubin	Suma
1) Główne problemy współpracy DE-PL w sektorze gospodarczym			
język			
bariera językowa	43,8%	50,0%	46,2%
w PL mówi się po niemiecku, ale polski jest w DE prawie niezn.	18,8%	50,0%	30,8%
język sąsiada nie jest obowiązkowy w szkołach	12,5%		7,7%
słaby angielski w niemieckich MŚP	6,3%		3,8%
brak polskich materiałów dydaktycznych	6,3%		3,8%
brak konkretnych celów	6,3%		3,8%
język niemiecki traci na znaczeniu w PL	6,3%		3,8%
Σ SUMA	100,0%	100,0%	100,0%
# N = Dokumenty/Uczestnicy	14 (53,8%)	12 (46,2%)	26 (100,0%)

Źródło: Opracowanie własne z wykorzystaniem programu MAXQDA 2022

Aneks 4: Ewaluacja wywiadów z ekspertami: pytanie 1) temat 3: mobilność

	Frankfurt-Słubice	Guben-Gubin	Suma
1) Główne problemy współpracy DE-PL w sektorze gospodarczym			
mobilność			
słaba infrastruktura	21,1%	100,0%	31,8%
kolej	36,8%		31,8%
transport publiczny	21,1%		18,2%
obciążenie ruchem	15,8%		13,6%
bliskość Berlina	5,3%		4,5%
Σ SUMA	100,0%	100,0%	100,0%
# N = Dokumenty/Uczestnicy	14 (53,8%)	12 (46,2%)	26 (100,0%)

Źródło: Opracowanie własne z wykorzystaniem programu MAXQDA 2022

Aneks 5: Ewaluacja wywiadów z ekspertami: pytanie 1) temat 4: słaba współpraca polsko-niemiecka

	Frankfurt-Słubice	Guben-Gubin	Suma
1) Główne problemy współpracy DE-PL w sektorze gospodarczym			
słaba współpraca polsko-niemiecka			
słaba komunikacja w obszarze biznesowym	11,1%	37,5%	23,5%
konkurencja zamiast współpracy	33,3%	12,5%	23,5%
finansowanie i promocja	11,1%	25,0%	17,6%
brak pragmatyzmu	22,2%		11,8%
brak wspólnej strategii przyciągania inwestorów	11,1%	12,5%	11,8%
jednostronna współpraca lokalnych firm	11,1%		5,9%
brak dialogu z obywatelami		12,5%	5,9%
Σ SUMA	100,0%	100,0%	100,0%
# N = Dokumenty/Uczestnicy	14 (53,8%)	12 (46,2%)	26 (100,0%)

Źródło: Opracowanie własne z wykorzystaniem programu MAXQDA 2022

Aneks 6: Ewaluacja wywiadów z ekspertami: pytanie 1) temat 5: problemy na rynku pracy

	Frankfurt-Słubice	Guben-Gubin	Suma
1) Główne problemy współpracy DE-PL w sektorze gospodarczym			
problemy na rynku pracy			
niedobór wykwalifikowanej siły roboczej	50,0%	28,6%	41,2%
niedobór siły roboczej	20,0%	42,9%	29,4%
nierównowaga Niemcy>Polska	10,0%	28,6%	17,6%
złe warunki pracy	10,0%		5,9%
sektor niskich płac, brak miejsc pracy wymagających wysokich kw	10,0%		5,9%
Σ SUMA	100,0%	100,0%	100,0%
# N = Dokumenty/Uczestnicy	14 (53,8%)	12 (46,2%)	26 (100,0%)

Źródło: Opracowanie własne z wykorzystaniem programu MAXQDA 2022

Aneks 7: Ewaluacja wywiadów z ekspertami: pytanie 2) temat 1: gospodarka

	Frankfurt-Słubice	Guben-Gubin	Suma
2) Pożądane projekty we współpracy polsko-niemieckiej			
gospodarka			
kontakty gospodarcze DE-PL	16,7%	24,0%	21,6%
transgraniczne wspieranie gospodarki	8,3%	20,0%	16,2%
wspólna strategia przyciągania inwestorów	8,3%	20,0%	16,2%
zaopatrzenie w energię	16,7%	12,0%	13,5%
uzbrajanie terenów do działalności przemysłowej i biznesowej	16,7%	4,0%	8,1%
transgraniczna strefa ekonomiczna		12,0%	8,1%
rekrutacja wykwalifikowanej siły roboczej	8,3%	8,0%	8,1%
przyciąganie firm logistycznych	16,7%		5,4%
wykorzystanie asymetrii	8,3%		2,7%
Σ SUMA	100,0%	100,0%	100,0%
# N = Dokumenty/Uczestnicy	14 (53,8%)	12 (46,2%)	26 (100,0%)

Źródło: Opracowanie własne z wykorzystaniem programu MAXQDA 2022

Aneks 8: Ewaluacja wywiadów z ekspertami: pytanie 2) temat 2: administracja i prawo

	Frankfurt-Słubice	Guben-Gubin	Suma
2) Pożądane projekty we współpracy polsko-niemieckiej			
administracja i prawo			
wspólny rozwój miasta	62,5%	16,7%	42,9%
lepsza współpraca polityczna i administracyjna	12,5%	33,3%	21,4%
partycypacja obywateli	25,0%		14,3%
wspólna koncepcja bezpieczeństwa		16,7%	7,1%
zmniejszenie obciążeń administracyjnych		16,7%	7,1%
więcej kompetencji na szczeblu samorządowym w Polsce		8,3%	3,6%
odrębny system prawny dla dwumiast		8,3%	3,6%
Σ SUMA	100,0%	100,0%	100,0%
# N = Dokumenty/Uczestnicy	14 (53,8%)	12 (46,2%)	26 (100,0%)

Źródło: Opracowanie własne z wykorzystaniem programu MAXQDA 2022

Aneks 9: Ewaluacja wywiadów z ekspertami: pytanie 2) temat 3: mobilność

	Frankfurt-Słubice	Guben-Gubin	Suma
2) Pożądane projekty we współpracy polsko-niemieckiej			
mobilność			
rozbudowa infrastruktury transportowej			
rozbudowa dróg	15,8%	50,0%	19,0%
kolej i rozbudowa sieci kolejowej	10,5%	50,0%	14,3%
parkingi	15,8%		14,3%
drugi most graniczny	15,8%		14,3%
transgraniczny transport publiczny	26,3%		23,8%
wspólny rozwój transportu	5,3%		4,8%
ściślejsza współpraca w sektorze transportu	5,3%		4,8%
rozwój połączeń z regionem	5,3%		4,8%
Σ SUMA	100,0%	100,0%	100,0%
# N = Dokumenty/Uczestnicy	14 (53,8%)	12 (46,2%)	26 (100,0%)

Źródło: Opracowanie własne z wykorzystaniem programu MAXQDA 2022

Aneks 10: Ewaluacja wywiadów z ekspertami: pytanie 2) temat 4: edukacja

	Frankfurt-Słubice	Guben-Gubin	Suma
2) Pożądane projekty we współpracy polsko-niemieckiej			
edukacja			
pokonywanie bariery językowej			
obowiązkowe kursy językowe w szkołach	50,0%	33,3%	43,8%
oferty doskonalenia umiejętności językowych	20,0%	50,0%	31,3%
edukacja dwujęzyczna od przedszkola	10,0%		6,3%
wspólne kształcenie zawodowe	10,0%		6,3%
uznawanie kwalifikacji		16,7%	6,3%
podwójne dyplomy	10,0%		6,3%
Σ SUMA	100,0%	100,0%	100,0%
# N = Dokumenty/Uczestnicy	14 (53,8%)	12 (46,2%)	26 (100,0%)

Źródło: Opracowanie własne z wykorzystaniem programu MAXQDA 2022

Aneks 11: Ewaluacja wywiadów z ekspertami: pytanie 2) temat 5.1: nauka

	Frankfurt-Słubice	Guben-Gubin	Suma
2) Pożądane projekty we współpracy polsko-niemieckiej			
nauka			
łączenie nauki i biznesu	14,3%	50,0%	27,3%
europejska transformacja	28,6%		18,2%
współpraca naukowa	14,3%	25,0%	18,2%
badania służące przezwyciężeniu problemów w regionie przygran.		25,0%	9,1%
rozszerzenie oferty studiów Viadriny o kierunki techniczne	14,3%		9,1%
odnawialne źródła energii, np. wodór	14,3%		9,1%
centrum kształcenia zawodowego dla personelu medycznego	14,3%		9,1%
Σ SUMA	100,0%	100,0%	100,0%
# N = Dokumenty/Uczestnicy	14 (53,8%)	12 (46,2%)	26 (100,0%)

Źródło: Opracowanie własne z wykorzystaniem programu MAXQDA 2022

Aneks 12: Ewaluacja wywiadów z ekspertami: pytanie 2) temat 5.2: turystyka

	Frankfurt-Słubice	Guben-Gubin	Suma
2) Pożądane projekty we współpracy polsko-niemieckiej			
turystyka			
rozbudowa szlaków turystyki pieszej i rowerowej	33,3%	37,5%	36,4%
rozwój turystyki	66,7%	12,5%	27,3%
wspólna koncepcja turystyki		25,0%	18,2%
nowy wspólny system oznakowania dróg		12,5%	9,1%
wspólny marketing		12,5%	9,1%
Σ SUMA	100,0%	100,0%	100,0%
# N = Dokumenty/Uczestnicy	14 (53,8%)	12 (46,2%)	26 (100,0%)

Źródło: Opracowanie własne z wykorzystaniem programu MAXQDA 2022

Aneks 13: Ewaluacja wywiadów z ekspertami: pytanie 4) konkurencja w łonie dwumiast

	Frankfurt-Słubice	Guben-Gubin	Suma
4) miasta jako konkurujące lokalizacje			
w obrębie dwumiast			
tak	50,0%	17,4%	34,7%
nie	50,0%	82,6%	65,3%
Σ SUMA	100,0%	100,0%	100,0%
# N = Dokumenty/Uczestnicy	14 (53,8%)	12 (46,2%)	26 (100,0%)

Źródło: Opracowanie własne z wykorzystaniem programu MAXQDA 2022

Aneks 14: Ewaluacja wywiadów z ekspertami: pytanie 4) konkurencja między dwumiastami

	Frankfurt-Słubice	Guben-Gubin	Suma
4) miasta jako konkurujące lokalizacje			
między dwumiastami			
tak	80,0%	50,0%	63,6%
nie	20,0%	50,0%	36,4%
Σ SUMA	100,0%	100,0%	100,0%
# N = Dokumenty/Uczestnicy	14 (53,8%)	12 (46,2%)	26 (100,0%)

Źródło: Opracowanie własne z wykorzystaniem programu MAXQDA 2022

Aneks 15: Ewaluacja wywiadów z ekspertami: pytanie 5) zalety Euromiasta jako lokalizacji (eksperci, bez Rock Tech i Bifi)

	Frankfurt-Słubice	Guben-Gubin	Suma
5) Czynniki lokalizacji: fabryka litu i BiFi w Guben			
zalety Euromiasta			
dobre wspieranie inwestorów			
wspólne aktywne zaangażowanie burmistrzów	25,0%	21,7%	22,6%
wspólne aktywne wspieranie gospodarki	6,3%	8,7%	8,1%
przyjazność dla inwestorów/inwest. czują, że są pod dobrą opiek	18,8%	2,2%	6,5%
dobra współpraca DE-PL		6,5%	4,8%
wsparcie ze strony administracji	6,3%	2,2%	3,2%
szybka informacja zwrotna		2,2%	1,6%
tereny do działalności przemysłowej i biznesowej			
dostępność		10,9%	8,1%
zezwolenia, np. BImSchG		6,5%	4,8%
infrastruktura	6,3%	4,3%	4,8%
połączenie kolejowe	6,3%	4,3%	4,8%
niższe ceny nieruchomości		6,5%	4,8%
Euromiasto jest lokalizacją przemysłu		2,2%	1,6%
możliwość powiększenia			
dostęp do sieci wodorowych			
rynek pracy			
większy potencjał siły roboczej	12,5%	4,3%	6,5%
brak konkurencji o siłę roboczą		4,3%	3,2%
niższe płace		2,2%	1,6%
dostępność wykwalifikowanej siły roboczej			
lepsze warunki finansowania /program rozw. strukturalnego Łużyc	6,3%	4,3%	4,8%
dobra komunikacja ze strony administracji	6,3%	2,2%	3,2%
bliskość BTU Cottbus	6,3%		1,6%
dobre połączenia transportowe		2,2%	1,6%
istnienie i wdrażanie kompleksowego planu ekonomicznego		2,2%	1,6%
Σ SUMA	100,0%	100,0%	100,0%
# N = Dokumenty/Uczestnicy	14 (58,3%)	10 (41,7%)	24 (100,0%)

Źródło: Opracowanie własne z wykorzystaniem programu MAXQDA 2022

Aneks 16: Ewaluacja wywiadów z ekspertami: pytanie 5) zalety Euromiasta jako lokalizacji według Rock Tech i Bifi

	Jack Link's BiFi	Rock Tech Lithium	Suma
5) Czynniki lokalizacji: fabryka litu i BiFi w Guben			
zalety Euromiasta			
tereny do działalności przemysłowej i biznesowej			
zezwolenia, np. BImSchG	25,0%	5,9%	12,0%
dostępność	12,5%	5,9%	8,0%
możliwość powiększenia	12,5%	5,9%	8,0%
infrastruktura		5,9%	4,0%
połączenie kolejowe		5,9%	4,0%
dostęp do sieci wodorowych		5,9%	4,0%
niższe ceny nieruchomości			
Euromiasto jest lokalizacją przemysłu			
dobre wspieranie inwestorów			
wsparcie ze strony administracji	12,5%	5,9%	8,0%
dobra współpraca DE-PL	12,5%	5,9%	8,0%
wspólne aktywne zaangażowanie burmistrzów	12,5%	5,9%	8,0%
szybka informacja zwrotna		5,9%	4,0%
przyjazność dla inwestorów/inwest. czują, że są pod dobrą opiek		5,9%	4,0%
wspólne aktywne wspieranie gospodarki			
rynek pracy			
większy potencjał siły roboczej		5,9%	4,0%
dostępność wykwalifikowanej siły roboczej		5,9%	4,0%
brak konkurencji o siłę roboczą			
niższe płace			
lepsze warunki finansowania /program rozw. strukturalnego Łużyc	12,5%	5,9%	8,0%
dobra komunikacja ze strony administracji		11,8%	8,0%
bliskość BTU Cottbus		5,9%	4,0%
dobre połączenia transportowe			
istnienie i wdrażanie kompleksowego planu ekonomicznego			
Σ SUMA	100,0%	100,0%	100,0%
# N = Dokumenty/Uczestnicy	1 (50,0%)	1 (50,0%)	2 (100,0%)

Źródło: Opracowanie własne z wykorzystaniem programu MAXQDA 2022

Aneks 17: Ewaluacja wywiadów z ekspertami: pytanie 6) temat 1: miękkie czynniki lokalizacji

	Frankfurt-Słubice	Guben-Gubin	Suma
6) Czynniki lokalizacji: konieczność poprawy			
czynniki miękkie			
edukacja	28,3%	29,6%	28,8%
opieka medyczna	21,7%	37,0%	27,4%
mieszkalnictwo	26,1%	18,5%	23,3%
jakość życia	4,3%	7,4%	5,5%
potencjał innowacyjności	8,7%		5,5%
wizerunek	4,3%		2,7%
wspólna kultura/ wspólne życie	2,2%	3,7%	2,7%
mentalność Niemców	2,2%		1,4%
odgrywają pewną rolę		3,7%	1,4%
akceptacja społeczna	2,2%		1,4%
Σ SUMA	100,0%	100,0%	100,0%
# N = Dokumenty/Uczestnicy	14 (53,8%)	12 (46,2%)	26 (100,0%)

Źródło: Opracowanie własne z wykorzystaniem programu MAXQDA 2022

Aneks 18: Ewaluacja wywiadów z ekspertami: pytanie 6) temat 2: twarde czynniki lokalizacji

	Frankfurt-Słubice	Guben-Gubin	Suma
6) Czynniki lokalizacji: konieczność poprawy			
twarde czynniki lokalizacji			
mobilność	44,4%	42,9%	44,1%
rynek pracy	29,6%	28,6%	29,4%
promocja inwestycji	7,4%		5,9%
ważniejsze niż miękkie	3,7%	14,3%	5,9%
koszty	7,4%		5,9%
brak siły nabywczej	3,7%		2,9%
promocja inwestycji nie odgrywa znaczącej roli	3,7%		2,9%
rozbudowa sieci kolejowej		14,3%	2,9%
Σ SUMA	100,0%	100,0%	100,0%
# N = Dokumenty/Uczestnicy	14 (53,8%)	12 (46,2%)	26 (100,0%)

Źródło: Opracowanie własne z wykorzystaniem programu MAXQDA 2022

Aneks 19: Ewaluacja wywiadów z ekspertami: pytanie 6) temat 3: administracja i prawo

	Frankfurt-Słubice	Guben-Gubin	Suma
6) Czynniki lokalizacji: konieczność poprawy			
administracja i prawo			
miasto jako jedność	20,0%	25,0%	23,1%
rozwiązanie europejskie dla lepszej współpracy		25,0%	15,4%
wsparcie polityczne	20,0%	12,5%	15,4%
obsługa obywateli	40,0%		15,4%
cyfryzacja w administracji	20,0%		7,7%
unikanie dublowania infrastruktury		12,5%	7,7%
współpraca w dziedzinie polityki i biznesu DE-PL		12,5%	7,7%
zmniejszenie obciążeń administracyjnych		12,5%	7,7%
Σ SUMA	100,0%	100,0%	100,0%
# N = Dokumenty/Uczestnicy	14 (53,8%)	12 (46,2%)	26 (100,0%)

Źródło: Opracowanie własne z wykorzystaniem programu MAXQDA 2022

Aneks 20: Ewaluacja wywiadów z ekspertami: pytanie 7.1) temat 1: dostępność siły roboczej

	Frankfurt-Słubice	Guben-Gubin	Suma
7.1) Dostępność siły roboczej			
siła robocza jest dostępna			
migracja	45,5%	11,8%	30,8%
motywacja	22,7%	41,2%	30,8%
osoby dojeżdżające do pracy	18,2%	11,8%	15,4%
zasadniczo tak	9,1%	5,9%	7,7%
powracający		11,8%	5,1%
restrukturyzacja na Łużycach		5,9%	2,6%
uwzględnienie okolicznych terenów		5,9%	2,6%
wysoka stopa bezrobocia na obszarach wiejskich (PL)		5,9%	2,6%
dobry współczynnik zastępowania odchodzących pracowników	4,5%		2,6%
Σ SUMA	100,0%	100,0%	100,0%
# N = Dokumenty/Uczestnicy	14 (53,8%)	12 (46,2%)	26 (100,0%)

Źródło: Opracowanie własne z wykorzystaniem programu MAXQDA 2022

Aneks 21: Ewaluacja wywiadów z ekspertami: pytanie 7.1) temat 2: niedostępność siły roboczej

	Frankfurt-Słubice	Guben-Gubin	Suma
7.1) Dostępność siły roboczej			
niedostępność siły roboczej			
niedobór siły roboczej	33,3%	25,0%	29,4%
wysokie świadczenia socjalne w DE	5,6%	6,3%	5,9%
wysoki odsetek osób długotrwale bezrobotnych	11,1%		5,9%
brak inwestycji w przeszłości		6,3%	2,9%
potrzeba informacji i uświadomienia wśród młodzieży		6,3%	2,9%
niska motywacja ze strony młodych ludzi		6,3%	2,9%
niedobór wykwalifikowanej siły roboczej	5,6%	6,3%	5,9%
rzemiosło	16,7%	12,5%	14,7%
administracja i kadra kierownicza		18,8%	8,8%
budownictwo	16,7%		8,8%
przemysł		6,3%	2,9%
technologia produkcji żywności		6,3%	2,9%
logistyka	5,6%		2,9%
zawody elektrotechniczne	5,6%		2,9%
Σ SUMA	100,0%	100,0%	100,0%
# N = Dokumenty/Uczestnicy	14 (53,8%)	12 (46,2%)	26 (100,0%)

Źródło: Opracowanie własne z wykorzystaniem programu MAXQDA 2022

Aneks 22: Ewaluacja wywiadów z ekspertami: pytanie 7.1) temat 3: problemy

	Frankfurt-Słubice	Guben-Gubin	Suma
7.1) Dostępność siły roboczej			
problemy			
odpływ pracowników	44,4%	25,0%	35,3%
zmiany demograficzne	44,4%	25,0%	35,3%
odmienna mentalność		25,0%	11,8%
niższe płace w małych miastach		12,5%	5,9%
trudności ze znalezieniem wykwalifikowanej siły roboczej w mały		12,5%	5,9%
ginięcie poszczególnych sektorów zawodowych	11,1%		5,9%
Σ SUMA	100,0%	100,0%	100,0%
# N = Dokumenty/Uczestnicy	14 (53,8%)	12 (46,2%)	26 (100,0%)

Źródło: Opracowanie własne z wykorzystaniem programu MAXQDA 2022

Aneks 23: Ewaluacja wywiadów z ekspertami: pytanie 7.2) temat 1: postulaty

	Frankfurt-Słubice	Guben-Gubin	Suma
7.2) Wspólne kształcenie zawodowe PL-DE			
postulaty			
przejście od szkolnego do dualnego kształcenia zawodowego w PL	41,7%	18,2%	26,5%
dostosowane do potrzeb lokalnych firm	16,7%	22,7%	20,6%
uznawanie kwalifikacji	8,3%	27,3%	20,6%
DE i PL na równych prawach		13,6%	8,8%
język sąsiada w szkołach	16,7%	4,5%	8,8%
współpraca ze szkołami i instytucjami edukacyjnymi	8,3%	4,5%	5,9%
wsparcie ze strony administracji		9,1%	5,9%
promowanie różnorodności	8,3%		2,9%
Σ SUMA	100,0%	100,0%	100,0%
# N = Dokumenty/Uczestnicy	14 (53,8%)	12 (46,2%)	26 (100,0%)

Źródło: Opracowanie własne z wykorzystaniem programu MAXQDA 2022

Aneks 24: Ewaluacja wywiadów z ekspertami: pytanie 7.2) temat 2: obszary kształcenia zawodowego

	Frankfurt-Słubice	Guben-Gubin	Suma
7.2) Wspólne kształcenie zawodowe PL-DE			
obszary kształcenia zawodowego			
rzemiosło	27,3%	28,6%	28,0%
zawody elektrotechniczne	27,3%	14,3%	20,0%
zawody społeczne i opieka	18,2%	7,1%	12,0%
wymagana jest analiza potrzeb	18,2%	7,1%	12,0%
przetwórstwo metalu		14,3%	8,0%
przemysł		7,1%	4,0%
branża hotelarska i gastronomiczna		7,1%	4,0%
przetwórstwo żywności		7,1%	4,0%
przemysł chemiczny		7,1%	4,0%
administracja	9,1%		4,0%
Σ SUMA	100,0%	100,0%	100,0%
# N = Dokumenty/Uczestnicy	14 (53,8%)	12 (46,2%)	26 (100,0%)

Źródło: Opracowanie własne z wykorzystaniem programu MAXQDA 2022

Aneks 25: Ewaluacja wywiadów z ekspertami: pytanie 7.2) temat 3: problemy

	Frankfurt-Słubice	Guben-Gubin	Suma
7.2) Wspólne kształcenie zawodowe PL-DE			
problemy			
język	38,1%	33,3%	37,5%
brak zachęt i niska atrakcyjność	23,8%	33,3%	25,0%
brak popytu	19,0%		16,7%
Niemcy nie kształcą się zawodowo w PL	9,5%		8,3%
priorytetem w PL było szkolnictwo średnie i wyższe	9,5%		8,3%
odmienne przepisy i prawa		33,3%	4,2%
Σ SUMA	100,0%	100,0%	100,0%
# N = Dokumenty/Uczestnicy	14 (53,8%)	12 (46,2%)	26 (100,0%)

Źródło: Opracowanie własne z wykorzystaniem programu MAXQDA 2022

Aneks 26: Ewaluacja wywiadów z ekspertami: pytanie 8) temat 1: administracja i prawo

	Frankfurt-Słubice	Guben-Gubin	Suma
8) Największa przeszkoda na drodze do stania się centr. gospod.			
administracja i prawo			
odmienne systemy, normy i standardy prawne	25,0%	45,5%	36,8%
brak zrozumienia i konflikty wynikające z polityki krajowej	37,5%	9,1%	21,1%
brak specjalnych regulacji dla obszarów przygranicznych	25,0%	9,1%	15,8%
brak rozwiązań ze strony UE		18,2%	10,5%
myślenie w kategoriach kompetencji		9,1%	5,3%
biurokracja		9,1%	5,3%
sztywne ustawodawstwo w DE	12,5%		5,3%
Σ SUMA	100,0%	100,0%	100,0%
# N = Dokumenty/Uczestnicy	14 (53,8%)	12 (46,2%)	26 (100,0%)

Źródło: Opracowanie własne z wykorzystaniem programu MAXQDA 2022

Quellen- und Literaturverzeichnis / Bibliografia[1]

1. Quellen / Źródła

1.1 Internetquellen und -datenbanken / Źródła internetowe i internetowe bazy danych

Amt für Statistik Berlin-Brandenburg (2020): StatIS-BBB. Das Statistische Informationssystem Berlin-Brandenburg. Tabelle: Unternehmensregister – Rechtliche Einheiten, URL: https://statis.statistik-berlin-brandenburg.de/webapi/jsf/tableView/tableView.xhtml [05.11.2023].

Amt für Statistik Berlin-Brandenburg (2022): Statistischer Bericht A V 3 – j / 20. Flächenerhebung nach Art der tatsächlichen Nutzung, Potsdam, URL: https://www.statistik-berlin-brandenburg.de/a-v-3-j [15.07.2022].

Amt für Statistik Berlin-Brandenburg (2023a): Statistischer Bericht A II 1 – j / 22. Eheschließungen, Geborene und Gestorbene im Land Brandenburg 2022, Potsdam, URL: https://www.statistik-berlin-brandenburg.de/a-ii-1-j [04.11.2023].

Amt für Statistik Berlin-Brandenburg (2023b): StatIS-BBB. Das Statistische Informationssystem Berlin-Brandenburg. Gewerbeanzeigen. Neugründungen, URL: https://statis.statistik-berlin-brandenburg.de/webapi/jsf/tableView/tableView.xhtml#, zuletzt aktualisiert am 05.11.2023 [05.11.2023].

B. J. (2017): Polen: Rentenalter für Frauen auf 60 gesenkt. Hg. v. Büro für Altersdiskriminierung, URL: https://www.altersdiskriminierung.de/themen/artikel.php?id=8499 [22.09.2022].

Bundesagentur für Arbeit (2022): Der Arbeitsmarkt im Kontext des demografischen Wandels, URL: https://statistik.arbeitsagentur.de/DE/Navigation/Statistiken/Interaktive-Statistiken/Demografischer-Wandel/Demografischer-Wandel-Nav.html;jsessionid=4325CA41495B25DAF721F18E55BD5861 [04.09.2022].

Bundesagentur für Arbeit (2023a): Statistik. Frankfurt (Oder), Stadt, URL: https://statistik.arbeitsagentur.de/Auswahl/raeumlicher-Geltungsbereich/Politische-Gebietsstruktur/Kreise/Brandenburg/12053-Frankfurt-Oder-Stadt.html?nn=25856&year_month=202309 [10.10.2023].

1 Bibliografia dotyczy zarówno niemiecko-, jak i polskojęzycznej części książki. Niemieckie skróty bibliograficzne: Aufl.: wyd.; ders.: tenże; dies.: taż; et al.: i in.; Hg.: red.; Hg. v.: wyd.; in: [w]; o. Verf.: bez autora; S.: s. W nawiasie kwadratowym podana jest data dostępu [Abruf].

Bundesagentur für Arbeit (2023b): Statistiken. Statistiken nach Regionen, URL: https://statistik.arbeitsagentur.de/DE/Navigation/Statistiken/Statistiken-Nav.html [05.11.2023].

Bundesagentur für Arbeit, Regionaldirektion Berlin-Brandenburg (2023): Arbeitsmarktberichte 2023. Berichtsmonat Oktober 2023. Der Arbeitsmarkt in der Region Berlin Brandenburg (Monatsbericht), URL: https://www.arbeitsagentur.de/vor-ort/rd-bb/statistik/arbeitsmarktberichte-2023 [05.11.2023].

Bundesinstitut für Bau-, Stadt- und Raumforschung (2021): Smart City Charta. Digitale Transformation in den Kommunen nachhaltig gestalten. Hg. v. Bundesinstitut für Bau-, Stadt- und Raumforschung im Bundesamt für Bauwesen und Raumordnung, URL: https://www.smart-city-dialog.de/wp-content/uploads/2021/04/2021_Smart-City-Charta.pdf [16.09.2022].

Bundesministerium für Digitales und Verkehr (2021): Transeuropäische Verkehrsnetze (TENV), URL: https://www.bmvi.de/SharedDocs/DE/Artikel/G/transeuropaeische-verkehrsnetze.html [08.10.2022].

Bundesministerium für Digitales und Verkehr (2022): Korridormanagement, URL: https://www.bmvi.de/SharedDocs/DE/Artikel/G/transeuropaeische-verkehrsnetze-korridormanagement.html [08.10.2022].

Bundesministerium für Digitales und Verkehr (2023): Breitbandatlas, Stand: Ende 2022, URL: https://www.gigabitgrundbuch.bund.de/GIGA/DE/Breitbandatlas/start.html [05.11.2023].

Bundesministerium für Klimaschutz, Umwelt, Energie, Mobilität, Innovation und Technologie (2020): Europäisches Verkehrsnetz TENT, URL: https://www.bmk.gv.at/dam/jcr:55d92ced-0e48-4f87-817c-14a4c1ead650/TEN-T_202005_ua.pdf, zuletzt aktualisiert Mai 2020 [08.10.2022].

Bundesministerium für Wirtschaft und Klimaschutz (2023): Fachkräftesicherung. Fachkräfte für Deutschland, URL: https://www.bmwk.de/Redaktion/DE/Dossier/fachkraeftesicherung.html, zuletzt aktualisiert am 25.10.2023 [25.10.2023].

Bundesnetzagentur: Aktuelle Lage der Gasversorgung in Deutschland. Lagebericht (Stand 07.10.2022), URL: https://www.bundesnetzagentur.de/DE/Fachthemen/ElektrizitaetundGas/Versorgungssicherheit/aktuelle_gasversorgung/start.html [09.10.2022].

Bundesnetzagentur (2022): Breitbandatlas, URL: https://www.bundesnetzagentur.de/DE/Fachthemen/Telekommunikation/Breitband/breitbandatlas/start.html [26.09.2022].

Dercz, Magdalena/Pallokat, Jan (2021): Polen erlebt Wirtschaftsboom – trotz Corona. Hg. v. RBB Studio Frankfurt, Frankfurt (Oder) (Antenne Brandenburg), URL: https://www.rbb24.de/studiofrankfurt/wirtschaft/2021/08/polen-wirtschaft-arbeit-corona-arbeitsamt-slubice.html [17.10.2022].

Deutsches Patent- und Markenamt (2023): DPMAregister. Amtliche Publikations- und Registerdatenbank, URL: https://register.dpma.de/DPMAregister/Uebersicht [05.11.2023].

dpa/Pluta, Werner (2022): Elektromobilität: Rock Tech Lithium baut Lithiumhydroxid-Fabrik in Guben – Golem.de, in: *Golem.de*, 22.06.2022, URL: https://www.golem.de/news/elektromobilitaet-rock-tech-lithium-baut-lithiumhydroxid-fabrik-in-guben-2206-166325.html [30.10.2022].

dpa-AFX Wirtschaftsnachrichten GmbH (2012): Odersun: Weitere Solarfirma schlittert in die Insolvenz, in: *t-online*, 30.03.2012, URL: https://www.t-online.de/finanzen/boerse/news/id_55242654/odersun-weitere-solarfirma-schlittert-in-die-insolvenz.html [01.11.2023].

Europäische Kommission: Smart Cities, URL: https://commission.europa.eu/eu-regional-and-urban-development/topics/cities-and-urban-development/city-initiatives/smart-cities_en#what-are-smart-cities [13.06.2023].

Europäisches Parlament: Kurzdarstellungen zur Europäischen Union. Europäische Verbünde für territoriale Zusammenarbeit (EVTZ), URL: https://www.europarl.europa.eu/factsheets/de/sheet/94/europaische-verbunde-fur-territoriale-zusammenarbeit-evtz [04.11.2023].

Europa-Universität Viadrina (2023): Zahlen und Fakten, URL: https://www.europa-uni.de/de/ueber_uns/zahlen_fakten/index.html [05.10.2023].

Eurostat (2022): Eurostat Data Browser. Breitband-Internetabdeckung nach Geschwindigkeit, URL: https://ec.europa.eu/eurostat/databrowser/view/isoc_cbs/default/table, zuletzt aktualisiert am 08.03.2022 [28.09.2022].

Fuß, Christopher (2021): 5G-Ausbau in Polen stockt. Hg. v. Germany Trade and Invest – Gesellschaft für Außenwirtschaft und Standortmarketing mbH, URL: https://www.gtai.de/de/trade/polen/branchen/5g-ausbau-in-polen-stockt--760392 [01.03.2023].

Giffinger, Rudolf et al. (2007): european smart cities, URL: http://www.smart-cities.eu/ [21.03.2022].

Główny Urząd Statystyczny GUS: Nauka i technika. Społeczeństwo informacyjne (K10). Działalność badawcza i rozwojowa (G184). Nakłady wewnętrzne na działalność B+R (P2401), Bank Danych Lokalnych, URL: https://bdl.stat.gov.pl/bdl/start [04.01.2024].

Główny Urząd Statystyczny GUS: Nauka i technika. Społeczeństwo informacyjne (K10). Działalność badawcza i rozwojowa (G184). Personel wewnętrzny B+R – wskaźniki (P3740), Bank Danych Lokalnych, URL: https://bdl.stat.gov.pl/bdl/dane/podgrup/tablica [20.12.2023].

Główny Urząd Statystyczny (2023a): Bank Danych Lokalnych, URL: https://bdl.stat.gov.pl/bdl/start [12.02.2023].

Główny Urząd Statystyczny (2023b): Baza Demografia. Generowanie zestawień – wyniki badań bieżących, URL: https://demografia.stat.gov.pl/bazademografia/CustomSelect.aspx [20.05.2023].

Haas, Hans Dieter et al. (2018): Definition: Standortfaktoren, URL: https://wirtschaftslexikon.gabler.de/definition/standortfaktoren-45787/version-269075 [06.05.2022].

Handwerkskammer Frankfurt (Oder) (2022): Konjunkturbericht. 1. Halbjahr 202. Unter Mitarbeit von Astrid Köbsch, URL: https://www.hwk-ff.de/wp-content/uploads/2019/10/1.-Halbjahr-2022.pdf [09.10.2022].

Informationsportal industrieller Lebensmittelverarbeitung, Food & Beverage (2022): 50 Millionen Euro Investition. Baustart für Bifi-Produktionswerk in Guben, URL: https://www.lebensmittelverarbeitung-online.de/branchennews/50-millionen-euro-investition-baustart-fuer-bifi-produktionswerk-in-guben, zuletzt aktualisiert am 25.10.222 [07.11.2023].

Investor Center Ostbrandenburg GmbH (2022): Gewerbeflächen & -immobilien, URL: https://www.icob.de/flaechen/ [08.10.2022].

Kampe, Carsten/Walter, Anja/Porep, Daniel (2018): Arbeit 4.0 in Brandenburg. Zusammengefasste Ergebnisse zu Digitalisierungsniveaus – Beschäftigungseffekten – Arbeitsformen – Qualifizierungsbedarfen. Hg. v. Wirtschaftsförderung Land Brandenburg GmbH, URL: https://www.wfbb.de/sites/wfbb.de/files/2021-04/wfbb_studie_digitalisierung.pdf.

Klaus, Simon (2021): Investitionspläne. Hg. v. IHK Brandenburg, URL: https://www.ihk.de/ostbrandenburg/zielgruppeneinstieg-unternehmer/konjunktur-und-statistik/investitionsplaene-konjunktur-5413588 [09.10.2022].

Kraftfahrt-Bundesamt (2023a): Vierteljährlicher Bestand. Zahlen, Daten, Fakten, URL: https://www.kba.de/DE/Statistik/Fahrzeuge/Bestand/Vierteljaehrlicher_Bestand/viertelj%C3%A4hrlicher_bestand_node.html [13.09.2023].

Kraftfahrt-Bundesamt (2023b): Bestand an Personenkraftwagen mit Elektro-Antrieb, URL: https://kba.maps.arcgis.com/apps/dashboards/a955c419c24147ec909ece498ad7db6b [11.10.2023].

Landesregierung Brandenburg (2013): Ein Jahr Buslinie 983. Woidke würdigt Grenzbus als „deutsch-polnisches Erfolgsprojekt", URL: https://www.brandenburg.de/cms/detail.php/bb1.c.350199.de [06.08.2023].

Leibniz-Institut für innovative Mikroelektronik (2023): Über Uns. Das Institut, URL: https://www.ihp-microelectronics.com/de/ueber-uns [17.09.2023].

Loginvest GmbH (2022a): Gewerbegebiet Deulowitz, URL: https://www.gewerbegebiete.de/profil/62553/Gewerbegebiet-Deulowitz [08.10.2022].

Loginvest GmbH (2022b): Industriegebiet Süd Guben, URL: https://www.gewerbegebiete.de/profil/62555/Industriegebiet-Sued-Guben [08.10.2022].

Messe und Veranstaltungs GmbH Frankfurt (Oder) – Abteilung Stadtmarketing, Tourismus, Events: Unsere Deutsch-Polnische Doppelstadt, URL: https://www.frankfurt-slubice.eu/de/doppelstadt [12.06.2023].

Ministerium der Finanzen und für Europa des Landes Brandenburg – Referat IV.3 Europäische Territoriale Zusammenarbeit (2018): GUB-E-BUS – gemeinsame grenzüberschreitende Mobilität in der Eurostadt Guben-Gubin, URL: https://interregva-bb-pl.eu/gub-e-bus/ [27.11.2022].

Ministerium für Wirtschaft, Arbeit und Energie des Landes Brandenburg (2022): Fach- und Arbeitskräftestrategie des Landes Brandenburg. „Fachkräfte bilden, halten und für Brandenburg gewinnen", URL: https://mwae.brandenburg.de/media/bb1.a.3814.de/Fach_und_Arbeitskr%C3%A4ftestrategie_Bbg_Langfassung_2022_03_11.pdf [01.08.2024].

Ministerium für Wirtschaft, Arbeit und Energie des Landes Brandenburg (2023): Brandenburgs Wirtschaftsministerium launcht „neuen" Fördernavigator, URL: https://www.foerdernavigator-brandenburg.de/de/news/brandenburgs-wirtschaftsministerium-launcht-neuen-foerdernavigator, zuletzt aktualisiert am 06.11.2023 [06.11.2023].

Nikolaisaal Potsdam gGmbH (2023): Brandenburgisches Staatsorchester Frankfurt (Oder), URL: https://www.nikolaisaal.de/hier-zu-hause.html [17.10.2023].

OECD Data (2022): Employment rate, URL: https://data.oecd.org/emp/employment-rate.htm [23.09.2022].

Płóciennik, Sebastian (2020): Analyse: Besser geht's nicht? Die deutsch-polnischen Wirtschaftsbeziehungen nach 1990, in: Bundeszentrale für politische Bildung, 20.03.2020, URL: https://www.bpb.de/themen/europa/polen-analysen/306776/analyse-besser-geht-s-nicht-die-deutsch-polnischen-wirtschaftsbeziehungen-nach-1990/ [01.11.2023].

Polizeipräsidium Land Brandenburg, Polizeidirektion Ost, Pressestelle (2023): 230925_Anfrage_Auftrag_Statistische Daten für wissenschaftliche Arbeit. Frohberg, Thomas; Roland Kamenz, E-Mail 04.10.2023.

Polizeipräsidium Land Brandenburg, Polizeidirektion Süd, Pressestelle (2023): Anfrage zu Kriminalitäts-und Verkehrsunfallzahlen für die Stadt Guben. Maik Kettlitz, E-Mail 27.09.2023.

POLREGIO (2022): Bilety miesięczne, URL: https://polregio.pl/pl/oferty-i-promocje/oferty-krajowe/bilety-okresowe/, zuletzt aktualisiert am 09.02.2022 [09.10.2022].

Prognos AG Berlin (2023): Wer wir sind, URL: https://www.prognos.com/de/wer-wir-sind [17.06.2023].

Rödl & Partner Wirtschaftsprüfungs- und Steuerberatungsgesellschaft mbH (2020): Entrepreneur. Das Wirtschaftsmagazin von Rödl & Partner (Internationalisierung, 06), URL: https://www.roedl.de/de-de/de/medien/publikationen/entrepreneur/documents/entrepreneur-2020-06.pdf [05.08.2023].

Schmid, Josef/Schmid, Susanne (2018): Arbeitsplatzdichte. Hg. v. Springer Gabler, URL: https://wirtschaftslexikon.gabler.de/definition/arbeitsplatzdichte-28476/version-252106 [03.05.2023].

Stadt Guben (2020): Integriertes Stadtentwicklungskonzept (INSEK), URL: https://www.guben.de/de/wirtschaft-stadtentwicklung/stadtentwicklung/item/238-integriertes-stadtentwicklungskonzept-insek [01.11.2023].

Stadt Guben (2021): Guben – „Modellprojekt Smart Cities", URL: https://www.guben.de/de/aktuell/pressemeldungen/item/310-pressemeldungen-2021 [23.03.2022].

Stadt Guben (2022a): Industrie- und Gewerbeflächen in Gubin, URL: https://www.guben-gubin.eu/de/wirtschaftsstandort-guben-gubin/industrieflaechen-in-gubin-infos.html [08.10.2022].

Stadt Guben (2022b): Industriegebiet-Süd, URL: https://www.guben-gubin.eu/de/wirtschaftsstandort-guben-gubin/industrie-und-gewerbeflaechen-in-guben-infos/item/34-industriegebiet-sued.html [08.10.2022].

Stadtmarketing Frankfurt (Oder): Unsere deutsch-polnische Doppelstadt, URL: https://www.frankfurt-slubice.eu/de/doppelstadt [12.06.2023].

Stadtverkehrsgesellschaft mbH Frankfurt (Oder) (2023): Neuer Sharing-Anbieter für Frankfurt (Oder). Ken Wegener, Presseinformation vom 09.06.2023, URL: https://svf-ffo.de/neuigkeit/neuer-sharing-anbieter-fuer-frankfurt-oder/ [17.10.2023].

Stadtverwaltung Frankfurt (Oder) (2008): Wirtschaftskonzept Frankfurt (Oder) 2015, URL: https://www.frankfurt-oder.de/loadDocument.phtml?ObjSvrID=2616&ObjID=1363&ObjLa=1&Ext=PDF.

Stadtverwaltung Frankfurt (Oder) (2019): Frankfurt-Slubicer Handlungsplan 2020–2030, URL: https://www.frankfurt-oder.de/Verwaltung-Politik/Verwaltung/Frankfurt-S-322-ubicer-Kooperationszentrum/Kooperation/ [12.06.2023].

Stadtverwaltung Frankfurt (Oder) (2020): Anlage 1: Maßnahmen des Frankfurt-Słubicer Handlungsplans 2020–2030, URL: https://www.frankfurt-oder.de/PDF/Frankfurt_Slubicer_Handlungsplan_2020_2030.PDF?ObjSvrID=2616&ObjID=8421&ObjLa=1&Ext=PDF&WTR=1&_ts=1587724470 [21.11.2022].

Stadtverwaltung Frankfurt (Oder) (2021a): Bird startet in Frankfurt (Oder), URL: https://www.frankfurt-oder.de/Schnellnavigation/Startseite/Bird-startet-in-Frankfurt-Oder-.php?object=tx,2616.14&ModID=7&FID=2616.26763.1 [05.07.2023].

Stadtverwaltung Frankfurt (Oder) (2021b): FRANKFURT (ODER) / SŁUBICE: SMARTE DOPPELSTADT, URL: https://www.frankfurt-slubice.eu/de/smart-city [22.10.2022].

Stadtverwaltung Frankfurt (Oder) (2021c): Frankfurt (Oder) – Słubice: Smarte Doppelstadt. Öffentliches Online-Forum. Digitaltag 2021, URL: https://www.youtube.com/watch?v=Oak27ilJNjc [04.05.2023].

Stadtverwaltung Frankfurt (Oder) (2021d): Wirtschaftsförderung der Stadt unter neuer Leitung, URL: https://www.frankfurt-oder.de/Schnellnavigation/Startseite/Wirtschaftsf%C3%B6rderung-unter-neuer-Leitung.php?object=tx,2616.14&ModID=7&FID=2616.27660.1 [10.07.2023].

Stadtverwaltung Frankfurt (Oder) (2022): Gewerbeflächen, URL: https://www.frankfurt-oder.de/Tourismus-Wirtschaft/Wirtschaft/Gewerbefl%C3%A4chen/Kommunale-Gewerbefl%C3%A4chen/ [08.10.2022].

Stadtverwaltung Frankfurt (Oder) (2023a): Anfrage Vorlage-Nr.: 23/AFR/1553. Prozesspapier „Smart City ohne Grenzen", Frankfurt (Oder). Jan Augustyniak, Anfrage vom 04.10.2023].

Stadtverwaltung Frankfurt (Oder) (2023b): EastGate Logistikcenter (KV – Terminal) Baugrundstück Nr.: 602, URL: https://www.frankfurt-oder.de/Verwaltung-Politik/Verwaltung/B%C3%BCrgerservice-Telefon/EastGate-Logistikcenter-KV-Terminal-Baugrundst%C3%BCck-Nr-602.php?ModID=9&FID=2616.1216.1&La=1&object=tx%7C2616.10.1&redir=1 [20.02.2023].

Stadtverwaltung Frankfurt (Oder) (2023c): Gewerbeflächenkataster. GVZ Frankfurt (Oder) – Nordost, URL: https://www.frankfurt-oder.de/Tourismus-Wirtschaft/Wirtschaft/Geoportal/ [10.01.2023].

Stadtverwaltung Frankfurt (Oder) (2023d): Gewerbeflächenkataster. GVZ Frankfurt (Oder) Süd, URL: https://www.frankfurt-oder.de/Tourismus-Wirtschaft/Wirtschaft/Geoportal/ [10.01.2023].

Stadtverwaltung Frankfurt (Oder) (2023e): Gewerbeflächenkataster. Industriegebiet an der A12, URL: https://www.frankfurt-oder.de/Tourismus-Wirtschaft/Wirtschaft/Geoportal/ [02.03.2023].

Stadtverwaltung Frankfurt (Oder) (2023f): Gewerbeflächenkataster. Gewerbegebiet Markendorf, URL: https://www.frankfurt-oder.de/Tourismus-Wirtschaft/Wirtschaft/Geoportal/ [20.02.2023].

Stadtverwaltung Frankfurt (Oder) (2023g): Gewerbeflächenkataster. Technologie- und Gewerbecenter, URL: https://www.frankfurt-oder.de/Tourismus-Wirtschaft/Wirtschaft/Geoportal/ [20.02.2023].

Stadtverwaltung Frankfurt (Oder) (2023h): Haushaltssatzung Doppelhaushalt 2023/2024 – Entwurf Haushaltssicherungskonzept.pdf, URL: https://www.frankfurt-oder.de/Verwaltung-Politik/Verwaltung/Aktuelles/Haushalt-2023-2024/ [13.06.2023].

Stadtverwaltung Frankfurt (Oder) (2023i): Leiter verlässt Wirtschaftsförderung, URL: https://www.frankfurt-oder.de/Verwaltung-Politik/Verwaltung/Aktuelles/Leiter-verl%C3%A4sst-Wirtschaftsf%C3%B6rderung.php?object=tx,2616.14&ModID=7&FID=2616.35651.1&NavID=2616.27&La=1 [10.09.2023].

Stadtverwaltung Frankfurt (Oder) (2023j): logpark I container terminal. Top-Standort für Ihre Investition!, URL: https://www.frankfurt-oder.de/Tourismus-Wirtschaft/Wirtschaft/Gewerbefl%C3%A4chen/Kommunale-Gewerbefl%C3%A4chen/logpark-I-container-terminal-7-/ [20.02.2023].

Stadtverwaltung Frankfurt (Oder) (2023k): Technologiepark Ostbrandenburg. Top-Innovationsstandort!, URL: https://www.frankfurt-oder.de/Tourismus-Wirtschaft/Wirtschaft/Gewerbefl%C3%A4chen/Kommunale-Gewerbefl%C3%A4chen/Technologiepark-Ostbrandenburg-4-/ [20.02.2023].

Stadtwerke Frankfurt (Oder) GmbH (2021): Kostenfreie E-Lastenräder für Frankfurt (Oder), Gemeinsame Presseinformation der Stadtwerke und -verkehrsgesellschaft Frankfurt (Oder), 23.06.2021, URL: https://www.stadtwerke-ffo.de/2021/06/23/kostenfreie-e-lastenraeder-fuer-frankfurt-oder/ [18.09.2023].

Statistische Ämter des Bundes und der Länder (2023a): Gemeindeverzeichnis-Informationssystem GV-ISys, URL: https://www.destatis.de/DE/Themen/Laender-Regionen/Regionales/Gemeindeverzeichnis/Administrativ/Archiv/GVAuszugJ/31121990_Auszug_GV.html [01.05.2023].

Statistische Ämter des Bundes und der Länder (2023b): Gemeindeverzeichnis-Informationssystem GV-ISys, URL: https://www.destatis.de/DE/Themen/Laender-Regionen/Regionales/Gemeindeverzeichnis/_inhalt.html [02.04.2023]

Statistische Ämter des Bundes und der Länder (2023c): Regionaldatenbank Deutschland. Tabelle: 13111-01-03-5. Sozialversicherungspflichtig Beschäftigte am Arbeitsort, URL: www.regionalstatistik.de [15.09.2023].

Statistische Ämter des Bundes und der Länder (2023d): Regionaldatenbank Deutschland. Tabelle: 82111-01-05-4. Bruttoinlandsprodukt/-wertschöpfung nach Wirtschaftsbereichen – Jahressumme – regionale Tiefe: Kreise und krfr. Städte, URL: www.regionalstatistik.de [05.11.2023].

Statistische Ämter des Bundes und der Länder (2024): Ergebnis 82111-01-05-4. Bruttoinlandsprodukt/Bruttowertschöpfung nach Wirtschaftsbereichen – Jahressumme – regionale Tiefe: Kreise und krfr. Städte, Regionaldatenbank Deutschland, URL: https://www.regionalstatistik.de/genesis/online, zuletzt aktualisiert am 11.01.2024 [11.01.2024].

Statistisches Bundesamt (Destatis) (2023a): GENESIS Datenbank. Tabelle: 12411-0011. Bevölkerung: Bundesländer, Stichtag, Geschlecht, URL: https://www-genesis.destatis.de/genesis/online [29.05.2023].

Statistisches Bundesamt (Destatis) (2023b): GENESIS Datenbank. Tabelle: 12612-0009. Zusammengefasste Geburtenziffern (je Frau), URL: https://www-genesis.destatis.de/genesis/online [04.11.2023].

Stifterverband für die Deutsche Wissenschaft e. V. (2023): AW: Statistische Daten bezüglich FuE für wissenschaftliche Arbeit. Agg_Kreisdaten_2009bis2019.xlsx. Lena Finger, E-Mail 17.10.2023.

Trudslev, Alexandra (2015): Schifffahrt auf der Oder, in: *planet-wissen.de*, 22.12.2015, hg. v. Westdeutscher Rundfunk, Köln, URL: https://www.planet-wissen.de/natur/fluesse_und_seen/die_oder/pwieschifffahrtaufderoder100.html [23.09.2022].

Technische Universität Wien – Institut für Raumplanung Stadt- und Regionalforschung: european smart cities. The smart city model, URL: https://www.smart-cities.eu/model.html [13.06.2023].

Urząd Patentowy Rzeczpospolitej Polskiej (2023): Wyszukiwarki. E-Wyszukiwarka, URL: https://uprp.gov.pl/pl/wyszukiwarki [05.11.2023].

Urząd Statystyczny w Zielonej Górze (2021): Rocznik Statystyczny Województwa Lubuskiego, URL: https://zielonagora.stat.gov.pl/, zuletzt aktualisiert am 11.01.2024 [11.01.2024].

Urząd Statystyczny w Zielonej Górze (2022): Biuletyn statystyczny województwa lubuskiego – 2 kwartał 2022, Zielona Góra, URL: https://zielonagora.stat.gov.pl/opracowania-biezace/komunikaty-i-biuletyny/biuletyn-kwartalnie/biuletyn-statystyczny-wojewodztwa-lubuskiego-ii-kwartal-2022-r-,1,45.html [14.09.2022].

VBB Verkehrsverbund Berlin-Brandenburg GmbH (2022a): Fahrinformation, URL: https://www.vbb.de/fahrinfo/ [02.11.2022].

VBB Verkehrsverbund Berlin-Brandenburg GmbH (2022b): Monatskarten, URL: https://www.vbb.de/tickets/monatskarten/ [09.10.2022].

VBB Verkehrsverbund Berlin-Brandenburg GmbH (2022c): RE1. Magdeburg, Brandenburg, Potsdam, Berlin, Frankfurt (Oder), (Cottbus), URL: https://www.vbb.de/fahrinformation/zug-um-zug-mehr-schiene/re1/ [30.09.2022].

Wasserstraßen- und Schifffahrtsamt Oder-Havel (2022): AW: Forschungsprojekt des ZIP der Europa-Universität Viadrina zur wirtschaftlichen Entwicklung der Eurostadt Guben/Gubin. Ralf-Rüdiger Dimmek, E-Mail 12.10.2022.

1.2 Pressebeiträge (inkl. Online-Medien) / Materiały prasowe (w tym media online)

„Baustart für neues BiFi-Produktionswerk in Guben“, o. Verf., in: *märkischer-bote.de*, 24.10.2022, URL: https://maerkischer-bote.de/region/baustart-fuer-neues-bifi-produktionswerk-in-guben-220264 [30.10.2022].

„Brüssel und Polen kommen sich näher“, o. Verf., in: *tagesschau.de*, 21.11.2023, URL: https://www.tagesschau.de/ausland/europa/polen-eu-kommission-100.html#:~:text=Die%20Brüsseler%20Behörde%20genehmigte%20Polens,werden%2C%20wie%20die%20Kommission%20mitteilte [30.07.2024].

„Digitalisierung Projekt „Smart City“. Frankfurt (Oder) lässt bei zweitem Anlauf märkische Kommunen außen vor“, o. Verf., in: *moz.de*, 03.11.2022, URL: https://www.moz.de/lokales/frankfurt-oder/digitalisierung-projekt-_smart-city_-frankfurt-_oder_-laesst-bei-zweitem-anlauf-maerkische-kommunen-aussen-vor-67415087.html#modal-tab-anmeldung [12.11.2022].

Engelhardt, Thomas (2022a): Smart City Guben. Mit diesen Projekten will die Neißestadt fit für die digitale Zukunft werden, in: *lr-online.de*, 30.03.2022, URL: https://www.lr-online.de/lausitz/guben/smart-city-guben-mit-diesen-projekten-will-die-neissestadt-fit-fuer-die-digitale-zukunft-werden-63556591.html [16.09.2022].

Engelhardt, Thomas (2022b): Wohnen in Guben. Stadt will Pendler zum Arbeiten und Leben an die Neiße locken, in: *lr-online.de*, vom 16.11.2022, URL: https://www.lr-online.de/lausitz/guben/neue-kampagne-guben-will-pendler-zum-arbeiten-und-wohnen-an-die-neisse-locken-67615849.html#paywall-tab-anmeldung [27.11.2022].

Groneberg, Frank (2020): Kommunalpolitik. Mario Quast aus Frankfurt (Oder) wird neuer Amtsdirektor im Schlaubetal, in: *moz.de*, 19.05.2020, URL: https://www.moz.de/lokales/eisenhuettenstadt/kommunalpolitik-mario-quast-aus-frankfurt-_oder_-wird-neuer-amtsdirektor-im-schlaubetal-49143660.html [10.07.2023].

„Guben setzt auf weitere Ansiedlungsprojekte“, o. Verf., in: *märkischer-bote.de*, 22.11.2022, URL: https://maerkischer-bote.de/region/guben-setzt-auf-weitere-ansiedlungsprojekte-220742 [23.11.2022].

Gutke, Thomas (2022a): Nahverkehr und Immobilien. Fährt die Straßenbahn in Frankfurt (Oder) bald bis zum neuen Gewerbegebiet an der A12?, in: *moz.de*, 02.04.2022, URL: https://www.moz.de/lokales/frankfurt-oder/nahverkehr-und-immobilien-faehrt-die-strassenbahn-in-frankfurt-_oder_-bald-bis-zum-gewerbegebiet-an-der-a12_-63657781.html [12.11.2022].

Gutke, Thomas (2022b): Immobilien in Frankfurt (Oder). Neuer Eigentümer – Stadt trennt sich von BIC-Gründerzentrum, in: *moz.de*, 21.05.2022, URL: https://www.moz.de/lokales/frankfurt-oder/immobilien-in-frankfurt-_oder_-neuer-eigentuemer-_-stadt-trennt-sich-von-bic-gruenderzentrum-64564415.html [16.08.2023].

Gutke, Thomas (2023a): Zukunftszentrum Deutsche Einheit. Jury entscheidet sich gegen Frankfurt (Oder) – Halle wird Standort, in: *moz.de*, 14.02.2023, URL: https://www.moz.de/lokales/frankfurt-oder/zukunftszentrum-deutsche-einheit-hallewird-standort-_-jury-entscheidet-sich-gegen-frankfurt-_oder_-69165981.html [07.08.2023].

Gutke, Thomas (2023b): Wirtschaft in Frankfurt (Oder). Logistikpark wächst – Bauantrag für Mega-Halle an der A12, in: *moz.de*, 11.10.2023, URL: https://www.moz.de/lokales/frankfurt-oder/wirtschaft-in-frankfurt-_oder_-logistikpark-waechst-_-bauantrag-fuer-mega-halle-an-der-a12-71944777.html?refreshSession=1 [06.11.2023].

Kannenberg, Heinz (2020): Abschied von Smart City, in: *Frankfurter Stadtbote*, 26.11.2020, S. 13.

Kannenberg, Heinz (2022a): OB René Wilke und die Erschließung von Gewerbeflächen – das ist der Plan. Immobilien in Frankfurt (Oder), in: *moz.de*, 18.04.2022, URL: https://www.moz.de/lokales/frankfurt-oder/tesla-und-immobilien-in-frankfurt-_oder_-ob-rene-wilke-will-bei-der-erschliessung-von-gewerbeflaechen-eine-loesung-fuer-das-land-63905413.html [05.12.2022].

Kannenberg, Heinz (2022b): Industrie und Einkommen. Große Betriebe fehlen – wie kommt Frankfurt (Oder) weg vom Tabellenende?, in: *moz.de*, 15.07.2022, URL: https://www.moz.de/lokales/frankfurt-oder/industrie-und-einkommen-betriebe-fehlen-_-wie-kommt-frankfurt-_oder_-weg-vom-tabellenende_-65480939.html [29.10.2022].

Kannenberg, Heinz (2022c): Industrie und Ansiedlungen. Was Guben und Gubin besser machen als Frankfurt (Oder) und Słubice, in: *moz.de*, 22.07.2022, URL: https://www.moz.de/lokales/frankfurt-oder/industrie-und-ansiedlungen-was-guben-und-gubin-besser-machen-als-frankfurt-_oder_-und-slubice-65515137.html [29.10.2022].

Kannenberg, Heinz (2022d): Industrie und Ansiedlungen. In welchen Branchen der frühere OB Martin Wilke gute Chancen für Frankfurt (Oder) sieht, in: *moz.de*, 26.07.2022, URL: https://www.moz.de/lokales/frankfurt-oder/industrie-und-ansiedlungen-in-welchen-branchen-der-fruehere-ob-martin-wilke-gute-chancen-fuer-frankfurt-_oder_-sieht-65515531.html [30.10.2022].

Kannenberg, Heinz (2023): Wirtschaft in Frankfurt (Oder). Gute Standortbedingungen – doch Investitionen fehlen, in: *moz.de*, 03.05.2023, URL: https://www.moz.de/lokales/frankfurt-oder/wirtschaft-in-frankfurt-_oder_-gute-standortbedingungen-_-doch-investitionen-fehlen-70502163.html [15.06.2023].

Kelm, Hartmut (2020): Lost Places. Verstaubte Überreste aus der Glanzzeit des Halbleiterwerkes Frankfurt (Oder), in: *moz.de*, 09.12.2020, URL: https://www.moz.de/lokales/frankfurt-oder/lost-places-verstaubte-ueberreste-aus-der-glanzzeit-des-halbleiterwerkes-frankfurt-_oder_-53667751.html [06.05.2023].

Köhler, Marie-Charlott (2022): Nächste Großinvestition in Guben. Batterie-Recycling & 100 Jobs geplant, in: *niederlausitz-aktuell.de*, 22.11.2022, URL: https://www.niederlausitz-aktuell.de/spree-neisse/guben/221300/naechste-grossinvestition-in-guben-batterie-recycling-100-jobs-geplant.html [22.11.2022].

Mahlke, Lisa (2022): Schwimmer demonstrieren für ihr Hallenbad – doch was kann die Stadt tun? Protest in Frankfurt (Oder), in: *moz.de*, 08.10.2022, URL: https://www.moz.de/lokales/frankfurt-oder/protest-in-frankfurt-_oder_-schwimmer-demonstrieren-fuer-ihr-hallenbad-_-doch-was-kann-die-stadt-tun_-66961993.html [06.12.2022].

Mantel, Mark (2020): IPCEI Mikroelektronik. EU-Halbleiterfertigung für mehr als 100 Milliarden Euro, in: *heise online*, vom 08.12.2020, URL: https://www.heise.de/news/IPCEI-Mikroelektronik-EU-Halbleiterfertigung-fuer-mehr-als-100-Milliarden-Euro-4983443.html [01.11.2023].

MDR Sachsen-Anhalt (2023): Deutsche Einheit. Der große Überblick: Das Zukunftszentrum in Halle, in: *mdr.de*, 28.02.2023, URL: https://www.mdr.de/nachrichten/sachsen-anhalt/halle/halle/zukunftszentrum-deutsche-einheit-chronik-100.html [08.05.2023].

„Nach Fahrplanwechsel. Grenzübergreifender Bus 983 fährt weiter", o. Verf., in: *moz.de*, 05.11.2019, URL: https://www.moz.de/lokales/frankfurt-oder/nach-fahrplanwechsel-grenzuebergreifender-bus-983-faehrt-weiter-49153296.html [18.07.2023].

Pekel, Selim (2023): Uni Frankfurt (Oder). Umbau schreitet voran – wann der Coworking Space der Viadrina fertig wird, in: *moz.de*, 18.04.2023, URL: https://www.moz.de/lokales/frankfurt-oder/uni-frankfurt-_oder_-umbau-schreitet-voran-_-wann-der-coworking-space-der-viadrina-fertig-wird-70194113.html [01.11.2023].

RBB Rundfunk Berlin-Brandenburg (2022): Wie Guben 30 Jahre nach der Wende langsam aufblüht, URL: https://www.rbb24.de/studiocottbus/panorama/2022/01/guben-entwicklung-investitionen-erfolge.html [27.11.2022].

Reinschmidt, Janine (2022): E-Roller und E-Räder. Anbieter Bird verlässt Frankfurt (Oder) zum Jahresende, in: *moz.de*, 22.10.2022, URL: https://www.moz.de/lokales/frankfurt-oder/e-roller-und-e-raeder-anbieter-bird-verlaesst-frankfurt-_oder_-zum-jahresende-67204853.html [17.09.2023].

Roy, S. (2022a): Baustart für neues BiFi-Produktionswerk in Guben, in: *Märkischer Bote*, 24.10.2022, URL: https://maerkischer-bote.de/region/baustart-fuer-neues-bifi-produktionswerk-in-guben-220264 [30.10.2022].

Roy, S. (2022b): Guben setzt auf weitere Ansiedlungsprojekte, in: *Märkischer Bote*, 22.11.2022, URL: https://maerkischer-bote.de/region/guben-setzt-auf-weitere-ansiedlungsprojekte-220742 [23.11.2022].

„Ruf nach Unternehmer aus der Stadt als Wirtschaftsförderer", o. Verf., in: *Märkische Oderzeitung*, Frankfurt (Oder), 29.08.2023, S. 17.

„Scheuer will ‚Trans-Europa-Express' mit EU-Finanzhilfen unterstützen", o. Verf., in: *rnd.de*, URL: https://www.rnd.de/reise/hochgeschwindigkeitszug-paris-berlin-warschau-scheuer-will-trans-europ-express-mit-eu-finanzhilfen-unterstutzen-ZJF2VS3VATDDN6GFYYVPCOO2CU.html [30.09.2022].

Stepputtis, Philipp (2022): Klinikum Frankfurt (Oder). Patrick Hilbrenner geht – Krankenhaus Markendorf bekommt neuen Geschäftsführer, in: *moz.de*, 02.12.2022, URL: https://www.moz.de/lokales/frankfurt-oder/klinikum-frankfurt-_oder_-krankenhaus-in-markendorf-bekommt-neuen-geschaeftsfuehrer-_-wer-der-neue-chef-wird-67944893.html.

Taubert, Christian (2023): Strukturwandel in der Lausitz. Vorteil Guben – darum läuft die Stadt Forst dem Wirtschaftsaufschwung hinterher, in: *lr-online.de*, 06.03.2023, URL: https://www.lr-online.de/lausitz/forst/strukturwandel-in-der-lausitz-vorteilguben-_-darum-laeuft-die-stadt-forst-dem-wirtschaftsaufschwung-hinterher-69500067.html?refreshSession=1#paywall-login-register-content, [21.08.2023].

„Unternehmen Rock Tech beginnt mit Bau seiner Lithiumfabrik in Guben", o. Verf., in: *rbb24.de*, URL: https://www.rbb24.de/studiocottbus/wirtschaft/2023/03/rock-tech-unternehmen-spatenstich-guben-lithiumfabrik-.html, zuletzt aktualisiert am 27.03.2023 [05.11.2023].

Waldmann, Nancy (2022): Bahn RB92 Brandenburg Polen. Zwischen Guben und Zielona Góra fahren bald mehr Züge – aber sehr langsam, in: *moz.de*, vom 19.10.2022, URL: https://www.moz.de/nachrichten/brandenburg/bahn-rb92-brandenburg-polen-zwischen-guben-und-zielona-gora-fahren-bald-mehr-zuege-_-aber-sehr-langsam-67138831.html [30.10.2022].

Westermann, Jacqueline (2022a): Reisen mit Flixbus. Fernbus fährt aus Frankfurt (Oder) und Słubice zu mehr als 30 Zielen, in: *moz.de*, 10.06.2022, URL: https://www.moz.de/lokales/frankfurt-oder/reisen-mit-flixbus-fernbus-faehrt-aus-frankfurt-_oder_-und-slubice-zu-mehr-als-30-zielen-64864243.html [01.11.2023].

Westermann, Jacqueline (2022b): Warum das Freibad in Słubice auch in diesem Sommer geschlossen bleibt. Baden bei Frankfurt (Oder), in: *moz.de*, 25.06.2022, URL: https://www.moz.de/lokales/frankfurt-oder/baden-und-schwimmen-bei-frankfurt-_oder_-freibad-in-slubice-bleibt-auch-in-diesem-sommer-zu-65125061.html [06.12.2022].

„Wie Guben 30 Jahre nach der Wende langsam aufblüht", o. Verf., in: *rbb24.de*, URL: https://www.rbb24.de/studiocottbus/panorama/2022/01/guben-entwicklung-investitionen-erfolge.html [27.11.2022].

„Zukunftszentrum. Wie Frankfurt (Oder) zum Straßburg des Ostens werden kann – ein Kommentar", o. Verf., in: *moz.de*, 25.09.2022, URL: https://www.moz.de/lokales/frankfurt-oder/zukunftszentrum-wie-frankfurt-_oder_-zum-strassburg-des-ostens-werden-kann-_-ein-kommentar-66710011.html [12.11.2022].

„25 Millionen Euro-Investition in den Standort Frankfurt (Oder)", o. Verf., in: *oder-spree-fernsehen.de*, 08.11.2021, URL: https://osftv.de/25-millionen-euro-investition-in-den-standort-frankfurt-oder/ [09.10.2022].

2. Experteninterviews / Wywiady z ekspertami

Name / Nazwisko, imię	Funktion / Funkcja	Stadt / Miasto
Bartczak, Bartłomiej	Bürgermeister / burmistrz	Gubin
Bernhardt, Axel	Technischer Berater/ Unternehmensberater / doradca techniczny / doradca przedsiębiorstw HWK Cottbus	Guben

Bielecka, Beata	Pressesprecherin / rzeczniczka prasowa	Słubice
Bollmann, Sören	Leiter des Frankfurt-Słubicer Kooperationszentrums / kierownik Słubicko-Frankfurckiego Centrum Kooperacji	Frankfurt (Oder)
Borowski, Maciej	Leiter der Marketingabteilung (KSSSE) Sonderwirtschaftszone Kostrzyn-Słubice / kierownik Działu Marketingu i Promocji Kostrzyńsko-Słubickiej Specjalnej Strefy Ekonomicznej	Słubice
Gehr, Alfred	Operativer Geschäftsführer / dyrektor operacyjny Jack Link's, LSI – Germany GmbH (Bifi)	Guben
Geilich, Kerstin	Geschäftsführerin / prezes Marketing und Tourismus Guben e. V.	Guben
Hoppe, Uwe	Ehemaliger Geschäftsführer / były prezes HWK Frankfurt (Oder)	Frankfurt (Oder)
Junghanns, Claus	Bürgermeister / burmistrz	Frankfurt (Oder)
Kaciunka, Krzysztof	Kontaktperson für Investitionsvorhaben Büro des Bürgermeisters / osoba kontaktowa do spraw projektów inwestycyjnych, biuro burmistrza	Gubin
Kleine, Johannes	Bereichsleiter Agentur für Arbeit Frankfurt (Oder) / kierownik działu Agencja Pracy we Frankfurcie nad Odrą	Frankfurt (Oder)
Knapczyk, Alexander	Geschäftsbereich Außenwirtschaft und Unternehmensentwicklung / Dział Stosunków Gospodarczych z Zagranicą i Rozwoju Przedsiębiortsw IHK Cottbus	Guben
Mahro, Fred	Bürgermeister Stabsstelle Wirtschaftsförderung / burmistrz Sztab Wspierania Gospodarki	Guben
Mandel, André	Vizepräsident Kommunikation / wiceprezes ds. komunikacji Rock Tech Lithium Inc.	Guben
Nüßlein, Christopher	Geschäftsführer / prezes (ICOB) Investor Center Ostbrandenburg	Frankfurt (Oder)
Olejniczak, Mariusz	Bürgermeister / burmistrz	Słubice

Pilarski, Tomasz	Abteilungsleiter Stadtmarketing, Tourismus, Events / kierownik Działu Promocji Miasta, Turystyki i Wydarzeń	Frankfurt (Oder)
Pyrgiel, Joanna	Ehemalige Abteilungsleiterin Büro für internationale Zusammenarbeit / była kierowniczka działu Biuro Współpracy Międzynarodowej	Słubice
Radzimanowski, Robert	Leiter Regionalpolitik / kierownik ds. polityki regionalnej IHK Ostbrandenburg	Frankfurt (Oder)
Richter, Hans	Vorstandsvorsitzender (GFWW) Gesellschaft zur Förderung von Wissenschaft und Wirtschaft / przewodniczący zarządu Towarzystwa Promocji Nauki i Gospodarki	Frankfurt (Oder)
Sahanic, Sylvia	Bereichsleiterin Agentur für Arbeit Cottbus und Spree-Neiße / kierowniczka działu Agencja Pracy Cottbus i Sprewa-Nysa	Guben
Song, Gao	Geschäftsführer / prezes M.B.B. Logistics sp. z o.o.	Słubice
Starick, Oskar	Ansprechpartner für Investitionsvorhaben / osoba kontaktowa ds. projektów inwestycyjnych Wirtschaftsförderung Guben	Guben
Weichert, Ute	Geschäftsstellenleiterin Guben Agentur für Arbeit Cottbus / kierowniczka biura w Guben Agencja Pracy Cottbus	Guben
Wiedei, Harald	Geschäftsführer / prezes TEKRA sp. z o. o.	Gubin
Wojciechowski, Krzysztof	Verwaltungsdirektor / dyrektor administracyjny Collegium Polonicum (CP)	Słubice
Zdobylak, Krzysztof	Büroleiter des Bürgermeisters und Leiter Wirtschaftliche Kooperation mit Polen / szef biura burmistrza i kierownik Działu Współpracy Gospodarczej z Polską	Guben
	Stadtverordneter und Vorsitzender des gemeinsamen Ausschusses der Eurostadt / radny miejski i przewodniczący wspólnej komisji Euromiasta	Gubin
Zithier, Ron	Vorstand / członek zarządu HWK Frankfurt (Oder) Geschäftsführer / prezes Hotspotblinds GmbH	Frankfurt (Oder)

3. Literatur / Literatura

Albino, Vito/Berardi, Umberto/Dangelico, Rosa Maria (2015): Smart Cities. Definitions, Dimensions, Performance, and Initiatives, in: *Journal of Urban Technology* 22/1, S. 3–21. DOI: 10.1080/10630732.2014.942092.

Albrecht, Moritz/Ibragimow, Aleksandra (2015): Neue/alte Herausforderungen für die grenzübergreifende deutsch-polnische Zusammenarbeit seit Polens Schengen-Beitritt. Słubice und Frankfurt (Oder), in: *Europa Regional* 23/1, S. 33–45.

Arntz, Melanie (2011): Mobilitätshemmnisse Heterogener Arbeitskräfte in Deutschland, in: ZAF 44/1-2, S. 135–141. DOI: 10.1007/s12651-010-0052-4.

Baran, Małgorzata et al. (2022): The Resilient Smart City Model. Proposal for Polish Cities, in: *Energies* 15/5. DOI: 10.3390/en15051818.

Barham, Bradford L./Chavas, Jean-Paul (2018): Sunk Costs and Resource Mobility. Implications for Economic and Policy Analysis, in: Peters, G.H./Braun, Joachim von (Hg.): Food Security, Diversification and Resource Management. Refocusing the Role of Agriculture? Proceedings of the Twenty-Third International Conference of Agricultural Economists, London: Routledge, S. 391–400, URL: https://doi.org/10.4324/9780429457326.

Barlow, Mike/Levy-Bencheton, Cornelia (2018): Smart Cities, Smart Future. Technology, Security and Prosperity in the Connected Metropolis, Newark: John Wiley & Sons, Incorporated.

Barthes, Roland/Duisit, Lionel (1975): An Introduction to the Structural Analysis of Narrative, in: *New Literary History* 6/2, S. 237–272. DOI: 10.2307/468419.

Begg, Iain (1999): Cities and Competitiveness, in: *Urban Studies* 36/5-6, S. 795–809.

Berlemann, Michael/Tilgner, Jane (2006): Determinanten der Standortwahl von Unternehmen. Ein Literaturüberblick, in: *ifo Dresden berichtet* 13/6, S. 14–24, URL: https://www.ifo.de/publikationen/2006/aufsatz-zeitschrift/determinanten-der-standortwahl-von-unternehmen-ein.

Bestmann, Uwe (Hg.) (2001): Kompendium der Betriebswirtschaftslehre, 10. Aufl., München: Oldenbourg.

Binicewicz, Aleksandra (2017): Contemporary Identity and Memory in the Borderlands of Poland and Germany, Newcastle: Cambridge Scholars Publishers.

Bocheńska-Włostowska, Katarzyna/Bocheńska-Brandt, Anna (2014): Die Kompetenz der Arbeitnehmer auf dem Arbeitsmarkt in alternden Gesellschaften in Polen und Deutschland, in: *Demography and Social Economy* 22/2, S. 123–134, URL: https://doi.org/10.15407/dse2014.02.

Böhm, Hynek (2017): Comparison of the Role of EU Funds for Czech-Polish Cross-Border Cooperation of Schools, in: *Edukacja Międzykulturowa* 6/1, S. 145–162. DOI: 10.15804/em.2017.01.08.

Breuste, Jürgen (2023): The Green City. General Concept, in: ders. et al. (Hg.): Making Green Cities. Concepts, Challenges and Practice, 2. Aufl., Cham: Springer, S. 3–18.

Brzezińska, Monika M. (2020): Teoria ról jako metoda badania miast podzielonych granicą, in: *Studia Polityczne* 48/2, S. 19–37. DOI: 10.35757/STP.2020.48.2.01.

Bubach-Bernhardt, Heino (2021): Bemerkungen zur Auswahl geeigneter Unternehmen für den Standort, in: Stember, Jürgen et al. (Hg.): Handbuch Innovative Wirtschaftsförderung, 2. Aufl., Wiesbaden: Springer Gabler, S. 225–243.

Buch, Tanja et al. (2020): Grenzpendler aus dem Ausland. Immer mehr Beschäftigte in Deutschland mit ausländischem Wohnort. Hg. v. Institut für Arbeitsmarkt- und Berufsforschung (IAB), Nürnberg (IAB-Kurzbericht, 9), URL: http://hdl.handle.net/10419/216725 [05.05.2023].

Busse, Matthias (2001): Transaktionskosten und Wettbewerbspolitik. Hg. v. Hamburg Institute of International Economics (HWWA), Hamburg, URL: https://www.econstor.eu/handle/10419/19435 [11.07.2022].

Buursink, Jan (1994): Dubbelsteden, in: *Acta Geographica Lovaniensia* 34, S. 175–180.

Cluse, Reinhard (1999): Ausländische Direktinvestitionen in den Transformationsstaaten Mittel- und Osteuropas. Ansätze zur Verbesserung der Standortqualität, Freiburg i. Br.: Haufe.

Cueva-Ortiz, Sonia/Cruz-Cárdenas, Jorge (2021): Knowledge Cities. ICT and Urban Components, in: Markopoulos, Evangelos et al. (Hg.): Advances in Creativity, Innovation, Entrepreneurship and Communication of Design, Cham: Springer International Publishing, S. 181–188.

Dauth, Wolfgang/Findeisen, Sebastian/Suedekum, Jens (2021): Adjusting to Globalization in Germany, in: *Journal of Labor Economics* 39/1, S. 2–42. DOI: 10.1086/707356.

Detscher, Stefan (2006): Direktinvestitionen in Mittel- und Osteuropa. Determinanten und Konsequenzen für den Transformationsprozess, Saarbrücken: VDM Verlag Dr. Müller.

Ebert, Sebastian/Tölle, Alexander/Wdowicka, Magdalena (2012): Planung in Deutschland und Polen aus kommunaler Perspektive. Planungsbegriffe in Europa, Hannover: ARL, ARL/UAM, URN: http:// nbn-resolving.de/urn:nbn:de:0156-54219.

Eickelpasch, Alexander/Lejpras, Anna/Stephan, Andreas (2007): Hard and Soft Locational Factors, Innovativeness and Firm Performance. An Empirical Test of Porter's Diamond Model at the Micro-Level, Berlin: Deutsches Institut für Wirtschaftsforschung (DIW), URL: https://www.econstor.eu/handle/10419/27247.

Faißt, Christian/Hamann, Silke/Jahn, Daniel (2020): Die Bedeutung des Handwerks in Baden-Württemberg. Fokus. Fachkräfte in Handwerksberufen, Nürnberg: Institut für Arbeitsmarkt- und Berufsforschung (IAB), URL: https://www.econstor.eu/handle/10419/234353.

Freitag, Kathleen/Schenten, Christina/Mayimona, Marcel (2023): Prognos Zukunftsatlas 2022. Auswertung für Frankfurt (Oder). Hg. v. Prognos AG, Berlin.

Giffinger, Rudolf et al. (2007): Smart Cities. Ranking of European Medium-Sized Cities. DOI: 10.34726/3565.

Giffinger, Rudolf/Haindlmaier, Gudrun (2010): Smart Cities Ranking. An Effective Instrument for the Positioning of the Cities?, in: *Architecture, City and Environment* 4/12, S. 7–26. DOI: 10.5821/ace.v4i12.2483.

Giffinger, Rudolf/Kramar, Hans (2021): Benchmarking, Profiling, and Ranking of Cities. The „European Smart Cities" Approach, in: Albert, Sylvie/Pandey, Manish (Hg.): Performance Metrics for Sustainable Cities, London: Routledge, S. 35–52.

Gläser, Jochen/Laudel, Grit (2010): Experteninterviews und qualitative Inhaltsanalyse als Instrumente rekonstruierender Untersuchungen, 4. Aufl., Wiesbaden: VS Verlag, URL: https://books.google.de/books?id=2a1fZ8YUo_oC.

Gotlibowska, Katarzyna (2018): Propozycja modelu miasta inteligentnego (*Smart City*) opartego na zastosowaniu technologii informacyjno-komunikacyjnych w jego rozwoju, in: *Rozwój Regionalny i Polityka Regionalna* 42, S. 67–80, URL: https://pressto.amu.edu.pl/index.php/rrpr/issue/view/1231.

Hillebrand, Ernst/Schultz, Justyna (Hg.): Zwischen Freundschaft und Frust – Deutschland und Polen 30 Jahre nach dem Nachbarschaftsvertrag, Warschau/Posen: Friedrich-Ebert-Stiftung/Instytut Zachodni.

Horn, Jörg (1997): Auf dem Weg zur „EURO-Stadt"? Die deutsch-polnische Zusammenarbeit in den an Oder und Neiße geteilten Städten, Köln: Bundesinstitut für ostwissenschaftliche und internationale Studien. PID: https://nbnresolving.org/urn:nbn:-de:0168-ssoar-44350.

Jajeśniak-Quast, Dagmara et al. (2022): Wandel, Ambivalenz und Resilienz. Zusammendenken von Transformations- und Konfliktforschung im Lichte der Fallstudie Frankfurt (Oder)/Słubice, in: *Konfliktdynamik* 11/2, S. 82–96. DOI: 10.5771/2193-0147-2022-2-82.

Jajeśniak-Quast, Dagmara/Stokłosa, Katarzyna (2000): Geteilte Städte an Oder und Neiße. Frankfurt (Oder) – Słubice, Guben – Gubin und Görlitz – Zgorzelec 1945–1995, Berlin: Berlin-Verlag Arno Spitz.

Jańczak, Jarosław (2017): Town Twinning in Europe. Understanding Manifestations and Strategies, in: *Journal of Borderlands Studies* 32/4, S. 477–495. DOI: 10.1080/08865655.2016.1267589.

Jańczak, Jarosław (2021): Die deutsch-polnische grenzüberschreitende Zusammenarbeit, in: Hillebrand, Ernst/Schultz, Justyna (Hg.): Zwischen Freundschaft und Frust – Deutschland und Polen 30 Jahre nach dem Nachbarschaftsvertrag, Warschau/Posen: Friedrich-Ebert-Stiftung/Instytut Zachodni, S. 127–140.

Jürgensmeier, Hanna/Schulz-Montag, Beate (2021): Zukünftige Arbeitsmärkte und Ihre Auswirkungen auf die Wirtschaftsförderung, in: Stember, Jürgen et al. (Hg.): Handbuch Innovative Wirtschaftsförderung, 2. Aufl., Wiesbaden: Springer Gabler, S. 439–458.

Kracauer, Siegfried (1952): The Challenge of Qualitative Content Analysis, in: *Public Opinion Quarterly* 16/4, S. 631–642. DOI: 10.1086/266427.

Kröhnert, Steffen/ Morgenstern, Annegret/Klingholz, Reiner (2007): Talent, Technologie und Toleranz – Wo Deutschland Zukunft hat, Berlin: Berlin-Institut für Bevölkerung und Entwicklung, URL: https://www.ssoar.info/ssoar/handle/document/32158.

Kruse, Jan (2015): Qualitative Interviewforschung. Ein integrativer Ansatz. Unter Mitarbeit von Christian Schmieder, 2. Aufl., Weinheim: Beltz Juventa, URL: http://ebooks.ciando.com/book/index.cfm/bok_id/1826665.

Kuckartz, Udo (2018): Qualitative Inhaltsanalyse. Methoden, Praxis, Computerunterstützung, 4. Aufl., Weinheim: Beltz Juventa.

Lahner, Jörg (2021): Regionalökonomie und Standortfaktoren in der Wirtschaftsförderung, in: Stember, Jürgen et al. (Hg.): Handbuch Innovative Wirtschaftsförderung, 2. Aufl., Wiesbaden: Springer Gabler, S. 539–560.

Lahner, Jörg/Neubert, Frank (2016): Einführung in die Wirtschaftsförderung, Wiesbaden: Springer Fachmedien.

Lammers, Konrad et al. (2006): Analysen und Entwicklungstrends für den deutsch-polnischen Grenzraum, Hamburg: Hamburg Institute of International Economics (HWWA), URL: https://www.econstor.eu/handle/10419/32914.

Manville, Catriona et al. (2014): Mapping Smart Cities in the EU. EPRS. European Parliamentary Research Service, URL: https://policycommons.net/artifacts/1339578/mapping-smart-cities-in-the-eu/1949353/ [11.03.2023].

Masik, Grzegorz/Sagan, Iwona/Scott, James W. (2021): Smart City Strategies and New Urban Development Policies in the Polish Context, in: *Cities* 108. DOI: 10.1016/j.cities.2020.102970.

Matten, Antje (2004): Vom Luftschloss zum Millionengrab. Die Chipfabrik in Frankfurt/Oder als Fallbeispiel gescheiterter brandenburgischer Wirtschaftsförderung, München, URL: https://www.grin.com/document/31309 [01.11.2023].

Newman, David/Paasi, Anssi (1998): Fences and Neighbours in the Postmodern World. Boundary Narratives in Political Geography, in: *Progress in Human Geography* 22/2, S. 186–207. DOI: 10.1191/030913298666039113.

Nowak, Paulina (2020): Development of the Information Society in Poland. Taking Into Account Spatial Diversity, in: *Zeszyty Naukowe. Organizacja i Zarządzanie / Politechnika Śląska*/146, S. 315–337. DOI: 10.29119/1641-3466.2020.146.24.

Opiłowska, Elżbieta et al. (2022): Narracje o miastach podzielonych w Europie Środkowej. Słubice i Frankfurt nad Odrą oraz Cieszyn i Czeski Cieszyn, Warszawa: Wydawnictwo Naukowe Scholar.

Osiecka, Agnieszka (2006): Grenzüberschreitende Unternehmenskooperationen. Standortbezogene Analyse Deutsch-Polnischer Unternehmenspartnerschaften im Grenzgebiet, Wiesbaden: DUV.

Pallagst, Karina M. (2018): Ausgewählte grenzüberschreitende Kooperationsformen und die INTERREG-Förderung in Europa, in: Pallagst, Karina M./Hartz, Andrea/Caesar, Beate (Hg.): Border Futures – Zukunft Grenze – Avenir Frontière. Zukunftsfähigkeit Grenzüberschreitender Zusammenarbeit, Hannover: ARL, S. 353–361, URL: https://hdl.handle.net/10419/177874.

Pichlak, Magdalena (2018): Inteligentne miasta w Polsce – rzeczywistość czy utopia?, in: *Zeszyty Naukowe. Organizacja i Zarządzanie / Politechnika Śląska* 127, S. 191–206. DOI: 10.29119/1641-3466.2018.127.17.

Pongratz, Philip/Jacob, Andreas/Essig, Maximilian (2021): Innovative Entwicklung von Gewerbeflächen, in: Stember, Jürgen et al. (Hg.) (2021): Handbuch Innovative Wirtschaftsförderung, 2. Aufl., Wiesbaden: Springer Gabler, S. 683–690.

Pongratz, Philip/Vogelgesang, Matthias (2016): Standortmanagement in der Wirtschaftsförderung, Wiesbaden: Springer Fachmedien.

Quast, Mario (2015a): Grenzstadt, europäische Doppelstadt, internationaler Investitionsstandort? Frankfurt (Oder) zwischen Anspruch, Chancen und Herausforderungen, in: Elschner, Christina/Jajeśniak-Quast, Dagmara/Kudert, Stephan (Hg.): Unternehmensbesteuerung in Ostmitteleuropa. Bestandsaufnahme, Entwicklungen und praktische Fragen nach 10 Jahren EU-Osterweiterung, Berlin: epubli, S. 115–119.

Quast, Mario (2015b): Miasto graniczne, europejskie dwumiasto, miejsce międzynarodowych inwestycji? Frankfurt nad Odrą – aspiracje, szanse i wyzwania, in: Elschner, Christina/Jajeśniak-Quast, Dagmara/Kudert, Stephan (Hg.): Unternehmensbesteuerung in Ostmitteleuropa. Bestandsaufnahme, Entwicklungen und praktische Fragen nach 10 Jahren EU-Osterweiterung, Berlin: epubli, S. 371–375.

Rebentisch, Susanne/Schroeter, Gerald (2014): Mit der Straßenbahn über die Oder. Projektstudie und Strategiekonzept für den Öffentlichen Personennahverkehr der Doppelstadt Frankfurt (Oder)-Slubice/ Over the Oder by Tram, in: *Nahverkehr* 32/1-2, S. 58–64, URL: https://trid.trb.org/View/1330471.

Ryba, Mateusz (2017): Czym jest koncepcja *smart city*, a zatem dlaczego powinniśmy je nazywać miastem sprytnym / What Is a ‚Smart City' Concept and How We Should Call It in Polish, in: *Prace Naukowe Uniwersytetu Ekonomicznego we Wrocławiu* 467, S. 82–90. DOI: 10.15611/pn.2017.467.07.

Sarachuk, Kirill/Missler-Behr, Magdalena (2020): Is Ultra-Broadband Enough? The Relationship Between High-Speed Internet and Entrepreneurship in Brandenburg, in: *International Journal of Technology* 11/6, S. 1103–1114. DOI: 10.14716/ijtech.v11i6.4435.

Schultz, Helga (2001): Von der Nachkriegsordnung zur postsozialistischen Staatenwelt, in: dies. (Hg.): Grenzen im Ostblock und ihre Überwindung, Berlin: Berlin Verlag Arno Spitz, S. 11–37.

Schultz, Helga (2004): Zwillingsstädte an europäischen Grenzen, in: Becker, Joachim/Komlosy, Andrea (Hg.): Grenzen weltweit. Zonen, Linien, Mauern im historischen Vergleich, Wien: Promedia Verlag, S. 161–183.

Seils, Eric/Pusch, Toralf (2022): Ungleichheit, Umverteilung und Preise im regionalen Vergleich. Hg. v. Wirtschafts- und Sozialwissenschaftliches Institut der Hans-Böckler-Stiftung, Düsseldorf, URL: https://www.boeckler.de/pdf/p_wsi_pb_70_2022.pdf [20.02.2023].

Smagacz-Poziemska, Marta (2014): (Nowe) przestrzenie życiowe młodych mieszkańców miasta. Na podstawie badań w Krakowie i Katowicach, in: *Politeja – Polityki Miejskie* 11/27, S. 263–279. DOI: 10.12797/Politeja.11.2014.27.13.

Smith, Adam (1789): An Inquiry into the Nature and Causes of the Wealth of Nations. The Fifth Edition, London: Printed for A. Strahan and T. Cadell.

Smith, Adam/Cannan, Edwin (1904): The Wealth of Nations. An Inquiry into the Nature and Causes of the Wealth of Nations. Edited with an Introduction, Notes, Marginal Summary and an Enlarged Index by Edwin Cannan, London: Methuen, URL: https://www.adamsmithworks.org/documents/cannan-edition [23.02.2023].

Sohn, Christophe (2014): Modelling Cross-Border Integration. The Role of Borders as a Resource, in: *Geopolitics* 19/3, S. 587–608. DOI: 10.1080/14650045.2014.913029.

Steinkamp, Anna M. (2020): Strategien und Ressourcen für die Internationalisierung. Fallbeispiele erfolgreicher Unternehmer im deutsch-polnischen Grenzraum, Wiesbaden: Springer Fachmedien.

Stember, Jürgen et al. (Hg.) (2021): Handbuch Innovative Wirtschaftsförderung, 2. Aufl., Wiesbaden: Springer Gabler.

Südekum, Jens/Dauth, Wolfgang/Findeisen, Sebastian (2017): Verlierer(-regionen) der Globalisierung in Deutschland. Wer? Warum? Was tun?, in: *Wirtschaftsdienst* 97/1, S. 1–18. DOI: 10.1007/s10273-017-2079-4.

Terstriep, Judith/Rabadjieva, Maria (2021): Die klassische Wirtschaftsförderung gibt es nicht mehr. Ergebnisse einer bundesweiten Befragung von Wirtschaftsförderungen, Gelsenkirchen: Institut Arbeit und Technik (IAT), URL: https://www.econstor.eu/handle/10419/243287.

Tesch, Peter (1980): Die Bestimmungsgründe des internationalen Handels und der Direktinvestition. Eine kritische Untersuchung der außenwirtschaftlichen Theorien und Ansatzpunkte einer standorttheoretischen Erklärung der leistungswirtschaftlichen Auslandsbeziehungen der Unternehmen, Berlin: Duncker & Humblot.

Ulrich, Peter (2017): Grenzüberschreitende Funktionale Kooperation im Deutsch-Polnischen Grenzraum am Beispiel des TransOderana EVTZ. Akteure, Strategien und Institutionen, in: Krzymuski, Marcin/Kubicki, Philipp/ders.: Der Europäische Verbund für territoriale Zusammenarbeit. Instrument der grenzübergreifenden Zusammenarbeit nationaler öffentlicher Einrichtungen in der Europäischen Union, Baden-Baden: Nomos, S. 369–416.

Ulrich, Peter (2022): Grenzüberschreitende Daseinsvorsorge in der Euroregion Pro Europa Viadrina, in: ders./Wojciechowski, Krzysztof (Hg.): Wissenschaft und Praxis im Dialog in unsicheren Zeiten. Grenzüberschreitende Daseinsvorsorge in der Euroregion Pro Europa Viadrina und anderen Regionen im Vergleich, Frankfurt (Oder): Europa-Universität Viadrina, B/ORDERS IN MOTION, S. 12–18.

Waack, Christoph (1996): Russe und Giurgiu: Nachbarstädte an der Donau, in: *Europa Regional* 4/3, S. 1–12, PID: https://nbn-resolving.org/urn:nbn:de:0168-ssoar-48420-2.

Wiesner, Claudia (Hg.) (2018): Multi-Level-Governance und lokale Demokratie. Politikinnovationen im Vergleich, Wiesbaden: Springer.

Winkowska, Justyna/Szpilko, Danuta/Pejić, Sonja (2019): Smart City Concept in the Light of the Literature Review, in: *Engineering Management in Production and Services* 11/2, S. 70–86. DOI: 10.2478/emj-2019-0012.

Wöhe, Günter/Döring, Ulrich/Brösel, Gerrit (2016): Einführung in die Allgemeine Betriebswirtschaftslehre, 26. Aufl., München: Franz Vahlen.

Yovanof, Gregory S./Hazapis, George N. (2009): An Architectural Framework and Enabling Wireless Technologies for Digital Cities & Intelligent Urban Environments, in: *Wireless Personal Communications* 49/3, S. 445–463. DOI: 10.1007/s11277-009-9693-4.

Summary

This scientific study investigates whether the twin city Frankfurt (Oder)–Słubice currently constitutes the economic centre of the border region between Brandenburg and the Lubuskie Voivodeship. Despite several challenges, such as job losses and population decline, the city of Frankfurt (Oder), together with Słubice, is pursuing a vision aimed at establishing itself as the social, economic, and cultural hub of the border region by 2030. A strategic action plan with clearly defined objectives across four fields of development serves as the foundation for this process.

The study tests hypotheses concerning the attractiveness of the twin city as an investment location and its potential as a "Smart Founder Twin City", based on the Smart City definition formulated by the Vienna University of Technology.

The study adopts both quantitative and qualitative research methodologies. Descriptive statistics are employed to present the current state of affairs, while qualitative data regarding the broader economic context and the implementation of the action plan is collected through expert interviews. However, the availability of data, particularly regarding the smart city dimensions, is limited, which constrains the depth of the analysis.

The results confirm the first hypothesis, validating the attractiveness of the twin city as a business location, while the second hypothesis is rejected. A comparison with Eurocity Guben–Gubin reveals that none of the analysed cities can yet be considered the economic centre of the region. Thus, the vision for Frankfurt (Oder) and Słubice remains ambitious, with the potential to be realised in the future.

The study concludes with recommendations for future research, including an assessment of development progress following the full implementation of the strategic action plan, and an adaptation of the smart city model to smaller cities subject to similar data limitations. This study therefore provides a foundation for further exploration of potential and challenges in transnational urban development.

Der Autor

Daniel Sadecki, 1995 in Berlin geboren, stammt aus einem polnischen Elternhaus und lebt seit 2014 in Frankfurt (Oder). Er ist Absolvent der Wirtschaftswissenschaftlichen Fakultät der Europa-Universität Viadrina. Bereits während seines Studiums (mit Forschungsaufenthalten in Jekaterinburg und Rom) untersuchte er standortbezogene Einflussfaktoren auf ausländische Direktinvestitionen in der deutsch-polnischen Grenzregion. Er spricht fünf Sprachen fließend, ist in Wirtschaftskreisen gut vernetzt und erhielt für seine Forschungsarbeit einen Preis des Kölner Logistikunternehmens Alcaro Invest. Seit Juni 2024 arbeitet Daniel Sadecki als Asset Manager für deutsche und polnische Märkte bei der ENERTRAG SE, einem internationalen Unternehmen im Bereich der erneuerbaren Energien.

O Autorze

Daniel Sadecki, ur. w 1995 w Berlinie, pochodzi z polskiej rodziny, od 2014 roku mieszka we Frankfurcie nad Odrą. Jest absolwentem Wydziału Nauk Ekonomicznych Uniwersytetu Europejskiego Viadrina. Już w czasie studiów (z pobytami badawczymi w Jekaterynburgu i Rzymie) badał czynniki lokalizacji wpływające na zagraniczne inwestycje bezpośrednie na pograniczu polsko-niemieckim. Mówi płynnie pięcioma językami, ma dobrą sieć kontaktów w środowiskach gospodarczych i otrzymał za swoją działalność badawczą nagrodę kolońskiego przedsiębiorstwa logistycznego Alcaro Invest. Od czerwca 2024 Daniel Sadecki pracuje jako Asset Manager do spraw rynków niemieckich i polskich w ENERTRAG SE, międzynarodowym przedsiębiorstwie z branży energetyki odnawialnej.

About the Author

Daniel Sadecki was born in 1995 into a Polish family in Berlin, and has lived in Frankfurt (Oder) since 2014. He is a graduate of the Faculty of Economics at European University Viadrina. During his studies, which included research stays in Yekaterinburg and Rome, he investigated location-specific factors influencing foreign direct investment in the German–Polish border region. He is fluent in five languages, has good business connections, and has received an award for his research work from the Cologne-based logistics company Alcaro Invest. Since June 2024 he has been working as an asset manager for the German and Polish markets at Enertrag SE, an international renewable energies company.